总序

周锡生

当今世界充满变革与创新。在阐释当今世界变革特征的时候，“新媒体”被时常提及，尽管人们对它的定义还有不少争议。

20 多年来，随着数字技术、信息技术的飞速发展，以互联网为代表的新媒体从诞生到逐步发展壮大，深刻改变了旧有的新闻信息传播方式，系统重塑了新的媒介生态和传播格局。在旧媒体时代，新闻信息的传播速度还曾与交通工具竞争；在新媒体时代，昨日甚至数小时、数十分钟之前的新闻，都可能瞬息即逝，转眼间“轻舟已过万重山”。在旧媒体时代，“受众”这个词体现了公众被动接受各类新闻信息的地位；在新媒体时代，媒体人已经不再是专属的职业称号，自制互动、共享交流成为普遍行为。在旧媒体时代，内容占据着绝对的核心地位，其他各个环节只是附属；在新媒体时代，内容为王的观念在被继续强调的同时，网络、渠道、平台和终端的作用与价值日渐凸显，服务与市场的理念正在逐步深化。可以说，当今的新媒体已经跨越了媒介形态的界限，跨越了时空的拘囿，甚至也跨越了文化的隔阂。在这种态势下，建设新媒体、发展新媒体，成为传统媒体求生存、寻突破、谋发展的必由之路。

滚滚而来的新媒体浪潮绝不仅仅改变了传媒业本身，更深刻渗入世界的政治、经济、文化、科技等各个领域。“世界是平的”引发人们无限遐想，平的世界创造了无限的空间。放眼全球，新媒体已经成为世界政治较量的重要因素，成为各国执政者了解社情民意的重要手段，成为社会公众参政议政的重要平台，网络动员、网络聚集、网络拷问在社交媒体上成为常态，新媒体的运用和掌控能力日益成为执政水平的重要衡量标准。与此同时，以互联网产业为核心，逐步形成了包括媒体业、电信业、IT 业等在内的比较完整的新媒体产业链，产业体系也日趋完善，有力地推动了文化创意产业的发展，成为国民经济的有机组成部分，且生机盎然，潜力巨大。新媒体的文化价值也在不断迸发当中，随着平板电脑、电子阅读器的迅速普及，数字阅读、数字出版势不可当，新媒体的文化传播和社会建设功能日益强大，跨界文化交流与合作的作用更加突出，极大地丰富和满足了人们的精神文化生活需求。从这个层面来说，建设新媒体、发展新媒体，已经不再单单是传媒业的职责，更需要从历史发展的宏观视野与现实的综合因素层面加以考量与谋划。

在全球加速向网络化社会、数字化生存转型的过程中，我国的新媒体建设也与世界同步，与时代同行。2021 年，我国的网民数量已经超过 10 亿，手机用户突破了 16 亿大关，均位居世界第一位，且还处于强劲增长当中。如此庞大用户规模的背后，是我国近年来新媒体征程中一个个开拓的脚印与卓然的成效。

在当今中国，我们可以看到，新媒体的作用被普遍认可，新媒体的影响被广泛重视，新媒体的理念深入人心，传统媒体加快向新兴媒体战略转型，各类新媒体机构不断涌现且各具特色。从网络、手机、平板电脑到户外大屏、流动媒体，从主流新闻网站到各类商业网站和专业网站，新技术不断涌现，新功能不断被挖掘，新产品不断推出，呈现出万马奔腾、一日千里之势。

当然，新媒体在我国发展的时间还比较短，在采编、经营、技术、市场、管理、人才等方面还处于探索的阶段，在实践过程中出现了诸多困惑与迷思，存在着各种矛盾与冲突，远未成熟。尽管如此，新媒体的蓬勃生机让我们对它的未来充满信心，而这蓬勃生机正来自创新。创新是新媒体时代永恒的主题，谁能够加强创新，谁就能把握未来。新媒体本身就是创新的产物，创新是新媒体的生命力所在。为此，必须根据党和政府提出的新要求，适应时代的新特点，着力把握受众需求的新变化，着力把握技术突破的新契机，着力把握媒体发展的新态势，进一步创新思想观念、创新体制机制、创新内容生产、创新方式手段，加快新兴媒体建设，大力发展新兴业务，从而更好地贯彻落实中央战略部署，为加强国际传播能力建设、构建先进强大的现代传播体系做出贡献，为促进社会主义文化大繁荣、大发展发挥更加显著的作用。

新媒体是推动社会进步的重要力量，同时也要看到，新媒体是一柄双刃剑，随着新媒体地位和作用的日益增强，其所应承担的责任也越来越重要。从某些意义上讲，新媒体所应承担的社会责任甚至比传统媒体还要重一些。多年来，我一直强调的一句话就是“网络无改稿”。传统媒体的稿件签发后发现了错误，还有时间和可能予以纠正，而新媒体的稿件一旦签发，几秒钟之内就可与全球不计其数的受众见面，根本没有时间和可能对稿件进行改正。因此，新媒体的把关责任十分重大，这既是对社会公众负责，也是对新媒体本身负责。在强调和开发新媒体的“媒体功能”的同时，有必要进一步强化其“媒体责任”。

新媒体领域日新月异的发展实践，以及在此过程中出现的矛盾与问题，要求理论研究总结规律、升华认识，并从理论层面加以阐释和指引。中国人民大学新闻学院有几位多年来潜心研究新媒体的专家学者，由他们领衔撰写的这套新媒体丛书，对新媒体的理论、技术、经营管理、业务流程、最新发展动态进行了全面深入的研究，反映了国内外新媒体研究的最新成果，对新媒体的管理者、研究者、学习者及业界从业人员都具有重要的参考价值。本套丛书的出版，相信会有助于推动我国新媒体的快速健康发展。

（作者曾任新华社副社长兼常务副总编辑、新华网董事长）

前 言

经过30年的高速发展，我国的新媒体行业在业务创新、收入增长、市场结构、产业拓展乃至“走出去”方面都有了巨大的进步，甚至很多领域在国际上也处于领先示范地位。尤其是基于新媒体的引爆力、驱动力、连接力和创新力，新媒体和传统行业的融合越发广泛而深入，新的产业格局与社会生态也由此得以形塑。在这样的背景下，各高校的新闻传播院系也都紧跟大势，有的增设新媒体、融媒体和智能媒体的相关课程；有的补充新媒体的元素、案例、理论以迭代传统课程；有的则将新媒体作为学科建设和课程改革的底色及原动力，重新审视学科发展方向、学生培养目标、师资梯队结构及教学系统创新，基于社会发展的潮头总结中国实践、提炼中国智慧，加快构建中国自主知识体系。

对于新闻传播学类专业的学生而言，从传播的视角切入了解新媒体自是题中应有之义。然而，传播背后的新媒体组织自身的战略规划、商业模式、文化建设、运营机制、内容管理、营销策略、治理方式及危机应对思路，却能让我们更为精准地把握新媒体的运作逻辑和发展规律，进而立体而非平面、动态而非静止、有机而非机械地评估新媒体的现状，预判新媒体的未来。这本《新媒体管理》正是基于这样的理念而设计出版的，它主要面向高校学生和从业人员，希望读者系统地了解新媒体组织如何“做正确的事”以及如何“正确地做事”。

全书共计九章，在介绍了有关新媒体和管理的基础知识后，按照管理的层次，从战略管理开始依次梳理中观和微观层面新媒体的实践重点。

第一章先从新媒介形式代名词视角、以旧论新视角、技术视角、传播性质与社会功能视角归纳总结了新媒体的概念及特点，论述了新媒体的发展阶段及主要特征；继而循着古典管理理论、行为科学管理理论和现当代管理思想与方法的脉络，向读者介绍经典的或有代表性的管理理论。

第二章阐述新媒体组织如何树立战略管理思维、科学制定战略并有效实施战略管理。战略管理因具有立足全局、面向未来、高层统摄等特点，有助于新媒体组织把握内外经营环境、确定发展方向、优化资源配置，统合组织发展的总体部署与局部战术。为了制定相对更优的战略，新媒体组织可运用SWOT矩阵、SPACE矩阵和波士顿矩阵等工具。

第三章围绕能够为新媒体组织“持续造血”的商业模式展开。理想的商业模式既能为新媒体组织带来持续增长的现金流，又能有效地配置内容、技术、资金等资源以提高整体的市场绩效，还可以理顺各参与主体的交易关系、利益关系、资源占有关系和行为关系，更好地平衡市场的规模与活力。本章基于商业模式的构成要素，将新媒体商业模式总结为“做渠道”“做内容”“做社群”

"做营销""做服务""做平台"六类，并从重塑连接方式、延展内容服务、丰富收益来源三个维度探索新媒体商业模式的创新路径。

第四章将关注点置于新媒体组织文化这一管理中的"软性因素"之上。在新媒体组织越来越趋向于网格化管理、分布式决策的当下，如若没有价值观的推动及文化的认同，组织的发展就难以步调一致、形成合力，甚至可能误入歧途。本章从组织文化的内涵与层次出发，结合新媒体组织文化的独特基因，剖析组织文化创建的根源与理念萃取原则，并进一步探究新媒体组织文化如何经由对内的巩固以及对外的传播，更好地发挥内聚人心、外塑形象的功效。

第五章讨论新媒体组织与用户交互界面的建设和维护，这就涉及新媒体运营管理。用户交互界面既可能是一类新媒体平台，也可能是平台上的一个账号，其运营不仅需要关注内容生产，还应综合考量基础功能与组织架构、体制机制等保障条件的合理设计与持续革新。本章精选政府、媒体与新媒体企业这三类主体与互联网用户交互的界面，即政务新媒体、新型主流媒体平台与新媒体产品，在分别梳理其概念与内涵的基础上，着重分析不同主体开展新媒体运营的关键环节与路径策略。

第六章聚焦"内容"这一新媒体组织的核心资源，将新媒体组织置于文化创意与信息技术相结合的内容产业中进一步观察，探讨其如何运用相应的策略和技术，创新内容获取、存储、检索、加工、分发等管理流程，以更好地配置内容资源、提高经济效益、培育竞争优势。此外，本章结合内容来源较为多元、管理流程较为系统、运作模式相对成熟的网络视频的前沿实践，进一步剖析新媒体时代优质内容的新内涵、内容创作的激励因素、内容交易的新模式以及内容分发的优化策略。

第七章结合新媒体时代营销环境、营销理念、营销工具的变化，探讨新媒体组织的营销管理，具体从"面向营销的管理"和"基于管理的营销"这两个视角展开。前者的研究主体是以提供营销服务实现盈利的新媒体组织，探究其如何通过组织架构的设置、各项资源的调配、营销产品的创新等方式优化自身营销服务；后者则针对品牌主，探讨其作为营销主体如何认识新媒体带来的变革并借助新媒体平台展开系统、缜密的营销策划与执行。

第八章涉及新媒体生态治理。网络空间在持续发展以满足广大公众日益增长的美好生活需求的同时，也带来了层出不穷的治理难题。如何健全网络综合治理体系，推动形成良好网络生态成为当下社会治理的重要议题。本章选取了新媒体生态中的6个典型问题——网络谣言、网络暴力、算法滥用、网络"三俗"、信息安全和版权保护，梳理其基本概念、特征类型、动力根源与形成机理，继而结合新媒体组织的治理实践，探讨加强新媒体生态治理、打造良好网络秩序的新思路。

第九章讨论新媒体危机管理。新媒体时代的危机在触发频率、传播速度、影响广度、冲击强度等方面呈现出诸多新特征与新趋势，亦对组织的危机管理提出了新要求。本章首先梳理了危机管理的基本范畴及其在新媒体时代面临的新挑战，随后介绍选择危机应对策略的三个视角，并以重建信息共同体、利益共同体与价值共同体为线索阐释声誉修复的路径，为新媒体组织开展危机管理提供基本框架。

与同类教材相比，本书具有以下几个特点：

一是重构新媒体管理知识体系。本书立足新媒体的本土发展，秉持中外互鉴的理念，基于管理和运营的视角，梳理新媒体的产业与市场、外部环境与内部资源、战略规划与战术设计、现实问题与未来思考、实践探索与理论创新，力求向读者体系化介绍新媒体的演进规律、运转思维、分析工具和理论模型，帮助读者既能鸟瞰新媒体知识的全景，又能把握其中的主流与关键。

二是融合经典理论与前沿研究。本书整合了传播学、管理学、营销学、产业经济学等多学科的经典理论和前沿研究，并聚焦新媒体发展的根本问题或热点问题，将这些理论知识和研究成果系统呈现，或以“前沿链接”“背景链接”“问题讨论”等形式为读者进一步探索和思考提供导引，从而力求使读者突破“概论”层面的学习范畴，提升科学研究的主动性。

三是运用新案例使知识活起来。新媒体的迭代一日千里，这其中当然有其相对稳定的运行规律，然而其形式的变化及对传播方式、传媒结构、用户状态、社会发展的影响始终都是越来越快、越来越广、越来越深的。若想读者学到的不是应付考试的“死知识”，而是有利于自身优化思维、学以致用的“活知识”，就必须把当下讲清楚。为此，我们引入了大量新鲜案例和新鲜问题呼应理论知识，以使读者快速代入、活学活用。

四是强调职业道德和底线意识。很多新媒体教材重视数据、业务、案例、操作方式和流程的介绍，在意“是什么”和“怎么做”，但在指导读者“为什么做”和“怎么做才妥当”方面，呈现得非常薄弱。随着新媒体行业的飞速发展，出现了一系列关涉是非对错、美丑善恶的法律和伦理问题，其有效解决对于新媒体行业乃至社会的良性发展至关重要。本书响应这一现实需求，对职业道德和底线意识的强调贯穿始终，引导读者坚持正确的政治方向、舆论导向、价值取向。

“新媒体管理”是我入职中国人民大学新闻学院后开设的第一门课，一晃15年过去，当年给首届数字媒体方向本科生上课的情形依然历历在目。十几年来，这门课只在我2015年到美国访学的时候暂停过一次，其间学生一届一届地流动，课件一年一年地更新，而不变的始终都是在课堂上和同学们交流的美好。这门课不仅充满温暖的记忆，也是我在新媒体研究领域持续前行的动力。希望我们的坚守和努力不辜负课堂上同学们期待的眼睛，就像这本《新媒体管理》，能带给大家知识、趣味、温度和力量。

黄 河

2023年7月

目录

第一章　新媒体与管理概述 …… 1

第一节　理解新媒体：视角、界定与特质 …… 1
第二节　新媒体的发展 …… 9
第三节　管理理论的脉络与流派 …… 17

第二章　新媒体战略管理 …… 33

第一节　战略管理概述 …… 33
第二节　借助工具制定新媒体战略 …… 39
第三节　新媒体战略的实施 …… 48

第三章　新媒体商业模式 …… 58

第一节　商业模式概述 …… 58
第二节　新媒体商业模式 …… 64
第三节　新媒体商业模式创新 …… 77

第四章　新媒体组织文化 …… 85

第一节　组织文化概述 …… 85
第二节　新媒体组织文化的创建与巩固 …… 90
第三节　新媒体组织文化的传播 …… 106

第五章　新媒体运营管理 …… 111

第一节　政务新媒体运营 …… 111
第二节　新型主流媒体建设 …… 119
第三节　新媒体产品开发与迭代 …… 128

第六章　新媒体内容管理 …… 141

第一节　产业化潮流中的内容管理 …… 141

第二节　新媒体内容管理流程 …… 145
第三节　新媒体内容管理实践 …… 160

第七章　新媒体营销管理 …… 171

第一节　新媒体新营销 …… 171
第二节　面向营销的管理 …… 179
第三节　基于管理的营销 …… 186

第八章　新媒体生态治理 …… 202

第一节　网络谣言与网络暴力 …… 202
第二节　算法滥用与网络“三俗” …… 212
第三节　信息安全与版权保护 …… 222

第九章　新媒体危机管理 …… 232

第一节　新媒体时代的危机与危机管理 …… 232
第二节　新媒体组织的危机应对策略 …… 238
第三节　新媒体组织的声誉修复 …… 249

参考文献 …… 255

第一章　新媒体与管理概述

新媒体越来越广泛而深刻地改变着我们的生活，而我们对新媒体的研究也不断与时俱进，研究领域遍及科技、经济、政治、社会、文化等方方面面。除了聚焦传播形态来探讨新媒体带来的各种影响，从组织的视角去分析新媒体管理者的战略设计、商业模式、经营运作、内容生产、营销推广、组织建设等也是非常必要的——新媒体管理者选择的方向和采用的方法会直接决定新媒体的应用与发展程度，并进一步影响新媒体产业的绩效、格局乃至演进趋势，而这些内容均可以纳入管理的范畴。

在展开书中的系列专题之前，我们需要首先知晓新媒体的内涵及其基本的发展进路，并了解管理的基础理论。

第一节　理解新媒体：视角、界定与特质

我国自 20 世纪 80 年代起就有了关于“新媒体”的研究。在 1994 年 4 月互联网全面接入之后，以互联网为代表的新兴媒体不断涌现、快速成长，并对信息传播、媒介环境、传受关系，乃至公民意识、社会生活和经济发展等方面产生深刻的甚至是变革式、颠覆式的影响，“新媒体”的研究更加丰富且多元。

学界对“新媒体”的研究是个动态过程，因此，尽管“新媒体”早已不是新名词，但研究者们对其内涵和外延的界定却伴随新媒体的演进及其带来的影响不断发生着变化。总结而言，关于“新媒体”概念的界定先后大致出现过四个视角：新媒介形式代名词视角、以旧论新视角、技术视角、传播性质与社会功能视角。

一、新媒介形式代名词视角

20 世纪 80 年代末至 90 年代初，我国的新媒体研究开始萌芽。在这一时期，学界对国外新媒体相关研究与实践的转引、介绍居多，而不同的研究者对于“新媒体”概念的理解不一而足，差异很大。

例如，1986 年方晓虹翻译的日本学者岗村二郎的文章《视听教育在新媒体时代的地位》认为新媒体包括新型视听媒体和广播媒体，主要指的是有线电视与卫星广播。[①] 而冯昭奎在同年发表的《新技术革命对日本经济的影响》一文则提出新媒体应是新的传播信息的媒体、工具，包括卫星通信、光纤图像通信、传真、计算机网络、双方向有线电视和文字广播等多种形式。[②]

这一时期对新媒体的理解还有：新媒体是微型计算机、语词处理机、传真

---

① 冈村二郎，方晓虹．视听教育在新媒体时代的地位 [J]. 外语电化教学，1986 (2)：23－25.

② 冯昭奎．新技术革命对日本经济的影响 [J]. 机械与电子，1986 (5)：22－24.

机；新媒体不仅包括计算机，亦包括有线电视；新媒体是多频道有线电视、卫星广播电视、计算机互联网络、多功能媒体等；甚至还有人将卡拉 OK、投影仪器、光盘机、霓虹灯、LED 屏幕、电子传单等也列入新媒体范畴。

由此可见，在我国新媒体研究的初期，“新媒体”虽然已经成为一个固定用语出现，但大多只是新的媒介形式的代名词，而非对某类媒介本质属性的总结表述。当然也有一些研究对新媒体的特征及影响做出过总结与预测，如《视听教育在新媒体时代的地位》一文认为新媒体的特征是能够传递大量信息并对信息进行高速处理①；《新技术革命对日本经济的影响》一文认为新媒体应同时具备“多重功能”并可以相互联结、补充形成包括家庭购物系统、证券信息系统、订货发货系统等在内的各类信息系统②；《新媒体时代的学校》一文则提出“以微型计算机为代表的新媒体的诞生和普及所持有的巨大冲击力，绝不亚于古登堡印刷术的发明及其以后在全球的普及，‘新媒体时代’绝不单纯是一个口号或一种时髦的词汇”③。

在 1994 年我国全面接入互联网之后，国内研究者对新媒体的关注不断加强，并围绕新媒体对传统新闻时效及现有新闻传播模式的冲击、未来报纸的发展前景，以及互联网对大众传媒和社会文化的影响等主题进行了初步的探讨，但针对新媒体概念的研究却未有明显进展。

二、以旧论新视角

1998 年 5 月，联合国新闻委员会将继报刊、广播、电视之后出现的互联网和正在兴建的信息高速公路定义为“第四媒体”。其后，国内研究者逐步展开了对“第四媒体”“网络媒体”以及“新媒体”等概念界定的讨论。

这一时期的研究者在“‘第四媒体’就是‘网络媒体’”的问题上取得了共识，但就二者是否与“新媒体”概念一致存在着不同的看法。部分研究者认为“新媒体”就是“网络媒体”或“第四媒体”，如有研究者就给出了新媒体就是通过互联网传播新闻的信息发布平台④，以及可将“新媒体”称作“网络媒体”的判断，但持有此类观点的研究者数量不多。相比之下，将“新媒体”视作“相对的概念”的观点更为主流。例如，钱伟刚认为“新媒体”的概念强调与目前已经存在的报刊、广播、电视三种传统媒体的相对性，而“网络媒体”则强调通过互联网进行传播的媒体⑤；闵大洪⑥、程洁⑦等研究者也提出“新媒体”是一个与“旧媒体”相对的概念，当下对信息传播起着显著作用与影响的互联网属于“新媒体”。

总体而言，上述对“新媒体”概念的判断延续了联合国新闻委员会为“第

① 冈村二郎，方晓虹．视听教育在新媒体时代的地位 [J]. 外语电化教学，1986 (2): 23-25.

② 冯昭奎．新技术革命对日本经济的影响 [J]. 机械与电子，1986 (5): 22-24.

③ 伊佐治大陆，方晓虹．新媒体时代的学校 [J]. 外语电化教学，1987 (1): 17-18, 21.

④ 蒋亚平．中国新媒体形势分析 [J]. 中国记者，2000 (10): 79-80.

⑤ 钱伟刚．第四媒体的定义和特征 [J]. 新闻实践，2000 (C1): 45-47.

⑥ 闵大洪．中国社会变革与新媒体使用 [J]. Internet 信息世界，2001 (12): 78-82.

⑦ 程洁．试论新旧媒介的划界 [J]. 国际新闻界，2006 (5): 40-43.

四媒体”下定义的思路。这种借鉴与相承关系主要体现在：首先，在“第四媒体”概念被提出之后，国内研究者对“何为新媒体”这一问题的认识从包括各类新兴媒介形式转向以互联网为主体；其次，有研究者将“第四媒体”等同于“新媒体”，把互联网作为当时中国唯一的新媒体媒介形式并强调其社会影响力，这一判断虽然具有很强的局限性但符合当时中国媒体环境的特点；再次，大多数研究者借鉴“第四媒体”的定义方法，其对“新媒体”概念的界定出现了从以旧论新的视角加以概括的方式，这一方式本质上是从“新”字的语义角度，对“何为新媒体”做出了经验上的判断，但缺乏对新媒体核心要素与本质属性的抽象过程，使“新媒体”更多只是一个称谓而非内涵与外延都比较清晰的概念。

三、技术视角

2001 年前后，开始有少数研究者尝试从技术视角对新媒体加以界定，如将之定义为“数字化媒体”①“互动式数字化复合媒体”② 等，但囿于当时技术理念的普及程度，该类研究对新媒体的认识与理解并不全面。

随着媒介形式的不断丰富（如 2003 年美国哥伦比亚号航天飞机坠毁及广东暴发“非典型性肺炎”两起事件的相关信息被手机短信大量传播后，手机这种媒介形式也开始得到认可③）、技术理念的广泛普及，有更多研究者尝试从技术视角重新认识新媒体。在借鉴西方传播科技学者观点的基础上，学界涌现出多种较前期更为完善与成熟的定义。

在新媒体的内涵方面，较有代表性的界定有：新媒体是建立在计算机信息处理技术和互联网基础之上发挥传播功能的媒介总和④；新媒体是 20 世纪后期在世界科学技术发生巨大进步的背景下，社会信息传播领域出现的建立在数字技术基础上的能使传播信息大大扩展、传播速度大大加快、传播方式大大丰富，与传统媒体迥然相异的新型媒体⑤；新媒体是以数字“比特”（bit）为识别信号传递和存储的媒体⑥；新媒体是利用数字技术、网络技术，通过互联网、宽带局域网、无线通信网、卫星等渠道，以及电脑、手机、数字电视机等终端，向用户提供信息和娱乐服务的传播形态⑦。

在新媒体的外延方面，有研究者认为新媒体应包括网络媒体、手机媒体、数字电视、IPTV 等⑧；有研究者将光纤电缆通信网、有线电视网、图文电视、电子计算机通信网、大型电脑数据库通信系统、卫星直播电视系统、互联网、

---

① 闵大洪．中国社会变革与新媒体使用［J］．Internet 信息世界，2001（12）：78-82.

② 吴征．媒体业发展趋势与新媒体的文化使命［EB/OL］．（2001-05-11）［2023-04-02］．http：//tech. sina. com. cn/it/t/66496. shtml.

③ 匡文波．论手机媒体［J］．国际新闻界，2003（3）：55-59.

④ 熊澄宇，廖毅文．新媒体：伊拉克战争中的达摩克利斯之剑［J］．中国记者，2003（5）：56-57.

⑤ 蒋宏，徐剑．新媒体导论［M］．上海：上海交通大学出版社，2006：14.

⑥ 陈绚．论媒体融合的功能［J］．国际新闻界，2006（12）：72-76.

⑦ 匡文波．2006 新媒体发展回顾［J］．中国记者，2007（1）：76-77.

⑧ 匡文波．2005：新媒体的跨越之年［J］．中国记者，2006（1）：64-65.

手机短信、多媒体信息的互动平台、多媒体技术广播网等纳入新媒体范畴①；还有研究者将新媒体界定为网络技术更新基础上产生的网络新媒体、传播新技术与传统媒体结合产生的新媒体、以手机为代表的支持各种网络新技术的新型接收器媒体②；等等。

相较于以旧论新的视角，从技术的角度进行定义强调了新媒体本身的特性。然而该视角也不可避免地存在一定的局限性，其中最为关键的问题是既有技术的迅猛发展以及新技术的不断出现，可能会使新媒体很快超出网络媒体、移动媒体甚至是数字媒体的范畴，那么上述定义将不再适用于新的变化。为此，有研究者提出，对新媒体的界定应回归“数字化”和“网络化”两个基本的技术特征及其为人类传播和交往行动带来的可能（即可供性）上来，在信息生产的可供性、社交可供性和移动可供性上水平越高的媒体，往往就是越“新”的媒体。③

四、传播性质与社会功能视角

2006 年以后，对“新媒体”概念的研究又呈现出新特点——在“相对论”与“技术论”之外，越来越多的研究者开始从传播性质与社会功能的视角对新媒体进行定义。这一现象的出现与新媒体的发展程度密切相关：其一，2005 年之后，网民数量快速增长，新媒体已经全面地融入社会生活之中；其二，博客、RSS、Wiki、SNS、微博客、微信等技术与应用的发展与成熟，推动中国互联网进入了 Web2.0 时代；其三，互联网基础社会和技术结构的革命，使人与机器的关系、人与信息的关系、人与人的关系发生变革④，基于新媒体的虚拟社会已经深刻地影响到国家、社会、组织、个人在现实层面的互动，而大数据、物联网等新媒体技术更是将人与人、人与社会、人与物理世界以更紧密的方式连接起来。

基于这种复杂的背景，从传播性质与社会影响视角对“新媒体”所做出的定义也比较多元。

有的研究者关注传播特征，认为“新媒体是所有人向大众实时交互地传递个性化数字复合信息的传播介质”，采用“属加种差”的定义方法将“所有人对所有人的传播”、实时、交互、个性化、多媒体等特征组合成“新媒体”的定义。⑤

有的研究者侧重传播模式，如“新媒介即关系”的论断，认为新媒介已经令传播从技术为导向的、独白式的传统线性传播模式转向以关系为导向的、对话式的全息传播模式，其中新媒介作为“关系的居间者”，对人们的社会角色、

---

① 蒋宏，徐剑．新媒体导论［M］．上海：上海交通大学出版社，2006：14.

② 雷璐荣．简述国内新媒体研究的现实呈现［J］．新闻界，2009（5）：63－64，116.

③ 潘忠党，刘于思．以何为“新”?：“新媒体”话语中的权力陷阱与研究者的理论自省：潘忠党教授访谈录［J］．新闻与传播评论，2017（1）：2－19.

④ 彭兰．新一代互联网环境下新闻传播的变局［J］．新闻与写作，2007（11）：16－18.

⑤ 景东，苏宝华．新媒体定义新论［J］．新闻界，2008（3）：57－59.

文化关系和情感关系已经产生了深刻影响①。

有的研究者强调新媒体之于社会的影响，如认为新媒体是技术的进步、传播语境的改变、传统话语权结构以及内容生产方式的转变，分别指代了数字化技术为传媒带来的变革，传播语境的"碎片化"发展，"阅众参与""去中心化""平等对话"的话语结构变化以及"自媒体"这一全民内容生产模式的出现。②

另有研究者观照新媒体的社会功能，如认为新媒体是以信息传递为中心的社会服务者，强调随着数字技术与生产生活的日益融合、人与物理世界联系的日益紧密，新媒体的核心功能将从信息提供转变为通过信息传递进行社会服务③；又如将新媒体看作公用媒介（public use media），其依据是认为新媒体的核心价值在于拓展媒介在信息传播容量、速度和方式上的现实可能性和近用性，从而使信息传播者与使用者之间的差异持续缩小，公众意志在更大程度上同化和统摄媒介资本的意志，产生更广泛意义上的公属权力，由它来引导对人类社会共同价值取向的全面探索。④

随着人工智能（AI）技术的进一步发展及其在信息生产、传播、消费领域的应用，依托高速移动互联网、大数据、云计算、传感器等技术的"智能媒体"成了新媒体的代名词，由此延伸出了更多的社会功能。例如认为智能媒体不再仅仅是人际传播的中介，更是交往主体本身，可通过在身体外形、感知方式、思维模式上的拟真还原身体在场交流的社会语境及条件等方式，实现具身传播与离身传播的融合，改变既有的社会交往逻辑和交往文化，社交机器人即为此类智能媒体的典型代表⑤；同时，由于智能媒体在其与社会生活的高度嵌入、信息与关系的深度融合、促进行业之间的渗透融合等三个方面具有独特价值，其还将成为参与社会治理的关键主体与推动治理模式创新的主要动力，在智能社会生态的构建中发挥重要作用⑥。

概括来讲，传播性质与社会功能视角在避免了从技术角度进行定义的局限性的同时，也能从多个侧面反映新媒体的本质特征。然而，随着新媒体技术应用的不断丰富，其产生的社会影响不断深化，从传播性质与社会功能的角度进行的概念界定也必须与时俱进地加以调整。

---

① 陈先红．论新媒介即关系［J］．现代传播（中国传媒大学学报），2006（3）：54－56．

② 喻国明．解读新媒体的几个关键词［J］．广告大观（媒介版），2006（5）：12－15．

③ 余秀才，黄鹏程．全媒体语境下新媒体发展的四个维度［J］．编辑之友，2012（8）：70－73．

④ 周笑，傅丰敏．从大众媒介到公用媒介：媒体权力的转移与扩张［J］．新闻与传播研究，2009（5）：74－78，109．

⑤ 殷乐，高慧敏．智能传播时代的社会交往：场景、逻辑与文化［J］．中国编辑，2021（10）：77－81．

⑥ 王虎．逻辑转变与维度构建：智能媒体参与社会治理的机制研究［J］．现代传播（中国传媒大学学报），2021，43（9）：7－11．

【前沿链接】 如何理解媒介？

前述四个对新媒体加以界定的视角，多因循传播研究中经验学派和批判学派的思路，将媒介理解为信息发送、传播、接收的介质和工具，新媒体则被视为以“新”媒介为基础的信息形式、内容及组织。不过，在信息介质或工具论之外，学界对“媒介”还存在着诸多内涵与外延皆不尽相同的阐释。理解不同视角下的“媒介”有助于我们更深入地把握“新媒体”的本质特征及其对人类交往与社会变迁的意义。其中，“媒介即讯息”“媒介即感知”“环境即媒介”是三个较为经典的关于媒介的论断。

1. 媒介即讯息

“媒介即讯息”是马歇尔·麦克卢汉（Marshall McLuhan）在《理解媒介——论人的延伸》（*Understanding Media: The Extensions of Man*）中提出的观点。这一观点将理解媒介的视角从内容转移至媒介本身，强调媒介并非一个空洞的、消极的、静态的载体，而是存在着一种“积极的作用过程”，可经由差异化的内容呈现格式延伸人的器官和感觉，改变感知比率和感知模式，并进一步对社会环境与社会结构产生影响。电灯光就是一种典型的没有具体内容的媒介，其够照亮黑暗（延伸视觉），从而改变人际互动的规模和形式。

以此作为逻辑起点考察媒介发展史与社会结构的演变进程，可发现二者存在密不可分的关系：原始社会以口头言说为主要交流模式，人们综合运用听觉、嗅觉、味觉等来感知世界，所有的感官皆平衡且同步，此时的社会形态为部落化；随着拼音文字乃至印刷技术的出现，视觉和听觉分离，前者逐渐占据主导地位而其他官能被削弱，人的感知处于失衡状态，由此带来的影响是个体逻辑思维趋于理性化、线性化，社会分工与个人主义趋势也在不断增强，部落逐渐分离；而电子媒介的兴起则使得中枢神经系统得以延伸，人的感知再次恢复平衡，与之对应的是图像、音频、视频的兴起与口语交流的恢复，远距离的人们又重新走到一起，社会结构“再部落化”。由此观之，一种新媒介的产生会带来新的延伸向度，其影响着人们感觉和理解世界的方式，也同时孕育、塑造着一种新的社会环境与社会结构。

2. 媒介即感知

德国媒介学者西比尔·克莱默尔（Sybille Kramer）将麦克卢汉的媒介建构观（媒介即讯息）归结为“媒介基要主义”，并提出了认识媒介的另一条路径——媒介即感知。这条路径以“信使”隐喻媒介，认为媒介处于具有异质性的两个主体/领域/世界之间第三方的位置，其功能与角色就是为被分离的、不可沟通的二者建立联系。此时的媒介既具有他律性，传递他者声音，为他者说话；亦具有自主性，即通过将传播的信息转换成符合媒介自身条件的数据结构，使其能够被感知。媒介的每一次使用都在他律性和自主性的张力之中。

从这一视角出发，病毒也可被视为媒介，因为其在区别的健康有机体和患病有机体之间建立了联系；书写平面亦因为作为时间一维和空间三维之间的第三个存在而被视为媒介，时间上历时的事物能被平面转换为空间上共时的事物，例如时间上连续的语音可通过记录被转换成空间上有组织的文本。

3. 环境即媒介

“环境即媒介”是约翰·杜海姆·彼得斯（John Durham Peters）在《奇云：媒介即存有》（*The Marvelous Clouds: Toward a Philosophy of Elemental Media*）中提出的观点，其将媒介范畴从主流的人造媒介（技术）拓展至自然环境，还原了“媒介”一词在源起时含有的“环境”之义，提出媒介是“自然元素和人工创造的共同体现”；同时，媒介的功能也不止于发送讯息，其还为使用者创造生存条件，即“媒介是我们‘存有’的基础设施，是我们行动和存有的栖居之地和凭借之物”。据此，朋友圈是一种媒介，朋友圈的发表与展示是“刷存在感”的方式；船是一种媒介，人们只有借助船才得以探索和认知海洋并且在海洋上立足；海洋亦是一种媒介，它是所有生命的起源，亦承载着陆地及立于其上的人类；火、天空、高塔、道路等系列自然环境和人造物都可称为媒介，它们改变了人类的生存状态及与世界的关系。相较其他观点而言，这一视角同样强调不能将目光局限于媒介对意义的传递，但其更进一步突出了人类并非意义的垄断者，媒介即使脱离了人类的掌握，仍包含着丰富的符号学意义。

拓展阅读

[1] 彼得斯．奇云：媒介即存有［M］．邓建国，译．上海：复旦大学出版社，2021.

[2] 麦克卢汉．理解媒介：论人的延伸［M］．何道宽，译．北京：商务印书馆，2000.

[3] 黄旦．延伸：麦克卢汉的“身体”：重新理解媒介［J］．新闻记者，2022（2）：3-13.

[4] 克莱默尔，吴余劲，叶倩，等．作为文化技术的媒介：从书写平面到数字接口［J］．全球传媒学刊，2019，6（1）：18-27.

[5] 曾国华，毛万熙．克莱默尔论媒介：从病毒、感知到人工智能［J］．国际新闻界，2021，43（5）：125-141.

五、互联网思维与新媒体基因

综上所述，在我国新媒体发展的不同时期，陆续出现了多种界定“新媒体”概念的视角，这与各个时期的中国媒体环境和社会环境密切相关。在时间维度上，上述几类概念具有前后相继而非互相取代的特点，并都在特定的媒体与社会环境下成为主流的“新媒体”界定方法。尽管各类定义也存在着这样或那样的缺陷与不足，但基本上客观反映了人们对新媒体的认识不断深化的过程。

由于新媒体的发展与变化速度太快，单纯地想从技术、终端、平台、业务等层面对其加以界定显得不切实际且没有必要；对于学界而言，洞察新媒体的演进逻辑、提炼新媒体相对稳定的发展特质，并在此基础上“以不变应万变”，方能避免迷失于新媒体的多元、善变与复杂。

这一方面已有研究者做出有益的尝试。黄升民提出资源的丰富替代稀缺、行为的互动替代单向、渠道的平台替代管道这一互联网发展思维。① 喻国明将

① 黄升民．冷眼看寡头，热血写春秋［J］．广告大观（媒介版），2014（2）：1.

互联网的演进特质概括为“连接”与“开放”。[①] 彭兰从产品/产业及文化的角度总结了新媒体的“基因”[②]：从产品和产业角度看，当今的新媒体的核心要素是终端、内容、关系（人与人的关系的连接）与服务（包括电子商务、在线教育、在线医疗、在线金融等服务），即新媒体是终端网络、内容网络、关系网络与服务网络四者的交织；从文化的角度看，新媒体不再是传统媒体那般神圣的、受人顶礼膜拜的“庙堂”，而是一个能容纳各色人等的“江湖”，这个“江湖”具有开放、分权、共享、容错、戏谑的特质。方兴东等人从传播动力机制出发，强调新媒体的“新”在于信息传播范式的“新”，其有别于传统媒体时代聚焦内容、自上而下、集中控制的“大教堂”模式，是自下而上、开放性、分布式的“大集市”传播范式，以用户为驱动力的社交传播和以数据为驱动力的智能传播相互交织，共同创造了如今的互联网应用与传播图景。[③] 程明和程阳则以媒介补偿理论为框架梳理新旧媒体的演进逻辑，认为社会化媒体是对大众传播媒介内容与社交的“双重补偿”，而以智能技术为核心的新媒体是对社会化媒体在技术、分发以及连通三个层面的补偿；其中，分发层面的变化在于通过对信息真伪与有用性的甄别克服信息泛滥的困境，连通层面的补偿则体现在将同一平台内人与信息的连通拓展至用户主导的跨平台信息连通以及基于传感器和物联网技术的人与其各种需求的连通，实现多样需求的实时获取与精准满足。[④]

在笔者看来，新媒体最核心的特质体现在如下四个方面：

第一，以人为本。新媒体时代受众及用户的地位与作用得到极大的增强，无论是阿里巴巴在IPO上市时选择网店店主、快递员、用户代表等普通人作为“敲钟人”，微博、微信等社会化媒体凭借“草根”的力量取得爆发式发展，还是若干个“得‘长尾’者得天下”的实例，都突出地体现了新媒体在尊重“个体”的前提下，一切依靠用户、一切服务用户的人本特质。

第二，开放融合。苹果App Store、SNS网站、视频网站、微博和微信等新平台、新媒体的兴起都离不开其开放的特质。新媒体平台越是开放，越是构建庞大的关系网络和汇集丰富多元的内容和服务，就越有价值、越有竞争力。同时，也正是因为开放，新媒体业务、终端、平台、数据层面的融合会是一个始终持续的过程，新媒体的发展理念、运作流程、组织架构、运营思路和资本融通需要不断得到调整和优化以满足融合的要求。

第三，互动智能。互动通常指代信息传播者与接受者双方之间的交流。由于新媒体用户对信息拥有选择权和控制权，能够依据兴趣改变信息传播的内容和形式，他们既是信息内容的生产者和传播者，也是接受者和使用者，这意味着传受双方的主客关系也可以随时转换。智能化是由现代通信与信息技术、计算机网络技术、行业技术、智能控制技术汇集而成的针对某一个方面应用的智

---

① 喻国明．用互联网逻辑实现媒体转型［EB/OL］．（2014－05－29）［2023－04－02］．http：//finance.sina.com.cn/hy/20140529/180519268180.shtml.

② 彭兰．再论新媒体基因［J］．新闻与写作，2014（2）：4－8.

③ 方兴东，钟祥铭．智能媒体和智能传播概念辨析：路径依赖和技术迷思双重困境下的传播学范式转变［J］．现代出版，2022（3）：42－56.

④ 程明，程阳．论智能媒体的演进逻辑及未来发展：基于补偿性媒介理论视角［J］．现代传播（中国传媒大学学报），2020，42（9）：1－5.

能集合，它是新媒体所追求的高级形态。[①] 无论是终端的“泛媒化”，人机交互更贴近人类行为模式[②]，还是信息感知能力的增强，都是智能化的表现。

第四，分享协作。维基百科、百度知道、知乎等问答社区离不开世界各地的每一位愿意分享知识、经验和见解的网民；各类网站上由网民自发创造分享的海量的签到、评论、攻略、图片、视频等信息（即用户生产内容，user generated content，UGC，又译用户生成内容）成为人们获取资讯、进行娱乐的重要来源和设计自身生活路线的主要参照；“众包”和“众筹”的思维渗入到娱乐、金融、新闻出版、营销传播等方方面面。新媒体生态圈中的终端、内容、用户、服务等每一个环节都彼此依赖、共生共荣。

第二节　新媒体的发展

1994 年，我国开始建设中国公用计算机互联网（ChinaNet）、中国教育和科研计算机网（CERNET）、中国科技网（CSTNET）和中国金桥信息网（ChinaGBN）四大骨干网，这标志着中国全面进入互联网时代[③]，揭开了新媒体在我国的发展序幕；而在全球范围内，新媒体从互联网的雏形——1969 年建立的阿帕网（ARPANET）算起，至今已经走过了 50 多年。在数十年的演进过程中，新媒体发展轨迹的本质是在技术推动下的“连接”基本要素和“连接”方式的变化——不同的“连接”要素组成了不同类型的网络，每一种要素的变化，都成为引发新媒体变革和演进的一个动力。以此为视角，新媒体由机器连接构成的“终端网络”逐渐演化为多元网络融合而成的“网络社会”[④]，以新媒体为主要业务开展渠道及营收来源的新媒体组织也经历了应用形态从门户网站向互联网平台演进、业务范围从新闻讯息提供拓展至日常生活服务的过程，并在新一代互联网技术的变革下开启了又一轮的探索与创新。

一、前 Web 时代：机器连接构成的“终端网络”

这是在万维网被提出之前的时代，主要指以阿帕网为代表的计算机网络，其旨在解决如何将分散至各地的计算机主机相互连接的问题，继而逐渐编织出一张庞大的“终端网络”。

1969 年，出于对安全形势的考量，美国国防部建立了阿帕网，该计算机网络采用了没有中心交换点的“分布式”结构，每一个网络中的节点都有多条途径通往其他节点，网络中的计算机可以通过任一路由而不是固定路由发送信息，从而保证了整个网络的安全性。

随着接入的主机数量不断增多，阿帕网出现了不同网络之间、软硬件和型号不同的计算机之间无法实现真正互联等问题，研究人员开始了对旨在促进异

① 谭天．新媒体新论［M］．2 版．广州：暨南大学出版社，2016：17.

② 彭兰．智媒化：未来媒体浪潮：新媒体发展趋势报告（2016）［J］．国际新闻界，2016（11）：6-24.

③ 彭兰．中国网络媒体的第一个十年［M］．北京：清华大学出版社，2005：19.

④ 彭兰．“连接”的演进：互联网进化的基本逻辑［J］．国际新闻界，2013（12）：6-19.

构网络互连的网络协议的设计工作，这直接导致了 TCP/IP 协议（transmission control protocol/internet protocol，传输控制协议/因特网互联协议）的出现。而随着采用 TCP/IP 协议的计算机不断增多，该协议逐步成为世界范围内的通用协议，IP 网络也变成计算机网络的主流，这亦是我们现在所说的互联网（internet），它最初主要在政府机构、科研院所之间使用。直至 20 世纪 90 年代初，蒂姆·伯纳斯-李（Tim Berners-Lee）提出了万维网（World Wide Web，WWW）的设想——WWW 技术利用互联网传送超文本信息（包括文字、图像、声音、视频等的多媒体信息），同时借助超链接将网络中的信息相互连接起来，并通过一种图形化的界面（网络浏览器）来实现操作，这使得互联网的使用更加简单、便捷，促进了互联网在全球范围内的普及。① 其后，Web 时代正式来临，在终端网络的基础上，更多元的网络得以出现。

二、Web1.0 时代：内容网络与三大门户网站

如果说在前 Web 时代实现了终端的连接和信息的共享，但信息本身还只是作为孤立的“数据包”被人们在机器间传送；那么发展至 Web1.0 时代，则由超链接技术促成了内容的“连接”，从而满足了用户基于浏览器和 HTML 网页浏览、搜索、获取信息的需求。

（一）超链接形成的“内容网络”

超链接（hyperlink）是网络信息传播中的一个特殊手段，指一个计算机文档的特定区域能引入其他文档或程序。② 超链接技术的产生改变了网络上信息的结构方式，带来了信息之间的连通——在传统的媒体中，文本或节目都是以线性、封闭的结构传达的，人们对信息的接收也只能沿着特定的顺序进行；而在网络中，基于超链接技术的信息之间的关系可被视作网状的、交互的，存在于不同电脑上、不同网站上的各种信息均可以相互关联。

与此同时，网站也大多采用分层结构对其内容加以展示，即类似于一个层层剥笋的过程，将信息逐级进行呈现；而“链接”或“不链接”某种内容，则完全取决于网站及其编辑，这也在无形之中赋予了网站相当的话语主导权。

（二）聚焦提供新闻与信息资讯的三大门户网站

在我国互联网产业的初创期，新媒体组织多以效仿国际案例起步，形成了以门户网站为主要应用形态、以向用户提供新闻与信息资讯为主要业务的行业雏形。在所有新媒体组织中，搜狐、新浪、网易三个门户网站的访问量最高、影响力最强；其他有知名度的还有 163 电子邮局、国中网、人民日报网、上海热线、ChinaByte、首都在线和雅虎中国等网站。需要注意的是，一些非门户型的商业模式以及后来较有影响力的新媒体组织也萌芽于 Web1.0 时期，例如阿里巴巴与电子商务业务、腾讯与即时通信业务、百度与搜索引擎业务等，但在

① 彭兰．网络新闻编辑教程［M］．武汉：武汉大学出版社，2007：1.

② 董天策．网络新闻传播学［M］．2 版．福州：福建人民出版社，2004：15.

人们刚刚“触网”的彼时所收获的关注度皆未能赶超三个门户网站。[①]

三、Web2.0 时代：关系网络与互联网平台

Web2.0 作为 2003 年之后互联网的热门概念之一，是相对于 Web1.0 而言的新一类互联网应用及服务的统称，主要包含两个层面：其一，互联网的底层技术变革，如 P2P（“点对点”），即网络用户之间不通过服务器等中间实体便可以进行直接的交流或信息交换；RSS，即简易信息聚合技术，可促使用户实现个性化的信息订阅；Widget 技术，是一小块可以在任意一个基于 HTML 的 Web 页面上执行的代码，可以让用户在某个页面中实现各种内容与服务的自由组合；等等。其二，各类社交媒体的出现，尤以博客（包括播客）、Wiki、SNS 服务、微博等为代表。

（一）个体连接构成的“关系网络”

新的服务及应用使得 Web2.0 相对 Web1.0 而言发生了三个重要的变化：

第一，以人为中心。在 Web2.0 时代，每个用户都有了生产信息的权利，此时个体取代内容成为互联网的基础单元与网络传播的节点，每一个节点基于网络的连接和信息的生产、分享、互动行为产生了种种社会关系，这些关系继而连成了一个复杂的“关系网络”。

第二，信息传播格局从去中心化向再中心化发展。通过参与内容的生产与传播，Web2.0 环境下的每个网络节点都拥有了一定的传播力甚至影响力，理论上具备了去中心化的潜力。但同时，这一模式也在个体用户层面加速了网络话语权力的分化，推动形成了新的信息中心，即以网络意见领袖、UP 主[②]等为代表的向用户提供优质内容、拥有大量关注者的网络内容生产者。

第三，关系网络、内容网络与服务网络逐渐融合。Web2.0 时期，用户对各类社交媒体应用的依赖逐步提升，日渐习惯于借助互联网开展的交流与交往方式，此时个体获取、生产、分享内容的目的，“也往往不在于内容本身，而在于以内容为纽带、为媒介，延伸自己在网络社会中的关系”[③]。同时，随着互联网的持续发展，以电子商务、在线教育、在线办公为代表的服务网络悄然兴起，并在互联网站向媒介平台[④]演进的过程中逐渐实现与内容网络、关系网络的融合。

（二）向人们日常生活渗透的互联网平台

与 Web2.0 的变革趋势相适应，这一时期新媒体组织的发展也呈现出诸多新特征，这突出地表现为：

其一，用户生产内容作为一种新的网络信息资源创作与组织模式得到广泛

---

① 吴晓波．腾讯传 1998—2016：中国互联网公司进化论［M］．杭州：浙江大学出版社，2017：30－32.

② 在视频网站、网络论坛等互联网平台或社区上传视频、音频的人。UP 为 upload 的简称，意为上传。

③ 彭兰．WEB2.0 在中国的发展及其社会意义［J］．国际新闻界，2007（10）：44－48.

④ 媒介平台是新兴媒体的媒介组织形态，它是一种介于市场与媒体之间的中间性组织，本身并不生产内容，只是为运营内容提供一个服务平台。

应用，个体自行创作发布的作品、围绕某一议题或产品展开的讨论、与其他个体在公共空间中产生的交互等成为多数新媒体产品尤其是社会化媒体产品维持生态、创造价值的重要来源。①

其二，业务覆盖范围从以新闻、资讯的提供为主向满足人们生活方方面面需求拓展，新媒体产品成为“基础设施”一般的存在，维系着社会运转与日常生活。典型的如旨在为用户提供社交服务的微信，不仅上线了微信公众号这一类似于媒体的内容生产平台，还于 2014 年起逐步接入了支付理财、生活服务、交通出行、购物消费等多样化服务。

其三，产品、服务平台化成为新趋势，使相互依赖的双边或者多边主体在既定规则下交互、共同创造价值并从中营利的平台商业模式兴起。② 以连接对象为依据，我国的互联网平台可划分为网络销售类、生活服务类、社交娱乐类、信息资讯类、金融服务类和计算应用类六个类别③，前五类与人们生活紧密相关的典型平台产品及所属新媒体组织见表 1-1。需要说明的是，一个平台产品可能连接了多种对象、涵盖了丰富的功能，一些大型新媒体组织旗下也可能会同时拥有多种平台产品，平台之间的互补与连接是组织拓展应用场景、增强用户黏性、搭建自身生态的关键要素。

表 1-1　部分互联网平台类型、典型产品及所属新媒体组织④

平台类别	连接属性	子平台类别	平台举例	所属新媒体组织
网络销售类	连接人与商品	综合商品交易类	淘宝	阿里巴巴集团
		垂直商品交易类	孔夫子旧书网	北京古城堡图书有限公司
		商超团购类	盒马	阿里巴巴集团
生活服务类	连接人与服务	出行服务类	滴滴出行	滴滴公司
		旅游服务类	携程旅行	携程集团
		配送服务类	饿了么	阿里巴巴集团
		家政服务类	58 到家	58 同城
		房屋经纪类	链家	贝壳
社交娱乐类	连接人与人	即时通信类	微信	腾讯
		游戏休闲类	王者荣耀	腾讯
		视听服务类	网易云	网易
		直播视频类	虎牙直播	虎牙公司

① 赵宇翔，范哲，朱庆华．用户生成内容（UGC）概念解析及研究进展［J］．中国图书馆学报，2012（5）：68-81.

② 关于平台商业模式的更多详细介绍见第三章。

③ 国家市场监督管理局．关于对《互联网平台分类分级指南（征求意见稿）》《互联网平台落实主体责任指南（征求意见稿）》公开征求意见的公告［EB/OL］．（2021-10-29）［2023-03-26］. https：//www.samr.gov.cn/hd/zjdc/202110/t20211027_336137.html.

④ 本表中的新媒体组织主要为集团总公司，为表述方便，部分新媒体组织采用常见名称而非全称。企业是一种特殊的社会经济组织，在本书中如无特殊说明，“新媒体企业”与“新媒体组织”同义。

续表

平台类别	连接属性	子平台类别	平台举例	所属新媒体组织
社交娱乐类	连接人与人	短视频类	抖音	字节跳动
		文学类	微信读书	腾讯
信息资讯类	连接人与信息	新闻门户类	搜狐网	搜狐公司
		搜索引擎类	百度	百度
		用户生产内容类	豆瓣	北京豆网科技有限公司
		视听资讯类	喜马拉雅	喜马拉雅
		新闻机构类	财新网	财新传媒
金融服务类	连接人与资金	综合金融服务类	网商银行	蚂蚁集团
		支付结算类	支付宝	蚂蚁集团
		消费金融类	花呗	蚂蚁集团
		金融资讯类	东方财富网	东方财富
		证券投资类	蚂蚁财富	蚂蚁集团

四、Web3.0时代：网络社会和以“元宇宙”为代表的新探索

Web3.0是针对Web2.0提出的新理念，用于概括互联网发展过程中某一阶段可能出现的各种不同的方向和特征。目前的Web3.0仍处于发展初期，其本质、内涵、概念范畴等如何界定学界和业界尚未有统一共识，人们讨论得更多的是对这一阶段互联网功能与生态的期待。

（一）多元网络融合的“网络社会”

基于互联网技术的既有发展与未来规划，Web3.0可能对Web2.0有如下深化：

其一，物联网的发展改变了整个终端网络的性质，促进了一切物体都有可能成为终端的“泛终端”时代的来临，其中以虚拟现实（VR）、增强现实（AR）、混合现实（MR）为代表的新的终端技术又将带来新的感知社会的方式，并进一步形成新的网络关系和社会关系。

其二，大数据与人工智能的运用拓展了互联网信息网络的基本连接方式，信息之间的关联除人工强加的超链接外，还将出现信息之间、信息与人之间内在关系的智能关联，以此为基础，网络对人类的服务将更加精准、自然和安全。

一个典型应用为美国人工智能公司OpenAI于2022年底推出的人工智能聊天机器人ChatGPT。[①] ChatGPT能够理解和学习人类语言，像真正的人类一样根据聊天情境与用户开展交互和对话，并帮助完成包括编写歌词、故事、论文、

① OpenAI. Introducing ChatGPT [EB/OL]. (2022-11-30) [2023-03-25]. https://openai.com/blog/chatgpt.

代码等在内的创造性任务（图 1－1 为 ChatGPT 网页截图，图片左边为功能区，右边为对话互动区）。自 2022 年 11 月 30 日上线以来，ChatGPT 仅用两个月时间就在全球积累了 2 亿用户，被认为是目前增长速度最快的消费级互联网应用。[①] 2023 年 3 月 24 日，OpenAI 发布了可将 ChatGPT 和第三方应用相连接的插件，推动 ChatGPT 与网络的实时连接；这也就意味着其他接入插件的应用都将成为 ChatGPT 的“眼睛”和“耳朵”，使其原先停留在 2021 年 9 月的训练数据集得以不断更新，能力再次提升——目前已经更新的功能包括检索实时信息（例如比赛实时分数）、检索知识库信息（例如公司文件）以及代表用户执行操作（例如订机票）。[②] ChatGPT 的出现在一定程度上代表了专用型人工智能技术向通用人工智能技术转变的趋势，为人工智能如何变革网络生态、互联网商业模式乃至社会互动带来了许多可能性[③]，但其潜在的隐私数据泄露、网络安全问题、道德伦理问题等也推动人们进一步思考人与机器连接的方式、边界及规则。

图 1－1　ChatGPT 网页截图

其三，区块链技术的进一步开发将重构用户与平台的关系，其透明、可验证、去中心、不可篡改的特征可打破平台对信息分发规则的垄断以及对用户数字身份、个人数据等信息的控制，让个人的网络交互在脱离平台机构的情境中完成，打造以用户为主体的分布式网络生态。[④] 随着区块链技术及以之为基础

---

① MILMO D. ChatGPT reaches 100 million users two months after launch [N/OL]. (2023-02-02) [2023-03-25]. https://www.theguardian.com/technology/2023/feb/02/chatgpt-100-million-users-open-ai-fastest-growing-app.

② OpenAI. Chat Plugins [EB/OL]. [2023-03-25]. https://platform.openai.com/docs/plugins/introduction.

③ 朱涵，彭茜，黄堃．三问 ChatGPT 如何影响人工智能的未来 [EB/OL]. (2023-02-20) [2023-03-25]. http://lw.news.cn/2023-02/20/c_1310698541.htm.

④ 中国信息通信研究院．全球 Web3 技术产业生态发展报告（2022 年）[R/OL]. [2023-03-25]. http://www.caict.ac.cn/kxyj/qwfb/bps/202212/P020230105569849787721.pdf.

的非同质化通证（non-fungible token，NFT）[①]、智能合约程序[②]等技术的不断发展，Web3.0时代各行各业在产品形态、行业结构、组织治理、商业模式等方面都将迎来较大的变革。

无论未来发展趋势如何，如今Web3.0在融合了终端网络、内容网络、关系网络、服务网络的基础上，不仅促使互联网架构出的虚拟社会融入了更多现实社会的要素，也带来了新媒体向经济、文化、社会等现实社会领域的全方位渗透，从而推动着网络社会的到来——“信息时代的支配性功能与过程日益以网络组织起来。网络建构了我们社会的新社会形态，而网络化逻辑的扩散实质地改变了生产、经验、权力与文化过程中的操作与结果”[③]。

（二）以“元宇宙”为代表的积极探索

由于Web3.0仍在探索初期，其在实践层面能为各新媒体组织带来何种稳定、一致的变革趋势，目前仍有待进一步观察。就目前的发展来看，部分综合实力较强、影响力较大的新媒体组织已经为迎接Web3.0的到来做出了战略或业务的调整，最受关注的方向之一即为“元宇宙”——除了微软、英伟达（NVIDIA）、阿里巴巴、腾讯等新媒体组织宣布要建构元宇宙之外，Facebook甚至直接更名为“Meta”，希望在5年内从社交媒体公司转型成为元宇宙公司。

从词根上解读，元宇宙的英文metaverse是meta和verse的合体词，前者意为“超越”，后者为英文单词宇宙（universe）的缩写，合并词意为“超越现实世界的世界”。这一概念最早出现在尼尔·斯蒂芬森（Neal Stephenson）于1992年出版的小说《雪崩》（*Snow Crash*）中，并一度在20世纪末和21世纪初受到科技界的高度关注。人们尝试用VR或者大型多人在线游戏实现元宇宙，但在技术条件的限制下效果都不太令人满意，元宇宙逐渐被人们遗忘。[④] 而随着如今VR技术、5G技术、人工智能技术等的高速发展，能够给人带来高沉浸感、参与感与互动感的立体全息互联网成为可能，元宇宙这个平行于现实世界，又与现实世界有着互动的数字虚拟世界再次成为人们讨论的焦点，甚至被认为是“下一代互联网”。将元宇宙写入招股书并引发本轮讨论热潮的在线游戏创作及交互平台Roblox公司定义了元宇宙平台的八个特征，包括独一无二的身份（identity）、与朋友互动（friends）、沉浸体验（immersive）、多渠道接入（anywhere）、流畅切换与体验（low friction）、丰富的内容（variety content）、成熟

---

① 区块链网络里具有唯一性特点的可信数字权益凭证，可将数字资产、游戏装备、艺术作品、土地产权等在区块链上映射为可交易的数字产品，实现虚拟物品的资产化和价值流转。

② 智能合约可理解为运行在区块链上的逻辑规则代码，利用预先在链上设定的功能逻辑判断合约执行条件，并将产生的更改写入账本，任何一方都无法单独控制或停止程序的执行。智能合约与区块链技术的组合能够保证这一程序的不可篡改性和自动化执行。

③ 卡斯特．网络社会的崛起［M］．夏铸九，王志弘，等译．北京：社会科学文献出版社，2001：567.

④ 姚前，陈永伟，等．Web3.0：下一代互联网的变革与挑战［M］．北京：中信出版社，2022：155－156.

的经济系统（economy）以及安全（safety）。[①]

电影《头号玩家》（*Ready Player One*）所描述的机制被视为元宇宙的应用形态之一，玩家只需要佩戴一套VR眼镜就可以身临其境地进入一个虚拟世界，体验全新的身份和外貌、不断升级的设备和能力，并以此与他人开展沉浸式的社交、竞赛甚至结婚；在这个虚拟世界中，无论是视觉、听觉、嗅觉、味觉还是触觉，都可以经由传感设备被高度还原，人们常常感受不到虚拟和现实的区别。图1-2为美国HBO电视台制作的《头号玩家》海报。

图1-2 电影《头号玩家》海报

此外，也有研究者提出，相较于以中心化平台为主要应用形态的Web2.0时期，这一阶段区块链技术的快速发展将催生一批去中心化应用，其不需要借助集中运营的管理者以及专门的审核人员来维持自身生态，而是通过自身激励机制的设计引导人们自发协调行为，实现互联网平台的去中心化。当前的代表性产品有去中心化社交媒体平台Steemit，它可借助基于通证[②]的激励系统自动运行，实现维持用户活跃、创造优秀内容、让优秀内容被发现和回避劣质内容的运营目标；还有去中心化信息检索应用"通证管理注册中心"（Token Curated Registries，TCRs），其检索结果中呈现的内容及排序将不再由算法规则控制，而交由大量用户投票决定。这些以打破少数大型平台企业对网络的垄断、让互联网回归"去中心化"的本质、将对网络的控制权交还给用户为目标的初步尝

① U.S. Securities and Exchange Commission. Annual report for year ending December 31，2022［R/OL］.（2023-02-28）［2023-03-25］. https：//www.sec.gov/ix? doc=/Archives/edgar/data/1315098/000131509823000035/rblx-20221231.htm.

② Steemit的通证分为三类，包括STEEM、Steem Power（SP）和Steem Dollars（SBD）。其中，STEEM是Steem公链中的基础通证，Steemit系统每隔一段时间就会生成一个新的区块以及一定数量的以STEEM计价的通证，这些新增通证将按照一定比例分配给激励对象（内容生产者、点赞者和评论者）、SP持有者和区块的生产者，可进行公开交易；SP用来衡量用户的影响力，拥有SP越多的人，发帖和评论的影响力越高，但SP不能直接买卖，而需由自有的STEEM转换获得；SBD是Steem公链中的稳定通证，价值被固定为1美元，用户可用1单位的SBD兑换价值1美元的STEEM，也可用来在一些网站购物。

试，正是新媒体组织对多数人期待的 Web3.0 革命的回应。①

第三节　管理理论的脉络与流派

管理对于各类组织而言都非常重要。在管理学研究出现并兴盛的 100 多年里，与不同的时代背景相对应，先后诞生了多种管理理论。在这里，笔者按照古典管理理论、行为科学管理理论和现当代管理思想与方法的脉络，为读者介绍一些经典的或较有代表性的管理理论。

一、古典管理理论

从 19 世纪末期到 20 世纪 20 年代，工业革命带来了许多针对工厂这种组织形式的管理问题，以往依赖经验的管理已不能适应社会化生产的要求。如何改进生产方式以提高工人的生产效率成为管理层关注的问题。围绕此类问题，西方的一些研究者提出了较为系统的管理理论，如科学管理理论和组织管理理论。后人将这些人类第一次以科学的、系统的方法来探讨管理问题的管理理论称为古典管理理论。

（一）科学管理理论

科学管理理论为提高产量提供了一套系统化的理论方法，主张用科学的管理原理和方法提高生产效率。这套理论所提出的一些可行的实践方法包括：确定协同工作的最有效率的工作方式，仔细为不同职位挑选最合适的员工，恰当地训练员工和提高劳动力素质，以及引进经济奖励去激励员工。

弗雷德里克·温斯洛·泰勒（Frederick Winslow Taylor）于 20 世纪初出版的《科学管理原理》在很大程度上标志着管理学作为一项学问登上了历史舞台，他本人也因为对科学管理理论做出的巨大贡献被人称为“科学管理之父”。泰勒根据当时生产效率低下、劳资冲突严重等情况，提出了确立每项工作的科学的工作方法、合理选择工人、教育工人以使其按照科学方法工作、管理者与工人合作共担责任等四条科学管理原则。此外，在具体的作业管理方法上，泰勒还设计出了标准化管理和计件工资制以提升工人的劳动效率与积极性。前者要求工人掌握标准化的操作方法，使用标准化的工具、机器和材料，并对劳动与休息时间、作业环境布置等进行标准化设置；后者的重点在于为工人设置工作量，将工资、奖励和工作量的完成情况相联系。

总的来看，科学管理理论主张用严密的科学调查和知识代替旧的依据经验、习惯和个人判断去处理各项工作的做法，其中的标准化生产、培训员工等诸多提法仍然被现在的许多企业所遵循。不过，科学管理理论用一种较为机械的视角看待工人，且认为只要许诺较高的工资，管理就能获得更多的回报，而后来的一些理论则指出，工人亦需要其他方面的激励来提高生产效率。

---

① 姚前，陈永伟，等．Web3.0：下一代互联网的变革与挑战［M］．北京：中信出版社，2022：19-34.

（二）组织管理理论

组织管理理论尝试从组织的角度研究如何提高生产效率。这一理论的代表人物有法国管理学家亨利·法约尔（Henri Fayol）和德国社会学家马克思·韦伯（Max Weber）。

法约尔以大企业的整体作为研究对象，提出了带有普遍意义的管理原则和方法，包括：管理有别于经营，只是经营活动的一部分，有自身的职能体系；管理的职能是计划、组织、指挥、协调和控制；为了更好地完成上述职能，管理应遵循 14 项原则——劳动分工、权力和责任、纪律、统一指挥、统一领导、个体利益服从集体利益、报酬、集权化、等级链、秩序、公平、人员稳定、首创精神以及团队精神。

韦伯从组织结构的视角出发，提出使用层级制或官僚制的组织形式可以实现一个组织的最优化运作。对此，韦伯描述了一种理想的组织类型，包括对劳动和管理进行明确的分工、自上而下的职权等级系统、正式的规章制度、正规的人员选拔、非个人的人际关系以及职业管理人员等。官僚组织结构强调可预测性、非个人性、技术能力与权威性，这与科学管理理论存在相似之处。不过，这种理想的组织结构在现实中不如科学管理方法那样容易实现。

总之，古典管理理论集中在如何提高组织的生产效率上，强调管理要用事实、理性、逻辑框架和规则来代替经验与个人习惯。但是该理论认为工人很少有动机去完成超出其工资和其他经济利益补偿之外的任务，这种观点遭到了后来的管理理论的极大挑战。

二、行为科学管理理论

在古典管理理论的指导下，企业管理对人的因素的关注较少，工人常被视为机器的附属品，这激起了工人的强烈不满。20 世纪 20 年代前后，一方面经济发展中的周期性危机日益加剧，另一方面随着工人抗争意识的不断觉醒，其与工厂主的关系变得紧张起来，这使得古典管理理论和方法难以有效控制工人以达到提高生产效率的目的。在这一背景下，管理的行为科学理论开始兴起并形成一大学派。

行为科学管理理论大多采用了微观的研究视角，将目光聚焦于对人的研究而不是组织。其研究者认为管理者和员工事实上处于同一利益共同体之中，除了工资和利益，员工还有更多方面的需求，这些需求的满足会使员工的工作更加高效，也更符合组织的利益。有效管理理论、需求层次理论、双因素理论、Y 理论和群体动力论是行为科学管理理论的代表理论。

（一）有效管理理论

哈佛商学院教授乔治·埃尔顿·梅奥（George Elton Mayo）和他的助手弗里茨·J. 罗特利斯伯格（Fritz J. Roethlisberger）于 1927 年接手了在伊利诺伊州西方电气公司的霍桑工厂进行的环境与生产效率的研究实验，即有名的“霍桑试验”。通过五年的研究，梅奥等人发现，工人的生产效率与人际交往息息相关，受工厂的物理环境的影响较小。换言之，工人更多地受到注意和更多地与管理者交流带来了生产效率的提高。

对此，罗特利斯伯格在就霍桑试验撰写的报告《管理和工人》中提出了有效管理理论。他认为员工在具有物质需求的同时也拥有社会需求，社会需求存在于他们与同事及其他人的联系交往之中，并影响着员工的生产效率；因此，管理者必须在组织的技术要求与人的要求之间达成一种平衡，即解决组织的“效率逻辑”与员工的“情感逻辑”之间的矛盾，以实现对组织的有效管理。简言之，有效管理理论提倡一种新型的、注重人际互动的管理技能组合①：首先，管理者要具备理解人的行为尤其是理解员工行为的能力；其次，管理者要具备与员工进行交流及劝告、激励和领导员工的人际交往能力。

（二）需求层次理论

美国心理学家亚伯拉罕·H. 马斯洛（Abraham H. Maslow）是这一理论的提出者。马斯洛认为人拥有一系列可以按层次排列的需求，当低层次的需求满足后，下一层次的需求才会被激发；一旦某种需求得以充分满足，它就不会再对个人的行为产生激励作用。

需求层次理论将人的需求由低至高分为五个层次：生理需求、安全需求、社会需求、尊重的需求和自我实现的需求。生理需求是指维持生存的基本物质需要，包括食物、水、衣服、房屋等；安全需求指的是从生理危险中解脱出来，生活在可以对未来进行预期的环境中的需要，包括对人身安全、生活稳定以及免遭痛苦、威胁和疾病等的需要；社会需求包括归属感和被他人接纳的需要；尊重的需求既包括自尊又包括被他人认可的需要；自我实现的需求则是指个人具有成为自己最适合成为的那种人的渴望。

需求层次理论的意义在于认识到个人是被不同的需求所激励的，且处在不同生命周期阶段的个人的需求也有差异，故而建议管理者针对不同人的特定需求运用多元手段对他们加以激励。

（三）双因素理论

双因素理论又称激励保健理论（hygiene-motivational factors），由美国心理学家弗雷德里克·赫茨伯格（Frederick Herzberg）于20世纪50年代末期基于对商业机构人士的系列调查提出。双因素理论认为引发人们产生工作动机的因素主要有两组：一组是保健因素，另一组是激励因素。通常，保健因素代表环境，包括企业的政策和规章、监督方式、工作条件、工资与福利以及人际关系等；激励因素包括工作中的认可、成就、责任感、个人的成长与发展等。需要强调的是，这些因素是具有双面性的，即既有激励因素的一面，也有保健因素的一面，只是有些因素在更多时间与频率上更倾向于激励或保健因素而已。

保健因素不能得到满足，则易使员工产生不满情绪、消极怠工，甚至引起罢工等对抗行为。但在保健因素得到一定程度的改善以后，无论再如何进行改善，往往也很难使员工感到满意，因此也就难以再由此激发员工的工作积极性。

---

① 雷恩，贝德安．西方管理思想史：第6版［M］．孙健敏，黄小勇，李原，译．北京：中国人民大学出版社，2013：342．

保健因素主要是让员工“不生病”，但不能让员工达到满意的程度。

而要让员工满意，就需要从激励因素入手。激励因素能够极大地激发员工工作的热情，使其更有“干劲”以提高劳动生产效率。但即使管理者不提供激励因素，往往也不会因此使员工感到不满意。

（四）Y 理论

虽然从人的需求角度进行激励的做法被越来越多的管理者接受，美国行为科学家道格拉斯·M. 麦格雷戈（Douglas M. McGregor）还是注意到许多企业仍然固守古典管理理论对员工的假设——对工作无兴趣、缺乏上进心、本性懒惰、消极怠工等，并基于这一假设对员工加以管理，主张以经济报酬来激励生产，重视满足员工的生理和安全需要，注重惩罚等。麦格雷戈将这种在管理中强调运用控制、威胁和强制等手段驱动员工的、以“经济人”人性假设为理论依据的管理概括为 X 理论。

麦格雷戈认为 X 理论已被证明是建立在错误的人性假设基础之上的，所以需要建立一个更科学的人性假设。这种假设对人性的基本概括是：人生性并非懒惰和不可信任，组织成员对工作的好恶取决于他们所处的环境，如果组织给予积极诱导和激励，成员将渴望发挥其才智，反之则视工作为一种痛苦——基于这一假设的管理理论即为 Y 理论。

Y 理论指出员工的个人目标可以与组织目标相融合，如果给予适当机会，他们便可以进行自我控制和自我领导，并发展出责任感；管理者亦无须再依靠控制和威胁的方式管理工人。在 Y 理论的指导下，组织激励的方法可以变为通过将员工个人才能与组织中适合的位置进行匹配，扩大工作范围，赋予其更大的自主空间，提供合理的报酬制度，使员工达到自我激励的目的。

（五）群体动力理论

这一理论最早由美国社会心理学家库尔特·卢因（Kurt Lewin，又译为库尔特·勒温）提出，用于描述群体对个体的作用和影响。该理论认为一个人的行为是个体内在需要和个体当时可感知到的环境外力相互作用的结果。此后卢因、诺那德·利比特（Ronald Lippitt）、诺尔弗·K. 怀特（Ralph K. White）等人开展了系列研究，群体动力理论因此不断丰富并形成了如下几方面的理论内涵①：

群体内聚力。这是作用于所有成员促使其参与群体的各种力量的组合，包括群体性质与成员个人的动机两个因素。群体性质包括它的目标、计划、组织形式和社会地位等；个人动机包括个人追求交往、认同和安全的需要以及他想从群体成员这一身份中获得某种东西的意愿。群体（组织）需要提高成员的感受和认识，使其认识到归属于群体其需要便可满足，使其与群体的价值一致性增强。

群体压力与群体标准。一个成熟的群体应控制其成员并使成员都能感到一种适度的求同压力，但同时在许多问题上又承认他们之间的差异，允许自由公开地表达己见，并通过这两种行为促使其与群体标准保持一致。

---

① 周晓虹．现代西方社会心理学流派［M］．南京：南京大学出版社，1990：103－107．

群体目标和个人动机。群体目标与成员的个人动机密切相关。从某种程度上说，群体目标是对成员施加影响的动力源泉。接受群体目标的成员能够表现出强烈的需求紧张，并努力为使群体达到目标而工作；仅是默许群体目标的成员则只能产生少量的需求紧张；而反对群体目标的成员则倾向于自行其是。

领导与群体性能。领导风格与方式对群体目标的设立、促进群体趋向于目标、促进成员相互作用、提高群体内聚力等具有影响。通过实验，卢因将领导方式分为三类：民主型领导，有助于提高群体工作效率，其领导下成员的集体意识更强；放任型领导，其领导易使成员各行其是，群体工作效率低下；专制型领导，其领导易使成员产生公开及潜在的敌意、攻击和不满情绪，成员工作的依赖性强，个性与独立性较差。

群体的结构性。当一个群体在其成员间的关系上获得一种稳定性时，群体的结构性就产生了。影响群体结构性产生的因素有三个方面：为了提高群体的工作效率进行的分工；个体的动机和能力所决定的个体在群体中的角色与地位；群体所在的地理环境与社会环境。

【前沿链接】 打造高效的工作团队

基于团队开展工作是当代组织的一项核心特征。相较于传统部门或者其他永久性的工作群体，工作团队具有更为突出的快速组建、部署、重新聚焦和解散的能力，因而能够赋予组织更强的灵活性与适应力。工作团队是工作群体的一种，成员会通过积极协作、个人与集体责任制度以及彼此互补的技能来努力完成某个特定的共同目标。

高效的团队总是具有类似的特征，对此加以归纳提炼，可为新媒体组织的团队打造提供方向指引。这些特征包括：

(1) 清晰的目标。团队成员对于要实现的目标以及如何共同努力以实现这些目标有着清晰的认知。

(2) 相关的技能。团队成员不仅有互补的、专业的技术能力，还有人际交往能力，从而能够共同努力做好工作并协助实现期望的目标。

(3) 相互的信任。团队成员之间高度信任彼此。

(4) 一致的承诺。成员对团队具有较高的忠诚度，乐于投入大量的时间做任何有助于团队获得成功的事情。

(5) 良好的沟通。团队成员之间能够用容易理解且清晰准确的方式快速、高效地分享想法和感受。

(6) 协商的能力。高效团队需要不断对由谁来完成什么任务进行调整，团队的问题和关系也经常会发生改变，这种灵活性就要求团队成员具备协商能力，正视分歧、理性调解。

(7) 合适的领导。高效团队里的领导者充当着教练和促进者的角色，他们指导和支持团队，激励团队成员与其共进退，但不会操控团队。

(8) 内部和外部的支持。对于高效团队而言，支持型环境十分重要。除了为团队工作提供必备的外部资源之外，团队内部还应拥有一套健全的基础结构，包括恰当的培训、一套清晰合理的用以全面衡量成员绩效水平的考核系统、一项用以认可和奖励团队活动的激励计划，以及一套提供支持的人力资源系统。

资料来源：罗宾斯，库尔特．管理学：第15版［M］．刘刚，等译．北京：中国人民大学出版社，2022：325-330.

三、现当代管理思想与方法

20 世纪中后期，与快速变化的社会发展环境相对应，管理学的理论也更加多元，经验主义学派、战略管理学派、组织绩效理论学派等新兴流派登上历史舞台，管理过程学派、社会系统学派、决策理论学派等既有流派的理论体系也不断得到发展和完善。

（一）管理是个协作系统

管理与组织密不可分，其存在于组织之中，目的是有效地实现组织的目标。美国组织社会学家切斯特·I. 巴纳德（Chester I. Barnard）在对商业组织、学术机构、宗教机构及其他组织进行考察的基础上，提出组织是“对两个或多个个体的活动或效力进行有意识协作的系统”这一观点。巴纳德认为，所有的系统都包括三种要素：成员们的协作意愿、一个共同的目标以及成员能够与彼此沟通。与这三种要素相对应，管理亦应有三种职能：更好地保证至关重要的协作努力、制定和界定目标以及提供一个沟通系统。

更好地保证至关重要的协作努力包括多个方面，例如管理者在建立成员间的合作关系以及营造、鼓舞组织士气时发挥的作用，招聘和选拔可以愉快共事的员工，向员工提供物质及非物质性的激励，维持监管、控制、检查、教育、培训等威慑措施等。在制定和界定目标时，管理者要向其成员反复灌输组织的共同目标，使员工认识到这一目标对于整个组织的意义，从而促进其协作意愿。而作为管理的第三种职能，沟通的重要性体现在可以使共同目的和协作意愿变得“富有活力”，为此管理者一方面必须明确定义组织任务，准确说明权威和职责的线路，同时又要考虑兼顾正式和非正式的沟通方式，尽量直接与简短地设置沟通路线，以加快沟通速度，减少多渠道传递所引起的沟通失真问题。

在巴纳德的眼中，这三种管理职能并不是单独存在的，而是整个组织所实施的一个过程的不同方面。他将管理最重要的性质定义为“对整个组织及与此相关的全部状况的领悟”①，以此来提醒管理实际上是对组织内部平衡与外部环境的全局的整合与判断。

（二）管理就是决策

无论是个人还是组织，总会遇到决策问题。对于组织而言，决策是管理的核心。决策理论学派奠基人赫伯特·A. 西蒙（Herbert A. Simon）认为“组织是由作为决策者的个人所组成的系统”，“决策贯彻管理全过程，管理就是决策”②。

所谓的决策，是指组织为实现一定目标而制定行动方案并组织实施的过程。

---

① 雷恩，贝德安．西方管理思想史：第 6 版［M］. 孙健敏，黄小勇，李原，译．北京：中国人民大学出版社，2013：377.

② 西蒙．管理决策新科学［M］. 李柱流，汤俊澄，等译．北京：中国社会科学出版社，1982：11.

西蒙将决策分为四个阶段[①]："情报活动"，探查环境，寻求要求决策的条件；"设计活动"，创造、制定和分析可能采取的行动方案；"抉择活动"，从可资利用的方案中选出一条特别行动方案；"审查活动"，对过去的抉择进行评价。

决策的制定通常是为了解决某类问题。按照上述决策过程能否使用确定的算法或决策规则进行描述这一标准，决策的问题可分为结构化问题、非结构化问题和半结构化问题。西蒙将前两类问题称为可"程序化"的问题和"非程序化"的问题。[②] 程序化问题会反复出现多次，这样人们就会制定出一套例行的程序来解决它。这类问题主要存在于具体事务操作层面，诸如面对新的广告客户应该做什么，某些员工职务变动后薪金怎么调整，等等。非程序化问题之前几乎没有出现过，或者因为其确切的性质和结构尚捉摸不定或很复杂，或者因为其十分重要而需要用现裁现做的方式加以处理，所以无规律可循，只能凭直觉和经验做出判断。这类问题例如新媒体企业是否要做内容集成商，又如传统互联网公司有无必要介入短视频业务。不过大量的决策问题有这样的特征："在某些条件下，其中的一个或两个决策阶段由于我们认识不清而无法完成清晰的描述，但其余的阶段则具有良好的结构，能对它进行清晰而准确的描述"[③]，这样的问题可称为半结构化问题。此类问题例如对新媒体企业的综合竞争力进行评估时，虽然可以明确地找到用户流量、市场份额、经营收入、利润增长率这些能够具体表述竞争力不同层面的数据，但对于到底用什么样的指标体系进行评测会更加合理却难有定论。

面对复杂且瞬息万变的环境，组织单纯依靠经验已经很难快速、有效、准确地做出决策。科学决策强调技术、信息、智力、知识与理性的有效结合，数字技术使得这一结合变为可能。在数字化、网络化的基础上，借助信息系统对信息进行整合管理，能够帮助增加决策"有限理性"——西蒙认为，人们不会考虑复杂问题的所有方面，而是建立简单化的模型将问题的实质性特征分离出来，并在这些简化模型的限制范围内实施推理[④]——的边界，从而利于决策者做出更加"满意"的决策。例如信息系统可通过过滤冗余信息将决策者从信息汪洋中解放出来，借助回归分析、预测模型、优化模型等使非结构化决策的结构化程度增强以更好解决"如果……怎样……"（what-if）的问题，此外还可以突出决策方案或决策问题的差异性从而使决策者更容易发现隐藏在数据深层的问题。

（三）正确地做事与做正确的事

企业要想取得良好的绩效，就必须要求各项工作都要有助于企业整体目标

---

① 西蒙．管理决策新科学［M］．李柱流，汤俊澄，等译．北京：中国社会科学出版社，1982：35.

② 同①39.

③ 高洪深．决策支持系统（DSS）：理论·方法·案例［M］．3版．北京：清华大学出版社，2005：23.

④ 比如在处理新问题时会使用不合适但熟悉的模式；比如因为人的记忆速度和脑海中的信息及知识都比较有限，在决策时一些重要的信息常常会被遗漏；比如决策者因同时处理筛选数据、设计方案、评估方案等任务而承受巨大的压力，所以一旦某个方案达到了他们可以接受的标准，他们就不会再对其他（哪怕是更好的）方案进行评估了。

的实现。20 世纪 50 年代，被誉为“现代管理学之父”的美国管理学大师彼得·F. 德鲁克（Peter F. Drucker）详细描述了企业管理中让个人充分发挥特长、担负责任，凝聚共同的愿景和一致的努力方向，以及建立起团队合作和集体协作的必要性，并提出“目标管理”（management by objective，MBO）的概念。他认为，企业的目的和任务必须转化为目标，企业管理者应该通过目标对下级进行领导，以保证企业整体目标的实现，“管理者的工作，应该基于为了实现企业目标而完成的任务……管理者应该受他所要完成的目标的指挥和控制”①。

选择适当的目标并实现这一目标之所以重要，是因为其反映的是企业的效能（effectiveness）问题。德鲁克认为有效的管理不仅要追求“效率”（efficiency），更要注重追求“效能”。前者是指尽可能充分地利用可获得资源去实现目标的能力，也就是正确地做事（to do things right）；而后者则指企业实现其目标的程度，即做正确的事（to get the right done）。效能体现的是企业而非个人的效率，因此是关乎管理成败的关键问题。

在实践中，有成效的管理要求在所有致力于企业总体效能（overall effectiveness）实现的方面都确立目标。德鲁克指出企业制定效能目标至少需包括如下八个有形与无形的方面：市场情况（market）、创新（innovation）、生产率（productivity）、物质和财力（material and finance）、利润率（profit ratio）、管理人员的工作和责任（manager's task and responsibility）、员工的工作和士气（work and morale）以及社会责任（public responsibility）。②

（四）作为过程的管理

早在 20 世纪初期，法国管理学家亨利·法约尔就已提出所有的管理者都执行了被称为“管理过程”的五项管理活动，即计划、组织、指挥、协调和控制。③ 第二次世界大战以后，以美国管理学家哈罗德·孔茨（Harold Koontz）为代表的管理过程学派，在法约尔相关理论的基础上进一步系统阐述了管理过程理论的基本思想——管理是一个过程，管理过程由不同的职能构成，而管理职能主要包括了计划、组织、人员配置、领导和控制等五类④。此后的研究者将管理过程简化为计划、组织、领导和控制四项，并由此形成了对管理过程的公认理解。

计划（planning）是管理活动的起点，包括确定组织目标、建立一个总体战略以实现这些目标以及制订一个全面的层级计划来整合并协调组织的各项活动三个部分。由此可见，计划不仅涉及组织当前以及未来要做什么，亦关系到要怎么做的问题。

---

① 德鲁克．德鲁克管理思想精要：珍藏版［M］．李维安，王世权，刘金岩，译．北京：机械工业出版社，2009：92.

② 海勒．彼得·德鲁克［M］．崔权醴，张军学，译．北京：中国社会科学出版社，2002：54.

③ 罗宾斯，库尔特．管理学：第 15 版［M］．刘刚，等译．北京：中国人民大学出版社，2022：7.

④ 孔茨，韦里克．管理学精要［M］．韦福祥，等译．北京：机械工业出版社，2005：3.

组织（organizing）涉及分工与协作。为了实现计划活动所确定的目标，实施计划活动所制定的行动方案，管理者必须分析需要进行哪些必要的活动，对这些活动如何分类组合，谁向谁汇报工作，决策权限如何在组织的不同层次上分配，如何为各种不同的职位配备适当的人员，不同的活动和人员之间如何协调，等等。

领导（leading）意味着管理者必须运用各种适当的方法指挥、协调员工，以影响其实现计划的目标。管理方法可以包括：为员工提供必要的指导和支持，或对员工进行有效的激励以影响工作中的个体和团队；选择最有效的沟通手段或以任何方式与员工进行交流，了解其工作状态并处理其问题；发展独特的组织文化，营造和谐的工作氛围，为员工提供良好的工作环境。

控制（controlling）是指采取措施消除实际绩效与计划和目标之间的偏差，以保证组织所进行的活动按照计划进行。控制主要涉及以下几项职责：其一，给其他管理者及员工以反馈；其二，对实现组织目标的进程进行监控；其三，根据具体情况采取管理行动，纠正组织实际绩效与设定目标之间的偏差与不足。

【前沿链接】重新审视管理中的软性因素：企业文化研究

前述提及的社会系统学派、决策理论学派、经验主义学派、管理过程学派等，在哈罗德·孔茨（Harold Koontz）于1961年发表的"The Management Theory Jungle"一文中被归纳为管理丛林理论，是继古典管理理论、行为科学管理理论后的第三个发展阶段。20世纪80年代左右，日本企业的快速发展引起了西方管理学界的广泛关注，企业文化作为组织高效管理、良好绩效与长远发展的关键因素被挖掘并迅速成为管理研究的核心议题。这一阶段也被称为现代管理科学的第四个阶段，《Z理论——美国企业界如何迎接日本的挑战》（*Theory Z: How American Business Can Meet Japanese Challenge*）、《企业文化——企业生活中的礼仪与仪式》（*Corporate Cultures: The Rites and Rituals of Corporate Life*）、《日本企业管理艺术》（*The Art of Japanese Management*）、《追求卓越》（*In Search of Excellence*）是这一时期最具开创性和代表性的四部作品。

1.《Z理论》：Z理论与Z型组织

《Z理论》的作者是日裔美籍管理学家威廉·G. 大内（William G. Ouchi），其在对日本和美国企业的管理特点、日本企业的成功模式加以对比和归纳之后，借鉴麦格雷戈的"X理论"和"Y理论"提出了"Z理论"，强调组织管理的文化因素，认为企业在生产力上不仅需要考虑技术和利润等硬性指标，而且还应考虑软性因素，例如人与人之间的信任、微妙性和亲密关系等。

以两国企业实践和Z理论为基础，大内提出了Z型组织的管理模式，其特征包括：(1) 实行长期或终身雇佣制，使员工在职业有保障的前提下更加关心与自身前途关系重大的本企业的长远利益；(2) 对员工实行相对缓慢的长期考核和逐步提升制度，同时也提供各种形式的、透明的考察绩效的机会；(3) 采取"非专业"的方式培养能适应不同职能部门和不同职位的人才，帮助员工之间更好地协作，但由此形成的技能只适合于特定公司，员工和企业将逐渐发展成为一个整体；(4) 管理过程中既采用各种量化的、科学的、技术的控制手段，又给予员工设定和完成目标的自由，其中，企业价值观是管理者和员工决策的重要参考标准；(5) 采取集体决策与个人负责相结合的决策方式，即在决策时重视集体意志与员工参与，执行时则由具体的个人负责完成由集体决定的某个目标；(6) 在员工中贯彻平等主义原则，在相信所有人都具有共同目标和共同利益的氛围中，个体可以独立对事物做出判断，且可以在没有严格监督的情况下自主工作。

2.《企业文化》：企业文化五要素

《企业文化》由美国哈佛大学教授特雷斯・E. 迪尔（Terrence E. Deal）和麦肯锡咨询公司顾问阿伦・A. 肯尼迪（Allan A. Kennedy）合著而成。书中提出，企业文化会深刻影响企业实践中的每一件事，对企业的成功起着重要作用。从构成上看，企业文化共包括企业环境、价值观、英雄、礼仪和仪式、文化网络五个要素。其中，企业环境指企业经营所处的社会和市场环境；价值观是企业的基本理念和信仰，这是企业文化的核心；英雄人物本身就体现着企业文化，为员工提供了有形的榜样；礼仪和仪式是日常生活中一些系统化和程序化的惯例，企业既通过日常行为表现（礼仪）向员工展示他们被期望的行为方式是什么样的，也经由盛大的典礼（仪式）提供支持与赞赏的范例；文化网络是组织内部主要但非正式的沟通渠道，由各种各样的人组成，他们不仅会传递信息，而且解释信息真正的含义，承担着企业价值信念和英雄神话的“载体”功能。

以企业经营活动的风险程度、在战略/决策是否成功方面得到反馈的速度为标准，企业文化可划分为四种类型：(1) 硬汉型文化：投资风险高且反馈较快，强调个人主义与机遇的重要性，娱乐产业是典型代表。(2) 努力工作/尽情玩乐型文化：员工生存风险很低且反馈信息快速而密集，在这一类型文化中行动意味着一切，只要不断努力就能达到目的，常根植于生机勃勃、运转活跃的销售型组织。(3) 赌注型文化：风险高、反馈慢，企业和员工需持久地承受压力；处于这一文化氛围中的人因要保证决策的正确性而多呈现出深思熟虑与从容不迫的特征，那些有资本性商品的公司（例如石油公司）就属于这一类型。(4) 过程型文化：风险小、反馈慢甚至没有反馈，银行、公共事业机构等企业的文化往往就属于这一类型，他们崇尚过程和细节，追求技术上的尽善尽美。目前多数企业都是这四种文化的混合体，例如市场部可能是硬汉型文化，销售部和生产部属于努力工作/尽情玩乐型文化，研发部是高风险、慢反馈的文化，而财务部则更偏向于过程型文化。

3.《日本企业管理艺术》：管理的“7S”框架

《日本企业管理艺术》的作者是美国管理学者理查德・坦纳・帕斯卡尔（Richard Tanner Pascale）和安东尼・G. 阿索斯（Anthony G. Athos），书中总结了管理的 7 个要素，后来被称为“麦肯锡 7S 框架”(McKinsey 7-S Framework)，用以透视和剖析复杂企业及其管理。这 7 个“S”包括：(1) 战略（strategy），一段时间内开发、分配有限资源并充分加以利用的行动计划；(2) 结构（structure），即企业的组织方式，例如是分散管理还是集中管理，是强调生产还是强调管理；(3) 系统（systems），信息在企业内部是如何传送的；(4) 员工（staff），一个企业中员工的人口统计类别，例如工程师、企业家等；（5）技能（skills），企业关键人物出色地处理事物的能力，这些熟练的技巧使他们把竞争者远抛在后面，这些能力不仅可应用于企业发展，还包括人的关系；（6）风格（style），高级经理和最高管理小组的工作方式，同时也指作为一个整体的组织风格；（7）最高目标（superordinate goals），即能真正激励员工为之奋斗，并将个人目标和企业发展目标结合在一起的指导思想或价值目标。

在所有要素中，前三个是"硬件"要素，后四个为"软件"要素，七个要素是相互关联而不是孤立运行的，任何企业的成功都与这七个要素密切相关。帕斯卡尔和阿索斯认为，美国企业与日本企业的区别就在于，美国企业在管理过程中过分重视前三个"硬件"要素而日本企业则是兼而有之，这也是前者在严酷的竞争中显得疲软而后者却充满生机和活力的原因——员工、技能、风格和最高目标作为"软件"要素，不是"涂在公司蛋糕上的奶油"，而是"赢得事业发展的任何社团所承担的义务中不可缺少的组成成分"。

4.《追求卓越》：卓越企业文化的八大特质

麦肯锡咨询公司研究人员托马斯·彼得斯（Thomas Peters）和罗伯特·H. 沃特曼（Robert H. Waterman）的《追求卓越》认为，卓越企业之所以能够在激烈的竞争中脱颖而出，主要是因为具备独特的企业文化。基于"7S 框架"，彼得斯及其同事对 43 家经过筛选的卓越企业进行了深度访谈，从中归纳出了卓越企业文化的八大特质：（1）采取行动，分析和决策当然必要，但采取行动更为重要，企业要勇于尝试，直面失败，然后再继续尝试；（2）接近顾客，倾听顾客的意见，向顾客学习；（3）自主和创业精神，赋予基层人员自主的空间，既鼓励务实的创新，也能够容忍失败；（4）以人为本，将员工视为质量和生产力的源泉，尊重每个个体；（5）亲身实践、价值驱动，注重价值观的打造与贯彻，领导者需亲身实践、坚持不懈，并深入公司最基层，营造一个令所有人振奋的环境；（6）坚持本业，跨行业经营往往会稀释组织的价值观；（7）组织简单、人事精简，企业的组织架构需透明、开放、灵活以保证其高效运转、不断创新且能够应对重大威胁，避免僵化；（8）宽严并济，让自治精神和创新精神深入工厂或产品开发小组，而对核心价值观的普及、贯彻则需采取中央集权。

更多关于新媒体组织企业文化的理论与实践见第四章。

（五）建立学习型组织

关于学习型组织的理论在管理学领域已有 50 余年的发展。20 世纪 70 年代克里斯·阿吉里斯（Chris Argyris）等人描述了适应型学习、单环学习和创造性学习三种组织学习的类型，提出了组织学习的概念。通常学习型组织可以被看作"一个能熟练地创造、获取和传递知识的组织，同时也要善于修正自身的行为，以适应新的知识和见解"①。

① 加文．建立学习型组织［M］//德鲁克，等．知识管理．杨开峰，等译．北京：中国人民大学出版社，2004：40－72.

美国麻省理工学院斯隆管理学院教授彼得·圣吉（Peter Senge）对学习型组织做出了更全面的阐释。随着信息革命、知识经济进程的加快，之前那些强调“制度＋控制”的等级权力控制管理模式越来越无法适应时代变化，企业组织有必要向以有机、扁平、高度柔性、更符合人性、全员持续学习为特点的学习型组织转型。圣吉在其1990年完成的代表作《第五项修炼：学习型组织的艺术与实务》一书中指出现代企业缺乏系统思考的能力，创建学习型组织需要在自我超越、改善心智模式、建立共同愿景、团队学习、系统思考五个方面进行努力。①

自我超越（personal mastery）。员工需通过不断学习激发自己内心深处最想实现的愿望，并全心投入工作，实现创造和超越。此项修炼兼容并蓄了东方和西方的精神传统，修炼时需要培养耐心、集中精力，对于学习如同对待自己的生命一般全身心地投入。它是学习型组织的精神基础。

改善心智模式（improving mental models）。心智模式根深蒂固于人们心中，影响人们如何理解这个世界（包括我们自己、他人、组织和整个世界），以及如何采取行动的诸多假设、成见、逻辑、规则，甚至图像、印象等。心智模式会影响自我表现出来的行为。改善心智模式的过程本质上是把镜子转向自己，试着看清楚自己的思考与行为如何形成，并尝试以“新眼睛”获得新的信息，以新的方式对其进行解读、思考和决策。这是一个自省、学习、创新和变革的过程。

建立共同愿景（building shared vision）。共同愿景指的是一个组织中各个成员发自内心的共同目标。组织都在设法以共同的愿景把大家凝聚在一起。作为个人要激发自己追求更高目标的热情，并在组织中获得鼓舞，使组织拥有一种能够凝聚并坚持实现共同的愿景的能力。

团体学习（team learning）。团体的集体智慧高于个人智慧，团体拥有整体搭配的行动能力。当团体真正在学习的时候，不仅会使团体整体产生出色的成果，还会使个体成员成长的速度加快。团体学习的修炼从“深度汇谈”（dialogue）开始。“深度汇谈”是一个团体的所有成员摊出心中的假设，让想法自由交流，以发现远较个人见解而言更为深入的见解。

系统思考（system thinking）。企业和人类的其他活动一样，也是一种系统，也都受到细微且息息相关的行动的牵连，因此必须进行系统思考修炼。系统思考修炼是建立学习型组织最重要的修炼，少了系统思考，就无法探究各项修炼之间如何互动。系统思考可强化其他每一项修炼，并不断地提醒我们融合整体能得到大于各部分加总的效力。

（六）绩效管理与流程再造

绩效管理（business performance management，BPM）的概念出现于20世纪70年代后期。许多组织开始将战略目标与员工及部门的业绩、效益联系起来，通过衡量一定时期内员工和各部门的投入产出情况来促进组织战略目标的达成。

---

① 圣吉．第五项修炼：学习型组织的艺术与实务［M］．郭进隆，译．上海：上海三联书店，2002：141－268.

绩效管理包括绩效的计划、实施、考核、反馈和沟通等环节，注重投入产出比，强调对经营效果的及时测评，关注业务管理的循环过程。

绩效管理通常以组织的业务流程转型或再造为基础。迈克尔·哈默（Michael Hammer）和詹姆斯·钱皮（James Champy）认为应该对企业的业务流程做根本性的再思考和彻底性的重建，以便在衡量绩效的重要指标（如成本、质量、服务和效率）上取得显著进展。[①] 业务流程是指把一个或多个输入转化为对顾客有价值的输出的活动，目标、输入资源、人员、活动、活动间的相互作用（协作关系）、输出结果是构成流程的六大要素，创造价值是其根本目标。

业务流程转型（business process transformation）或业务流程再造（business process re-engineering）的目的就是重建完整和高效率的新的业务流程，侧重"一步到位"式变革。业务流程再造的基本原则有：围绕结果而不是任务来组织；让需要这个流程产出的人执行该流程；把信息处理工作纳入产生该信息的实际工作中；对于地域分散的资源，要把它们作为集中状态来处理；把平行活动联结起来，而不是整合其结果；把决策点放在工作执行地点，把控制植入工作过程之中；一次就在信息源头把信息捕捉住。[②] 由于具有"革命性"的流程再造有时显得过于仓促且缺乏可行性，一种以"改良"为导向的业务流程优化（business process improvement）思想渐渐形成。这一思想的内核是减少流程中的非增值性活动，提高增值性活动的效率，基本过程包括筹划与准备、项目启动、分析诊断、流程设计、流程实施和检测评估。

业务流程再造或优化的效果、产出需要考核和评价，这涉及关键业绩指标（key performance indicator，KPI）、平衡计分卡（balance scorecard，BSC）[③] 等方法体系。关键业绩指标的"关键"指在某一阶段某一组织战略上要解决的最为核心的问题。平衡计分卡则强调绩效管理与企业战略的关联，通常分解为组织学习、流程管理、客户管理和财务能力四个互为因果的方面，强调对决定结果的组织驱动指标（driver indicator）与体现结果的结果指标（result indicator）的共同关注。

具体到新媒体组织，绩效管理可以从内容管理、经营创收、技术管理等领域的多个业务流程出发，经过目标设置、建模、执行、监控到评估这一不断循环的过程，由信息系统定期或及时通过 KPI 显示经营信息，从而对新媒体组织的生产能力、传播能力、管理能力和经营能力进行评估，并以此与新媒体组织的战略目标加以比较，再进一步做出调整和优化。

---

① 钱皮．为组织变革做好准备［M］//德鲁克基金会．未来的组织．方海洁，等译．北京：中国人民大学出版社，2006：3－12；哈默．新组织之魂［M］//德鲁克基金会．未来的组织．方海洁，等译．北京：中国人民大学出版社，2006：23－30.

② 亨格，惠伦．战略管理精要［M］．王毅，译．北京：电子工业出版社，2004：150.

③ 平衡计分卡源自于哈佛大学教授罗伯特·卡普兰（Robert Kaplan）与诺朗顿研究院（Nolan Norton Institute）的执行长戴维·诺顿（David Norton）于1990年开展的"未来组织绩效衡量方法"研究计划，该计划的目的在于找出超越传统以财务会计量度为主的绩效衡量模式，以使组织的"策略"能够转变为"行动"。平衡计分卡把组织的使命和策略转变为一套前后连贯的系统绩效评核量度，把复杂而笼统的概念转化为精确的目标，借以寻求财务与非财务的衡量之间、短期与长期的目标之间、落后的与领先的指标之间，以及外部与内部绩效之间的平衡。

【前沿链接】目标与关键结果法

目标与关键结果法（objectives and key results，OKR）是确保将整个组织的力量都聚焦于完成对所有人都同样重要的事项的一套管理方法，其在思想上与彼得·德鲁克的目标管理理论一脉相承，经科技公司英特尔（Intel）首席执行官安迪·S. 格鲁夫（Andrew S. Grove）调整、完善后提出。1999年，曾经就职于英特尔的约翰·杜尔（John Doerr）将OKR推荐给谷歌，得到了广泛认同和全面推广。2013年前后，OKR被引入中国，随后逐渐发展成为阿里巴巴、字节跳动、腾讯、百度等多家互联网企业的新型目标与绩效管理工具。

OKR由目标（objectives）和关键结果（key results）两个部分组成，目标是对驱动组织朝期望方向前进的目标的一种简洁定性描述，回答的是"我想完成什么"的问题；与此相对应，关键结果是用于衡量目标达成情况的定量描述，是对"如何实现目标/如何衡量目标是否完成"的回答，其特征是可衡量、可验证。例如，一个网站的OKR可以这样设定：目标为"让更多的人成为网站用户"；这一目标的完成可用两个关键结果衡量，分别是"2023年新增用户2 800万"和"注册用户达到1亿"。

在组织实践中，一个OKR周期包括设定、追踪与评估三个环节。设定环节由组织高层、团队、个人依次开始，前一层级设定的OKR是后一层级的基础，当然，后者的OKR需与前者协商后才能加以确定；明确了每个人的OKR后就进入追踪环节，所有员工都需要定期分析和评估自身实现OKR的进度与可能性，如果希望渺茫，则应重新调整；评估阶段在周期末尾，其要求每个员工对自己的OKR进行评估并总结成果。

作为新型目标和绩效管理工具、理念，OKR与传统绩效管理的不同主要有两个方面：

第一，在制定目标时，传统绩效管理强调自上而下层层分解，基层只是对高层指示的执行；而OKR则强调自下而上的目标设定，即基于兴趣、特长考虑自己能为组织目标的完成贡献什么，是"要我做"到"我要做"的转变。

第二，在目标公开方式上，传统绩效管理的目标等同于负责人和员工之间的承诺，只有彼此知道而对他人保密；OKR的目标则是透明的，任何一个员工都能够查阅其他人的OKR，由此不仅能够让员工更清晰地评估和感受自己的工作对企业的价值，而且能够更好地增进团队成员之间的了解和协作。

总结而言，OKR对目标一致、流程透明、精力聚焦的强调能够帮助新媒体组织充分调动员工的自主性和创造力，进一步提高组织的工作效率、协同能力和适应能力，充分、高效地调动所有资源助益组织愿景与使命的达成。

拓展阅读

[1] 德鲁克．管理的实践［M］．齐若兰，译．北京：机械工业出版社，2022.

[2] 杜尔．这就是OKR：让谷歌、亚马逊实现爆炸性增长的工作法［M］．曹仰锋，王永贵，译．北京：中信出版社，2018.

[3] 王明，洪千武．OKR管理法则：阿里巴巴、华为绩效管理实战技巧［M］．北京：中信出版社，2020.

【问题讨论】

全球科技公司谷歌（Google）成立于 1998 年，创始人拉里·佩奇（Larry Page）和谢尔盖·布林（Sergey Brin）最初将业务聚焦于设计、管理互联网搜索引擎，随后逐渐扩展至浏览器、电子邮件、视频广告、移动设备操作系统乃至无人驾驶汽车、智能穿戴设备等多元业务，致力于“整合全球信息，使人人皆可访问并从中受益”。2015 年，谷歌宣布资产重组，重组后的谷歌划归新成立的 Alphabet 旗下，成为其最大的全资子公司。全球权威商业杂志《福布斯》2022 年发布的排行榜显示，Alphabet 位列“全球最佳雇主品牌”（World's Best Employers）第 4 名，“全球企业 2 000 强”（Global 2000）第 11 名；在此之前，Alphabet 曾三年蝉联“全球最佳雇主品牌”首位。

自成立之初，谷歌就始终将招聘对象聚焦在“创意精英”（smart creative）这一群体上，其特征是不仅在专业领域拥有深厚的知识，而且同时具备商业头脑、创造力以及实践经验，这是谷歌之所以能够持续创新的重要动力。为更好地吸引和激励“创意精英”，谷歌在多年的实践中探索出了一整套包括文化、战略、招聘、决策、沟通和创新在内的企业管理体系。其中，企业文化和战略构想是吸引创意精英的基石，负责任的招聘能够为企业招揽足够的人才，开放平等的决策协商环境、顺畅透明的信息沟通则可激活人才的创意与活力。为达成上述目标，谷歌做出了诸多尝试，典型做法例如：

在文化层面强调“质疑的义务”（obligation to dissent）。如果员工对某个问题存在疑义，就必须把自己的顾虑提出来，这并非可做可不做的事，而是一种硬性规定；倘若因为员工三缄其口而让不如人意的构想占了上风，那么这些员工也难辞其咎。

在产品战略制定上相信“科技洞见”而非市场调查。科技洞见是指用创新方式应用科技或设计，以达到生产成本的显著降低或产品功能和可用性的大幅提升。依靠科技洞见生产出来的产品可以与同类竞争产品拉开显著差距。尽管市场调查等商业手段也十分重要，但科技洞见需居于首位。

在招聘标准上重视“谷歌范儿”。除了一般认知能力、职位相关知识以及领导经验等评价标准之外，谷歌在招聘过程中还看重对方是否有上进心和抱负、团队精神、服务精神、倾听及沟通能力、行动力、效率、人际交往技巧、创造力等特质。其中，“机场测试”是重要的评价工具之一。招聘官想象自己与应聘者同时身处一个因飞机延误而需要在机场待六个小时的场景中，判断自己是否能够与应聘者愉悦聊天并享受这段时光。此外，为保证招聘的公正性，谷歌还成立了招聘委员会做最终的招聘决策，成为委员会一员的首要标准是一切以公司利益为出发点，绝无其他。

在沟通方面，为鼓励公开、透明、诚恳的沟通，营造讲真话的氛围，谷歌设立了“多莉（Dory）机制”。任何不能或不愿当面向创始人提问的员工可以把问题发送到“多莉”系统中，由其他人投票表决问题的好坏；通常，越是难以回答的问题，通常也会收到越多好评。在经由众人投票筛选后，“多莉”问题最终会形成一个列表，在一周一次、全体员工都可参与的大会上公布，由创始人从头至尾逐一回答。参会人员有一红一绿两块牌子，如果觉得问题的回答有所保留，可挥舞红色牌子。

在创新方面，谷歌提倡“20%时间”工作方式，允许工程师拿出20%的时间来研究自己喜欢的项目；同时，在资源配置上则遵循“70/20/10”原则，即70%的资源配置给核心业务，20%配置给新兴业务，剩下的10%投在全新产品上，既给予员工创新的空间，亦提供必要的资源支持。为鼓励持续的创新，谷歌在2016年进一步提出了“Area120”项目，推行大创见（通过人才、资源以及技术等大公司的条件来解决大的问题）和小行动（发展自下而上的理念建立的“初创公司”，并给予这些公司敏捷行动的自治权）并行的方法，允许一批经过筛选的谷歌人将100%的时间花在自己的20%项目上，而这些团队将获得追求自己创意的资金、空间以及自主权。

资料来源：施密特，罗森伯格，伊格尔．重新定义公司：谷歌是如何运营的［M］．靳婷婷，译．北京：中信出版社，2015.

阅读材料，并回答下述问题：

（1）谷歌管理实践体现了哪些管理思想和原则？

（2）材料中提及的举措多是谷歌在2011年前就开始施行的，其在如今的新媒体所处的内外环境中是否还适用？

（3）请选择一家你感兴趣的新媒体组织，试收集材料并分析其管理的原则、举措与特征。

第二章　新媒体战略管理

对于各类新媒体企业，要想在激烈的竞争中一直保持竞争优势，就需要引进战略管理思维，系统、动态地把握内外经营环境，适时调整发展方向，不断优化资源配置，将日常经营与计划控制有效结合，使总体战略目标与局部战术目标统合起来。

第一节　战略管理概述

一、战略的五种定义

“战略”原是一个军事术语，指军事将领指挥军队作战的谋略。后来“战略”一词被引申至政治和经济领域，其含义演变为泛指统领性的、全局性的、左右胜败的谋略、方案和对策。

20 世纪 80 年代，加拿大麦吉尔大学的亨利·明茨伯格（Henry Mintzberg）教授在对以往战略理论进行梳理和深入研究的基础上，提出“5P”来概括人们对战略的各种定义，即计划（plan）、计谋（ploy）、模式（pattern）、定位（position）和观念（perspective）[①]（见图 2-1）。

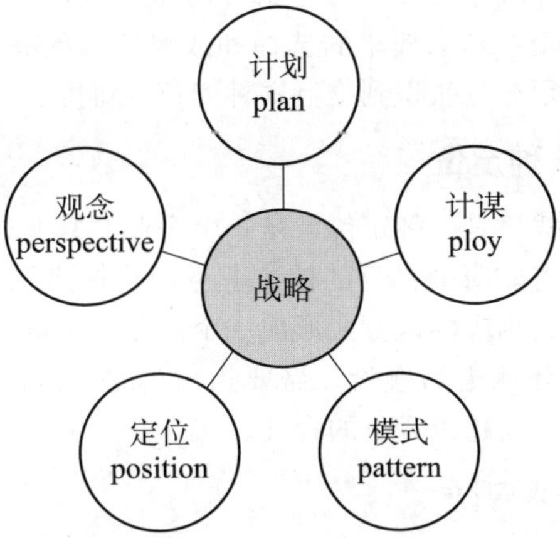

图 2-1　企业战略的“5P”

（一）战略是一种计划

从企业发展角度看，战略是一种计划。根据这一界定，战略是一种有意识、有预计、有组织的行动程序，解决的是一个企业如何从现在的状态达到将来位

---

① MINTZBERG H. The strategy concept I: five Ps for strategy. California management review [J]. 1987, 30 (1): 11-24.

置的问题。战略主要为企业提供发展方向和途径，包括一系列处理某种特定情况的方针政策，属于企业“行动之前的概念”；任何企业的经营活动，都必须遵从企业的战略方针展开，使各部门、各环节步调统一、运行有序、协同合作，齐力实现企业的战略目标。

（二）战略是一种计谋

从企业竞争的角度看，战略是威胁和战胜竞争者的计策和谋略。例如为提升自身在本地生活服务行业的竞争力，美团将业务范围从团购、外卖、酒旅为主的服务零售延伸至实物零售，于2021年提出“零售＋科技”的战略，一方面通过无人机、自动配送车等零售科技产品的研发拓展或提升即时配送网络的规模、效率与应用场景，另一方面则经由科技创新帮助本地商户实现数字化高效运营，持续巩固、提升差异化竞争优势。

（三）战略是一种模式

从企业发展历程的角度看，战略是指一段时期内一系列行动流的模式。该定义认为企业在某一时期基于资源而形成的使命与目标固然重要，但更重要的是企业已经做了什么和正在做什么。早期的战略观念强调分析和计划，但是战略是模式的概念则更为强调企业的行动。按照这一概念，即使企业没有任何书面形式的战略计划，它也可能是有战略的，也就是说，计划并不是战略的必要条件。此外，模式也意味着企业行动的一致性，而这种一致性也并不完全是正式计划或建立目标的结果。

企业行为模式是在历史中形成的，因此在制定企业战略的过程中就必须了解企业发展史，在选择战略时要充分考虑并尊重企业原有的行为模式，因为它会在很大程度上决定企业未来战略的选择和战略实施的有效性。若要改变企业的行为模式，首先必须充分认识到推行这种变革的难度。

（四）战略是一种定位

从产业层次看，战略是一种定位，是一个企业在其所处市场环境中的位置。根据这一界定，企业需要明确自身的核心业务、目标市场和竞争边界，继而把企业的重要资源集中到相应的地方，形成一个产品和市场的“生长圈”，使得企业的内部条件与外部环境更为融洽。需要指出的是，战略是一种定位的概念，引进了“多方竞争”以及超越竞争的含义。

（五）战略是一种观念

从企业层次看，战略是一种观念，它体现了组织中人们对客观世界固有的认知方式。在这个意义上，企业战略决策者在对企业外部环境及企业内部条件进行分析后做出的主观判断就是战略，因此战略是主观而不是客观的产物。当企业战略决策者的主观判断符合企业内外部环境的实际情况时，所制定的战略就是正确的。

战略是一种观念的定义强调了战略的抽象性，其实质在于，同价值观、文化和理想等精神内容为组织成员所共有一样，战略观念也要通过组织成员的期望和行为形成共享，而个人的期望和行为是由集体的期望和行为反映出来的。故而研究一个组织的战略，首先要了解和掌握该组织的期望如何在成员间分享，以及如何在共同一致的基础上采取行动。

二、战略管理的界定、特点和过程

(一) 战略管理的界定

企业战略管理的概念最早由美国学者哈里·伊戈尔·安索夫(Harry Igor Ansoff)在其1976年出版的《从战略规划到战略管理》(*From Strategic Planning to Strategic Management*)一书中提出。安索夫认为企业的战略管理是指将企业的日常业务决策同长期计划决策相结合而形成的一系列经营管理业务。美国加州大学的乔治·艾伯特·斯坦纳(George Albert Steiner)在他1982年出版的《管理政策与战略》(*Management Policy and Strategy*)一书中则认为企业战略管理是明确企业使命,根据企业外部环境和内部经营要素确定企业目标,保证目标的正确落实并使企业使命最终得以实现的一个动态过程。

综合相关理论,我们可以认为:战略管理是一组管理决策和行动,是外部竞争策略和内部管理优化的组合。对外而言,战略管理是确定并实施产业选择、产品和业务选择、定位和关键竞争方式的过程;对内而言,战略管理是选择并实施组织最优经营管理的过程。战略管理的最终目的是使企业适应环境变化、有效整合资源,从而得到长远发展。

根据上述界定,我们需要明确以下两点:

第一,战略管理是一项综合性的管理活动,其不仅涉及战略的制定和规划,也包含着将制定出的战略付诸实施的管理,因此是一个全过程的管理。

第二,战略管理不是静态的、一次性的管理,而是一个循环往复的动态管理过程。它是需要根据外部环境、企业内部条件的改变以及战略执行结果的反馈信息等做出调整,再重复进行新一轮战略管理的过程,是不间断的管理。

(二) 战略管理的特点

1. 全局出发

战略管理是从企业的全局出发,根据企业总体发展的需要而制定的,其管理的范畴是企业的总体活动,追求的是企业的总体效果。企业的局部活动是作为总体活动的有机组成在战略管理中出现的。也就是说,战略管理不是强调企业某一事业部门或某一职能部门的重要性,而是通过制定企业的使命、目标和战略来协调企业各部门进行“一盘棋”运作。

2. 面向未来

战略管理一般考虑的是企业未来较长时期(5年以上)的生存和发展问题。企业在设定战略并加以实施的过程中,必须不断地对产业发展潮流做出预判,对可能存在的市场机遇和威胁做出预估,对政府、媒体、供应商、竞争者、消费者等各类利益相关者的动向做出预测,对企业的成长性做出预设,否则就可能出现方向上的问题,不仅浪费大量资源,还有可能错失发展良机。

3. 高层统摄

战略管理涉及企业活动的方方面面,虽然它也需要企业各层级管理者和全体员工的参与和支持,但总体方案必须由企业高层决策者拟定,具体实施也需由高层决策者统摄。这不仅是因为高层决策者能够统观企业全局，更重要的是他们具有对战略实施所需资源进行分配的权力。

4. 资源保障

战略管理的一大重点是对企业的人、财、物等各类有形和无形的资源进行统筹规划、合理配置。对任何企业而言，资源都是有限的，强调对有限资源的优化配置是为了节约资源、提升资源的使用效益、满足重点业务的发展需求、保证企业长期发展的动力，并进一步保障企业战略目标的顺利达成。

（三）战略管理的过程

战略管理过程一般包括图 2-2 所示的四个步骤。

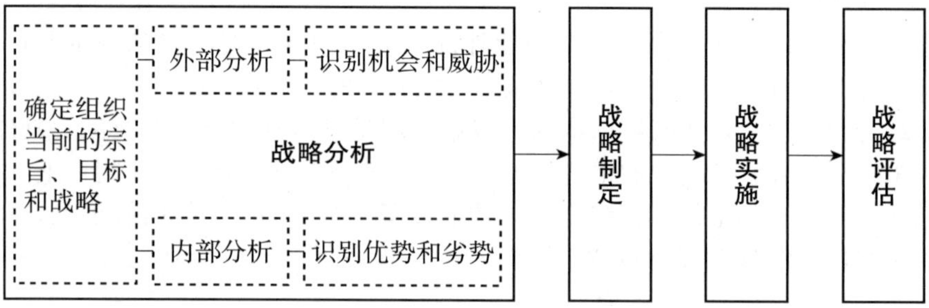

图 2-2 战略管理过程

1. 战略分析

战略分析指通过对企业组织的宗旨和目标、外部机会和威胁以及内部的优势和劣势进行分析，决定企业的战略方向。

第一，确定组织当前的宗旨、目标和战略。确定公司的宗旨是为了促使决策层仔细审视公司的产品和服务范围，这一对“我们到底从事的是什么事业”的理解关系到公司的指导方针。此外，决策层还必须明确企业的目标以及当前所实施的战略的性质，并对其进行全面而客观的评估。

第二，外部分析。即对组织的运营环境进行考察，分析企业所面临的各种战略机会以及所受到的各种战略威胁，其目的是形成一张涵盖对公司有利的有限机会和应该避免的威胁的清单，所谓的“有限”表明外部分析绝非找出所有可能影响公司的机会，而是识别出能付诸实践的关键因素。一般来说，组织的外部环境可以分为三个层次：其一，总体环境，包括经济、政策法规、社会文化、技术、人口、自然环境和全球环境七个方面，这为企业的长期发展提供了驱动力；其二，产业环境，即指产业的竞争程度和产业利润潜力，包括产业内竞争者的竞争态势、潜在进入者的威胁、替代产品或服务的威胁、供应商和购买者的议价能力等方面；其三，竞争环境，主要指组织所面临的竞争对手，是对总体环境和产业环境分析的必要补充。

第三，内部分析。内部分析是组织识别自身优势与劣势并确定关键成功因素的过程，主要包括核心竞争力分析（包括有价值的能力、稀缺的能力、难以模仿的能力和不可替代的能力）、管理能力分析、财务资源能力分析、市场营销能力分析、人力资源状况分析、生产运作分析以及企业文化分析等方面。

2. 战略制定

战略主体在了解、分析内部和外部环境，确定了本身所具有的优势和劣势，以及面临的机会和威胁后，借助 SWOT 矩阵、SPACE 矩阵、波士顿矩阵等战略决策工具，将企业的内外部关键因素进行匹配，选择、制定出其赖以生存和发展的经营战略方案，并围绕经营战略的要求阐明经营战略的政策，从而为战略实施提供条件。此外，战略还需要在组织的公司层、事业层和职能层分别设立。战略制定环节因其决定企业走向通常被看作战略管理至关重要的部分，在本章第二节将着重介绍相关分析工具。

3. 战略实施

战略实施指的是为达到战略目标，通过一系列行政、经济、法律手段所采取的一切行动。这是战略管理的行动阶段，是使既定的战略转化为实际行动并取得成功的过程。如果说战略制定的关键在于其正确性，那么战略实施的关键则在于其有效性，其成败取决于能否把实施战略所必需的组织、资金、人员、技术等资源及各项管理功能有效地调动起来并加以合理配置。本章第三节将进一步结合案例阐释战略实施的步骤与要点。

4. 战略评估

制定、执行和实施战略的任务从来不会一次实现。如果说战略的制定过程属于主观认识范畴，那么其真正的价值只有经过实践才能得到验证。在战略实施后进行战略评估，将进一步印证对外界环境的分析是否正确、所制定的战略途径和手段是否有效等判断，从而发现问题和差距、分析产生问题的原因、根据变化的环境对组织战略做出适当调整，并在必要时采取修正性措施，使战略行动更好地与环境及所要达到的目标相协调。一般而言，除非企业的内外部因素变化不大且正在顺利地朝着既定目标前行，否则其应根据评估结果不断进行战略调适。战略评估框架如图 2－3 所示。

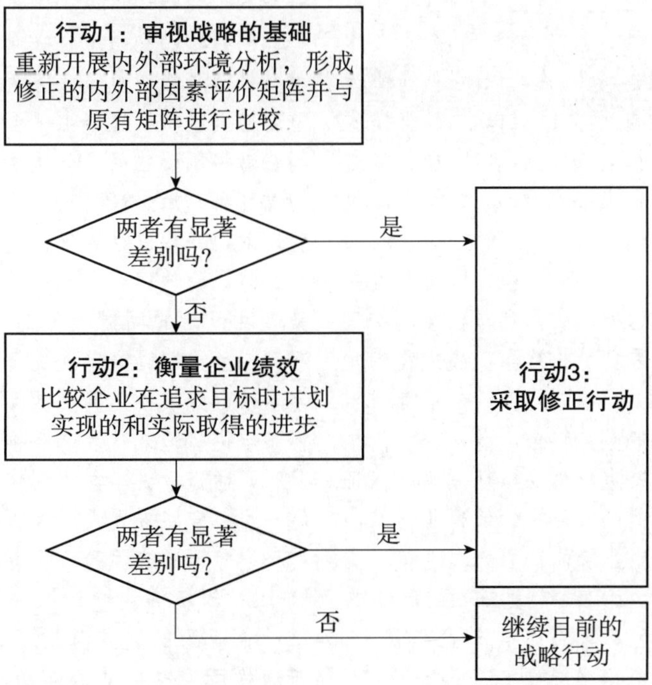

图 2－3 战略评估框架

【前沿链接】以创造共享价值为导向的企业战略

企业和社会是相互依存的整体。除了追求自身的经济目标，企业还应考虑其在维护公平正义、协助环境治理、缩小贫富差距等方面能够产生的社会效益，即承担和履行社会责任。这一关于企业与社会之间关系的判断已经逐渐成为学界和业界的共识，越来越多的研究开始探讨如何将社会责任理念融入企业日常经营管理活动之中，令“社会责任”成为企业寻求可持续发展的内生动力。

迈克尔·E. 波特（Michael E. Porter）和马克·R. 克雷默（Mark R. Kramer）的共享价值理念从企业战略的视角为商业价值和社会价值的融合提出了解决方案。这一理论认为，承担社会责任、创造社会价值的活动于企业而言并不是成本支出，而是一个获取更多利润、扩大领先优势、提高行业地位的机会；若企业能够在社会问题、社会需要和商业实践之间建立强连接关系，以共享价值为导向设计自身的整体战略、商业模式乃至日常运营，则能够在促进社会进步的同时不断提高自身的竞争力，推动企业经济价值和社会价值总量的增加。这就要求企业改变以利润为唯一目标的短视思维，从自身与社会的交叉领域中寻找需应对的社会挑战或需满足的社会需求，识别创造共享价值的机会，并进一步将其整合、融入企业的核心价值、愿景使命和战略规划中，保证企业的观念和资源皆一致地聚焦于社会问题解决与商业价值获取的同时实现。

腾讯于 2021 年发布的新战略“扎根消费互联网，拥抱产业互联网，推动可持续社会价值创新”即是这一理念指导下的典型案例。对于腾讯而言，此次战略升级的最大变化是将“推动可持续社会价值创新”列入了企业核心战略之中，使服务对象从用户（消费互联网）和产业（产业互联网）拓展至社会，并以后者为前两者的底座，实现三者之间价值的共创与互联。

在实践中，打造以共享价值为导向的企业战略大致有三种思路：

1. 重新构思产品与市场

从解决社会问题的视角出发，重新审视、调整、开发企业的产品战略与市场战略。这又可进一步划分为两条路径：(1) 从需求的角度切入，寻找当前或未来一段时间内真实的、可靠的社会需求，分析这些需求与企业现有产品和服务的联系并以此作为开发新产品、新服务、新市场的依据，打造差异化竞争战略。如为破解因闲置率高而造成资源浪费的社会难题，以“闲鱼”为代表的一批闲置物品交易平台兴起，不仅让二手交易市场在与电子商务模式的结合中重新焕发生机，还经由平台的经营引导消费者将闲置物品充分流转，实现资源的循环再利用。(2) 从消费者市场的角度切入，寻找以往被忽视的低收入或弱势群体，为他们开发合适的产品，在为其提供帮助的同时也能为企业获取利润。例如为帮助老年人更便捷地接入数字生活、开展线上购物活动，阿里巴巴将淘宝进行适老化改造后推出了淘宝长辈版，通过放大字体、简化界面、优化信息流、配备专属人工客服等方式打造契合老年人感官体验的线上购物产品。

2. 创新价值链

企业的价值链由相互联结的价值活动构成，包括基本活动和辅助活动两种类别，前者直接创造价值，可进一步划分为内部后勤、生产经营、外部后勤、市场营销和服务，后者为前者提供支撑，涵盖采购、技术开发、人力资源管理及企业基础设施建设等。企业价值链上的活动都可能对社会造成负面影响，也可能受到诸多社会问题的限制，这些影响和问题皆可转化为革新以创造共享价值的机会。典型的案例如企业在价值链某些环节中会因对资源不必要、不完全、不高效或不恰当的使用而给环境带来污染与沉重的负担，而这也在一定程度上反映了企业生产效率低下、生产成本虚高的问题。若企业能够将绿色理念纳入自身战略中，着力通过更换环保原料、升级生产技术、缩短生产流程等方式提高资源利用率，则可在减少资源浪费、扩充盈利空间的同时产生良好的环境效益，助益生态环境保护事业。

3. 投资竞争环境

竞争环境指的是能够显著影响企业战略执行与生产运营能力的外部条件，对竞争环境中那些能够支持、推动企业发展的要素加以投资，是企业加速经济目标达成、改善社会条件、推动社会进步、强化其与社会共生关系的重要方式。竞争环境主要由四个要素构成：(1) 生产要素，包括人力资源、天然资源、知识资源、资本资源、基础设施等，企业需考虑这些资源的丰富程度与可获得性；(2) 当地需求条件，会对企业造成影响的如需求的性质和复杂程度等；(3) 相关与支持性产业，即当地配套产业的可及性，例如是否能获得当地供应商的支持、是否存在良性的产业集群等；(4) 企业战略与竞争的环境，主要指的是管理竞争的规则机制和激励机制是否合理、透明、公开等。苹果公司自 2017 年起联合浙江大学举办的“中国高校计算机大赛-移动应用创新赛”就是对竞争环境中的人力资源与知识资源的投资。这一比赛面向热爱编程开发的高校学生开放，苹果公司公司为这些开发者提供技术、资金和其他资源的支持，表现突出者还可获得在 App Store 中正式发布作品的机会。借助这一平台，苹果公司不仅可以发挥自身优势资源推动国内教育的创新发展，引导高校学生以技术和智慧解决社会问题，还能够从中获取年轻开发者的灵感与活力，反哺自身的产品生态，实现企业与社会的“双赢”。

资料来源：PORTER M E, KRAMER M R. Strategy and society: the link between competitive advantage and corporate social responsibility [J]. Harvard business review, 2006, 84 (12): 78 - 92; PORTER M E, KRAMER M R. Creating shared value [M] // LENSSEN G G, SMITH N C. Managing sustainable business: an executive education case and textbook. Dordrecht: Springer, 2019: 323 - 346; 肖红军. 企业社会责任议题管理：理论建构与实践探索 [M]. 北京：经济管理出版社，2017：154 - 158.

第二节　借助工具制定新媒体战略[①]

彼得·德鲁克认为，战略管理需要的不是一堆窍门或一组技术，而是分析式思维，是对资源的有效配置。对任何企业而言，获取企业内外部环境的关键

① 若无特别说明，本节多数理论资料来源为：戴维 F R，戴维 F R，戴维 M E. 战略管理：建立持续竞争优势：第 17 版 [M]. 徐飞，译. 北京：中国人民大学出版社，2021.

信息只是基础，更为重要的环节是借助相关战略制定工具将这些信息加以准确匹配，生成多个可选方案，并从中选择最优的一个。本节将结合案例分别介绍SWOT矩阵、SPACE矩阵和波士顿矩阵等战略制定工具的使用方式。

一、企业可选的战略

弗雷德·R. 戴维（Fred R. David）在其《战略管理：建立持续竞争优势》一书中总结了可供企业选择的11类战略：前向一体化、后向一体化、横向一体化、市场渗透、市场开发、产品开发、相关多元化、不相关多元化、收缩、剥离以及清算。每类战略又有多种派生的子类，如市场渗透战略可分解为增加销售人员、增加广告开支、发放优惠券等手段。各类战略的分类、定义、举例如表2-1所示。

表2-1　企业可选战略的定义与实例

战略		定义	实例
一体化战略	前向一体化	对分销商和零售商取得所有权或者增加控制权	字节跳动于2019年发布数字化营销平台“巨量引擎”，通过整合旗下的平台广告资源、汇聚规模化的用户数据、提升智能化的数据分析及广告投放辅助技术，加强自身对核心广告资源的控制与发掘，为各种体量、地域的企业及个人提供数字营销服务
	后向一体化	对公司的供应商取得所有权或者增加控制权	视频平台入股或购买影视制作公司；以游戏为优势业务的企业（例如腾讯、网易等）持续投资游戏开发与发行公司，强化自身的游戏开发能力，丰富游戏IP资源
	横向一体化	对竞争者取得所有权或增加控制权	在团购业务上互为竞争对手的美团和大众点评于2015年宣布合并，在减少因竞争导致的不必要的资源浪费的同时，进一步提高市场份额、扩大网络规模效应、完善生活服务生态布局
加强型战略	市场渗透	通过加大市场营销力度，努力扩大现有产品或服务在当前市场条件下的市场份额	淘宝、京东等电商平台在“双十一”“618”等购物节期间展开营销大战；拼多多投入大量资金用于广告营销及平台内购物补贴，实现平台的快速、有效推广
	市场开发	将现有产品或服务引入新地区	在短视频社交领域，聚焦下沉市场的快手持续面向国内一、二线城市用户强化营销，拥有抖音的字节跳动则将目标用户群体拓展至海外，推出海外短视频平台TikTok
	产品开发	通过改善现有产品或服务水平，或开发新产品，努力增加销量	即时通信社交工具微信自2011年上线后持续更新，陆续上线朋友圈、微信公众平台、微信支付、微信小程序、视频号等功能，用以满足用户不断新增的需求，完善自身生态

续表

战略		定义	实例
多元化战略	相关多元化	增加新的相关产品或服务	为强化在物流领域的竞争实力，京东先后收购了跨越速运、达达集团与德邦快递，在自身的电商物流业务之外，还拓展了航空货运、同城即时配送服务、大件快递业务
	不相关多元化	增加新的不相关产品或服务	谷歌除了开发搜索引擎、电子邮箱、地图导航等互联网产品，还投入研发了无人驾驶汽车、智能隐形眼镜、数据传输光纤等。网易于浙江安吉县投资建养猪场养猪
防御型战略	收缩（转型或重组）	通过降低成本、裁员或资产重组，改变销售额与利润下降的局面	为实现“降本增效”，爱奇艺收缩了投资回报率差的边缘业务的规模，同时裁减相关人员；百度通过对医疗事业部的拆分与重组，加速自身将医疗业务与人工智能相结合的进程
	剥离	卖掉组织的一个部门或一部分	由于百度旗下提供网络订餐服务的“百度外卖”平台与自身“All in AI”的新战略关联不大，且该业务在行业中的市场占有率与竞争力不足，百度将其出售给了外卖平台饿了么
	清算	卖掉公司所有资产，部分地区只卖掉有形资产	直播平台熊猫直播因资金链断裂、自身盈利能力差、行业竞争激烈等，运营陷入困境，最终选择关闭服务器，宣布破产

二、SWOT 矩阵

SWOT（strength weakness opportunity threat）矩阵也被称为态势分析法或优劣势分析法，借助这一工具，企业便于确定自身的竞争优势（strengths）、竞争劣势（weaknesses）、机会（opportunities）和威胁（threats），并将这些因素加以匹配以选择最适合企业发展的战略。SWOT 矩阵是制定以下四种战略的重要方法：SO 战略、WO 战略、ST 战略和 WT 战略（见图 2-4）。

“优势-机会”（SO）战略是指利用公司的内部优势把握外部机会。所有管理者都希望能够利用内部优势把握外部趋势或事件提供的机会。通常，企业需要先采用 WO、ST 或 WT 战略，以逐步达到能够采用 SO 战略的地位。当企业有很大劣势时，需要努力克服劣势并促使其转化为优势。当企业面临重大威胁时，需要尽力避免威胁，以便集中精力利用机会。

“劣势-机会”（WO）战略旨在借助外部机会弥补、扭转内部劣势。有时，重要的外部机会确实存在，但企业固有的内部劣势会阻碍企业利用这些机会。例如，市场对适合手机等移动终端的网络视频内容存在很大需求，但某个视频

图 2-4 SWOT 矩阵

内部资源 / 外部环境	优势 strengths	劣势 weaknesses
机会 opportunities	SO 增长型战略	WO 扭转型战略
威胁 threats	ST 多元型战略	WT 防御型战略

平台却因为资金不足的劣势无法获得足够多的优质网络视频内容的版权。一种可能的 WO 战略是与其他视频平台展开合作，实现版权资源的置换；另一种可能的 WO 战略是展开融资以尽快获得资金方面的支持。

"优势-威胁"（ST）战略是指利用企业的优势，回避或减少外部威胁的冲击。比如，面对越来越激烈的电商领域的竞争（威胁），京东投资升级了物流配送系统，在物流方面构建了更高效的信息管理系统，提升了配送人员的工作效率；这样的优势不仅拉低了物流成本，也避免了第三方物流较长的账期，加快了资金周转速度。在新媒体领域，企业面临的主要威胁来自竞争对手对自身运作思路和业务模式的快速模仿。

"劣势-威胁"（WT）战略是一种弥补内部劣势并规避外部威胁的防御性策略。一个面对大量外部威胁且具有众多不足的企业，必然身陷风雨飘摇的处境。实际上，很可能这种公司的命运，是为求生存不得不接受兼并、实行裁员、宣告破产甚至结业清算。比如，囿于外卖市场来自美团与饿了么的激烈竞争（威胁）、自身的发展决策失误、资金资源局限以及内部管理混乱（劣势）等问题，百度外卖于 2017 年被饿了么收购，成为其具有差异化定位的高端餐饮平台（后更名为"饿了么星选"），但其市场份额仍逐年下滑，最终在 2021 年停止了服务器运营。

在具体操作上，构建 SWOT 矩阵需首先列出企业关键的外部机会和威胁，以及内部的优势和劣势，继而将内部因素与外部因素相匹配，将结果分别填入 SO 战略、WO 战略、ST 战略和 WT 战略对应的单元格中。根据业界经验，使用 SWOT 矩阵描述内外部因素和各类战略时，要尽可能地采用具体明确的词，如果可进行量化更好；同时，SWOT 矩阵里每个战略后面都要注明因素序号，如 S1 表示矩阵单元格中所列的第一条优势因素、O2 表示矩阵单元格中所列的第二条机会，这可以帮助决策者理解每种备选战略背后的依据。图 2-5 是某视频平台的模拟 SWOT 矩阵示意图。

虽然 SWOT 矩阵在战略管理中应用广泛，但其局限性也值得注意。比如 SWOT 矩阵没有解释如何获得竞争优势；又如 SWOT 矩阵是一个现时的静态评价，单个矩阵难以揭示竞争环境的动态演化；此外，SWOT 无法清晰地表明内外部关键因素间的相互关系，但这些相互关系及其互动作用在制定战略的过程中非常重要。

内部资源 外部环境	优势strengths 1.市场份额第二 2.购买了大量有版权的内容 3.产品体验好，用户评价高 4.内容自制能力强，有竞争力	劣势weaknesses 1.运营成本高于主要竞争者 2.高层管理人才流失 3.融资较难，资金紧张 4.视频技术无法与领先者匹敌
机会opportunities 1.互联网优质内容需求旺盛 2.“限薪令”持续升级，内容制作成本降低 3.技术的发展使用户触达视频的方式更多，成本更低 4.全民视频时代到来，移动视频逐步渗透到日常生活中	SO 战略 1.提升自制内容的比例（S4，O1，O2） 2.视频内容的分发、运营注重多端联动、多场景协同（S2，O3，O4）	WO 战略 1.优化组织结构、运作流程和人事制度（W2，W3，O4） 2.加强与业界在业务、资金等方面的资源整合（W3，O3，O4）
威胁threats 1.政策风险一直存在，行业监管趋严 2.行业竞争非常激烈 3.受宏观环境影响，资本投入较为谨慎 4.社交媒体平台、短视频平台等对市场的渗透	ST 战略 1.放弃“以量取胜”的竞争策略，把资源倾斜给头部优质内容（S1，S4，T1，T3） 2.与短视频平台等展开合作，允许用户进行内容二创及平台跳转，实现 IP 共创（S2，S3，S4，T2，T4）	WT 战略 1.裁减冗余业务及其相关人员（W1，W3，T2） 2.寻求与其他领先视频平台的合作（W1，W4，T4）

图 2－5　某视频平台的模拟 SWOT 矩阵

三、SPACE 矩阵

SPACE（strategic position and action evaluation，战略地位与行动评价）矩阵是匹配企业内外发展关键影响因素的另一个重要工具。SPACE 矩阵的纵轴代表财务态势（financial position，FP）和环境稳定性态势（stability position，SP），横轴代表竞争态势（competitive position，CP）和产业态势（industry position，IP），这四个因素对于确定企业的总体战略地位起决定性作用。如图 2－6 所示，SPACE 矩阵轴线划分出的四个象限，表明进攻、保守、防御和竞争四种战略。

根据企业的类型，SPACE 矩阵的四个因素会包含多种多样的变量。比如，如果衡量新媒体企业的环境稳定性态势，可以考虑技术变革、网民需求变化、竞争者的变动情况、市场进入和退出壁垒等变量；在产业态势方面可关注企业增长潜力、盈利潜力、资源利用率、政策风险等变量；在竞争态势方面可重点考量市场份额、产品或服务质量、产品或服务生命周期、顾客忠诚度、对内容供应商和广告公司的控制等变量；在财务态势方面可主要分析投资收益、财务杠杆比率、流动资金、营运资本、现金流、每股净收益、市盈率等变量。

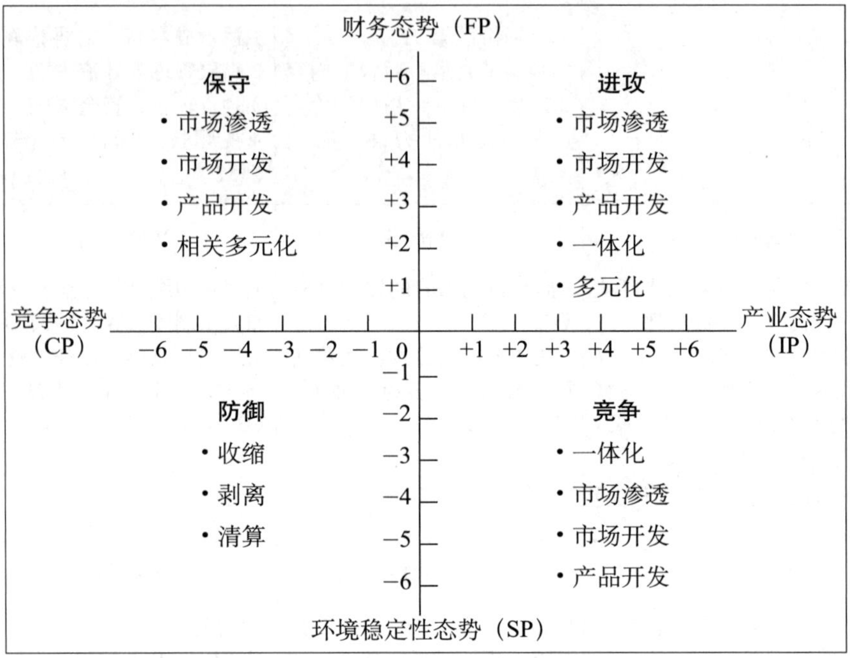

图 2－6 SPACE 矩阵

在借助 SPACE 矩阵进行战略分析及制定时，通常要经过以下几个步骤：

步骤 1：选择决定财务态势、竞争态势、环境稳定性态势和产业态势的一组变量；

步骤 2：对形成财务态势和产业态势因素的各个变量分别给出范围在＋1（最差）和＋6（最好）之间的评分，对形成环境稳定性态势和竞争态势因素的各个变量分别给出范围在－1（最好）到－6（最差）之间的评分；

步骤 3：计算各态势的平均分——将构成各个因素的所有变量的评分相加，再分别除以各因素的变量总数；

步骤 4：将上面得到的各态势的平均分，分别标在 SPACE 矩阵中对应的坐标轴上；

步骤 5：将 X 轴上标出的两个分值相加，结果标在 X 轴上对应位置；将 Y 轴上标出的两个分值相加，结果标在 Y 轴上对应位置；根据 X 轴和 Y 轴的数值，标出这两个数值共同确定的坐标点（x，y）；

步骤 6：画出从 SPACE 矩阵原点至坐标点的方向向量，该向量就是企业可以采取的战略——进攻、保守、防御或竞争。

当方向向量位于进攻象限，说明企业处于一种绝佳的地位，可以充分发挥自己的优势利用外部机会、弥补内部劣势、规避外部威胁，采取市场渗透、市场开发、产品开发、一体化或多元化战略方案；当方向向量位于保守象限，说明企业应围绕基本核心能力开展业务，不要过于冒险，可采取市场渗透、市场开发、产品开发及相关多元化等策略；如果方向向量位于防御象限，这意味着企业应集中力量克服内部劣势、规避外部威胁，采取收缩、剥离、清算等策略；若是方向向量位于竞争象限，则意味着企业应采取积极的竞争型战略，如一体化、市场渗透、市场开发或产品开发。

我们可以通过表 2-2 所示的某 B2C 电子商务企业的 SPACE 矩阵，进一步了解这一工具的使用方法。

表 2-2　某 B2C 电子商务企业的 SPACE 矩阵分析

项目	评分
财务态势（FP）	
当年总收入增长 11%，达到 85 亿美元，但增幅下降 18%	1.0
营业利润率增加 16%，达到 24%	3.0
公司运营成本及费用增长 28%，略高于行业正常水平	1.0
产业态势（IP）	
国家出台政策促进电子商务行业的发展	4.0
传统行业纷纷进军电子商务，资本运作频繁，竞争更激烈	2.0
电子商务企业由朝阳产业向成熟产业过渡	3.0
环境稳定性态势（SP）	
国家虽有通胀的风险，但政治稳定，经济状况稳中有升	−2.0
消费者网络交易的程度更加深入，网购成为常态	−1.0
行业马太效应凸显，几家电商企业主导市场的格局成型	−3.0
竞争态势（CP）	
主要竞争者不断加大投资，竞争力与日俱增	−4.0
公司自建仓储物流的战略继续推进，服务品质得到保障	−2.0
公司有庞大的客户基础	−2.0
结论	
FP 的平均值＝5.0/3≈1.67	
IP 的平均值＝9.0/3＝3.0	
SP 的平均值＝−6.0/3＝−2.0	
CP 的平均值＝−8.0/3≈−2.67	
向量的坐标值为：X 轴＝IP（3.0）＋CP（−2.67）＝0.33	
Y 轴＝FP（1.67）＋SP（−2.0）＝−0.33	
该电子商务企业应选择竞争型战略	

四、波士顿矩阵

许多新媒体企业都有多个自主经营的事业部（或称利润中心），这些事业部共同组成企业的业务组合单元。当企业的事业部在不同产业中竞争时，每个事业部必须分别制定各自的战略。波士顿矩阵（Boston Consulting Group matrix）就是波士顿咨询集团专门为多部门企业制定战略而设计的工具。

波士顿矩阵以图示的方法，通过市场份额和产业增长两个维度，描绘各个事业部的差异（见图 2-7）。该矩阵有利于多部门企业通过考察不同业务单元的相对市场份额地位和产业增长速度来管理其业务组合。其中，相对市场份额地位（relative market share position）是指一个事业部在其所在产业拥有的市场份额（或收入），与该产业最大的竞争对手拥有的市场份额（或收入）的比值。

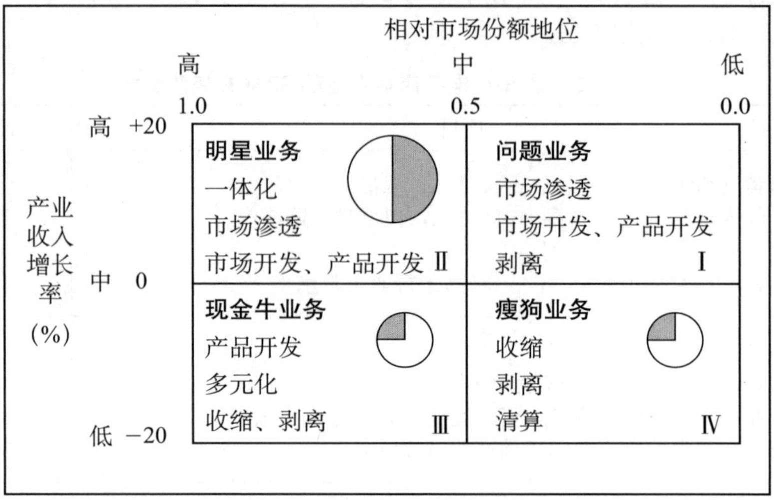

图 2－7　波士顿矩阵

如图 2－7 所示，波士顿矩阵的横轴表示相对市场份额地位。通常，X 轴的中位值设定为 0.5，表示公司的市场份额为本产业龙头企业的一半。Y 轴代表整个产业的收入增长率，以百分比表示，通常分布在－20%～20%之间，其数值可用产业内领先的几家企业的收入年增长率进行估算。图示中，每一个圆圈代表着一个独立的事业部，圆圈的大小与内部饼状图分别对应该业务单元的收入与经营利润——圆圈大小与该业务单元收入占企业全部收入的比例成正比，饼状图则表明了该业务单元利润占企业全部利润的比例。落在波士顿第Ⅰ象限的业务单元称为“问题业务”，落在第Ⅱ、Ⅲ和Ⅳ象限的分别称为“明星业务”“现金牛业务”和“瘦狗业务”。

问题业务（question mark）处于高速增长的产业中，相对市场份额较低。通常，这类业务部门对现金的需求量很大，但创造现金的能力又较为薄弱。这些业务之所以被称为“问题业务”，是因为公司必须决定到底是通过采用加强型战略（市场渗透、市场开发和产品开发）来扶持它们，还是直接将它们卖掉。

明星业务（stars）正处于高速增长的产业中，相对市场份额很高，需得到大量投资以保持或加强其在市场上具有的主导地位。这是组织最佳的长期增长和盈利机会。该类业务部门可采用前向一体化、后向一体化、横向一体化，或者市场渗透、市场开发、产品开发战略。

现金牛业务（cash cows）的相对市场份额很高，但处于低增长的产业中。这类业务之所以被称为“现金牛业务”，是因为其带来的现金收入超过其所需的现金投入，因而往往被“撇脂”（把产品价格抬高以攫取更大利润，有如从牛奶中撇取奶油）。从战略上来看，现金牛业务可采取产品开发或相关多元化战略以尽可能保持强势地位；不过，当其转而处于弱势时，企业应当考虑采用收缩或剥离战略。

瘦狗业务（dogs）相对市场份额低，并处于低增长或零增长的产业。无论在企业内部还是在外部市场，这类业务都处于不受重视的地位，因而往往是企业清算、剥离或通过收缩而削减的对象。如果业务部门首次沦为瘦狗，收缩战略可能是最佳选择，这是因为在大规模的资产和成本削减后，许多瘦狗业务又获得了新生，成为富有活力的盈利部门。

波士顿矩阵的主要优点在于，它促使人们关注企业各业务部门的现金流、投资特性及企业对不同业务的需要。许多企业的业务部门都会随着时间的推移而发生演变。通常情况下，业务部门按逆时针方向转变，即不断地从瘦狗业务转变为问题业务，继而从问题业务转化为明星业务，再从明星业务变为现金牛业务，又从现金牛业务转为瘦狗业务。随着时间的推移，企业应当努力使自身的业务单元组合都转变为各业务所在产业的明星。

图 2－8 展示了一个用波士顿矩阵分析某新媒体企业的案例。该新媒体企业的业务架构主要分为互动娱乐事业部、移动互联网事业部、新媒体事业部和电子商务事业部。其中，以网络游戏为主的互动娱乐业务占全国网络游戏市场三成以上的份额，处于该行业的领先地位；移动互联网业务集中于移动浏览器、安全、搜索、应用平台等方面的新产品的研发、孵化、培育，因为先发优势和强大的研发能力而成为移动互联网行业第一阵营中的一员；新媒体业务将传统门户、视频等多种媒体形态进行整合，广告和付费内容等是主要的盈利模式；电子商务业务主要投资新兴的 B2C 电商企业。

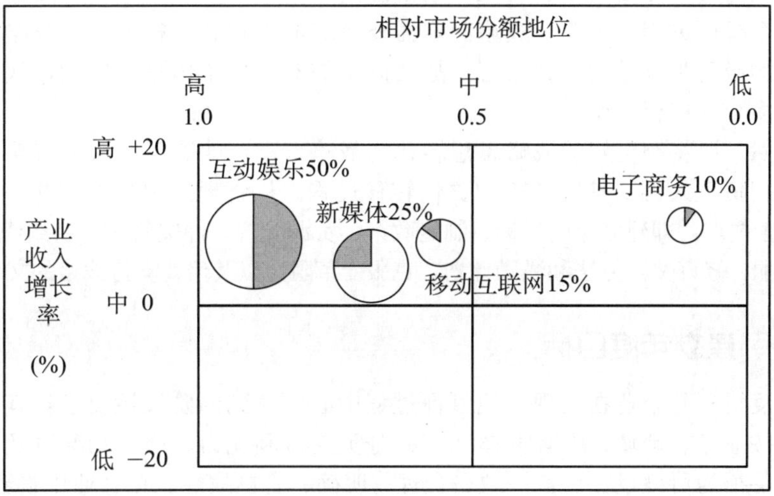

图 2－8　某新媒体企业的波士顿矩阵分析

如图 2－8 所示，该新媒体企业的互动娱乐事业部的收入最高，代表该部门的圆圈在矩阵中最大；电子商务事业部的收入最低，与其相对应的圆圈就最小。圆圈中的阴影部分代表各部门的利润对企业总利润的贡献比例，互动娱乐业务的利润占全企业利润总额的 50%。总体而言，该企业的各业务都处于收入增长率较高的产业中，其中互动娱乐、新媒体及移动互联网业务的相对市场份额地位都比较高，均是明星业务，互动娱乐业务更是整个行业的“老大”；而电子商务业务的相对市场份额地位较低，是问题业务。对于该新媒体企业而言，接下来的战略是：在互动娱乐领域，重在放到移动娱乐市场的开发上，继续提升移动分销平台的实力，以支持手机游戏的快速发展；在新媒体领域，加大对内容的投资及用户体验的优化，扩大视频内容的市场份额，对品牌广告客户进行精耕细作；在移动互联网领域，依靠前期储备的大量移动互联网方面的人才、技术和经验，集中精力进行新产品研发、孵化和平台培育，做好产品、拓展用户、增强业界口碑；在电子商务领域，精选有潜力的电商网站进行投资，最终依靠资本运作形成强大的电商平台。

虽然波士顿矩阵在分析企业战略时简便明了，但和其他分析技术一样也有一定的缺陷。比如，该矩阵将企业的所有业务部门都归入明星、现金牛、问题和瘦狗四类，是一种简化的做法，很多企业的业务实际上落在了这一矩阵的中间位置，很难归入以上四类之中。此外，波士顿矩阵没有反映一段时间内某一业务部门及其所在的产业是否增长，换言之，该矩阵没有考虑时间因素，更多的是对企业在某一特定时间点的快照。最后，除了相对市场份额地位和产业收入增长率，诸如市场和竞争优势等变量在不同业务的战略决策中同样非常重要。

第三节　新媒体战略的实施

如果不能很好地实施，再好的战略也注定会失败。

战略制定与战略实施的差异体现在多个方面：第一，战略制定是在行动之前部署力量，战略实施则是在行动之中驾驭力量；第二，战略制定注重效能和效益，战略实施注重效率；第三，战略制定主要是一个思维过程，战略实施主要是一个操作过程；第四，战略制定需要良好的直觉和分析能力，战略实施需要特殊的激励和领导能力；第五，战略制定需对某些个体进行协调，战略实施需对众多个体进行协调。

当然，要将制定好的战略思想转化为战略行动，就需要经历从战略策划者到各部门负责人再到基层员工的责任转移过程。从管理的视角看，这一过程共包括八个要点，即建立年度目标、制定政策、资源配置、冲突管理、将组织结构与战略匹配、修订奖励方法和激励计划、克服变革阻力以及培育支持战略的文化。

一、建立年度目标

年度目标是企业在实现长期目标过程中必须达到的阶段性要求，其内容普遍包括按业务、地域、顾客群体和产品分类的盈利能力、增长状况以及市场份额等，特征为可度量、协调一致、合理、明确、有挑战性、在企业中得到传播、有适当的时间要求、附以相应奖罚规定等。其中，协调一致又可进一步划分为横向一致性和纵向一致性，即各职能部门（横向）和各层级人员（纵向）之间的目标都应当保持一致并形成一个支持总体目标的网络。例如，当市场部门无法在短期内拓展更多的广告客户时，产品部门的产品研发哪怕超出年度计划一倍也是徒劳；又如，若数字内容部门年度目标只是比去年增加10%的版权购买投入，就很难保证企业增加30%广告收入这一目标的实现。

对于新媒体企业而言，清晰、合理的年度目标不仅可以明晰当下企业及各事业部或职能部门的工作重点，还能帮助其从全局视角对长期目标实现的进度进行有效审查；对于企业员工而言，年度目标可成为自身行为的指引与准则，其既是业务开展的重要依据，也是业绩成效的评判标准。图2-9是某新媒体企业的分级目标。

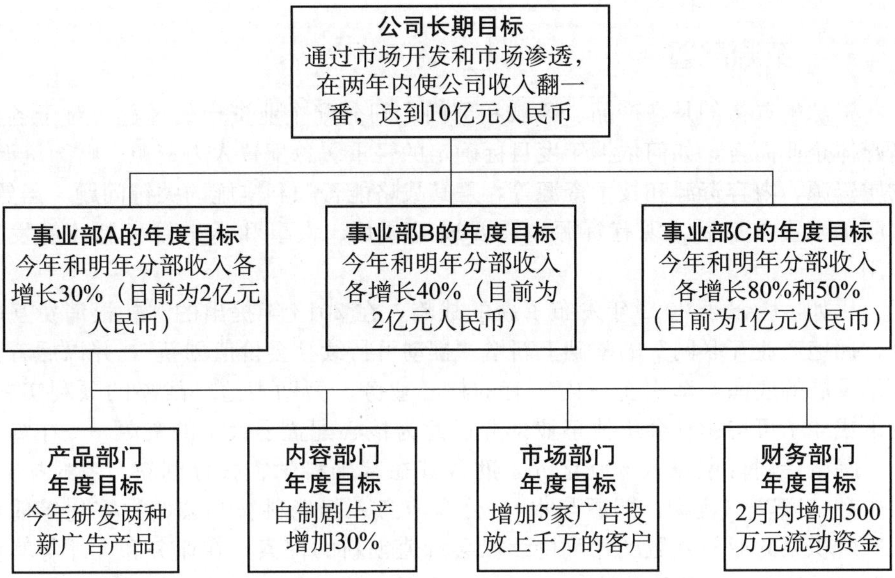

图2-9 某新媒体企业的分级目标

年度目标对于新媒体企业意义重大，但需要注意的是，过于强调目标的完成也会导致不良行为，如编造虚假数字、为完成任务而完成任务等。

二、制定政策

广义的政策是指为了支持和鼓励员工努力实现既定目标而制定的具体准则、方法、程序、规则和章程。作为战略实施的基本工具，政策具有如下六个方面的作用：(1) 为各种奖励和惩罚员工行为的管理活动设立了边界、约束和极限；(2) 明确了在追求企业目标时可以做什么，不可以做什么，比如许多新媒体企业在进一步拓展广告业务的过程中，为了净化广告环境、提升广告价值，严格按照《中华人民共和国广告法》和《互联网广告管理办法》的相关规定对客户加以审核，杜绝各类违法广告；(3) 使员工和管理者知晓企业期望他们做什么，进而提高战略实施获得成功的可能性；(4) 为管理控制活动提供基础，并协调组织单元间的关系；(5) 减少管理者用于决策的时间，同时明确谁应该做什么；(6) 将决策权适当地委派给下面某些问题多发的管理层级。

许多企业都有用于指导员工行为的政策手册。表2-3是某新媒体企业广告部的分部目标及支持性政策。

表2-3 某新媒体企业广告部的分部目标及支持性政策

广告部目标
年度收入从去年的10亿元提高到今年的18亿元
支持性政策
1. 采用招标（暗标）的方式选择广告代理公司，价高者得
2. 广告代理公司需实行分行业代理，不得超出自己的代理范围
3. 广告公司需提供一定的保证金，先付款后发布
4. 广告公司无定价权，统一执行15%的代理费制度
5. 广告公司的代理实施累高返点政策，代理额度越高返点越高

三、资源配置

资源配置指的是在产品、区域和部门之间分配企业资产的过程。对于各类新媒体企业而言，如何依据年度目标确定的轻重缓急配置人力资源、财力资源、物质资源、内容资源和技术资源等，是其战略能否顺利实施的关键问题。当然，在明确配置方案后，现有资源也需要通过项目、人事和承诺等机制才能发挥作用。

比如，腾讯于2021年发布了新的战略，在2018年提出的“扎根消费互联网，拥抱产业互联网”的基础上新增“推动可持续社会价值创新”，并以后者为腾讯发展的底座，牵引企业内所有的核心业务。为助力这一战略的顺利实施，腾讯成立了可持续社会价值事业部并以此为核心配置了大量的资源——在资金上，腾讯计划首期投入500亿元，助益其在基础科学、教育创新、乡村振兴、碳中和、FEW（食物、能源与水）、公众应急、养老科技和公益数字化等前期已有所积累的业务领域展开可持续社会价值创新的探索；在业务和人才等其他资源的配置上，腾讯则为这一事业部内设了向善实验室，用以与其他业务条线联动开展可持续价值领域的项目创新与孵化，最大限度地挖掘、激活、整合企业内部具有可持续价值的资源与能力。①

四、冲突管理

冲突是指双方或多方在一个或多个问题上的分歧，其往往发生在制定企业战略和建立年度目标的环节。

一方面，由于企业资源有限，战略制定者在分析、选择战略时常伴随着权衡取舍，观点与立场的不同就会形成冲突。这些需要权衡取舍的要素包括：短期盈利与长期增长、盈利率与市场份额、市场渗透与市场开发、增长与稳定、高风险与低风险、社会责任与利润最大化等。例如，从长期来看，对于一家视频企业而言，逐年投入更多的资金以购买内容版权对于竞争力的构建非常必要，但这意味着成本的居高不下，从而与公司对盈利率的追求产生冲突；又如在市场竞争愈演愈烈的情形下，持续的品牌建设利于突出某社交平台的差异化定位，并能够因此获得更多的新用户，然而对于那些融资存在困难且生存维艰的社交平台而言，短期内对品牌建设资金的削减却又成为必须。

另一方面，年度目标之间的一致性和相互依赖性要求不同部门、不同层级之间就企业未来一段时间内需完成的任务达成共识，但囿于人们各不相同的期望和观念、计划带来的压力、个性不合等原因，建立年度目标的过程往往也是冲突发生的过程。比如，对于一家门户网站，内容部门为了增加点击量可能会做出减少20%广告位以优化用户体验的目标设计，但这就会与营销部门将销售提高30%的目标发生冲突。

---

① 张渊．独家：腾讯发布新蓝图，“可持续社会价值创新”成为核心战略 首期投入500亿元助力中国发展新格局［EB/OL］．(2021-04-19)［2023-04-17］．http：//zw.china.com.cn/2021-04/19/content_77418784.html.

化解冲突的方法可分为回避、缓解和正视三类。其中，回避是指无视问题而寄希望于冲突自行解决，或将相互矛盾的个人或群体进行分离；缓解的方法包括减弱矛盾双方的冲突，强调双方的共同点和共同利益，或通过妥协淡化胜负，或遵从少数服从多数原则，或请求高级权威裁决，亦可调整当前立场；正视即交换对立双方人员以促进相互理解，或召开会议使对立双方陈述各自观点，求同存异，设法解决分歧。

冲突不一定是坏事，冲突的缺失有时是漠不关心、麻木不仁的信号。冲突可以激发对立群体采取行动，进而帮助管理者发现问题。

五、将组织结构与战略匹配

战略的变化往往要求组织结构发生相应变化，这是因为：(1) 组织结构在很大程度上决定了目标和政策如何建立，如在基于产品类别的组织结构中（如事业部型），目标与政策很大程度上用产品术语描述；(2) 企业的组织结构决定了资源的配置方式，如果组织结构设置是以职能领域为依据，则资源配置也按职能领域进行。

对新媒体企业而言，组织结构始终处于不断调试的过程中，这既意味着不存在一种最优的组织结构设计，适用于一家企业的组织结构未必适用于另一家类似的企业；也意味着即使企业寻找到了与当前战略最适配的组织结构，其也会随着企业的成长或多种基本经营战略的结合经历由简单到复杂的发展过程。

在实践中，企业的组织结构一般有职能型、事业部型、战略业务单元型及矩阵型四种类型。

职能型结构的使用最为广泛。此种结构将任务和活动按业务职能，如生产、营销、财务、研发和管理信息系统等进行分类。除了经济，职能型结构还可推动劳动的专业化分工，促进有效地使用管理和技术人才，优化对复杂系统的控制，并利于迅速做出决策。然而职能型结构也容易导致企业目光短浅、思路狭隘、各自为政、沟通困难，可能损害公司的整体利益。

事业部型结构也被许多企业采用，按照设置依据的不同，其又可进一步划分为地区事业部型、产品事业部型、用户事业部型和生产过程事业部型。在这种组织结构中，职能业务活动既会在总公司集中进行，也会出现在各事业部中。这一组织结构的突出优点是责任清晰，事业部的负责人需要对销售和利润负责；同时，其充分授权的特点也能够更好地激发员工的工作热情。此外，为管理者提供职业发展机会、在组织内部形成竞争氛围、利于开发新产品和新业务等也是这一组织结构的优势。腾讯就是采用事业部组织架构的典型互联网企业，其在经过几轮架构调整后，于 2018 年形成了包括企业发展事业群（CDG）、云与智慧产业事业群（CSIG）、互动娱乐事业群（IEG）、平台与内容事业群（PCG）、技术工程事业群（TEG）和微信事业群（WXG）在内的六大事业群。同样，事业部型结构也有缺点，比如可能分散公司的资源，阻碍各业务部门之间的有效共享，事业部间的竞争可能影响公司和谐等。

随着企业中事业部或分公司的数量、规模和类型的增加，战略制定者对事业部的控制和评价愈加困难。在这种情况下，有的企业就会选择战略业务单元型结构，将同类的分公司或事业部归并成战略业务单元，委任高层管理者对其负责并直接向集团公司 CEO 报告。对于规模较大的企业而言，这样的结构可通过协调各类事业部、明确战略业务单元的职责来促进企业整体战略的实施，但也存在因管理层次增加而导致人力成本上升的问题。

矩阵型结构最为复杂，因为它既像其他组织结构一样依赖纵向的命令与权力链，同时也存在着横向的职权和沟通关系。其中，职能横向排列，部门、产品或项目垂直排列。这一组织结构存在着两大明显的缺点，其一为管理职位过多，管理费用高；其二是企业复杂程度上升，如双重预算授权、双重奖惩系统、权力共享、双重报告系统及多维沟通系统等。当然，其优越性也非常突出，如项目目标清晰，沟通渠道众多，员工可看到自己的工作成果，取消项目相对容易，职能资源利于共享，等等。

六、修订奖励方法和激励计划

企业可以通过业绩奖、涨工资、公司股票期权、工资外补贴、提职、表扬、认同、批评、压力、增加工作自主性和荣誉奖励等方式，修订奖励方法和激励计划，从而对员工有效地实施企业战略产生激励作用。

要确定激励计划是否有效，可从如下方面进行提问式检验：

计划是否引起了员工注意？他们是否更多地谈论自己的工作？员工对这一计划下工作的初步成功感到骄傲吗？

计划是否被员工理解？员工是否弄清了计划要点？他们是否知道为了获得奖金需要做什么？

计划是否能改进沟通？员工对企业使命、计划与目标是否比过去了解更多？

奖励是否已按计划实施？为了达到预定目标是否已采取了各种激励措施？若目标未能达到，是否取消了奖励？

公司或单位的绩效是否更佳？利润增长了吗？市场份额提高了吗？各种收益是否部分地由激励措施所致？

这里我们可参考谷歌的做法。为了更好地激发员工的创新热情，谷歌一直倡导“20%时间”工作方式，允许工程师拿出 20%的时间来研究自己喜欢的项目，谷歌新闻（Google News）、谷歌邮箱（Gmail）等都是这一工作方式下的产物。2016 年，谷歌将这一激励机制升级，提出了“Area 120”的新计划，即允许一批经过筛选的谷歌人将 100%的时间花在自己 20%的项目上。这些团队将获得追求自己创意的资金、空间以及自主权。截至 2018 年年底，谷歌已经从 1 000 多个申请团队中筛选出了大概 50 个项目，这些项目成员将会被批准离开原先的工作岗位，前往 Area 120 的办公区对产品进行进一步研发，实现自身创意的真正落地。

七、克服变革阻力

战略的实施往往伴随着个人职务和业务过程的变化，甚至产生新的权力关系，由此带来的对个人经济利益、行为模式、角色特权等的威胁会使部分管理者和员工产生抵触心理，并进一步通过缺勤、匿名抱怨、拒绝合作等形式表现出来，此类来源于内部的变革阻力是战略实施过程中的最大威胁。

对于企业而言，克服变革阻力通常有三种策略：其一为强制变革，靠发出和强制执行指令实施变革，其优点是见效快，缺点是低责任心和高阻力。其二是教育变革，通过沟通使人们理解变革的必要性。虽然这种战略可能实施较为缓慢，但相较于强制变革，它可以激发更强的责任感，引发的阻力也较少。其三是理性或自利变革，使人们确信变革会对他们个人有利，从而最大限度地减少抵触心理。

理性变革是最佳策略，其实现应包括以下步骤：第一，邀请员工参与变革过程并为他们提供表达观点的机会，从而使其将自己视为变革的局中人，主动识别变革给自身带来的利益；第二，变革需要激励，自我利益就是最重要的一种激励；第三，为使人们了解变革的目标，沟通十分必要；第四，发出和接受反馈，每个人都乐于知道事情的进展以及取得了多大进步。

例如，为了让组织更敏捷、决策链路变短、市场响应更快，阿里巴巴于2023年3月启动了自创办以来最重要的组织变革，构建“1＋6＋N”的组织结构——在阿里巴巴集团之下，设立阿里云智能、淘宝天猫商业等六大业务集团和多家业务公司，并分别建立各业务集团和业务公司的董事会，实行各业务集团和业务公司董事会领导下的CEO负责制，对各自经营结果负总责。这也就意味着阿里巴巴集团将从过去对旗下业务人、财、事全面管理的统管模式，全面转向控股模式，各CEO以股东身份参与旗下各业务集团、业务公司董事会，行使股东权利、履行股东义务；其运营重心也将从具体业务中抽离出来，将精力更多投向投资、创新、孵化。

为克服变革中可能存在的阻力，阿里巴巴在三个方面做了尝试与探索：其一，自2020年起，集团董事会主席张勇就以建设“敏捷组织”为目标，在阿里巴巴集团内部推行经营责任制，实行多元化治理结构，成立了多家独立经营的公司，这些在经营、治理、绩效、分配等制度上的变革皆为此次组织架构调整做了铺垫；其二，在与员工的沟通方面，张勇不仅通过内部信的方式公开了此次架构调整的目标、具体计划、人事变动等信息，还在发布内部信的当晚以视频形式开展了内网问答，就此次变革的缘由、意义、未来发展等关键问题做了进一步阐释，保证变革信息能够被充分理解、坚定贯彻；其三，由于未来“具备条件的业务集团和公司，都将有独立融资和上市的可能性”，这就不仅能够在物质层面增加股权等更灵活的员工激励手段，也能在价值层面让员工为自己而战，即每个人并不是为了完成绩效聚到一起，而是共同做一项以市场反应为衡量标准的事业。①

八、培育支持战略的文化

战略制定者应当保留、强调现有企业文化中那些支持新战略的成分，识别、改变无法兼容甚至相互抵触的要素。由于企业新战略的制定往往由市场和竞争

---

① 程璐．张勇内网谈组织调整：在阿里24年发展历史上是前所未有的，是生产关系变革最剧烈的一次［EB/OL］．（2023－03－28）［2023－04－17］．https：//www.jiemian.com/article/9147105.html.

力量驱动，与文化关联较小，故而改变企业文化使其适应新战略通常比改变战略使其适应现有文化更有效。

美国管理学学者埃德加·沙因（Edgar Schein）在其《组织文化与领导力》一书中提出了企业文化传播过程中由领导者主导的六种主要的文化形塑机制和六种次要的衔接与强化机制。其中，基本的文化形塑机制包括：（1）领导者定期注意、评估和控制什么；（2）领导者对关键时间和组织危机如何应对；（3）领导者如何分配资源；（4）有意地进行角色示范、教授和指导；（5）领导者如何分配奖励和职位；（6）领导者如何招聘、选拔、晋升和解雇员工。经由这些机制，领导者们可以有效地将组织所倡导的价值标准与行为准则传递给员工。

衔接与强化机制则包括：（1）组织设计和结构；（2）组织制度和程序；（3）组织仪式和典礼；（4）物理空间、外观和建筑物的设计；（5）重要事件和重要人物的故事；（6）组织哲学、信条和章程的正式声明。若这些辅助手段的核心指向能够与前述领导者所传达的理念、价值、准则等相一致，则可有效地起到支持、强化、维护企业文化的作用，否则可能会被忽略，甚至成为内部冲突来源。①

百度于2018年发起的文化变革是新媒体企业打造、传播企业文化的一个典型案例。这一变革以百度战略思维的转型为背景，其为克服移动互联时代带来的巨大挑战，决定由聚焦信息的“浅”连接向打造移动生态的“深”连接转型，由此不仅要在战略方针上加以变革，还需在企业文化上加以探索，打造适合这一战略目标的文化。

此次文化变革的核心举措大致包括三个层面：第一，明确组织文化的内涵。尽管百度在成立之初就确立了“简单可依赖”的核心价值观，但此前多为模糊、笼统的表述。为更好地发挥企业核心价值观“行动指南”的作用，百度于2018年对其具体维度进行了明确定义，提出了“‘简单可依赖’7＋3行为规范”，其中，“7条规范”应用于所有百度员工，而另外的“3条规范”则专门为管理者设定。第二，推出系列管理举措。例如“简单之约”全员沟通会，即定期收集员工最关心的问题并请相关负责人演讲解答，员工可现场参加，也可通过内网观看并以弹幕的形式参与互动，其主要目标是通过沟通的形式实现企业战略的全面宣贯。又如将企业价值观指标纳入管理体系中，在对员工的绩效乃至晋升考核中实行“文化一票否决”的标准。还有“简单小考”，将企业战略和核心价值观相关的内容制作成考卷，要求员工参加考试。第三，强化制度保障，推动OKR代替KPI成为企业的目标与绩效管理制度并要求管理者将价值观建设列入自身的OKR中，一方面改变过去几年中以利润为唯一目标的价值观变形问题，让文化价值观指引企业和员工的战略行动，另一方面则通过OKR制定过程中层层嵌套的沟通过程推动企业战略的有效传达，营造信息透明、目标一致的文化氛围。同时，百度还提倡“即时奖励制度”，即“战功一旦确认，立刻兑现”，由此百度App、信息流、短视频、智能音箱等业务线的一大批高级经理或总监

---

① 沙因．组织文化与领导力［M］．马红宇，王斌，等译．北京：中国人民大学出版社，2011：181-199.

得到快速晋升，不仅极大地提高了员工的工作热情，还为其树立了典范与榜样。①

【问题讨论】

美团十三年：持续升级的战略与不断拓展的边界

2010 年，为满足那些没有经济实力在门户网站、搜索引擎做广告的本地中小企业的推广需求，互联网创业者王兴打造了美团网。美团网的主营业务为团购，即为本地商家和具有相同消费需求的人群提供连接，既可通过消费体量的增加为消费者争取更低的价格，也可借此提高商家的销量，增强其推广能力。不过，这一时期恰逢中国团购业务的兴起，美团甫一上线便面临着激烈的市场竞争——不仅百度、腾讯这种既有头部互联网企业纷纷上线团购业务，拉手网、窝窝网等新型团购网站也在不断涌现，数量最多时超过了 5 000 家。

在各团购网站为抢占市场大举投放广告时，美团一方面将精力聚焦于开发移动端和其他系统，包括与团购产品融合的 LBS（location based service，基于位置的服务）产品等，以提高产品质量和用户体验；另一方面开展线下推广与运营行动，动员员工加班加点拜访商家谈合作，增加有效供给。两年后，美团在“千团大战”中脱颖而出，随之开启了持续的战略调试与业务拓展历程。

1. T 型战略与“三驾马车”

2012 年，在团购业务获得成功并实现盈亏平衡后，美团正式转向 O2O（online to offline，指将线下商务的机会与互联网相结合，使后者成为前者的交易前台）领域，提出了“T 型战略”。其中，“T”的横线指的是团购业务，纵线是电影、酒店、餐饮等垂直细分领域，“T 型战略”就是希望通过巩固、提升横线团购业务的实力以及丰富、深入纵线的垂直领域，为企业产品注入更多应用场景，在维持竞争优势的同时增强用户黏性、寻找新的增长点。

这一战略的制定主要来源于对当时内外环境的考虑：就宏观经济形势来看，2012 年国内服务业增加值占 GDP 比重达 45.5%，首次超过第二产业，且呈现出持续增长的趋势，这一经济转型对深耕服务电商的美团而言是一个利好信息；同时，团购已经成长为美团的优势业务与流量入口，这是向其他生活服务领域扩展的良好基础与坚实保障。

在这一战略的指引下，美团自 2012 年起开始发展各垂直领域的业务，陆续推出了电影票线上预订、酒店预订、餐饮外卖、旅游门票预订、火车票与机票预订等多项服务。最具标志性的战略举措为电影票预订业务“猫眼电影”的独立。此前，电影票务“美团电影”只是美团娱乐部门的一项业务，其在 2013 年 1 月更名为“猫眼电影”并上线具有在线选座功能的 App；同时，为了留出更多的发展空间，美团为猫眼电影成立了独立的事业部，让这一业务从与其他垂直业务共用地推团队的推广体系中脱离出来，拥有独立的供应链体系和销售团队。

---

① 邓勇兵．驱动第二曲线增长背后，百度如何激活组织变革 | 特别策划［EB/OL］．（2021-05-27）［2023-04-17］．https：//mp.weixin.qq.com/s/ymLKi1pyEyeAfEw2S52aFw.

在美团的支持下，猫眼电影实现了每月30%的增长，销售额占全国电影票房的9%。随后，这一发展模式也被复制到了其他垂直领域，美团持续朝着“纵向”无限扩张。

然而，没有边界的扩张并不意味着利润的增长。由于亏损较为严重，2015年年底至2016年，美团陆续关掉了一批因订单量低或投入过高而难以获利的业务，包括实物电商团购、到家服务等；作为“T型战略”标志的猫眼电影也因利润微薄于2016年5月被出售给光线传媒。系列收缩举动意味着“T型战略”的边缘化，取而代之的是包括“餐饮、酒旅、综合（餐饮之外的本地生活服务）”在内的“三驾马车”架构，在此期间的多数业务探索皆围绕着这三大业务展开。

2. Food + Platform 战略

2018年，美团赴港上市（上市名称为“美团点评”，后更名为“美团”），随后CEO王兴通过内部信的方式宣布了新的发展战略为“聚焦Food + Platform，以‘吃’为核心，苦练基本功，建设生活服务业从需求侧到供给侧的多层次科技服务平台”。这一战略的核心为通过一个平台支撑多品类业务，实现各品类的交叉营销，完成O2O闭环；其中，满足人们高频率的“吃”的刚性需求是关键，其用以吸引和留存用户，而平台的作用是将这些用户的注意力延伸至出行、差旅、娱乐、购物等其他品类，逐步覆盖整个消费周期。

结合招股书发布的2017年数据可以发现，这一战略实际上是美团对自身优势的深度挖掘与变现，这些优势突出地表现在：第一，美团和大众点评在餐饮行业的市场占有率高。以消费场景为划分依据，美团是全球最大的餐饮外卖提供商，而大众点评是全球最大的餐饮服务平台，二者合并之后的美团点评在餐饮到家和消费者到店两个领域占据优势地位。第二，用户转化率较高，美团用户中超过80%的酒店预订新增交易用户及约74%的其他生活服务新增交易用户是从餐饮外卖与到店餐饮这两个核心品类交易用户转化而来。第三，同城即时配送网络规模较大，日均活跃配送骑手数量约53.1万人，全年通过自有网络完成约29亿单配送，占全年即时配送交易的70%以上。

为此，美团一方面重新调整组织架构，根据场景组建到店事业群和到家事业群，致力于提升商家效率以及提高即时配送能力；同时成立用户平台和快驴事业部，前者聚焦优化用户体验，后者则为商家提供优质供应链服务。另一方面围绕着“让大家吃得更好，生活更好”加大对新业务的投资，先后拓展了生鲜电商（美团买菜）、共享单车（美团单车）、充电宝租借服务（美团充电宝）、社区团购（美团优选）、同城即时速递服务（美团跑腿）等。

2020年的财报显示，原先作为美团优势业务的到店、酒店及旅游业务因受到疫情影响，营收呈现出下滑趋势，而其新业务及其他的营收则一跃成为除餐饮外卖之外的第二大营收来源，同比增长了33.6%，凸显了美团致力于成为一站式生活服务平台的决心和成效。

3. 零售+科技战略

2021年9月，美团再次宣布战略升级，将原先的“Food + Platform”升级为“零售 + 科技”，将业务领域从团购、外卖、酒旅为主的服务零售拓展至实物零售，在创新自动配送领域的场景和工具的同时，进一步推动生活服务和实体零售行业数字化转型。

此次战略的升级亦伴随着组织架构的调整——成立特别行动小组 g-team，成员由五名高管担任，包括美团 CEO、到家事业群总裁、优选事业部总经理、快驴事业部总经理、美团平台总经理，负责零售相关业务的讨论和决议，将以往分散在不同事业部的零售业务资源统一整合、高效调配。

在完成对内整合之后，美团开始在本地实体数字化运营、即时配送网络等方面加大投入。例如推出商户流量扶持及联合营销计划，进一步激发本地商户的数字化运营活力，针对"老字号"商户提供量身定制的工具，帮助其扩大获客渠道即为这一举措的典型案例；又如开设国内首条产业园区内的无人机配送常态化试运行航线，通过人机协同实现"万物到家"，并以此为基础逐步在园区内建立起"3 公里 15 分钟达"的低空智慧物流网络等。

然而，随着抖音、京东等互联网企业在本地生活服务领域的不断拓展，其庞大的用户体量给美团主业带来了极大的竞争压力。如何强化包括配送服务构成的履约能力、贯穿于商户供应链的数字化服务能力等在内的核心竞争力，不断巩固自身的差异化优势，将是美团实施"零售＋科技"战略无法回避的议题。

资料来源：

（1）吴倩男．美团七年，以及王兴的边界［EB/OL］.（2017－08－22）［2023－04－13］. https：//www. huxiu. com/article/211224. html.

（2）杨阳 YY.【深度】美团简史：八年与八个关键词［EB/OL］.（2018－09－20）［2023－04－13］. https：//www. jiemian. com/article/2484241. html.

（3）任晓宁．美团点评升级组织架构：新成立 LBS 平台，继续以"吃"为核心［EB/OL］.（2018－10－30）［2023－04－13］. http：//www. eeo. com. cn/2018/1030/339967. shtml.

（4）光尘．美团组织架构嬗变：博弈之路［EB/OL］.（2023－03－17）［2023－04－13］. https：//www. tmtpost. com/6452083. html.

（5）张榕．美团交年度成绩单：营收两位数增长，"零售＋科技"战略进一步深化［EB/OL］.（2023－03－27）［2023－04－13］. https：//mp. weixin. qq. com/s/N9hgY6ZQNJnA7rqMtudlMA.

阅读材料，并回答下述问题：

(1) 结合第二节介绍的战略分析工具，梳理美团历次战略升级的内外环境并分析其进行战略决策的依据。

(2) 进一步收集材料，归纳美团实施"零售＋科技"战略的举措。

(3) 随着抖音、京东、小红书等的不断发展，本地生活服务领域的竞争越发激烈，试分析、预测这一行业目前的竞争态势与未来发展，并选择一家你感兴趣的企业为其随后的战略规划与制定提供建议。

第三章　新媒体商业模式

新媒体健康持续的发展离不开精准的定位、顺畅的业务系统、优势资源、关键能力以及合理的盈利分配模式，由这些核心要素构成的商业模式（business model）是诸多新媒体组织不断优化和创新的重点。本章我们将基于商业模式的构成要素，介绍新媒体商业模式的类型与趋势，并立足新媒体组织的前沿实践，阐述新媒体商业模式的创新路径。

第一节　商业模式概述

理想的商业模式既能在满足用户多元需求的基础上为企业带来持续增长的现金流，又能有效地配置内容、技术、资金等资源以提高整体的市场绩效，还可以理顺各参与主体的交易关系、利益关系、资源占有关系和行为关系，更好地平衡市场的规模与活力。

一、理解商业模式

商业模式的概念历经不同的时代情境持续演化，研究者们基于各自的研究视角和研究框架，尚未对其给出明确且统一的定义，有影响力的界定可参考如下几种：

拉斐尔·阿密特（Raphael Amit）与克里斯托夫·佐特（Christoph Zott）采用价值创造的视角，认为商业模式是一个被有意设计且以价值为中心的活动系统。这里的活动是指商业模式的任意一方（中心企业、终端客户、供应商等）为实现总体目标而进行的人力、物力或资金来源间的联系。其中，总体目标通常是指未满足或者未能以最优水平满足的顾客需求。①

亚历山大·奥斯特瓦德（Alexander Osterwalder）与伊夫·皮尼厄（Yves Pigneur）基于营销的视角认为商业模式描述的是一个组织如何创造价值、传递价值和获取价值的原理，并构想出一幅商业模式画布，将其划分为客户、产品或服务、基础设施管理和金融能力四大模块，具体又包括客户细分、价值主张、渠道通路、客户关系、收入来源、核心资源、关键业务、重要合作、成本架构这九个构成要素。②

上述模块化的研究视角也给其他研究者带来了解读商业模式概念的分类启示，商业模式多元素构成假说层出不穷。如有研究者认为商业模式分别由价值定位（包括目标客户、提供产品或服务、基本战略）、价值创造和交付系统（包括资源和能力、价值网络中的定位），以及价值捕获（包括收入来源、经济效

① 阿密特，佐特．商业模式创新指南：战略、设计与实践案例［M］．陈劲，杨洋，译．北京：电子工业出版社，2022：15.

② 奥斯特瓦德，皮尼厄．商业模式新生代［M］．王帅，毛心宇，严威，译．北京：机械工业出版社，2011：4－5.

益）构成。[①]还有研究者基于利益相关者交易结构的视角提出商业模式六要素模型，涵盖企业价值、业务系统、定位、盈利模式、关键资源能力与现金流结构。[②]为了回应“为何成功的商业模式不能被复制”这一管理学难题，有研究者提出“商业模式冰山理论”，在承认上述显性构成要素的基础上，强调对商业模式的解读不应忽视由行业类别（category）、地域环境（environment）和科技水平（technology）构成的隐形维度。[③]

尽管对商业模式的描述莫衷一是，但依据上述定义我们能大致归纳出不同研究者就商业模式的关键特征所达成的共识：

第一，商业模式的核心在于如何为所有利益相关者创造价值，而非局限于探讨一家企业如何获益。[④]

第二，商业模式涉及一系列运营活动。其中，由价值主张、价值创造与交付、价值捕获这三个被诸多研究者高频提及的活动所组成的概念框架较能将不同观点包容在内。

第三，商业模式强调从系统层面全面解释企业开展业务的方式，即商业模式描述的是各个构成要素之间的一个架构（architectural configuration）[⑤]，不同运营活动之间的关系以及如何治理构成要素之间的连接，对于企业竞争优势的获取与保持有着重要影响。[⑥]

至此，我们可以综合价值角度、活动角度、系统角度厘清商业模式的概念界定——商业模式是一个组织进行价值创造、价值交付和价值捕获（盈利）的机制或架构[⑦]，该架构涵盖了企业以满足客户价值主张为起点，开展系列运营活动以实现盈利目标为终点的动态性、系统性的概念化模式。

【背景链接】 作为一种全新分析层次的商业模式

由于商业模式的概念界定较为宽泛，几乎包罗万象地涵盖了与企业有关的一切行为活动，这也导致商业模式在研究过程中易与其他概念（如本书其他章节提及的战略管理、营销管理）相混淆。为了更清晰地介绍新媒体商业模式的构成要素、演化趋势以及设计原则，我们有必要在此先厘清商业模式与其他相似概念的联系与区别。

---

① RICHARDSON J. The business model: an integrative framework for strategy execution [J]. Strategic change，2008，17（5-6）：133 - 144.

② 魏炜，朱武祥，林桂平．基于利益相关者交易结构的商业模式理论［J］．管理世界，2012（12）：125-131.

③ 汪寿阳，敖敬宁，乔晗，等．基于知识管理的商业模式冰山理论［J］．管理评论，2015，27（6）：3-10.

④ 阿密特，佐特．商业模式创新指南：战略、设计与实践案例［M］．陈劲，杨洋，译．北京：电子工业出版社，2022：11.

⑤ 架构是对一个经济系统中经济代理和这些代理之间关系、连接方式和治理的抽象描述。

⑥ 魏江，刘洋，应瑛．商业模式内涵与研究框架建构［J］．科研管理，2012，33（5）：107-114.

⑦ TEECE D J. Business models，business strategy and innovation [J]. Long range planning，2010，43（2-3）：172-194.

商业模式与企业战略管理之间是一种互补关系。战略管理是组织选择并实施最优经营管理的过程，包括愿景、对环境的定位或对竞争对手的定位，规划了组织未来的发展方向。而商业模式描述的是公司的价值创造逻辑，在战略思想转化为战略行动的过程中，正是商业模式解释了公司的活动如何共同执行其战略，从而衔接了战略的制定和实施。

商业模式与营销管理是隶属于不同分析维度的价值互惠机制。虽然企业营销的本质也涉及价值创造、传播与传递，但营销管理的分析单位是公司在竞争中的活动和行为，如采取何种定位策略、服务哪类客户、何时进入市场等，偏重横截面维度。而商业模式的分析单位侧重于中心企业与各利益相关方之间交易连接的架构，如怎样连接产品和要素市场、采取哪种交易机制、调动哪些资源和能力等，偏重动态博弈维度。

资料来源：龚丽敏，江诗松，魏江．试论商业模式构念的本质、研究方法及未来研究方向[J]．外国经济与管理，2011（3）：1－18；ZOTT C，AMIT R H. The fit between product market strategy and business model：implications for firm performance [J]. Strategic management journal，2008，29（1）：1－26.

二、商业模式的构成要素

鉴于商业模式涵盖了组织向利益相关者提供价值主张、完成价值创造与交付，最终实现盈利的一系列运营过程，本书将商业模式的核心构成要素总结为如下四个方面（见图3－1）：定位，决定企业做什么以及为谁而做；业务系统，即企业达成定位所需的业务环节、各合作伙伴扮演的角色以及利益相关者合作与交易的方式和内容；核心资源及能力，即企业最突出的优势；盈利和分配模式，描述企业如何获取利润及如何与利益相关者分享收益。其中，定位对应着商业模式的价值主张维度，业务系统与核心资源及能力对应着商业模式的价值创造与交付维度，盈利和分配模式对应着商业模式的价值捕获维度。

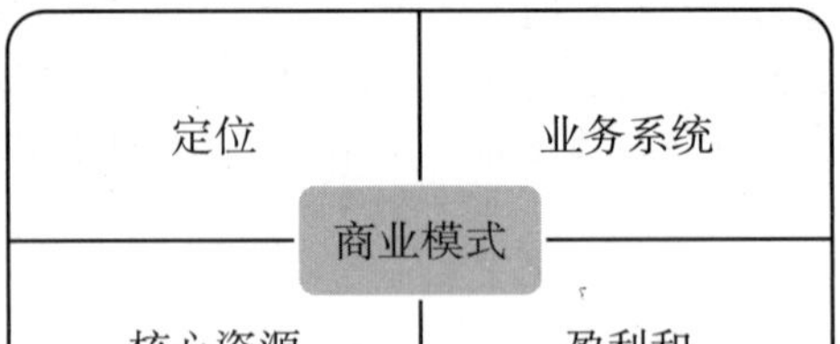

图3－1　商业模式的核心要素

（一）定位

定位描述的是企业的产品和服务与目标用户之间的关联，即企业能为目标用户提供哪些独特价值。根据菲利普・科特勒（Philip Kotler）的观点，企业在为用户提供价值时首先应遵循STP模型所设定的三个步骤①：segmentation，对

① 科特勒，阿姆斯特朗．市场营销导论［M］．俞利军，译．北京：华夏出版社，2001：156－157.

市场进行细分；targeting，确定市场目标，即选择适当的目标用户；position，对于供给进行独特设计以在目标消费者心中占据特定位置，即差异化定位（见图 3－2）。

图 3－2　STP 模型

在商业模式的设计框架内，定位主要解决两个方面的问题：一个是企业“为谁做”，另一个是企业“做什么”。定位需要企业将自身资源和愿景与产业发展、竞争态势、市场规模等结合起来进行评析，对内、外部环境做通盘考虑，既要发现机遇和威胁，也要分析优势和劣势，由此才可能对业务做出可行且有利的定位。一个成功的定位能够对企业的运作起到提纲挈领的作用；反之，定位不清晰或不准确将直接导致资源的浪费、效率的低下，甚至是企业的失败。

定位既可以从企业的角度展开，也可以专门就某一具体的产品或服务进行。比如同为移动购物应用，拼多多采用了一种全然不同于其他中国电商平台（如京东、阿里巴巴旗下的淘宝）的定位——做“腿上有泥”的新电商，面向生活在低线城市及乡镇区域的价格敏感型用户，鼓励他们通过抽奖、拉新、试用等活动赢得相应奖励，或使用如微信这类网络社交平台拼团解锁低价，凭借渗透低价基因的社交电商定位赢取了追求极致性价比的下沉市场。得益于这种独特定位，成立于 2015 年的拼多多 2021 年的全年营收就达到了 939.499 亿，活跃买家数 8.687 亿①，成为中国电商行业的后起之秀。更多有助于企业精准定位，为利益相关者提供独特价值主张的要素详见表 3－1。②

表 3－1　为利益相关者提供独特价值主张的要素列表

要素	价值创新
新颖（newness）	满足用户从未感受和体验过的全新需求
性能（performance）	改善产品和服务性能
定制（customization）	满足细分群体的特定需求

① 拼多多发布 2021 全年财报：活跃买家数达 8.687 亿，年成交额同比增长 46%［EB/OL］.(2022－03－21)［2023－02－27］. https://baijiahao.baidu.com/s?id=1727913585288964860&wfr=spider&for=pc.

② 奥斯特瓦德，皮尼厄．商业模式新生代［M］. 王帅，毛心宇，严威，译．北京：机械工业出版社，2011：13－15.

续表

要素	价值创新
地位（status）	通过使用特定产品或服务彰显身份
便利性（convenience）	使产品或服务更方便或易于使用
可达性（accessibility）	把产品和服务提供给过去难以接触的用户
成本消减（cost reduction）	帮助价格敏感型用户削减成本
风险抑制（risk reduction）	帮助用户抑制风险

（二）业务系统

业务系统是指企业实现并传递价值主张时所需要的关键业务环节、各合作伙伴扮演的角色及利益相关者合作与交易的方式和内容，主要解决企业与谁合作、如何交易等问题。

以移动短视频应用快手为例，快手的产品基本形态是“照片＋短视频＋直播”，内容生态建设及商业化平台建设是快手的核心业务。短视频内容消费者、短视频内容生产者、广告主、第三方服务机构等均是快手的核心利益相关方，在快手的业务系统中分布于不同节点，进行着价值创造和资源交换（见图 3－3）。具体而言，快手在平台运营过程中主要产生如下交易及合作关系：

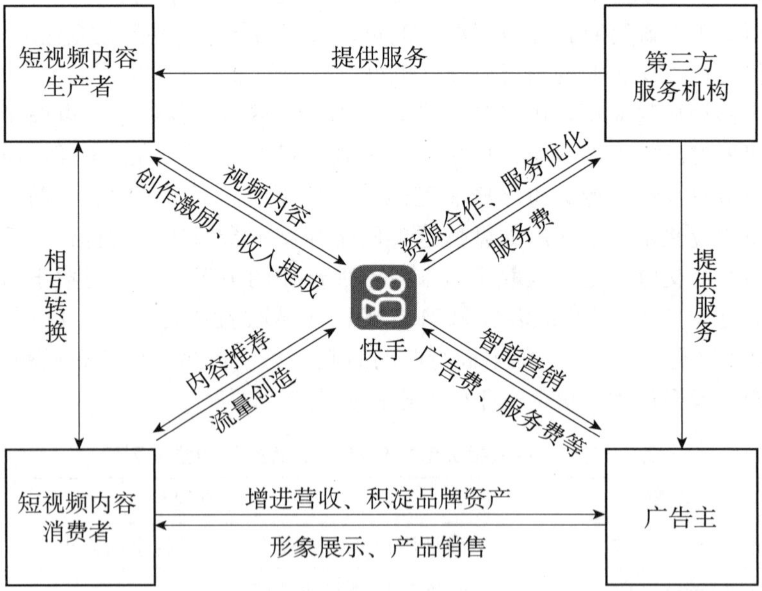

图 3－3　快手的业务结构及合作网络

其一，通过完善编辑功能和视频创作工具、发放创作补贴或流量支持、强化内容审查和平台监管等手段提升短视频内容生产者的生产积极性与合规性，营造良好的内容生态和社区氛围；其二，通过个性化推送及精细化反馈不断满足短视频内容消费者的多元化需求，提升平台用户黏性及活跃度，并通过多种手段激励短视频用户从消费者向生产者的角色转化；其三，搭建磁力引擎、磁力聚星、快手粉条等一站式智能营销平台，借助大数据技术助力广告主实现广告的精准投放；其四，向第三方专业机构寻求技术支持与研发合作，合力推进云计算、大数据等技术的优化升级等。

（三）核心资源及能力

经由艾迪斯·彭罗斯（Edith Penrose）等研究者发展的企业成长论认为，企业内在的核心资源和能力是构成企业经济效益稳固的基础。资源和能力是描述企业竞争优势的两种视角，前者强调资源的价值、稀缺、不可完全模仿、不可完全替代，后者则侧重于对资源的配置和整合。[①]

企业的核心资源既可以是实体资产（physical），诸如生产设施、不动产、汽车、机器、系统、销售网点和分销网络；也可以是知识资产（intellectual），包括品牌、专有知识、专利和版权、合作关系和数据库等；在知识密集产业和创业产业中，人力资源（human）也至关重要；此外，还有的商业模式离不开金融资产（financial）或是财务担保。[②]

能力即资源利用的过程。在企业能力上，以普拉哈拉德（C. K. Prahald）与加里·哈默（Gary Hamel）提出的"核心能力观"[③]和以乔治·斯多克（George Stalk）、菲利普·伊万斯（Philip Evans）、劳伦斯·E. 舒尔曼（Lawrence E. Shulman）等提出的"整体能力观念"[④]最具代表性。"核心能力"指蕴含于一个企业生产、经营环节之中的具有明显优势的个别技术和生产技能的结合体；"整体能力"主要表现为组织成员的集体技能和知识以及员工相互交往方式的组织程序。前者注重企业价值链中的个别关键优势，后者强调价值链中的整体优势。[⑤]

在新媒体产业的价值链条中，不同的组织拥有各自特有的资源和能力。比如，移动运营商目前最核心的资源就是覆盖全国的移动通信网络和以亿为单位的手机用户；广电媒体、视频制作平台这些有实力的内容提供商则拥有优质的内容资源、专业的内容生产系统和生产能力。

当然，同一行业中的不同企业的资源和能力也有差别。以电子商务企业为例，阿里巴巴积累了优质的品牌资源；京东在供应链控制与用户体验方面具备较多优势，旗下中国电商企业中最大规模的物流基础设施为其加强消费者端服务提供了坚实的基础；美团则在长期的O2O（online to offline）业务中积累了线下城市辐射范围、深耕程度的优势。

---

① 许可，徐二明．企业资源学派与能力学派的回顾与比较［J］．经济管理，2002（2）：10-17.

② 奥斯特瓦德，皮尼厄．商业模式新生代［M］．王帅，毛心宇，严威，译．北京：机械工业出版社，2011：25.

③ PRAHALAD C K，HAMEL G. The core competence of the corporation ［J］. Harvard business review，1990，68（3）：79-91.

④ STALK G，Jr，EVANS P，SHULMAN L E. Competing on capabilities：the new rules of corporate strategy ［J］. Harvard business review，1992，70（2）：57-69.

⑤ 叶克林．企业竞争战略理论的发展与创新：综论80年代以来的三大主要理论流派［J］．江海学刊，1998（6）：28-32.

（四）盈利和分配模式

盈利和分配模式包括产品及服务的定价、用户（客户）拓展、收入分配比例等内容，其与企业的投资回报和可持续发展息息相关。

一般而言，新媒体业务的定价会综合考虑如图 3-4 所示的几种因素：业务研发成本；业务管理、销售等费用；市场供需状况；竞争对手的定价情况；业务的生命周期。在收费模式上，一般可分为两种：前向收费和后向收费。前向收费面向用户，包括订阅费、下载费、服务费等形式。如财新传媒推出的“财新通”“数据通”等新媒体产品就按年或者按月向用户征收内容订阅费用。后向收费则主要面向商业客户，以提供多元化的有偿服务来获得收益，其中以开发新媒体平台广告资源向广告客户收取广告费最为常见。

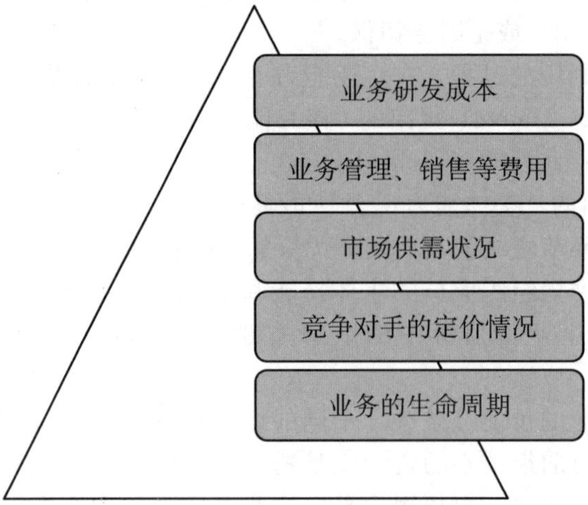

图 3-4　定价需考虑的主要因素

在分配方面，新媒体组织与其内容、服务提供商会根据不同类型的业务按照相对固定的比例进行收入分成。例如微信平台对申请成为“流量主”、订阅量超过 500 人的微信公众号开放程序化广告（包括底部广告、文中广告、视频后贴广告）、返佣商品 CPS 广告①、互选广告（仅对受邀公众号开放）三种流量位，并进行统一管理。针对原创文章的广告收入，流量主与平台按照 7∶3 的比例进行分成。

第二节　新媒体商业模式

纵观新媒体不同的业务形态与商业实践，我们将新媒体商业模式总结为“做渠道”“做内容”“做社群”“做营销”“做服务”“做平台”六类（见表 3-2）。需要强调的是，不同商业模式适用于不同的业务场景，有时某些商业模式的成功运转还需建立在其他商业模式的基础之上。新媒体组织应基于对自身定位、业务系统、核心资源及能力、盈利和分配模式的审慎评估，选择一种或多

① CPS，即销售分成（cost per sales），是指按照成交付费的互联网广告计费形式，主要包括选品、推广、结佣三个阶段。

种与之相匹配的商业模式，尽可能地发挥叠加嵌套、相辅相成的协同效应。

表 3-2 新媒体商业模式类型

商业模式类型	价值创造方式	代表性营收方式
做渠道	构建触达通路	使用费、流量费
做内容	达成规模使用	广告费、订阅费
做社群	提升用户留存	会员费、电子商务
做营销	助力品效合一	广告费、营销服务费
做服务	满足多元需求	交易服务费、技术服务费
做平台	激活网络效应	营销服务费、平台中介费

一、“做渠道”模式

互联网与移动互联网如今已成为人们触达各类新媒体的基建入口。对此，网络运营商凭借得天独厚的政策优势，在网络信息传播中扮演“物理管道”的建设者角色，为所有网络信息与服务提供达到网络用户的传输通路，是“做渠道”模式最为典型的代表。以移动运营商为例，其向虚拟运营商、集团客户、内容提供商、服务提供商、普通移动用户等提供移动信息传播渠道，这些客户或用户向其支付租赁费、使用费、通话费、流量费等费用。虽然“做渠道”这一商业模式非常简单，却是一种基础性的商业模式，也是网络运营商重要的营收来源之一。例如中国联通 2023 年第一季度在以 5G 业务为核心的移动主营业务中收入 438.23 亿元、固网宽带接入收入 118.56 亿元，两者共占到其第一季度总体营业收入的 57.27%。①

然而，随着网络用户数量接近触顶、ARPU（每月每用户平均收入）值长期徘徊于低位，仅依靠“做渠道”越来越难以保证企业获得持续的利益源泉，也无法帮助企业打造面向产业未来的竞争力。在此情况下，各大网络运营商纷纷开始进行多元化业务开拓，变“一条腿走路”为“多条腿走路”，促进自身在连接规模与连接结构、核心功能、服务和赋能水平等方面实现转型升级，做大做强技术优势，为收入体系带来源源不断的贡献。仍以中国联通为例，其在不断巩固传统业务的基础上，不断加速发展创新业务，布局大连接、大计算、大数据、大应用、大安全五大领域，推动自身从传统管道运营商向数字科技领军企业跃迁升级。2022 年，以上述五个领域业务为核心的产业互联网业务收入首次突破 700 亿元，在中国联通全年总服务收入中的占比已达到 22.1%。②

① 中国联合网络通信股份有限公司．中国联合网络通信股份有限公司 2023 年第一季度报告[R].（2023-04-18）[2023-07-10]. http://www.chinaunicom.com.cn/resource/group1/M00/00/40/wKjcAmRAACWAYvU5AA1aycgIdcg787.pdf.

② 中国联合网络通信股份有限公司．中国联通公布 2022 年度业绩 经营发展实现“四个新高”[EB/OL].（2023.03-08）[2023-07-10]. http://www.chinaunicom.com.cn/news/202303/1678271568183039403.html.

二、“做内容”模式

与生产有形产品的产业不同，传媒产业注重的不是规模化生产，而是规模化使用，即同样的一个媒介内容产品如何被大范围、多频次消费。以网络剧为例，一部网络剧的生产成本是既定的，每多一次观看或每多一位用户愿意为其付费就多一份收入，边际成本几乎为零。因此，内容提供商不仅要关注如何丰富自己的内容产品，还应致力于打造可被多次消费的“精品”内容，持续吸引用户的注意力乃至他们的付费意愿。

根据核心能力与资源优势的差异，新媒体组织参与内容生产、运营及竞争时也有不同的策略与模式。以视频内容为例，传统广电机构因具有专业化的内容制作团队与丰富的内容运作经验，在生产高质量内容方面拥有雄厚实力，因此常采取自建平台的方式，深耕新闻资讯、文化娱乐、体育竞技等专业化领域，打造具有独家、权威、高品质属性的视频内容。例如中央广播电视总台旗下视听新媒体平台“央视频”，凭借聚合总台长期沉淀的优质影视剧资源、品牌栏目资源和直播资源，目前已吸引超 2 亿用户使用。[①] 湖南广播电视台针对年轻群体的娱乐需求，依托自有平台芒果 TV，不断产出优质独播综艺与网络剧集，带动平台付费用户持续增长；截至 2022 年年底，芒果 TV 有效会员达 5 916 万，实现会员收入 39.15 亿元。[②] 而与传统广电机构不同的是，以腾讯视频、优酷视频、爱奇艺、哔哩哔哩（B 站）等为代表的网络视频平台的优势则更为突出地体现在资本实力、用户规模与平台上海量的 UGC＋PUGC 内容，因而其“做内容”模式往往更加强调通过对内容生产者的有效激励来打造多元内容生态，同时与第三方公司合作生产或购买精品内容，拉升平台整体内容品质与会员权益，从而提高用户的留存率与转化率。

不过，由于当前内容生产成本与内容竞争压力的不断提升，优质内容持续输出乏力、用户流失、付费前景模糊等问题也成为新媒体“做内容”模式亟待突破的瓶颈。为此，一些新媒体机构不再局限于单一的内容“生产＋消费”模式，而是开始有意识地在优质内容开发与生产的基础上提升自身内容运营能力，构建以内容为核心的“纵横联合”的文化产业链条。一方面，围绕原有人气内容或形象（IP），纵向衍生开发文学、游戏、动漫、电影、周边等覆盖线上、线下的多元产品形式，通过多样化内容元素的组合提高 IP 的内容张力与吸引力；另一方面，基于原有人气内容，横向进行系列化延伸，通过内容的迭代创新持续加固用户与内容的情感联结，从而实现 IP 多次与持久增值的目标。比如，“理想国”近年来从图书出版商逐步拓展为集音视频节目制作和文化衍生产品销

① 中央广电总台总经理室．创新融合发展，央视频累计激活用户数突破 2 亿人［EB/OL］.（2023－04－07）［2023－07－10］. http：//1118.cctv.com/2023/04/07/ARTIMGZ2EQmjmNOd3rPRK6Iu230407.shtml.

② 芒果超媒：2022 年实现总收入 137.04 亿元［EB/OL］.（2023－03－01）［2023－03－27］. https：//mp.weixin.qq.com/s/3RZXEmIvJum8GZXi8vm9kw.

售为一体的综合文化机构，并孵化出“看理想”这一文化子品牌。“看理想”定位于做“泛娱乐时代的知识剧场”，以一、二线城市的白领、中层管理者、学生为目标人群，汇集了钱理群、葛兆光、白先勇、梁文道等文学、历史、艺术、流行文化领域的专家，致力于为用户提供有深度、有格调，同时又好听好看的内容。看理想不仅与优酷、腾讯等平台展开合作出品了《圆桌派》《一千零一夜》等优质综艺，也在自有平台看理想 App 推出了 100 多档涵盖文学、音乐、社会等领域的免费及付费播客产品，形成了以版权合作、会员订阅、内容付费、电子商务为主的多元营收结构。

【背景链接】 我国新媒体内容付费的实践探索与阶段特征

2003 年，起点文学网推出特定章节付费阅读模式，被视为我国内容付费时代的开端；2007 年温州日报集团旗下的《温州日报》等四家报纸正式推出数字内容收费服务，属国内首次综合类媒体的“付费墙”（paywall）实践；2015 年国内视频网站内容付费迎来蓬勃发展，腾讯视频、爱奇艺相继推出会员独享、付费点播、直播付费等模式；2016 年被称为“知识付费元年”，知乎、果壳、得到等平台纷纷推出付费问答、付费专栏、付费音频等产品，内容付费逐渐向知识服务方向发展。我国新媒体内容付费的探索实践，也由形式较为单一的付费订阅 1.0 阶段，迈向参与主体多元、营收策略丰富的 2.0 阶段。

1.0 与 2.0 的主要区别体现于：在营收主体上，1.0 主要是机构化的传媒企业，2.0 则将数字平台以及自媒体、网红、UP 主等多元化的内容创作者都囊括在内；在内容种类上，1.0 主要针对的是新闻资讯（以图文，特别是文字为主），2.0 则包括影视、音乐、直播、游戏、知识等多种形态；在付费场景与方式上，1.0 主要采取预先定制、订阅的固定化付费方式，2.0 则包括单片购买、打赏、刷礼物等临场性、即时性的灵活多样的方式（见表 3-3）。

一项针对中国网民内容付费行为的调查表明（$N=4\ 965$），位居内容付费前三位的分别是“视频”（在线电视和电影）、“游戏”和“音乐”，且其比例均大幅高于新闻付费等其他内容，说明整体上娱乐类、视听类内容的用户付费意愿更高，是内容付费的主要领域。

表 3-3 新媒体内容付费的主要类型及方式

类型	代表平台	付费方式
新闻资讯	财新、南方周末	付费订阅、会员制
网络小说	起点中文网、晋江文学城	付费阅读、众筹
长视频	腾讯视频、爱奇艺	会员制、付费点播
短视频	抖音、快手	付费点播、内容打赏
音频	网易云音乐、喜马拉雅	付费点播、会员制
游戏	王者荣耀、原神	游戏点卡、游戏道具
课程或知识	知乎、得到	会员制、电商付费

资料来源：周葆华，刘恩泽．中国网民内容付费现状及其影响因素实证研究［J］．青年记者，2022（2）：12-16；赵子忠．内容付费的内涵及主要类型［J］．青年记者，2022（2）：9-11.

三、“做社群”模式

社群（community）是一种特殊的社会关系，它具有相对稳定的群体结构、成员普遍认同的行为准则和价值规范，并能促使社群成员产生一致行动。新媒体语境下的社群指基于社交媒介聚合到一起，进行信息传播、情感交流、文化和价值共享的用户群体。“做社群”模式的价值创造逻辑围绕社群成员的共同兴趣或价值观念展开，通过向他们提供所需的产品或服务，促进社群内部的互动、交流乃至协作，来对产品和品牌产生价值反哺，最终实现盈利。[①]“做社群”有时也被视为是“做内容”的进阶，即先通过“做内容”导入流量，在此基础上通过关系的经营与维护将分散的用户发展为社群沉淀流量，再通过品牌营销、粉丝经济、协同生产等模式进行变现。

以创办于2012年的自媒体罗辑思维为例。早期其以“‘有种、有趣、有料’，做大家‘身边的读书人’”为价值主张，为崇尚理性思考、爱智求真、积极上进的用户免费提供知识性脱口秀音视频内容。为营造陪伴感，创始人罗振宇打造了一个知识渊博、有情怀的“罗胖”形象，每天清晨六点半通过公众号推送“罗胖60秒”语音，推荐好书、好文章与好观点，以极具仪式感，甚至有些“死磕”般的坚持强化了罗辑思维的人格特质，获得了用户的认可和推崇。仅一年时间罗辑思维微信公众号的订阅用户就突破百万。2013—2015年，罗辑思维发起三次会员招募活动，累计招募付费会员超6万名，标志着罗辑思维互联网知识社群的搭建初见雏形。

社群形成后，罗辑思维在社群经营中主要扮演社群价值维系者的角色，通过积极组织“读书会”“美食汇”等活动提升成员对社群的认同感与社群凝聚力。同时，为进一步挖掘社群价值，罗辑思维针对“铁杆会员”提供“会来事”（会员来信有事）版块，让他们能够就某个项目或问题面向社群发起邀约或求助，通过成员间自组织式的互动合作打造全员贡献内容与服务的社群氛围，在帮助成员创造自我价值的同时，不断激发社群的集体智慧力量。这亦使得罗辑思维后来的社群商业变现能够不局限于传统的广告合作和商品售卖，而是可以凭借社群的连接、协作与共享展开各种形式的资源置换、品牌营销与商业项目。

例如在“真爱月饼”营销活动中，罗辑思维全程采用众筹众包的形式，由会员认领、负责月饼生产与销售的各个流程，包括财务顾问、原材料采购、生产制作等，生产出的月饼通过罗辑思维的微信小店售卖，盈利后与众筹伙伴进行分成。在此模式下，社群成员不再仅是单纯的交易对象，更扮演着商业合伙人的角色与他人共同完成多元价值创造，彼此在信息共同体、价值共同体之外缔结形成利益共同体，进一步加深成员对罗辑思维社群的忠诚。[②]“真爱月饼”营销活动最终也获得成功，吸引超300万人次参与，累计售出4万

---

① 程明，周亚齐．从流量变现到关系变现：社群经济及其商业模式研究［J］．当代传播，2018（2）：68－73.

② 蔡骐．社会化网络时代的粉丝经济模式［J］．中国青年研究，2015（11）：5－11.

盒月饼①。

总结来看，“做社群”模式之所以能够在一定程度上缓解“做内容”模式存在的优质内容持续生产乏力、用户注意力难以长期留存的问题，原因在于社群经济这种先建立信任关系，再实现商业价值的路径可以让用户形成对社群长久、持续与高度介入的关注与参与，突破了“做内容”模式中用户与平台、机构连接较为脆弱的局限；同时，社群用户彼此协同的自生产、自传播和自消费的循环式商业模式②也蕴含着较强的生产力和创造性，能够助力平台或社群中产品或服务的不断创新与发展，实现“内容—社群—协作—创新”的联动效应。

【案例链接】B站：以社群为根基的商业化发展

相较于其他以UGC或PUGC生产模式为主的视频平台，B站的一大特色在于其同时还是中国年轻世代高度聚集的文化社区。年轻人可以在此充分展示自身的兴趣爱好，并能基于趣缘关系相互连接、构建社群、打造属于他们的文化共同体。这一属性从B站2009年创立、开始打造聚焦ACGN文化（ACGN即英文animation、comic、game和novel的缩写，意为动画、漫画、游戏和小说）的二次元小众社区时即已奠定，其亦通过对亚文化社群的有效经营，发展成为目前日活跃用户超9 000万，涵盖动画、番剧、国创、音乐、舞蹈、游戏、科技等多类垂直内容生产与分发服务的泛娱乐视频平台与国内最具影响力的年轻人文化娱乐社区。

作为多元潮流文化爱好者的聚集地，B站采用了诸多独特手段来营造社区氛围、推动社区建设。主要包括：建立用户筛选机制，B站是目前中国互联网行业中唯一一个严格执行社区准入制的大型平台，用户需在规定时间内通过答题考试才能成为正式会员，B站亦借此筛选出真正对社区内容感兴趣、可以和其他用户产生共鸣的目标用户，保护社区的良好氛围；打造弹幕交流生态，弹幕并非B站首创，但依托自身二次元文化基因与大量年轻用户蓬勃的创造力与表达欲，弹幕成为用户与UP主、其他用户之间实时互动的重要方式，B站也由此孕育出丰富多元、高互动性的弹幕文化生态，成为B站社区“快乐”“包容”氛围的重要塑造力量；激励优质内容生产，除了通过弹幕互动对UP主生产优质内容形成激励之外，B站还出台了一系列创作激励计划，为UP主提供多元化的商业收入渠道，通过扩容原创优质内容，持续提高B站的内容品位，从而吸引更多志趣相投的用户入驻平台，提升用户留存；最后在分发机制上，B站以频道的方式对内容做了精细化归类，在内容分发指标上提升用户主动搜索、主动关注及兴趣偏好的权重，既缩短了用户对喜好内容的抵达路径，也可以让拥有相同兴趣的用户更快速地聚集在同一个频道、视频之下，由此创造更好的平台体验，提高用户使用黏性。

良好的社区氛围以及对年轻人兴趣的全方面覆盖，使B站在国内众多视频网站中脱颖而出。截至2021年6月，B站正式会员超过1.2亿，日均使用时长81分钟，月活跃UP主高达240万，月均视频投稿量超840万，65%以上的创站首月注册用户仍然保持活跃。正是得益于社区产品所形成的这种高创作渗透率、高互

① 陈墨．商人罗振宇：随风而变［EB/OL］．（2017-07-10）［2023-03-27］．https：//mp.weixin.qq.com/s/O7UP-7rjUXTKmEjvJrBxng.

② 金韶，倪宁．“社群经济”的传播特征和商业模式［J］．现代传播（中国传媒大学学报），2016，38（4）：113-117.

动率、高留存率与高使用黏性等突出优势，B站也从当年盈利能力不足、全靠成员“用爱发电”维持平台运营发展成为拥有移动游戏业务、会员及直播等增值服务、广告业务、电商业务等多类主营业务与盈利来源的商业化视频平台。2021年，B站总营收达到193.84亿元，同比增长61.55%，广告收入增长超过行业平均水平。

资料来源：B站CEO陈睿发表12周年演讲：社区优先而非规模优先［EB/OL］.（2021-06-30）［2023-07-10］. https://new.qq.com/rain/a/20210630A035XL00；腾讯研究院．再造“小破站”：B站社区氛围的失落与新生［EB/OL］.（2020-12-07）［2023-03-27］. https://mp.weixin.qq.com/s/OtBA2jNqA-zU0amWt6ajRWQ；36氪．哔哩哔哩2021年Q2总营收44.9亿元，同比增长72%［EB/OL］.（2021-08-19）［2023-07-10］. https://baijiahao.baidu.com/s?id=1708515554857515357&wfr=spider&for=pc.

四、“做营销”模式

当新媒体凭借其优质的内容或产品聚集了大量用户时，也就为“做营销”模式——对用户注意力资源及数据的商业变现——创造了机会。这里涉及的商业变现既包含前述提及的较为传统的“做内容（社群）、聚流量（关系）、卖广告”模式，也指新媒体作为互联网数字营销机构，助力利益相关者解决时下用户触点碎片化、媒介投放分散、营销和交易链路割裂等问题，最终实现品效合一的营销转化。

以目前短视频行业头部应用之一的抖音的营销实践为例。根据中国互联网络信息中心第52次《中国互联网络发展状况统计报告》，截至2023年6月，我国短视频用户规模达10.26亿，占网民整体的95.2%[①]，是仅次于即时通信的第二大网络应用。在短视频迅速流行的背景下，创立于2016年的抖音，截至2022年用户规模已超过8亿，平台亦从最初的音乐创意短视频社交软件发展成为了集娱乐、消费、兴趣、交友、教育等为一体的“线上社会”。基于庞大的用户基数及蓬勃的内容生态，抖音平台的营销价值不断跃升，其亦开发出多样的营销产品供广告主选择，推动流量变现。具体包括：（1）广告，抖音平台为广告主提供了多种广告产品，既包括开屏广告、信息流广告、搜索推荐广告、定制创意社交话题广告、DOU+（流量倾斜）等平台广告，企业及用户还可以通过自建账号的方式发布企业认证广告、达人合作广告、直播广告等自助广告；（2）营销工具，依托所属集团字节跳动旗下的数字营销平台巨量引擎，抖音不仅能对海量用户数据进行动态分析，依据个人属性、浏览轨迹、社交互动等行为实现广告的精准化推送与精细化反馈，同时，抖音还为广告主提供了包括广告创意制作（巨量创意）、目标客户管理（巨量云图）、达人营销合作（巨量星图）等在内的智能工具，为广告主的营销运营活动提质增效提供助力；（3）电商转化，抖音通过在短视频与直播内容中嵌入即看即买的互动营销组件以及提供抖音电商罗盘、巨量千川等电商营销工具，推动平台深化电商属性，进一步

① 中国互联网络信息中心．第52次中国互联网络发展状况统计报告［R/OL］.（2023-08-28）［2023-06-05］. https://www.cnnic.net.cn/NMediaFile/2023/0908/MAIN1694151810549M3LV0UWOAV.pdf.

帮助商家缩短转化链路，达成从短视频内容曝光直接实现销售转化的目标。目前，在商品的推广和销售中通过抽取平台交易佣金、直接售卖自营商品等方式获取电商营收，成为抖音继广告之外的又一主要收入来源。

关于新媒体组织如何“做营销”以及新媒体营销的主流方式与发展趋势的更多内容，可阅读本书第七章“新媒体营销管理”。

五、“做服务”模式

严格地说，所有的新媒体业务都不以实物形态向用户提供最终产品，因此它们都应当属于“服务”的范畴。为了和上述几项商业模式做区别，这里提到的“服务”，特指电子商务、金融支付、医疗健康、文化教育等为满足公众多样化的社会生活需求而提供的新媒体业务。“做服务”模式往往不限于通信和传媒行业，其业务系统因参与者众多而显得较为复杂，新媒体能否凭借自身的核心资源及能力尽可能地辐射多元场景，并平衡好各业务之间的协同关系成为这一商业模式能否良性发展的关键因素。在此，我们以第三方支付与金融服务平台支付宝为例具体阐述新媒体“做服务”这一商业模式。

支付宝是2004年由阿里巴巴为解决买家和卖家信任问题而创建的中国首个在线担保交易平台。起初，支付宝的市场定位是为服务业、实体经济提供方便、快捷、安全的支付工具。此后凭借庞大的用户基数及强大的移动支付能力，发展成为集数字支付、数字金融和数字生活服务为一体的综合性移动支付开放平台，连接了超过10亿用户、超过8 000万商家以及超过2 000家金融机构合作伙伴。① 其主营业务如下：

面向消费者，支付宝为其提供转账、收付款等数字支付服务；以花呗、余额宝、好医保为代表的消费信贷、理财及保险等数字金融服务；以及由第三方服务商提供的外卖、出行、娱乐、缴费等数字生活服务。

面向商家，支付宝能够帮助他们接收来自消费者的线上付款；协助其获取数字金融服务（如小微经营者信贷、理财及保险产品）；此外，商家还能通过支付宝App和小程序为消费者提供数字生活服务。

面向金融机构，支付宝凭借其智能商业决策系统、动态风险管理系统以及其在人工智能、算法及技术领域的研发与投入，提供数字金融技术支持、客户触达及风险管理方案，助力金融机构提供消费信贷、小微经营者信贷、理财及保险服务。

支付宝的数字支付、数字金融、数字生活三大核心业务之间存在着很强的协同效应：数字支付是融入消费者日常生活和数字金融业务的基础设施，对拓展支付宝触达线上线下用户起了至关重要的作用；几乎覆盖消费者“吃用医住行”各个方面、便捷且丰富的数字生活服务，有助于提升支付宝用户的活跃度；而数字金融服务凭借其简易、安全、创新的产品能够进一步吸引用户留存，最终又反哺了数字支付这一根基业务。三者形成的强大合力与良性循环，成为支

---

① 蚂蚁集团．首次公开发行股票并在科创板上市招股说明书［EB/OL］．（2020-08-25）［2023-03-27］．https://www.niutoushe.com/wp-content/uploads/file/20201105/1604567173445605.pdf.

付宝业务持续增长的重要推动力。

基于以上业务系统的相互作用，支付宝主要通过收取服务费的方式实现营收。如支付宝为全球消费者及商家就商业交易、金融交易及个人交易提供安全、便捷的数字支付服务，因而可按照交易规模的一定百分比收取交易服务费。与此同时，支付宝也可从金融机构合作伙伴的业务规模，如接入支付宝系统所获得的微贷产品的利息收入、理财产品的资产管理收益中按一定百分比收取技术服务费。此外，通过商业化投放平台，支付宝还可向接入数字生活服务的商家收取一定的营销服务费（见表3-4）。

表3-4 支付宝主营业务及营收模式

业务类型	主要代表	利益相关者	营收模式
数字支付	收付款、转账、提现	用户、商家、金融机构	交易服务费
数字金融	理财科技（余额宝、蚂蚁财富）、微贷科技（花呗、借呗）、保险科技（蚂蚁保险、好医保、相互宝）	用户、商家、金融机构	技术、营销服务费
数字生活服务	出行服务（公交、地铁等）、便民服务（社保、生活缴费等）、本地生活（外卖、商超等）及其他服务（蚂蚁森林、蚂蚁庄园等）	用户、商家	营销服务费

【前沿链接】“互联网+”助力社会服务业商业模式创新

在“互联网+”经济迅猛发展，线上与线下经济深度融合的背景下，包括教育、医疗、交通、文化、旅游等在内的传统社会服务向互联网领域延伸，不仅实现了服务模式和服务业态的创新，促进了互联网服务型企业的快速发展，其商业模式也同时完成着整合与重塑，为各类社会服务主体持续经营、扩大自身在数字经济中的竞争优势提供源源不断的动力。

与传统社会服务的商业逻辑不同，通过互联网“做服务”，需要社会服务主体从专注线下到线上线下并重，首先实现服务内容、服务渠道、服务流程和服务模式的创新变革。比如，从事互联网医疗服务的企业需要构建覆盖诊前、诊中、诊后的线上线下一体化医疗服务模式，这要求其不仅要具备传统医疗服务要求的可靠的医疗资源（如医生及技术）和丰富的产业链资源（医药），也要建立起过硬的数字化能力与在线服务能力，设计完成基于互联网的预约、分诊、挂号、缴费等综合服务体系和问诊、随访、康复管理等医疗服务机制，通过更易获取与体验良好的医疗产品与服务为用户提供更高的功能价值。

其次，运用新的业务逻辑重塑企业的价值经营方式。互联网社会服务与传统社会服务不同，其无法通过地理的距离形成区域壁垒，也无法对服务企业进行人为区隔，加之互联网技术发展迅速，这使得互联网社会服务企业逐渐探索出了与传统社会服务企业截然不同的价值创造与经营的逻辑。主要包括：

其一，挖掘传统服务市场边界外的潜在需求，例如电子商务平台淘宝依靠满足多元消费者长尾末端的商品需求获得了成功，或通过跨界经营，推出处于价值链高端或极具独特性的新服务，从而提高服务的功能价值；其二，不再将服务本身作为价值创造和传递的唯一载体，注重在功能价值之外提升服务的消费者体验，通过为消费者创造额外的情感价值（愉悦的经历）、社交价值（寻找共同体）、学习价值（经验、知识积累的机会），使消费行为的边际效用递增；其三，追求与顾客共同创造价值，变企业与顾客之间单向的价值传递关系为双向的价值创造伙伴，在与顾客的交流碰撞中准确感知市场需求，通过让顾客参与到服务优化、创新与品牌传播的所有环节，提升顾客与企业服务之间的稳定程度，促进忠诚关系的形成。最后，发挥平台多元服务间的协同效应，以动态的网络经济活动实现虚拟服务和实体服务的紧密结合。例如哈啰单车的“飞轮模型”——借由自身共享单车与电单车两项高频服务带动拼车、租车、旅游、酒店等更多本地生活服务的发展，通过为用户提供“出行＋本地生活”的多场景服务网络，打造互联网出行服务系统下的全链路经营模式。

资料来源：罗珉，李亮宇．互联网时代的商业模式创新：价值创造视角［J］．中国工业经济，2015（1）：95－107；王炳成，张强，崔雪莲．互联网服务型企业商业模式创新的组态研究：基于战略和资源视角［J］．管理学刊，2022，35（2）：119－135；蔡春花．商业模式数字化与企业绩效：基于“互联网＋”板块259家上市企业的实证研究［J］．商业研究，2022（2）：1－11.

六、“做平台”模式

“平台”（platform）是指一种现实或虚拟空间，该空间可以导致或促成双方或多方客户之间的交易。在“做平台”模式中，新媒体作为市场交易中介不直接参与生产，而是扮演“信息工厂”的角色，提供交易场地并培育一种关乎质量控制的文化，鼓励生产者创造有用且让消费者感兴趣的产品或服务。①

“做平台”模式的重点在于内容与服务的有效集成，基于用户和内容两大数据库使“碎片化”内容与“碎片化”需求形成规模化对接。以苹果公司于2008年推出的App Store（Application Store，应用商店）为例。在此之前，手机应用程序主要由设备生产商自研并售卖，App Store的出现则打破了这种由卖方自主定价、主导软件销售的模式，开创了由第三方机构搭建平台以集成应用（内容）、聚合用户的业务系统（见图3－5）。截至2022年年底，App Store上线的应用程序超过178万个，注册开发者近3 700万，每周平均访问量6.57亿人次。②

苹果App Store是典型的C2B2C（customer to business to customer，消费者对企业对消费者）模式，平台向应用程序开发者和用户双向开放，由苹果公司

① STABELL C B，FJELDSTAD Ø D. Configuring value for competitive advantage：on chains，shops，and networks［J］. Strategic management journal，1998（19）：413－437.

② 2022 App Store Transparency Report［R/OL］.［2024－03－31］. https：//www.apple.com/legal/more-resources/docs/2022-AppStore-Transparency-Report.pdf.

掌握平台治理权，并为两者沟通、交易创造便利的环境，具体包括：

一是提供平台技术支持与培训指导。App Store 会免费向开发者提供兼容苹果系统的软件应用开发包（SDK）；成立 App Review 团队为开发者提供应用测试、故障咨询等协助；此外，还通过开展系列讲座、研讨会、实验活动、客座嘉宾演讲等活动为开发者提供线上线下的培训指导。

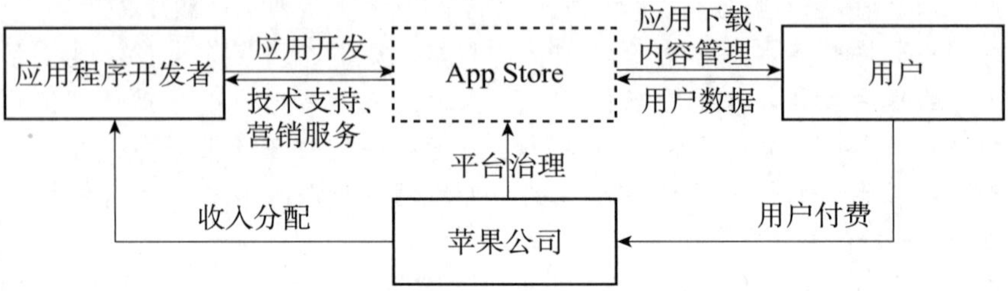

图 3-5 苹果 App Store“做平台”业务系统

二是制定平台准入及交易规则。开发者需每年向 App Store 缴纳至少 99 美元的注册费才能获得平台应用发布资格；用户购买应用程序所支付的费用由平台与开发者 3∶7 分成①；在产品上线前，App Store 还会对应用程序进行审核，确保产品能提供良好的用户体验、遵守平台隐私条款、保障用户设备免受恶意软件和其他威胁的侵扰，并采用获得平台准许的商业模式。

三是提供营销服务。App Store 的“Apple Ads Advanced”系统为开发者提供了各类广告展示位以提升 App 的曝光度和下载次数。此外，App Store 也会通过商业洞察资料共享等形式，帮助开发者了解用户需求，为产品定价提供指导意见等。

四是加强内容管理。一方面，App Store 会根据消费者的个人偏好及购买记录提供个性化推荐，精准、快捷地将需求方与匹配的内容供应方联系在一起。另一方面，用户也可以在 App Store 平台通过会员订阅等方式获取应用程序中的增值服务。

通过 App Store 的业务系统分析，我们可以发现新媒体“做平台”这一商业模式主要是通过提供中介服务降低需求方和供应方的连接与交易成本来实现营收，其收费模式主要有交易佣金、市场准入费、增强型接入费用、增强型内容管理订阅费这四类（见表 3-5）。②

表 3-5 新媒体“做平台”营收模式

营收模式	示例
交易佣金	平台可通过对产生的每一笔交易收取佣金的方式获取营收。如 App Store 可以从在平台注册的应用程序开发者的每笔交易中按照 15%或者 30%的比例抽成

① App Store 的抽成主要针对游戏、音乐、流媒体等纯线上服务。自 2021 年始，针对年收入少于 100 万美元以下的小型企业开发者，抽成比例降低至 15%。

② 帕克，埃尔斯泰恩，邱达利．平台革命：改变世界的商业模式［M］．志鹏，译．北京：机械工业出版社，2017：117-129.

续表

营收模式	示例
市场准入费	准入费指平台向想要接近平台既有用户群的第三方收取的费用。如 App Store 对用户免费开放，但会对应用程序开发者收取至少 99 美元的市场准入费
增强型接入费用	平台可以向应用程序开发者收取增强型接入费用，提供相应营销工具给予流量倾斜，如 App Store 让某个应用程序在关键词搜索排序中处于优先位置，帮助应用程序开发者在众多竞争者中脱颖而出
增强型内容管理订阅费	面对网络世界的海量信息，用户可能会愿意付费获取更优质的内容服务。如 App Store 的用户通过平台的订阅项目解锁应用程序中的付费版块

在“做平台”模式中，新媒体组织通过向不同社会群体提供平台和中介，将自己置于社会监视和提取这些群体之间的所有交互数据的中心，往往拥有对信息交换双方的排他控制，最终诉求是形成一个赢家通吃的寡头市场。①故而新媒体“做平台”常面临着“垄断”的指控，如苹果公司针对大部分应用程序开发者在平台内的每笔交易所收取的 30%佣金就被诟病为一笔高昂的“苹果税”。为了实现这一抽成闭环，App Store 一度阻断了第三方支付渠道，所有开发者都必须通过苹果公司自己的应用内购买系统（in-app-purchase，IAP 系统）进行交易。

多个国家的开发者、用户、政府及监管机构都对苹果公司发起过“反垄断”起诉。苹果公司 CEO 蒂姆·库克（Timothy Cook）曾对此回应：“苹果 iOS 生态拥有超过 25 万个自主创建和维护的应用程序界面（API），并提供无数开发工具，这些都是我们为开发者提供的服务，理应获得相应回报。”②鉴于各国法律条款不一，App Store 的行为是否构成不正当竞争目前尚无确切定论，但为顺应世界范围内对数字经济的反垄断诉求，与多方指控达成和解，App Store 已做出了一定程度的调整，包括逐渐放宽对第三方支付渠道的限制、重新界定“应用内购买”这一消费行为的边界、在 30%的标准抽成比例之外因地制宜地推出优惠政策等。

① 李彪．互联网平台的垄断特性、社会影响及规制策略［J］．人民论坛（学术前沿），2021（21）：37－43．

② 丸都山．苹果向你“征税”的时代，要结束了？［EB/OL］．（2022－12－14）［2023－02－27］．https：//mp. weixin. qq. com/s/LciETehmAygkDQcMIIM6BQ.

【前沿链接】激活正面网络效应：新媒体“做平台”模式的价值创造逻辑

经由对苹果 App Store 商业模式的分析，我们总结出“做平台”模式价值创造逻辑的两大特征：

其一，平台利用不直接拥有或控制的资源创造价值。这使得企业的资源和能力不再受限于自身，而拥有诸多外部性可能。如 App Store 无须成为应用程序的生产商，而是运营了一个允许开发者直接向用户销售应用程序的平台，就可通过收取交易佣金的方式实现营收。平台将实体资产的所有权与其创造的价值脱钩，故而能比传统业务增长得更为迅速。

其二，平台的内在价值源于其创造的网络效应（network effects），即一个平台用户的数量对用户所能创造的价值的影响。用于解释网络效应的梅特卡夫定律（Metcalf's law）认为，网络节点越多即用户数量越多，互联网企业的价值也就越大。其原理在于，用户数量的增长能够增加平台既有用户所获得的效用，效用的提升又能进一步引发用户数量的增长，进而实现市场的扩张与服务的升级。例如，App Store 用户数的增长，会吸引更多开发者入驻，进一步丰富应用程序的供给，这样的产品生态又能帮助平台聚集更多的用户。

我们再结合短视频平台快手的运营模式对网络效应加以进一步解释。在快手，存在着创造价值的生产者和使用价值的消费者这一“双边网络”（two-sided network）结构。快手通过各类创作者扶持计划丰富平台内容、培育达人生态以吸引更多内容消费者，同时平台低门槛的内容创作机制亦有助于推动用户的角色转换，原先的内容消费者可以在观看短视频的启发下成为内容创作者，并通过平台提供的交互工具与匹配机制吸引新的内容消费者，这种良性循环能够以较小的成本推动平台发展。可以看出，平台最重要的价值均是由用户创造的，“做平台”模式也建立在通过扩大用户规模、增强关系密度以激活正面网络效应的基础之上。

值得注意的是，由于互联网平台的高度集中化已成为一种常态，快手也面临着与 App Store 类似的垄断指控——短视频用户虽然可以免费使用快手的平台服务，自主创作和传播内容，但所有内容生产及传播活动规则均由平台制定，用户对自身的数字身份、个人数据等都缺乏足够的自主权，平台才是内容和数据的实际控制者，在这样的背景下衍生出了数字劳工、平台剥削等诸多讨论。随着 Web3.0 阶段区块链、NFT 等技术的普及，“做平台”也在探索更加凸显用户自主性的商业模式，使其能够以不依赖平台、相互协助的方式在互联网创造并传递价值，以构建一个用户与建设者共建共享的新型经济系统。“价值互联”由此成为“做平台”在激活网络效应之外的商业追求。

如在创作者平台 Mirror. xyz，创作者可以选择用 NFT 将作品代币化（将权益转换为特定价值单位的过程），以创建一条有关作品所有权和来源的可验证链上记录。Mirror. xyz 支持在多个平台发布 NFT 作品，作品中会标注有链上唯一地址，即使初始发布平台不复存在，作品也能永久保留。如此一来，创作者就能够绕过平台控制重新获得对内容的所有权。在营收模式上，一方面新媒体可以通过开发和提供基于区块链技术的应用程序和服务实现营收，如收取开发者费、抽取应用程序交易费或NFT非同质化代币转化费；另一方面，独立的内容创作者也可以通过增值或售卖NFT的方式绕过平台中介获取可观收益。

鉴于Web3.0的媒介生态系统还处于不断发展和演变的阶段，目前仍然存在一定的法律监管缺失及金融风险等隐患，故而我们在此仅将其作为一种新的现象和趋势进行简要介绍。可以预见的是，走向更公平的价值分配将是未来新媒体“做平台”模式的一大趋势。

资料来源：METCALFE B. Metcalfe's law after 40 years of ethernet [J]. Computer, 2013, 46 (12): 26-31；帕克，埃尔斯泰恩，邱达利．平台革命：改变世界的商业模式[M]. 志鹏，译，北京：机械工业出版社，2017；姚前. Web3.0：渐行渐近的新一代互联网 [J]. 中国金融，2022 (6)：14-21；LI J. Web3：创作者经济的黄金时代 [EB/OL]. (2022-05-10) [2023-02-27]. https://new.qq.com/rain/a/20220510A0D5FC00.

第三节　新媒体商业模式创新

面对瞬息万变的市场环境与技术变革，新媒体组织是否有意识、有能力积极主动地与内外部因素碰撞，对原有商业运营架构进行重塑与再造以获取新的市场资源，发现新的经济增长点，成为影响组织可持续竞争优势的关键因素。[①] 商业模式的所有构成要素都有可能成为其创新触发点，例如提出新的价值主张、革新交易模式、拓宽业务系统等。在本节中，我们主要借鉴哈筱盈（Louisa Ha）与理查德·甘那（Richard J. Ganahl）提出的ACR（accessibility、content strategy、revenue source，即易联性、内容策略、收益来源）新媒介商业运营分析框架[②]，立足新媒体组织的具体实践，从重塑连接方式、延展内容服务、丰富收益来源这三个维度来总结阐述新媒体商业模式的创新路径（见图3-6）。

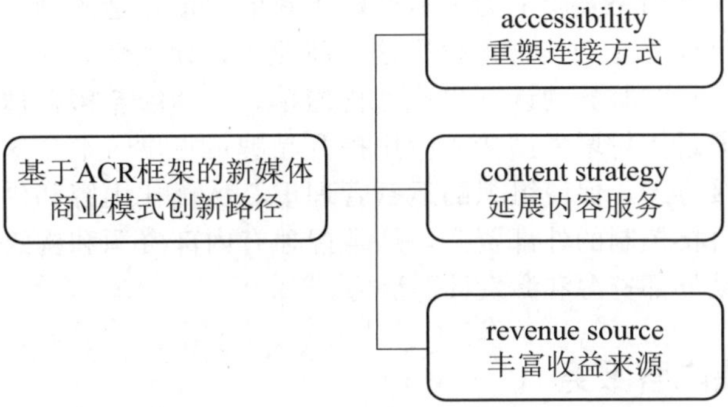

图3-6　基于ACR框架的新媒体商业模式创新路径

① 吴晓波，赵子溢．商业模式创新的前因问题：研究综述与展望 [J]. 外国经济与管理，2017，39 (1)：114-127.

② 哈筱盈，甘那．全球网播：新媒介商业运营模式 [M]. 杭敏，刘丽群，编译．北京：清华大学出版社，2009：12-14.

一、重塑连接方式

在原有的ACR框架中，易联性主要指新媒体的内容传输方式、连接效率及易用程度。本书将其延伸为重塑新媒体组织与多元利益相关方的有效连接，前文提及的平台经济就是此类创新的典型案例，通过“连接”但无须“拥有”的方式重塑价值创造过程。

(一) 成为供需市场的“搭桥者”

不同于传统的管道型连接方式——新媒体组织作为内容生产端在供应链上游、内容消费者在供应链下游、以线性流动的方式实现价值创造与交付——更能实现多元供给与多元需求对接的平台型连接方式是一个并联交互的矩阵，价值能够在不同的地点以不同的形式被创造、改变、交换和使用。平台在其中扮演着创新基础设施以及协调机制的角色，成为供需市场的“搭桥者”，通过设定相应的价值创造及交换的运营规则，实现生产者与消费者的高效匹配并促进他们间的核心交互（core interaction）。[①]

核心交互作为平台内部互动最为重要的形式，是能否留住用户的关键。例如职场社交平台领英（LinkedIn）的核心交互是职业者联系其他职业者，打车应用优步（Uber）的核心交互是司机与乘客的高效匹配。想要设计一个参与度高、确保拥有足够数量核心交互的平台以放大积极网络效应，企业需发挥出吸引（pull）、促进（faciliate）、匹配（match）三个关键功能：(1) 本着开放、共享的原则吸引用户接入平台；(2) 设计易于联系和交换的工具及规则，促进生产者与消费者完成信息、商品或是社会货币形式的交互；(3) 通过算法分发技术有效地匹配生产者与消费者，让他们互惠互利。

(二) 重构中介市场开辟价值创造新阵地

重构中介市场指以一种高效匹配的连接模式替换传统低效的渠道控制。如亚马逊Kindle商店依据实时销量及用户评价判断一本书畅销与否，过去在畅销榜单上扮演“守门人”角色的图书编辑渐渐被市场信号取代。这种基于大数据和算法的用户反馈回路实质上为平台开辟了新的价值创造阵地。平台可通过用户对生产者的反馈建立“信誉评价”这一新业务，如大众点评、饿了么基于用户对商家产品质量与服务的认证生成评价榜单。若商家希望在搜索结果中占据优先位置，可通过支付增强型接入费用提升品牌可见度。平台这类不直接提供实质商品的连接方式，促使组织的运营管理重心从优化内容和供应链系统转移至管理组织非直接控制的外部资产，从掌握独有内部资源和构筑有竞争力的壁垒，转变为调动外部资源和激发社群活力。[②]

二、延展内容服务

在内容这一维度，新媒体组织需主要解决如何充分发挥核心资源及能力上

---

① 帕克，埃尔斯泰恩，邱达利．平台革命：改变世界的商业模式［M］．志鹏，译．北京：机械工业出版社，2017：44-48.

② 同①10-12.

的优势进一步优化用户体验的问题，实践路径一般有以下两种。

(一) 深耕精品内容

内容是新媒体组织安身立命的根本。深耕精品内容的目的在于形成品牌区隔，提升用户为专业化、定制化、个性化的内容持续性付费的意愿。奈飞(Netflix)是全球知名的在线视频流媒体服务平台，自2013年始，奈飞不再停留于“影片搬运工”这一分销商角色，选择入局原创影视内容生产。在影视剧制作上，奈飞凭借平台的算法及数据库积累了一定优势——用户对每一个视频所做出的举动，如在何处按下暂停键和快进键，都会成为奈飞数据库里的一个“事件”，借此平台能够通过算法了解用户偏好和未来制作影片的方向。[①]2013年奈飞基于大数据分析推出的第一部原创剧集《纸牌屋》大获成功，此后陆续推出了《怪奇物语》《王冠》《鱿鱼游戏》等广受市场好评的作品，其丰富、优质的原创内容库吸引着用户持续订阅，截至2022年奈飞拥有2.3亿付费用户，其在北美地区的月度会员均价达到16美元，是同行业的最高水平。奈飞的商业模式逻辑在于通过优质内容的供给，实现用户的聚集和订阅收入的增加，继而再加大对优质内容生产的投入，以实现内容供给与消费的正向循环。

(二) 拓宽内容服务边界

“泛内容”运营业已成为内容型媒体在转型过程中实现多元化经营，开拓自身发展空间的重要路径。[②]以广电新型主流媒体为例，其在互联网思维下对内容的定义早已超越单纯的新闻生产范畴，普遍选择在新闻之外的泛内容领域发力，产业链向政务、电商、直播、农业、教育、文旅、会展、健康等领域延伸。

自2018年起，广电媒体纷纷依托自身优质的内容策划和制作人才的资源优势布局MCN领域，孵化“广电网红”。典型代表如湖南广电旗下的“芒果MCN”(原名Drama TV、湖南娱乐MCN)，聚焦明星、母婴、萌宠、综艺、美妆等垂直领域，在全网建立了超1 400个常态化运营账号，粉丝量超4亿。与此同时，广电MCN还以“PUGC+UGC”模式签约行业专家、社会达人，提供包括内容制作、运营推广等方面的支持，从中获取流量及经纪分成。2021年《全国广播电视行业统计公报》数据显示，自2020年起，包含网络直播、短视频、用户付费、节目版权等在内的网络视听收入首次超过广告收入，成为广电行业收入第一大来源，这也体现了新媒体时代广电媒体的业务系统逐渐从“做内容、卖广告”向“聚用户、做服务”转型。

---

① 魏慧婷，胡锋．哈斯廷斯和他的奈飞公司：奈飞的商业模式与公司价值［EB/OL］．(2020-09-22)［2023-02-28］．https：//mp. weixin. qq. com/s/-Lxw4tr-B0rfpkFSMWcegg.

② 范以锦．“泛内容”变现：延伸媒体产业链的新路径［J］．新闻与写作，2018（4）：57-60.

【前沿链接】广电新型主流媒体"新闻十政务服务商务"业务运营创新策略

为了应对短视频重构的媒体生态和传播格局，广电媒体近年来在短视频自建平台和商业平台逐步推广"新闻十政务服务商务"的运营模式，焕新内容服务体系，培育造血新机能。其中，较为成熟的实现路径有以下三种：

其一，代运营政务账号。广电新型主流媒体的政策把控力、内容生产力、媒体公信力为承接政务短视频的制作与运营奠定了基础。浙江广电主办的浙江政务短视频联盟以"讲好'浙江故事'，共建'重要窗口'"为主旨，为各级政府机构提供包括内容策划、技能培训、宣发运营、融媒体数据库等在内的政务短视频"一站式"服务；山东广电与全省近 50 家党政部门、近百家企事业单位建立了代运营业务往来，已推出政务号 100 余个，每日播发实时新闻上百条。

其二，助力打造地域品牌。广电新型主流媒体发挥内容创作、活动执行等方面的优势，以"贴地"视角深耕本地内容与用户，与政府部门合作发起大型事件营销，打造"绿色农产品""非遗传承""网红旅游打卡地"等地域品牌，带动地方经济发展。例如重庆广电积极投身全市"晒文化·晒风景"文旅推介活动，参与区县《书记晒文旅》《区长县长晒精品》等视频产品的生产，协助涪陵文旅委举办"涪陵双晒'两江福地神奇涪陵'"直播活动，重庆电视台主播、涪陵区政府官员、非遗传承人化身导游和导购，以"云解说"的形式带领观众领略涪陵风景，推介特色文旅产品，2 小时全网观看量超 1 800 万人次，助推了"双晒"文化 IP 的形成。

其三，提供广电智库服务。2015 年中办、国办印发的《关于加强中国特色新型智库建设的意见》为主流媒体角色延伸指明了方向。其中提及，媒体为政府提供的包含咨询报告、政策方案、规划设计、调研数据等在内的智库产品可纳入政府采购范围和政府购买服务指导性目录。基于这样的政策背景，山东广电推出全媒体服务产品"闪电智库"，通过提供融媒传播、舆情参考、视频表达、决策咨询、会议论坛、创新产品以及社群生态互动等服务为政府治理赋能，拓宽了主流媒体将自身影响力变为现金流的现实路径。

资料来源：黄河，程晛．广电新型主流媒体短视频商业模式创新［J］．电视研究，2022（9）：37－40.

三、丰富收益来源

为了帮助新媒体组织更有的放矢地应对市场机遇与风险，管理者可以通过优化收益结构、挖掘潜在关联、开发营销资源打造多元化的收益机制，不断维系与提升新媒体组织的"造血"能力。

（一）优化收益结构

在前文提及的奈飞商业模式中，会员订阅收入是其主要收入来源。尽管奈飞拥有业界领先的原创影视创作能力，但在激烈的市场竞争以及人口红利见顶，全球互联网公司的月活跃用户和付费用户增长渐趋乏力的背景下，奈飞也面临着严重的用户流失。2022年前两个季度奈飞的付费用户首次出现负增长。为在保证订阅用户数量的同时增加收入，奈飞的解决方案是在12个国家和地区推出含广告的低价会员套餐，以扩大广告在营收中的占比。同时奈飞也对用户共享账号采取更严格的措施，在多个国家和地区限制一人一号，追求实际的会员订阅盈利。

小红书是全球最大的UGC生活方式社区之一，2013年成立初期凭借海淘购物经验分享的内容基调奠定了平台的“种草”①属性，并推出“福利社”板块尝试电商变现。后因跨境电商政策收紧，小红书调整战略强化平台内容属性，回归“笔记”和“购物经验分享”，发展至2019年，广告已成为平台占比80%的首要收入来源。为纾解营收结构较为单一的压力，小红书取消电商外链，推行号店一体等新规，提升营收结构中的电商收入占比；加大对平台软文的限制力度，于2021年上线蒲公英营销平台，在优化广告服务的同时，对于报备在案的商业笔记，向创作者和广告主双向抽佣各10%，加速流量变现。

（二）挖掘潜在关联

商业模式的创新需秉持全局眼光、过程视角，动态扫描既有商业模式的可用资源和外部环境，不断识别新的市场需求，挖掘新的交易机制。《精灵宝可梦GO》（*Pokémon Go*）的收益模式就为我们提供了如何将视野聚焦到全部利益相关者而不只局限于终端用户的创新思路。

2016年，任天堂发行基于AR和LBS技术的新游戏《精灵宝可梦Go》。用户在智能手机装载这款App，就可以在现实世界根据游戏中的地标指示捕捉分散在各地的宠物小精灵。由于玩法新颖，又有强大的Pokémon IP支撑，游戏推出仅半个多月就有超过7 500万人次下载，创下新的世界纪录。

起初，《精灵宝可梦Go》的盈利模式与其他手游并无二致——用户可以免费注册账号，但若想提升游戏体验，需付费购买精灵球、诱饵、孵蛋器等内置道具。与众不同的是，《精灵宝可梦Go》这款游戏虚拟与现实相融合，玩家必须拿着手机在真实世界四处走动才能抓捕精灵的机制，把手游变成了一项户外运动。激发出诸多线下互动的可能。游戏还设置了基于现实定位的小精灵捕捉补给站和道馆，无形中为线下周边店铺带来了人气。

嗅觉灵敏的商家很快意识到这是一个借势营销的好机会。麦当劳借此推出《精灵宝可梦GO》套餐，吸引用户去门店消费；优步推出了“抓精灵”专车，卖点在于比别人更快地载乘客到“皮卡丘”出没的地方；连巴西里约市市长都公开“喊话”任天堂：“放点‘精灵’过来吧，帮我们提振奥运人气。”《精灵宝可梦Go》的游戏开发者随即开放捕捉精灵地标的商家植入权限，并根据后台监测的访客数量收取广告植入费，将原本不在交易结构中的线下商家纳入商业模式的利益关系网络里，推动《精灵宝可梦Go》挖掘到新的盈利点。据Sensor Tower统计，《精灵宝可梦Go》上线6年后总下载量超过6.78亿次，营收超过60亿美元。

---

① 网络流行语，本义即播种草种子或栽植草这种植物的幼苗，后指专门给别人推荐好货以诱人购买的行为，类似“安利”。

（三）开发营销资源

对大部分新媒体组织而言，以广告为代表的在线营销业务始终是它们最直接也是最成熟的商业变现方式。在当下的营销格局中，广告主体越发多元、广告运作更加智能、广告格局亦不断更迭，涌现出原生广告、智能广告等多种广告形态。新媒体组织是否能够持续开发营销资源，提升连接广告主与消费者的能力，缩短消费者决策的转化路径，为广告主提供支持全链路数据追踪、覆盖多种营销场景的营销经营一体化空间，成为评估新媒体组织营收能力的关键因素。

抖音旗下产品巨量千川如今已发展成“全域兴趣电商下的一体化智能营销平台”，广告投放只是其最表层的功能之一，它更多的价值体现在为广告主提供从人群洞察、货品策略、内容搭建到转化复购的全链路策略支持。广告主可以通过巨量千川测试货品、素材在直播间和短视频中的效果，根据数据反馈调整货品组合和目标人群画像。也就是说，该平台既是产品种草的测试场，也是品牌洞察用户需求与行为偏好的渠道。依托上述营销模式，抖音构建起了包括广告投放、电商交易、中介服务费等在内的多元收益格局。

值得注意的是，商业模式的连接方式、内容服务、收益来源创新之间是环环相扣、相互依赖的，前文提及的连接方式的重构、内容服务的延伸本身也会拓宽收益渠道。此外，诸多新媒体组织在成立初期为了激活网络效应，往往会选择以提供免费服务的方式吸引用户，若想在后期实现从免费到收费的盈利模式转变，还需进一步思考向谁收费、如何收费等问题，如此方能不阻碍网络效应的增长。

【案例链接】 快手的商业化进程：从“老铁经济”到“信任电商”

成立于2011年的快手，已从最初的gif动图工具转型为日活跃用户达到3.6亿的短视频头部平台。据快手IPO招股书披露，自2016年试水商业化至今，快手逐渐形成由直播打赏、线上营销服务、电商等业务组成的多元营收结构。其商业化进程如下：

1. 商业化初试水（2016—2017年）

2016年4月，快手上线直播功能。如用户在直播间为主播赠送虚拟礼物（俗称“打赏”），主播在获得收入的同时平台可从中抽取佣金，分成比例为用户税后打赏金额的50%。之所以选择此种流量变现方式，在于快手作为一款社区产品，不想过快引入广告破坏用户体验，影响平台内容生态建设。而从用户主动打赏的行为中抽取佣金，不仅能激励主播创造优质作品、提高开播频次，平台也可从中获得收益，实现用户、创作者、平台的三方共赢。经由直播业务驱动的用户观看时长、用户黏性、用户与内容创作者间的信任、内容生态活跃性，成为快手此后多种衍生商业变现渠道的基石。

2. 布局在线营销业务（2017—2018年）

抖音上线后，陡增的市场竞争压力使得快手开始创新商业模式，开展线上营销服务。2017年3月，快手首次公测信息流广告，上线“粉丝头条”功能、发布“快接单”平台，短视频创作者可以通过广告、电商等多渠道变现。2018年7月，快手正式建立商业化团队，搭建营销平台（2019年升级为“磁力引擎”），推出两大产品矩阵：一是“快手广告”，主要产品是信息流广告和粉丝头条；二是服务于创作者内容营销的“快手商业开放平台”。

3. 商业化进程加速，打造“老铁经济”（2019—2020 年）

自 2019 年下半年始，快手加速引入明星等头部稀缺资源，进行品牌升级，为用户增长蓄力；同时进一步完善营销平台搭建，推出“快手小店”电商服务工具，夯实电商基础设施，不断降低外链（如京东、淘宝）在整个电商交易中的占比，打造直播电商生态交易闭环。此次商业化进程加速受到双重因素推动：一是新冠感染疫情迫使商家交易进一步转移至线上，直播电商进入爆发式增长期，为快手全面加速流量变现提供了基础；二是快手团队于 2019 年年中发起与抖音抗衡的 K3 战役（DAU 日活跃用户达到 3 亿），快手必须通过提升平台服务客户以及客户进一步服务用户的能力，带动 DAU 增长。

K3 之后，直播打赏和直播带货成为快手占比最高的营收方式，平台也构建起了独具特色的“老铁经济”[①]，即遵循简单、普惠、不打扰的平台运营逻辑，强调平台内容的真实记录性和平台用户间的平等交互性，以此发展社交导向型商业模式，推动创作者与粉丝通过交流价值观与生活方式建立更紧密的情感关系和认同感，从而实现私域流量的聚拢和公域流量的扩容。

4. 发力“信任电商”（2020 年至今）

面临流量红利见顶和广告业务增势渐颓的困境，快手在稳定“老铁经济”基本盘的同时，提出“新市井商业”的生态愿景：依托自身短视频+直播能力，把线下商业场景映射到线上，将快手发现页、精选页、关注页和主页构成的公私域立体形态打造成为一个既有熙熙攘攘的市集又有繁华高效的商街、既有社区里熟悉的街边店又有独立经营店铺的线上“市井世界”；构建融合传统“熟人经济”与现代“电商体系”的新型业务模式——以“熟人经济”强调的“信任”为核心，以“现代电商”所重视的“好货”为养料，全面提升平台的服务体验。通过此次转型，快手希望借助“熟人”场景完成传统电商“人找货”到信任电商“人找人”的转变，打造独特的信任生态，缩短消费决策路径，提升买家转化率和用户复购率，形成电商生态的良性循环。

以此为目标，快手推出了一系列平台级保障政策与行业解决方案，建设商家与用户双方“极致信任”的生态。快手 2021 年第三季度财报数据显示，2021 年 9 月快手电商复购率突破 70%。截至 2022 年 6 月，快手平台互关用户对数累计已超过 200 亿对，同比增长 65.9%，凸显出快手区别于其他电商平台的强社交黏性、高私域属性的社区氛围。

资料来源：罗媚佳. 快手商业化渐入深水区［EB/OL］.（2022-12-13）［2023-02-28］. https://mp.weixin.qq.com/s/511pl0HITzxbWOSIrLL5DQ；刘宇豪. 快手是怎么做商业化的［EB/OL］.（2020-06-02）［2023-02-28］. https://mp.weixin.qq.com/s/3pyXU－QefcyG5Th1opGeeg；中泰证券，韩筱辰. 2021 快手电商数据报告［EB/OL］.（2022-06-09）［2023-02-28］. https://baijiahao.baidu.com/s?id=1735138154732462622&wfr=spider&for=pc.

① “老铁”原指东北方言的“铁哥们”，指亲近、牢靠、值得信任的朋友。“老铁经济”意指用户更愿意在信赖的主播直播间打赏和购买产品，这种转化的主要动力是基于感情连接，而非商品本身。

【问题讨论】

1. 你认为什么是商业模式？商业模式的构建对于新媒体组织的意义是什么？

2. 商业模式的构成要素有哪些，各要素之间有何关联？

3. 技术发展在新媒体组织商业模式创新中发挥了什么作用？

4. 选择一个新媒体企业，尝试分析它的商业模式。

第四章　新媒体组织文化

组织文化（organizational culture）界定了新媒体的核心价值观、使命及愿景，并以软性约束的方式为组织的日常运转提供了一整套行为规范，为组织成员定义了我们是谁、我们的目的是什么以及为什么这样做。在新媒体企业越来越趋向于网格化管理、分布式决策的当下，如若没有价值观的推动以及文化的认同，组织的发展就难以步调一致、形成合力，甚至可能误入歧途。本章我们基于组织文化的内涵及层次，立足新媒体组织文化的独特基因，探讨新媒体组织文化如何经由对内的巩固以及对外的传播，更好地发挥内聚人心、外塑形象的功效。

第一节　组织文化概述

组织文化是被组织成员广泛认同、普遍接受的价值观念、思维方式与行为准则，它以观念的形态、非强制的手段调控着成员的行为。优秀的组织文化不仅可以理顺组织内部的价值差异，激发员工的自驱力和创造力，还能够通过对内的整合达到对外部竞争环境的适应，整体提升组织的运作效率。

一、组织文化的内涵与层次

（一）组织文化的概念

文化，或文明，就其广泛的民族学意义来说，是包括全部的知识、信仰、艺术、道德、法律、风俗以及作为社会成员的人所掌握和接受的任何其他的才能和习惯的复合体。[①]组织是一种人们有目的地组合起来的社会单元，它由两个或两个以上的个体组成，在一个相对连续的基础上运作，以实现一个或一系列共同目标。[②]从广义上看，组织文化是人类文化、社会文化和经济文化的一个子集。从狭义而言，组织文化概念的提出者埃德加·沙因将之界定为一个群体在解决外部适应性和内部整合性问题的过程中所累积的共享习得的产物，是新成员在认识、思考、感知问题和采取行动时必须掌握的正确方法。[③]

随着时间的推移和组织持续性地取得成功，这些群体成员共同遵循的行为准则会逐渐固化为一种价值信念，为组织的日常活动和工作赋予意义，从而形塑了组织的内在特质与行事风格，我们可以从以下七个维度勾勒组织文化的综

---

① 泰勒．原始文化：神话、哲学、宗教、语言、艺术和习俗发展之研究［M］．连树声，译．上海：上海文艺出版社，1992：1.

② 罗宾斯，贾奇．组织行为学：第16版［M］．孙健敏，王震，李原，译．北京：中国人民大学出版社，2016：5.

③ 沙因 E H，沙因 P A．组织文化与领导力：第5版［M］．陈劲，贾筱，译．北京：中国人民大学出版社，2020：6.

合图景（见表 4－1）①：

表 4－1　组织文化综合图景

维度	具体内容
创新与冒险	员工在多大程度上受到鼓励进行创新和冒险
关注细节	员工在多大程度上被希望做事缜密、仔细分析和注意细节
结果导向	管理层在多大程度上重视结果和效果而非过程
员工导向	管理决策在多大程度上考虑决策结果对组织成员的影响
团队导向	工作活动在多大程度上围绕团队而不是个体进行组织
进取心	在何种程度上，组织成员是具有进取心和竞争力而非随遇而安的
稳定性	组织活动在多大程度上强调维持现状而不是成长和发展

（二）组织文化的内在层次

为了准确识别和解释组织文化的内涵和效用，我们需进一步对构成组织文化的有形要素与无形要素加以划分。目前，业界和学界普遍认可吉尔特·霍夫斯泰德（Geert Hofstede）提出的由价值观（values）、仪式（rituals）、英雄（heros）、符号（symbols）构成的文化“洋葱模型”，并在此基础上将组织文化分为由隐至显的精神文化、制度文化、行为文化和物质文化（见图 4－1）。②

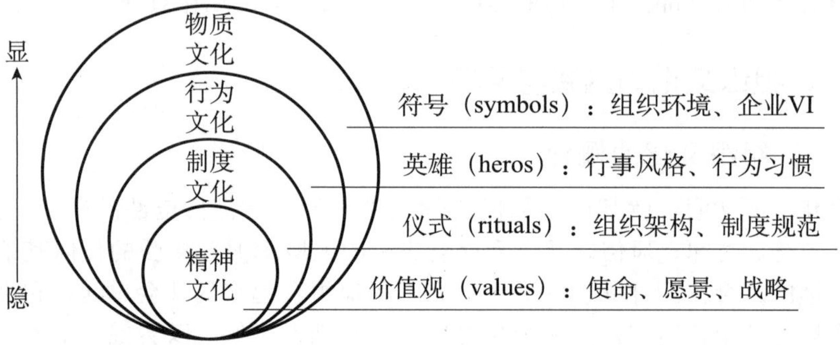

图 4－1　组织文化的四个层次

1. 精神文化

由企业愿景、价值观、使命、伦理观、经营哲学、战略思想（见表 4－2）等组成的精神文化是企业发展的精神基础和核心动力，亦是串联组织内外部发展的底层逻辑，在整个组织文化中处于核心地位，能够为组织的战略规划确定方向、为商业决策提供判断依据、为经营活动提供行为指导。例如，网络视频平台爱奇艺在“简单文化”的统摄下，在人际关系上倡导直接沟通、尊重差异、不拐弯抹角、不擅自臆断的“简单想”，在业务管理上践行抓大放小、坚守专

① 罗宾斯，贾奇．组织行为学：第 16 版［M］．孙健敏，王震，李原，译．北京：中国人民大学出版社，2016：409.

② HOFSTEDE G，NEUIJEN B，OHAYV D D，et al. Measuring organizational cultures：a qualitative and quantitative study across twenty cases［J］. Administrative science quarterly，1990，35（2）：286－316.

注、勇于试错、快速迭代的“简单做”，经过通盘思考和权衡后的“化繁为简”成为爱奇艺内部沟通和工作风格的理念指引。

表 4-2 精神文化的内涵

概念	释义
企业愿景	企业对希望达成的未来图景的生动描绘
价值观	指导所有员工共同行为的根本原则和处事信条
使命	企业超越利润追求的存在价值
伦理观	企业处理与他人、社会、自然之间利益关系的道理、原则和规则
经营哲学	关于企业生产经营基本逻辑的思想
战略思想	企业全局性、长远性、统摄性的方向性观念体系

2. 制度文化

组织制度文化是承接文化内隐部分（精神文化）与外显部分（行为文化、物质文化）的中介，推动组织文化完成从虚拟形态到实体形态的转变。制度文化通常被融入组织架构、制度规范、管理流程、奖惩机制中，其作为中介的固定传递功能及强制力与自愿性相结合的特征，对组织文化的整体形成和巩固起着重要作用。[①]电子商务公司亚马逊（Amazon）推出的“逆向工作法”就是落实“客户至上”（customer obsession）精神文化的制度载体。“逆向工作法”要求员工在新品研发前拟定虚拟“新闻稿”和“PR/FAQ”（常见问题）[②]供内部审核，根据客户期待反向推导市场需求，若 PR/FAQ 中描述的产品功能无法革新用户体验，就说明洞察不够深刻、时机尚未成熟。提案团队通常需与公司高层开会 5 次以上，对 PR/FAQ 修改 10 次以上，对某个想法加以迭代、辩论和完善，Kindle 就是采用这种工作制度创造的首批产品。[③]

3. 行为文化

精神和制度文化只有落地为组织成员在生产经营环节的思维模式及行为习惯才能真正发挥效用。具体而言，组织文化的行为层面又包括英雄人物行为和组织成员行为这两类。英雄人物指组织文化的核心人物或使组织文化人格化的标杆代表，其行为会对成员起到榜样、警示或激励的作用，如海尔集团创始人张瑞敏曾亲手砸毁 76 台不合格的冰箱，唤醒员工对质量问题零容忍的意识；亚马逊创始人杰夫·贝索斯（Jeff Bezos）在开重要会议时习惯准备一把空椅子作为客户代表，以提醒员工所有决策都需遵循“客户至上”的价值理念。

组织成员的整体行为是判断组织文化渗透率高低的重要标志。以互联网科技公司字节跳动推崇的“文档文化”为例，为了省去包装美化 PPT 的时间，鼓励员工采用信息密度更高、逻辑性更强的叙述性文档陈述想法，其内部会议多

① 辛本禄．现代组织文化的产生、层级及其特征［J］．社会科学战线，2009（4）：223-226.

② PR/FAQ 指站在客户视角分享计划的细节、产品的亮点，以及从运营、技术、产品、营销等角度评估公司打造产品或创造该服务面临的成本或挑战。

③ 布里亚，卡尔．亚马逊逆向工作法［M］．黄邦福，译．北京：联合出版社公司，2022：126-129.

依托“飞书”办公系统的“云文档阅读+实时评论”模式（简称为“飞阅会”），希望通过高质量的会议资料和会前阅读机制的设置提升会议效率。在字节跳动，一个员工能否接受并恰当地运用文档来驱动工作，是评价他对“求真务实、坦诚清晰”价值观践行程度的标准之一。

4. 物质文化

物质文化处于“洋葱模型”的最外层，是可见性最高、直观性最强，也最易被利益相关者感知到的显性文化，主要是指组织通过企业 VI（visual identity，视觉识别系统）、环境陈设、产品和服务、员工福利、营销活动、社会责任履行等途径向内外部传播，在此过程中所树立的形象。例如，开放式的工作环境相较于独立隔间而言更能弱化个体的职级及岗位差异，便于增进员工间的沟通与了解，这种环境的陈列及办公的布局就是崇尚平等、透明、协作的组织文化的外显。再如，互联网科技公司腾讯将酉阳苗绣工艺融入公司文化衫的设计中，绣制代表腾讯“正直、进取、协作、创造”价值观的“长颈鹿、海燕、蜜蜂、海豚”四种动物，员工穿上同一款文化衫不仅象征着“同衣同心”的价值认同，也表明其助力中国非物质文化遗产酉阳苗绣的弘扬与传承，对外传达腾讯秉持科技向善、共富乡村的愿景及使命。

二、组织文化的角色与功效

文化于组织犹如人格特征于个体。组织文化界定着组织成员的身份感，是组织成员共享的一套能够将本组织与其他组织区分开来的“意义体系”[①]。它既发挥着黏合剂的功效，将组织成员紧紧凝聚在一起，同时也作为意识形态和控制机制，引导和塑造员工的态度和行为，促使成员认同和致力于比个体自身利益更高层次的事物。[②]具体而言，组织文化发挥的作用主要体现在如下几个方面。[③]

（一）目标导向

组织文化作为员工的共同价值观念，一旦形成就会对组织成员的价值取向以及行为取向产生导向作用。组织提倡什么、抑制什么，员工的注意力会随之发生转向，促使个体目标与组织的发展愿景达成一致。例如腾讯的使命与愿景是“用户为本，科技向善”，华为的使命与愿景是把“数字世界带入每个人、每个家庭、每个组织，构建万物互联的智能世界”，均明确地定义了其作为互联网与科技公司的业务追求和价值取向，并致力于让员工感受到自身岗位超越金钱价值的使命感和意义感——即践行用科技放大人性善意，推动数字社会福祉最大化，以此激发组织成员在工作中的自驱力和创造力。

---

① SCHEIN E H. Culture：the missing concept in organization studies [J]. Administrative science quarterly，1996，41 (2)：229 - 240.

② 罗宾斯，贾奇．组织行为学：第 16 版［M］．孙健敏，王震，李原，译．北京：中国人民大学出版社，2016：413.

③ 何建湘．企业文化建设实务［M］．2 版．北京：中国人民大学出版社，2019：27 - 34.

（二）人心凝聚

组织文化所倡导的价值观、使命及愿景被组织成员充分认知、广泛认同后，员工会在组织氛围的作用下，产生对于本职工作自发的、内在的“自豪感”和对组织的“归属感”，由此形成强大的凝聚力与向心力——具体表现为员工对组织的热爱与忠诚、员工之间的高效协作与相互关爱等。以电商平台阿里巴巴（简称“阿里”）为例，每年的“双十一”购物节就是最能彰显组织凝聚力的时刻，阿里内部将这个“消费狂欢日”与“社会大协作”“全民共振”相关联，强调“阿里人”与阿里生态体系聚合了社会各种经济元素与社会力量，共同创造了这个节日。时任CEO的张勇曾言：“没有参加过‘双十一’的叫同事，参加过‘双十一’的叫战友。”这种战友精神令大家为了实现“让天下没有难做的生意”的使命真正做到力出一孔，在园区的办公室、停车场，随处可见搭好的帐篷、行军床，员工会通过摇旗、呐喊、击鼓等活动为“双十一”造势，“双十一”由此成为阿里内部最好的团队建设契机。

（三）内在约束

组织文化对成员思维方式以及日常行为能够起到一定程度的约束和规范作用。一般而言，这种约束力往往是通过“硬制度”与“软氛围”这两条途径共同实现的。“硬制度”指渗透了组织文化理念的规范与流程，例如腾讯为达成“最受尊敬的互联网企业”这一愿景，自2007年始针对公司内部存在的食堂占座、卫生间吸烟等不文明举动和职场越界行为开展整肃风气的“瑞雪行动”。“瑞雪”由此成为腾讯鼓励良好职场行为的代称，不仅涵盖道德、礼仪标准，也包括抵制弄虚作假、收受贿赂、泄露机密等职场高压线禁区。“软氛围”指在潜移默化中形成的文化自觉，是员工经由对组织文化的自我对标而产生的一种自律意识。如字节跳动为了弱化层级、淡化资历的影响，提倡用“同学”代替“老大”“某某总”“老师”等尊称，这种“去总”文化有助于培育员工讲得了真话、高层听得进意见的工作氛围，同时也降低了阿谀奉承的概率。

（四）激励提振

激励提振主要指组织文化对成员的内在动机与潜在能力的激活。除了前述提及的在价值观层面的精神鼓舞，组织文化在制度层、行为层及物质层都能对员工产生相应的激励效应，如员工会因为合乎准则的行为受到管理层的承认和表扬，从而获得物质或心理上的平衡与满足。字节跳动、阿里巴巴、腾讯、百度等新媒体组织都将价值观匹配与否纳入招聘评估与绩效考核的范畴。京东自2014年起通过推行“价值观行为积分计划”促进“客户为先、诚信、团队、创新、激情”① 价值理念的落地，当员工的行为符合京东所倡导的核心价值观时，管理者将在公开场合授予价值观积分卡并宣读获奖事例，员工可凭借价值观行为获得的积分换取荣誉勋章及相应福利。

（五）文化辐射

文化辐射指组织在向内外部传播使命与愿景、传递产品和服务价值的过程

① 2018年京东将其价值观改为“正道成功”“客户为先”和“只做第一”。

中，对利益相关者以及社会所产生的正向影响。优质的组织文化不仅能够提升企业的知名度与美誉度，也能凭借其背后的价值观作用于社会，组织所推行的价值理念得以感染、启发更广泛的社会大众。苹果公司的创始人史蒂夫·乔布斯（Steve Jobs）曾说过："如果说科技向左，人文向右，那么苹果希望站在科技和人文的十字路口。"苹果立足残障人士的使用视角，从视力、听力、肢体活动能力与认知能力四大维度搭建辅助功能体系，新品发布会也有针对视障人士口述影像讲解的选项，让每一个人都能通过科技平等地受益。这既是苹果正视不同用户使用需求的品牌价值观的体现，也向社会传达了"无障碍是一项人权"的人文关怀。

需要注意的是，组织文化除了能给企业带来上述增益，也可能会制造一些难题：其一是对变革的影响。根深蒂固、相对落后的组织文化容易束缚组织革新的手脚。其二是对个性的影响。组织文化对于统一价值观和行为规范的强调，在一定程度上会抑制组织成员的个性多样化和创新性发展。其三是对组织兼并、收购的影响。组织文化一旦形成，便具有鲜明且相对稳定的价值底色，这使得不同的组织在兼并、联合、收购后面临文化融合、文化沟通的难题，使新旧组织文化间出现摩擦和碰撞。①

第二节　新媒体组织文化的创建与巩固

组织文化的内在层次决定了其创建是一个内化于心、固化于制、实化于行、外化于物，既循序渐进又彼此交织的过程。这个过程伴随着管理层的理念倡导、组织结构的设计、规章制度的落实以及组织成员对于基本的、有意义的行为及符号的共同理解。本节结合新媒体组织文化的特性，探讨组织文化的根源和理念的萃取原则，以及管理者如何植入他们所持有的信念或价值观，从而为组织文化的启动、巩固和进化创造条件。

一、新媒体组织文化的独特基因

新媒体组织作为以信息科技为支撑、以用户需求为导向、以业务创新为驱动、以跨界融合为趋势的知识密集型企业，较之传统企业的一大特征就是容纳了更多注重个体价值和自我实现的"知识型员工"②与"Z世代"③成员，他们期望用价值共创的"协作关系"取代层级分明的"雇佣关系"，以奈飞、字节跳动为代表的国内外新媒体企业为了最大限度地激发此类员工的工作热情与创造力，格外推崇人才重于流程、直接优于婉转、信任高于戒备、自由多于管控的新媒体组织文化。我们把此类文化所蕴含的独特基因总结如下：

---

① 关培兰．组织行为学［M］．4版．北京：中国人民大学出版社，2015：305.

② "知识型员工"指具备相对专业的知识，具有较强的学习和创新能力，能充分利用现代科学知识提高工作效率的脑力劳动者，具有创造性、灵活性等特征。

③ "Z世代"指在1995—2009年出生的人，又称网络世代、互联网世代，统指在互联网、即时通信、智能手机和平板电脑等科技产物影响下长大的一代人。

（一）人才驱动

以奈飞、谷歌为代表的互联网科技公司认为，企业的成功之道就是聚集一群聪明的创意精英（smart creative），组建一支彼此信任和钦佩的卓越团队，一起专注于完成一项伟大的任务，并为他们创建高回报、高成长和丰富精神生活的人力资源环境，充分发挥他们的创造力与自驱力，以人才密度实现高绩效。

（二）坦诚反馈

指导员工有效地提供和接收反馈能够带来更有建设性的对话。匿名的评头论足越少，导致低效和负面情绪的闲言碎语就越少，也越能摆脱"办公室政治"的不愉快，从而提升组织运转效率。奈飞为了让员工适应"公开批评"的文化，会在团队例会上发起"开始、停止和继续"的练习，每个人要告诉一名同事一件他应该开始做的事，一件他应该停止做的事，以及一件他做得非常好且应该继续保持的事。字节跳动的绩效也采取"360 度评估"的方式，与被评估者有合作关系的员工均可实名评价和打分，最后再由被评估者的上级领导进行综合校准。

（三）信息透明

新媒体组织往往奉行"善意假设"原则，在假设员工成熟自驱、能力充分、值得信任的基础上，加大授权力度，实现信息共享，提升员工的主人翁意识。字节跳动倡导群聊优于私聊的"拉群文化"、设置工作计划及进度能被所有人可见的"OKR 制度"，均是为了帮助员工了解公司与团队的目标，快速融入组织与他人配合，同时直观地看到自己与公司的联系，找到工作的价值和意义。

（四）开放包容

新媒体组织庞大的业务规模和组织架构决定了其人际关系的复杂性，为了解员工的真实想法，管理层往往会开设各种正式或非正式的沟通渠道鼓励发声、广纳谏言。另外，倡导开放包容也是促进个性多元、文化背景各异的员工放下隔阂、通力合作的必然选择。以爱奇艺为例，其内部员工一半是追求严谨逻辑的工程师，另一半是天马行空的创作者，两者的工作理念天然存在冲突。管理层为了打破沟通障碍，曾启动"爱奇艺人的一天"的拍摄项目，通过展现不同部门的真实工作状态促进员工的相互理解。

（五）情景管理

这一概念源自奈飞提出的"Context，not Control"（情景管理而非控制管理），意指在高密度的人才环境下，组织的决策无须完全受制于层级的控制（control），而是让成员基于具体情景（context）做出判断，使得更多的想法能够自下而上地自由涌现。[①]以"自由与责任"为精神内核的情景管理受到以字节跳动为代表的国内互联网企业的青睐（见图 4-2），这种组织文化最为理想的模

① 哈根廷斯，迈耶．不拘一格：网飞的自由与责任工作法［M］．杨占，译．北京：中信出版社，2021：242-248.

式，是促使更多“善意能人”掌握“自由信息流”，驱动个体凭借信息决策链条的最佳配置自主聚合、迭代成长，并在充分自驱的社群环境中竭尽潜能地碰撞和共创①，这样的氛围也格外利于平等、创造、协同、敏捷型组织形态的生长。

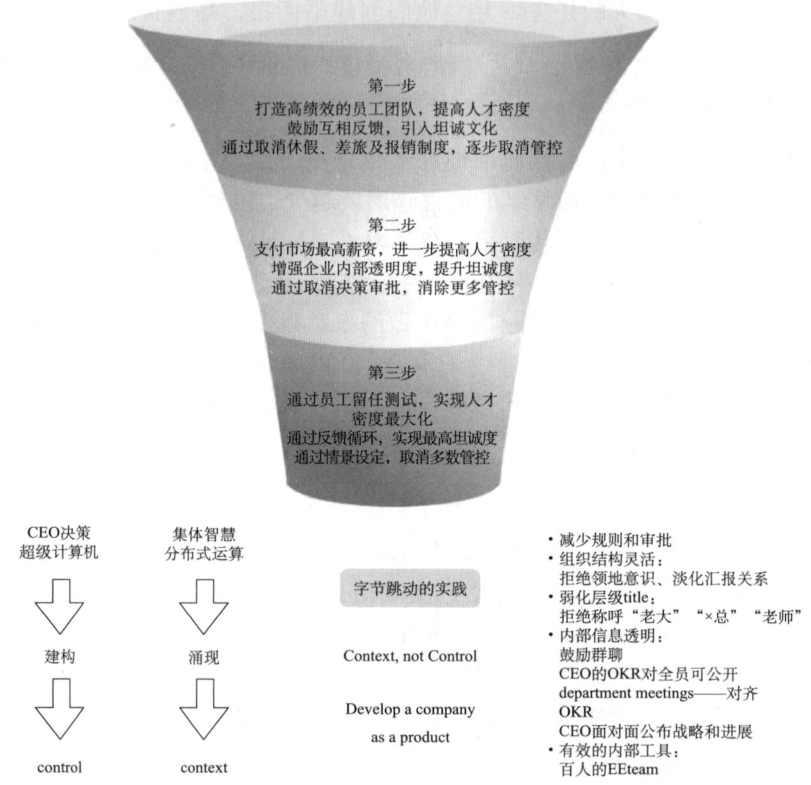

图4-2　奈飞（上）和字节跳动（下）的“Context, not Control”实践模式

【前沿链接】新媒体组织“不确定性”文化的内在隐忧

尽管上述新媒体组织文化的特质对应着当下更为前沿、先进的管理理念，为员工营造了平等对话、坦诚协作、扁平管理等工作氛围，但这些理念在实践过程中并非全无漏洞。

例如，在“信息透明”的实践下，员工可能面临无边界的信息轰炸，使得精力耗散，反而降低决策效率；高人才密度的追求意味着背后的强淘汰机制，奈飞高管把组织比喻为一支专业运动队，负责人需保证每个职位在任何时候都是最佳人选，训练就是为了胜利，如果员工付出了一等努力却只收获了二等成绩，虽然可以赢得尊重与感谢，但也不得不下场休息；在激烈的市场竞争环境下，新媒体组织为了快速“攻城略池”，文化往往会成为效率的牺牲品。

也正因此，有研究认为这些大型新媒体企业的组织文化正在营造一种“拥抱不确定才是最优解”的政治正确，甚至将其发展成为一种资本治理术：一方面以不确定性为鞭，收获员工“野蛮生长”创造的超预期价值；另一方面

① 波士顿咨询．按下发展快进键：人才、信息双驱动的组织进化［EB/OL］．（2021-12-20）［2023-04-01］．https://mp.weixin.qq.com/s/pa2JXg5oIsvXJhOR5Tc1Pg.

以不确定性为由，在雇佣关系中以弹性灵活取代责任承诺。

在“仅仅做到称职也要拿钱走人”的文化熏陶之下，裁员的不确定性始终如一把悬在头顶的达摩克利斯之剑。当降本增效、去肥增瘦的结构性战略优化成为长久趋势，这种不确定性构成了企业及其员工共同认同的文化规范，指导着其日常生活实践，成为“互联网人”工作没有安全感的潜在认知，也塑造了他们跨边界的职业实践以及结构化的“工作与生活失衡”。与此同时，这种文化也随着“互联网人”特殊的职业体验、频繁的职业流动以及行业的拓展得以不断再生产。

组织文化研究的兴起正是对“人本主义”的呼唤，而在职场人士被不确定性文化笼罩，疲于应对“996”“内卷”的当下，如何不让“视人为人”沦为一句虚言，真正地背朝系统面朝人，可能是很多新媒体企业亟待解决的文化新课题。

资料来源：顾楚丹，杨发祥．把不确定性当作文化：互联网平台企业的日常实践逻辑及其反思［J］．社会科学，2022（12）：152－161；哈根廷斯，迈耶．不拘一格：网飞的自由与责任工作法［M］．杨占，译．北京：中信出版社，2021.

二、新媒体组织文化的创建

新媒体组织当前的使命、愿景、行事风格，很大程度上取决于过去的实践以及这些实践的成功程度，这既来源于创始人和核心领导层对人性、管理、技术以及商业本质的探索和洞察，也集中反映了员工及其他利益相关者对组织经营活动、价值追求、发展前景的认知与期待。我们可以通过探寻文化之根、萃取文化理念这两个环节启动新媒体组织文化的创建。

（一）探寻文化之根

1. 创始人愿景

“伟大的组织结构，说到底都是某个人的影子和延伸。”①前 IBM 公司总裁路易斯·郭士纳（Louis Gerstner）在自传里提及的这句话为我们探寻组织文化肇基指明了方向。在组织发展早期，组织文化往往萌芽于创始人心中所珍视的标准。创始人通过对自身愿景、理念偏好、特长优势、形象或个性上的出众特质的梳理，奠定组织的核心使命或是价值观的基调，并通过自己的日常行为和关键决策，影响着整个群体的行为模式。例如，阿里巴巴的创始人马云崇尚作家金庸笔下的武侠世界，武侠小说里的家国情、侠客梦、浩然气也融入了阿里巴巴的战略、文化和日常管理中。马云在阿里的“花名”叫“风清扬”，阿里的核心价值观也以武功心法“六脉神剑”命名。阿里人眼中那个理想的、浪漫的、心中有“侠”的江湖，就是一帮有情有义的人，去做一些有意义的事——“让天下没有难做的生意”。

2. 组织的民意

为了让组织文化拥有更深厚的“群众基础”，企业步入成熟发展期后往往会

① 郭士纳．谁说大象不能跳舞？：纪念版［M］．张秀琴，音正权，译．北京：中信出版社，2015：167.

采取更为民主的方式，通过管理层和员工的不断碰撞挖掘进一步激发共鸣的文化特质。这就需要运用到资料收集、专题座谈、标杆对照、人物访谈、问卷调查等方法，通过解析经营策略、分解工作行为等途径提炼文化元素。代表华为核心价值观的《华为基本法》便是历时三年，经由华为员工反复讨论的产物。1995年华为公司发起了"华为兴亡，我的责任"的企业文化大讨论，并着手组织《华为基本法》的起草工作。1996年，由中国人民大学多位教授组成的《华为基本法》起草专家组进驻华为，通过研究IBM、惠普、英特尔等世界知名企业的宗旨和行为准则，聚焦公司成长史的重大事件访谈了多位华为高层，后又经过内部员工的反复辩论，直至1998年，数易其稿的《华为基本法》终于面世，确立了华为"以客户为中心，以奋斗者为本、长期坚持艰苦奋斗"的核心价值观。

【案例链接】 Facebook：挖掘"快速行动，破除陈规"的"黑客文化"

抱着"赋予人分享的权力，让世界更开放更互联"的愿景，马克·艾略特·扎克伯格（Mark Elliot Zuckerberg）于2004年创办了社交网站Facebook（脸书，后改名为"Meta"），Facebook后逐渐从一个大学社交网络软件变成通用社交平台。

每个对Facebook早期的特性进行描述的人，都会使用"大学生宿舍"这个词。彼时20岁不到的扎克伯格把在哈佛集体宿舍中产生的一个想法落地成一家公司，反复尝试、不断迭代、边干边学是扎克伯格的行为方式，这也成为Facebook "Done is Better than Perfect"（执行胜于追求完美）的理念来源。

创业早期，Facebook大部分员工都是扎克伯格的同龄人，他鼓励员工把公司当成家，如果员工住在离办公室一英里①以内的地方，就会收到每个月600美元的补贴。住得近是为了"救火"，每个人的工作中有很大一部分是修复问题。Facebook的工作特点是代码更新的速度非常之快，一位原先在甲骨文工作的员工坦言，以往起码要花费数月的时间代码才能提交入库，但在Facebook，他们一天要更新四五次代码。如果代码有严重的漏洞，让网站陷入瘫痪，这件事会被以邮件形式抄送整个工程师团队："恭喜你！你把网站整垮了，说明你的速度很快（但在同一件事上犯两次错并不值得庆祝）。"为了营造既能容错又能敦促员工持续进步的工作环境，每一位与编程相关的员工都必须加入为期6周的"新兵训练营"（Bootcamp），无论是多高级别的管理者，都要学习公司的代码库、工具和方法，并实际完成能够让Facebook运转起来的编码任务。在扎克伯格的倡导下，"快速行动，破除陈规"（Move Fast and Break Things）由此成为Facebook的"不成文"条例。

员工虽然在这样的工作氛围中斗志昂扬，不过公司的具体文化却有待进一步定义。尤其当扎克伯格在雅虎收购危机中因未能准确传达Facebook使命而感到挫败后，更加意识到明晰组织文化的重要性。2008年原Facebook文化和雇佣品牌主管茉莉·格雷厄姆（Molly Graham）加入Facebook，立即着手对企业文化进行系统梳理和定义。

格雷厄姆面向公司全体员工发起以下讨论：在公司发展壮大后，我们希望自己成为什么样的公司？Facebook的工作究竟是怎样的，就这个问题我们该如何向外界谈论？讨论中，有一个词语不断被人提及："黑客。"因FriendFeed被收购而加入Facebook的保罗·布赫海特（Paul Buchheit）曾为此专门写了一篇博文，

① 1英里约合1.6公里。

将Facebook内部的“黑客行为”描述成一种“应用哲学”，即超越规则使得伟大的事情更快发生的能力。对公众而言，黑客意味着具有破坏性的、精通高科技的虚无主义者，或者是那些肆意破坏远程系统或盗取信用卡信息的骗子。但在创业文化中，这个词语的含义是完全遵照其原意的：黑客是技术精湛、正义凛然的程序员，他们相信自己的努力可以使这个支离破碎的世界更好地运转。

格雷厄姆将员工感知到的“黑客文化”（hacker way）与扎克伯格本人曾列出的个人特质“清单”[①]相结合，最终提炼出由“专注于影响”“大胆”“快速行动、破除陈规”“开放”“打造社会价值”构成的核心价值观。此后，扎克伯格也正式宣告与“黑客文化”相适配的公司的使命——赋予人创建社区的权力，让世界融为一体。

然而，当Facebook选择以“闪电”的速度连接世界时，也让人们逐渐意识到这种尽一切努力推动用户增长的黑客竞速模式背后的隐忧——Facebook庞大的用户群曾被视为改变世界的源泉，如今却成了权力过大的警示证据；赋予未被倾听者发出声音的能力被认为是仇恨团体的扩音器；组织政治解放运动的能力现在成了压迫者的致命工具；那些鼓励用笑脸表情包来取悦和鼓舞用户的可爱指标，现在被当作传播错误信息的算法推进器。

在经历了2016年美国大选以及假新闻、国家资助的操纵、自杀和屠杀直播、猖獗的仇恨言论、数据泄露、侵犯隐私等事件后，Facebook从“硅谷偶像”的叙事基调中“跌落凡尘”，用户对其泄露隐私的义愤甚至导致了一场广泛的“＃DeleteFacebook”（删除Facebook）运动。

在美国首席科技记者，也是《Facebook：一个商业帝国的崛起与逆转》一书的作者史蒂文·利维（Steven Levy）看来，Facebook在2016年美国总统大选事件后的困境中所面临的所有问题都源于两件事：连接世界的宏大使命，以及鲁莽聪明地实现这一使命的做法。这家公司既受益于又受困于其对增长的渴求，以及它的理想主义和令人震撼的使命。Facebook及其领袖的大胆使它如此成功，而同样的大胆也使之必须接受惩罚性的代价。

各方质询如大坝决堤一般涌来，扎克伯格不得不面对世界上最大的社交网络如今已令人不安、害怕的事实。人们分享了更多的信息，但这并不一定意味着大家也分享了理解，也不意味着人们越来越紧密了。在2018年的听证会上，他承认了在防止虚假新闻、外国势力对美国总统选举的干预、仇恨言论以及开发者和数据隐私等工作上的漏洞。

在茉莉·格雷厄姆看来，过去“快速行动，破除陈规”意味着充分利用现有服务器资源保证公司持续快速发展的需要，服务器偶尔“挂掉”没关系，因为我们在尝试一些伟大的想法。而面对如今的发展拐点，“快速行动，破除陈规”的含义或许要变

① 扎克伯格列出的个人特征包括：超高的IQ；强烈的目标感；持续关注成功；强烈的进取意识和竞争意识；注重质量，力求完美；喜欢改变和颠覆事物；拥有提高工作的新想法；正直；身边都是优秀的人；渴望在原有价值的基础上创造新的真正的价值。

成如何确保公司的长远发展并具有长远的竞争优势。例如，如何发挥社区潜力，帮助各种背景和持有各种观点的成员通过建立共识发生联系，令个人有足够的“带宽”向外看，超越狭窄的环境和心态，将在线社区的活动转化为现实世界的进步。

资料来源：利维 . Facebook：一个商业帝国的崛起与逆转［M］. 江苑薇，桂曙光，译 . 北京：中信出版社，2021；GRAHAM M. 企业如何找到自己的文化和特质?：Facebook 的三条经验 .［EB/OL］.（2021 - 11 - 15）［2023 - 03 - 30］. https://mp. weixin. qq. com/s/J6nX _ pSs3Kf _ AgR-h09JTA.

（二）萃取文化理念

文化理念的萃取是对组织文化精神层面的进一步界定与阐明。文化理念是组织核心价值观、使命及愿景的统称。其中，核心价值观是组织开展经营活动的根本信条；使命是组织在盈利之外存在的根本原因；愿景是对组织长期要实现的目标图景的生动描绘。①为了避免文化元素的提炼陷入含混不清、庸碌俗套、华而不实、脱离实际的表达陷阱，管理者需遵循相应的理念萃取原则。

1. 核心价值观：向内审视、简洁凝练

核心价值观的提炼与其说是创造、制定，不如说是一种向内审视，是从应时而变的商业谋略中分离而出的稳定且清晰的行为指导原则，因而需抓住组织经营管理的核心本质，令其具有高度的统摄性。在内容上，核心价值观的提炼可综合三个考量因素：组织在过去有哪些成功经验可以继承；组织在现实中有哪些突出问题，需要何种文化予以化解；未来目标的实现需要引进哪些文化元素。②在形式上，核心价值观又应力求简洁凝练，以字节跳动的“字节范”（见表 4 - 3）为例，组织的核心价值观通常是由三至六个相互关联、对仗工整、言简意赅的词或短语组成，便于员工及其他利益相关者理解和传诵。

表 4 - 3　字节跳动的“字节范”核心价值观

字节范	具体内容
始终创业	● 保持创业心态，始终开创而不守成，创新而非依赖资源 ● 敏捷有效，最简化流程，避免简单事情复杂化 ● 对外敏锐谦逊，避免自满或优越感
多元兼容	● 欣赏个体多样性，聚焦人的核心特质 ● 全球视角，理解不同文化、观点和实践 ● 善意假设，默认开放信任，有效合作
坦诚清晰	● 表达真实想法，不怕暴露问题，反对“向上管理” ● 准确、简洁、直接，少用抽象、模糊、空泛的词 ● 就事论事，理性沟通，避免主观臆测和情绪化表达

---

① 柯林斯，波勒斯 . 基业长青：企业永续经营的准则［M］. 3 版 . 真如，译 . 北京：中信出版社，2009：82 - 84.

② 杨四伟 . 企业文化与组织活力［M］. 沈阳：沈阳出版社，2022：58 - 64.

续表

字节范	具体内容
求真务实	● 独立思考，刨根问底，找到本质 ● 直接体验，深入事实，拿一手数据或信息 ● 不自嗨，注重实际效果
敢为极致	● 敢于为了更好的结果明智地冒险，注重整体 ROI ● 尝试多种可能性，在更大范围里找最优解 ● 追求卓越，高标准，不仅做了，更要做好
共同成长	● 相信并认可使命和愿景，基于使命愿景自驱 ● 面对短期波动有耐心、有韧性，共同解决问题 ● 持续学习，不设边界，与组织一起成长

2. 使命：结合自身所长与社会所需

使命是组织立足核心业务范畴提炼出的比追求利润更为崇高的存在价值。一种有效探寻组织使命的做法是连续问“五个为什么”：从描述性的声明开始，“我们制造了甲产品”或者“我们提供乙服务”，然后问五次“那为什么是重要的”。一家经营沥青、沙砾的公司可能会通过不断地发问，将公司的经营与基础设施的质量、人们身处其中的感受挂钩，继而得出通过“改善人造建筑的质量，让人们生活得更好”的使命。①

使命的提炼需结合社会所需与自身所长。爱奇艺之所以提出“让梦想绽放、让快乐简单”的使命，一方面是洞察到移动互联时代娱乐是人们健康地消耗剩余时间的主要方式，因此身为一家内容公司应致力于为用户提供青春、阳光和正能量的内容体验，激发用户更灿烂的梦想与对生活更美好的想象；另一方面，爱奇艺也是一家科技公司，其内部一半技术工程师、一半内容创意者的“双螺旋”人才结构，使得爱奇艺拥有了介于纯粹互联网科技公司与传统内容制作平台之间的独特气质，也令其有能力利用人工智能、5G 等新技术，降低用户获取快乐的成本和难度。

3. 愿景：力求高瞻远瞩、振奋人心

愿景通常基于使命来推导，以描述组织渴望达到什么境界，期望创造怎样的未来。愿景主要包括两个要素：一个 10 至 30 年的“胆大包天”的目标，和对公司完成“胆大包天”的目标后会怎样的生动描述。这里的“胆大包天”是指，在树立目标的过程中，管理层需高瞻远瞩，而不是拘泥于眼前的战略；生动的描述则指愿景的展望需表露出足够的激情、情感和信念以振奋人心。②阿里巴巴基于“让天下没有难做的生意”的使命，希望构建一个经得起时间检验，独特的、充满活力与创新的生态体系，以“追求成为一家活 102 年的好公司”为企业愿景，让更多参与者能够持续地在平台上创造并分享价值。曾出品过

---

① 柯林斯，波勒斯．基业长青：企业永续经营的准则［M］．3 版．真如，译．北京：中信出版社，2009：82－84.

② 同①264.

“原神”等多部知名手游的科技公司米哈游秉承着“技术宅拯救世界”的使命，提出“2030 年，打造出全球十亿人愿意生活在其中的虚拟世界”的愿景（见图 4－3），这种对远方和彼岸的畅想虽略显“中二”①，但热血十足，令米哈游赢得了大批游戏及亚文化爱好者的支持。

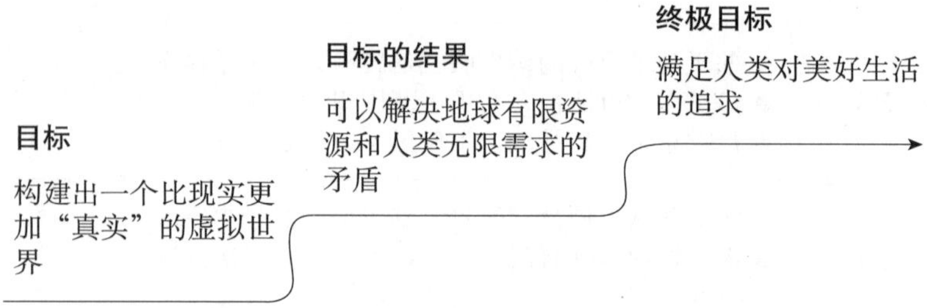

图 4－3　米哈游构建“虚拟世界”的组织宏愿

需要强调的是，组织文化的使命、愿景、核心价值观不是一成不变的金科玉律，而是不断更新的具有生命力的理念与实践的体现。②任何一个组织都会经历从无到有、从简单到复杂的发展历程。当组织进入规模庞大、业务繁杂、人员众多的成熟期，其所处的内外部环境和企业的经营、发展状况发生变化时，组织文化想要继续成为驱动组织发展的有力引擎，需要管理者在既有的文化基础上适时调整，突出与企业发展新方向、新目标相匹配的文化元素，以及更容易为员工认可和接受的价值理念。

【案例链接】　微软的“大象转身”：从“狗咬狗”文化到“成长型”思维

2023 年 ChatGPT 的风靡，让微软（在 ChatGPT 的开发和应用中发挥了重要作用）这家成立了 48 年的科技公司扛住了多年来“微软老矣尚能饭否”的质疑，重获“硅谷 AI 领航员”的荣耀。如若将时钟拨回到 2014 年，微软还是一个典型的陷入困局的“科技巨头”。彼时，微软的智能手机业务被苹果和 Google “绞杀”；云计算业务是亚马逊主导的天下；Bing 搜索持续“烧钱”市场份额却不到 6%，微软市值处于不足 3 000 亿的低谷期。

与颓靡的业务表现一同被人诟病的，还有臭名昭著的“狗咬狗”文化——对外不合作，对内斗得凶。《名利场》杂志曾刊登过一篇题为《微软迷失的 10 年》的文章，记者库尔特·文兴瓦尔德引用了前微软员工的这样一段话：“如果你加入一个由 10 个人组成的团队，你工作的第一天就会有人告诉你，无论你干得多么好，整个团队只有两个人会得到‘优秀’，7 个人将获得‘合格’，而剩下的那个人就会‘不合格’。这样，员工的心思都花在内部争斗上，反倒忽略了与其他公司的竞争。”一位微软工程师坦言：“我学会表面上彬彬有礼，同时向同事隐瞒必要的信息，以确保他们的排名不会超过我，这是我在微软学到的最有价值的事情。”

---

① “中二”是起源于日本二次元文化的网络用语，在此可理解为对特定文化或者艺术形式的狂热追求。

② 俊一．对话 Netflix 创始人：为什么企业文化至关重要？[EB/OL]．(2023－03－10)[2023－03－30]．https://36kr.com/p/2117551425308805.

曾供职于谷歌的科技漫画家马努·科内特（Manu Cornet）画了一组反映顶级科技公司架构本质的漫画，最具讽刺意味的是微软的组织架构——各部门互相拿手枪指向对方，入木三分地影射了微软当时激烈的内部竞争和内部政治取代团队协作的现象（见图 4-4）。

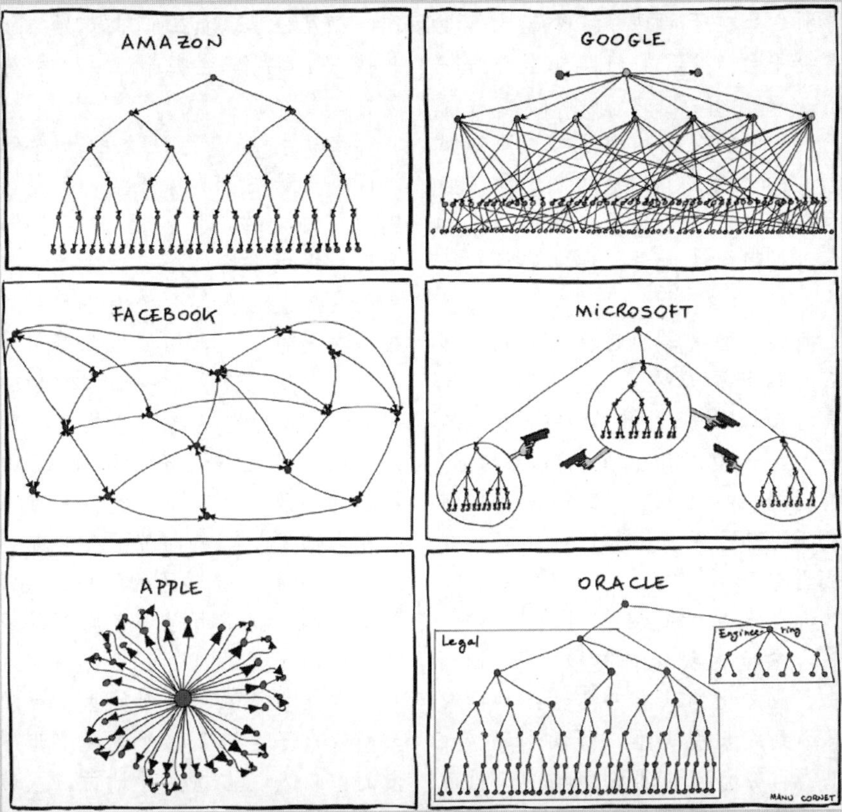

图 4-4　硅谷科技公司组织架构

症结的根源在于，微软一直紧盯着“后视镜”，沉浸在昔日余晖、故步自封的自满中。因此，2014 年新任 CEO 萨提亚·纳德拉（Satya Nadella）上任后的第一件事就是强调“文化转变”，他曾提到“重塑组织文化将是我的首要任务”。纳德拉 1992 年加入微软工作，当时的微软使命是“让每个家庭的每张桌子上都有一台电脑”。而在 20 世纪 90 年代末，至少在发达国家微软已经完成了这个愿景。纳德拉认为比尔·盖茨（Bill Gates）对微软使命的定义在逻辑上存在一个失速点，并没有考虑一旦目标达成，公司接下来的发展方向。即便到了比尔·盖茨的继任者史蒂夫·鲍尔默（Steve Ballmer）掌舵的时期，微软的精神图腾还是操作系统入口，守住 Windows 意味着守住一切，忽视了人工智能和云计算才是未来更大的科技浪潮。这也导致微软滋生了一种封闭、傲慢、反协作的企业文化，虽然看不见摸不着，员工也很少公开讨论，却在一点点侵蚀微软创新的根基。

假如传统的使命愿景已不适配，

如何为组织找到新的价值倚仗？纳德拉给出的答案是：思考自己为何存在，从而找到不可替代性。他认为在“移动为先、云为先”的世界里，微软是提供生产力和平台的专家，微软的特别之处在于创造了一个庞大的生态系统平台。“我们将赋能全球每一人、每一个组织，帮助他们成就不凡……我们的存在是为了打造可以赋能他人的产品。”微软由此找到了自己的全新使命——赋予全球每个人和每个组织强大的力量，使其取得更大成就。

拥有一个这样的目标的公司，显然不能与世界为敌。纳德拉上任后，把重塑微软文化聚焦在一个核心点上——成长型思维。在纳德拉看来，“过去微软的每一名员工都需要向其他人证明自己无所不知，证明自己是屋子里最聪明的人，不能出一点差错。所有跟 Windows 作对的都不行，每个人拿枪自我保护打敌人”。刷新微软企业文化的只有一句话：从固化型思维到成长型思维，强调学习、允许犯错、努力扭转非此即彼的恶性竞争。纳德拉布置了一项阅读任务，让所有高管都去读马歇尔·B. 卢森堡（Marshall B. Rosenberg）的《非暴力沟通》，这是一本关于和谐共处、促进合作的著作，希望借此刷新微软积病已久的文化沉疴。

为了不让“成长型思维”沦为一句空话，纳德拉通过裁员、KPI 制度更改等落实了转变。残酷的末位淘汰制也革新为绩效评估，主要围绕三个维度展开：一是对公司业务的影响力；二是对团队成功的影响力；三是对别人成功的影响力。纳德拉多次在公司内部表示，微软要做的事情就是“努力帮助他人实现成功”。过去，微软不同部门同时针对一个产品或技术做并行研发，相互之间没有紧密的沟通合作，而纳德拉主推的“一个微软”（One Microsoft）的公司文化鼓励不同的工程师队伍之间相互协调合作、相互分享。员工们也开始意识到并接受：群体智慧比个人智慧更厉害。

微软打破曾经设立的边界和封闭，不再局限于具体终端，而是转身成为基础设施，接入更多公司产品，为用户提供更好的服务。微软一直将苹果视为最主要的竞争对手之一，但在一次发布会上，纳德拉拿着 iPhone 上台，并说：“这是一部非常独特的 iPhone，因为它安装了微软所有的软件和应用。”这是历代微软的 CEO 高管们都不敢做的事情。类似的变革同时在内部发生，最细节的变化是，员工敢于公开亮出自己的 iPhone 手机、Mac 电脑，而不用担心直属领导或者销售部门不开心。

在相当长的一段时间里，外界认为微软老了、慢了，就像一个步履缓慢的中年人，占据主导地位，依然很能挣钱，但老旧保守，“酷”不起来。在移动时代，微软的落后毋庸多言。

经过纳德拉的系列举措，微软实现了对外从封闭排他到开放共赢；对内从 know it all（我什么都懂）到 learn it all（我什么都可以学）的转变。在走出闭门造车的嫉妒和竞争后，通过焕新使命激发变革，在随后成为行业潮流的云计算与人工智能领域，微软没有掉队。

资料来源：严冬雪．总部员工讲述：微软靠什么重新崛起？[J]. 财经天下，2017（11）：36-47；Hi2 硬核派．深度复盘微软变革［EB/OL］.（2022-03-22）［2023-03-30］. https://mp.weixin.qq.com/s/HhOzaFnLES3kNAR58yg0hQ.

三、新媒体组织文化的巩固

完成了确立核心理念这一文化创建环节后，如果创始人及其继任者认为他们在解决组织的外部和内部问题上处于正确轨道，就会开展一系列实践活动持续植入他们所持有的价值观、使命及愿景，推动组织文化完成“由虚入实”的关键转化。在此，我们以组织文化的内在层次为分析依据，探讨如何通过相适配的制度保障、行为激活与物质载体，维系并巩固以“人才驱动、坦诚反馈、信息透明、开放包容、情景管理”为特征的新媒体组织文化。

（一）制度保障：设计灵活敏捷的组织结构

组织结构作为文化制度层的集中体现，指管理者对工作任务进行正式划分、组合和协调的方式。管理者在设计组织结构时须考虑以下六个关键问题：任务的划分应细化到什么程度；对工作岗位进行组合的基础是什么；员工应向谁汇报工作；一名管理者可以有效率、有效果地领导多少员工；决策权应该放在哪一级；规章制度在多大程度上指导员工和管理者的行为。①

如果组织结构的设计原则存在一个光谱区间，那么组织结构的机械模型（mechanistic model）与有机模型（organic model）就处于这个光谱的两端，大多数的组织结构设计均介于这两种组织形态之间（见图 4－5）。其中，机械型组织的特征是高度的专门化、严格的部门化、清晰的指挥链、较窄的管理跨度、集权化、较高程度的正规化；有机型组织的特征则是跨职能团队、跨层级团队、信息的自由流动、较宽的管理跨度、分权化与较低程度的正规化。②

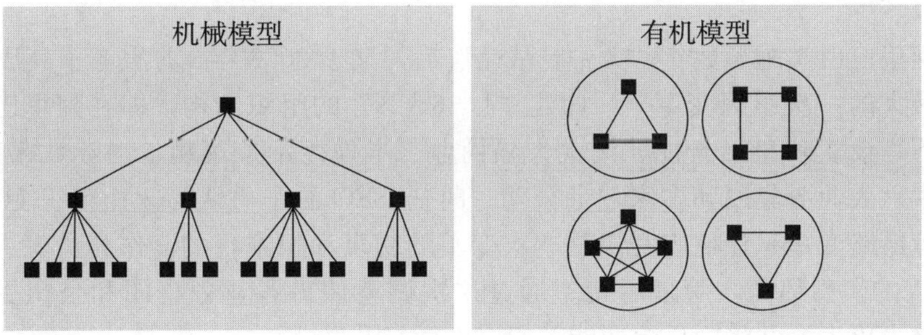

图 4－5　组织结构的机械模型与有机模型

为适配自由多于管控的组织文化，新媒体的组织结构趋向于网状有机形态，呈现出显著的去中心化、协同合作、灵活敏捷等特征。诸多互联网企业都将组织架构从“职能制”转变为“事业部制”，即以产品或服务、项目群组为依据，把组织分解为若干具有较高自主权的事业部，既简化了决策过程，也通过各部门的独立核算机制充分调动了其在工作上的积极性与创造力。例如，腾讯就设立了企业发展、云与智慧产业、互动娱乐、平台与内容、技术工程和微信等数个事业群。

---

① 罗宾斯，贾奇．组织行为学：第 16 版［M］．孙健敏，王震，李原，译．北京：中国人民大学出版社，2016：382．

② 罗宾斯，库尔特．管理学：第 15 版［M］．刘刚，等译．北京：中国人民大学出版社，2022：272．

2015年，为了整合不同事业部之间的共有资源，减少业务重叠，阿里巴巴从芬兰手游公司Supercell引入了“中台”这一概念。这家当时只有不到200名员工的公司之所以能创造税前15亿美元的年利润，原因就在于Supercell所有的游戏开发都共用一个开发中台。我们可以将中台理解为连接前台业务单元和后台资源部门之间的组织模块，它将各事业部或业务线中相似的产品或技术服务抽取出来，形成通用中间件，继而向前台输出技术、运营等解决方案（见图4-6）。

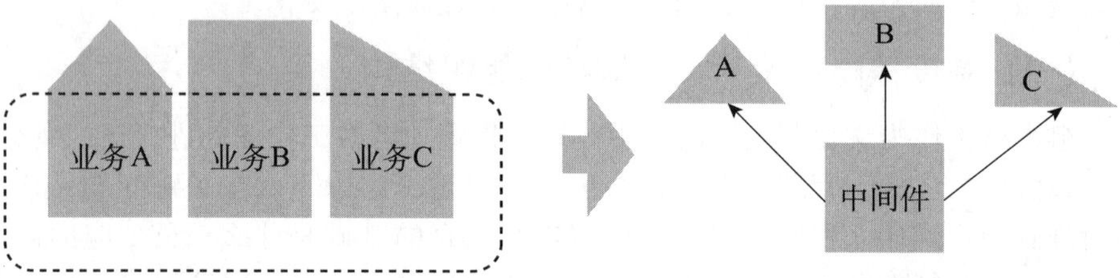

图4-6　业务中台的建设原理

中台的核心价值在于节约同质化资源，使得前台的业务不必从零开始，以轻量级的配置、更敏捷的速度在不同领域试错，寻找增长空间。阿里巴巴以电商交易为主要业务，当需要启动新的前端产品时，过去集团所积累的商品交易、用户激励、支付收款、广告投放等资源同样适用于新业务。若是把负责支持此类功能或资源的技术、数据等部门整合到一起，就能够进行快速的服务迭代，更高效地支撑前线。[①]同理，抖音之所以能在短时间内迅速迭代为短视频头部平台，也离不开字节跳动搭建的商业化、工程、用户增长、算法这四大中台体系的支撑。[②]

阿里巴巴实施了数年“大中台战略”后，又于2023年3月宣布了其成立24年来最大的一次组织变革——构建“1+6+N”的组织结构，即在阿里巴巴集团之下，设立阿里云智能、淘宝天猫商业、本地生活、菜鸟、国际数字商业、大文娱六大业务集团和多家业务公司。时任CEO的张勇认为，让组织变敏捷、让决策链路变短、让响应变快是本次变革的初衷和根本目的。作为员工人数达23万人的大型集团，管理层希望通过这次调整使得各业务集团和公司更加独立、自力更生，并将中后台职能部门全面做轻、做薄。

（二）行为激活：基于员工视角输出组织文化

当新媒体企业的管理者面对着越来越多抵触说教灌输、反感宏大叙事、重视自我价值、渴望人文关怀的“知识型员工”和“Z世代”时，传统零散、机械、套路化的内宣模式难以奏效。管理者需真正立足员工视角、创新表达方式，提升文化的浸润感与吸引力，既发挥出组织文化应有的引导功效，又能进一步激发员工的参与感和表达欲，在组织内形成自传播效应。

---

① 程璐．大厂终于对“中台”动手了［EB/OL］．（2022-01-21）［2023-03-31］．https：//mp.weixin.qq.com/s/fFwHZhuvbIqPGrXflmiKbQ.

② 时娴．谁在管理抖音，字节跳动组织设计最成熟的样本［EB/OL］．（2022-02-27）［2023-03-31］．https：//mp.weixin.qq.com/s/f25-ZI5xKWwWciFtA6GFMw.

新媒体企业可积极打造彰显组织文化理念且形式新颖的活动或仪式（如主题文化日、公益活动），调动员工的热情参与其中。以谷歌每周举办的人人皆可畅所欲言的“TGIF”（Thank God，it’s Friday）大会为例，为了鼓励员工大胆发表对企业决策的意见，谷歌开发了“多莉”系统，任何不能（或不愿）当面提问的人都可以把问题提交到“多莉”上，由员工投票表决问题的重要程度。越是难以回答的问题，通常越会收到更多的好评。在 TGIF 大会上，问题列表会被公布于大屏幕，无论问题尖锐与否管理层都需逐一回答。[①]只有当直言不讳的交谈成为一种固定的仪式与心照不宣的工作氛围，新媒体企业向往的坦诚清晰的文化才会从“墙上标语”走入人心。

如今诸多机构纷纷采用故事、漫画、H5 页面、短视频等富媒体形式包装组织文化，令价值观输出变得更丰富、生动、形象。此外，面对年轻世代，管理者还需重视他们在文化传输中的表达欲和参与感。例如，为贯彻“多元兼容”的组织文化，字节跳动曾于内部发起 LOGO 延展创意征集，不同部门的设计师以字节跳动 LOGO 的四条线为原型，阐述了他们对“和而不同”的理解，这些与众不同的创意视角引起了员工的热议与转发（见图 4－7）。正是因为管理者预留了可延展的表达空间，才有助于驱动员工自发主动地思考多元兼容于日常工作的意义。在这样的体验中，员工感受到自己是文化的共建者，而非倡议的执行者。这些作品后续成为字节跳动招聘宣传片里的主视觉元素，也向外界树立了其尊重个体价值、提倡和而不同的企业形象。

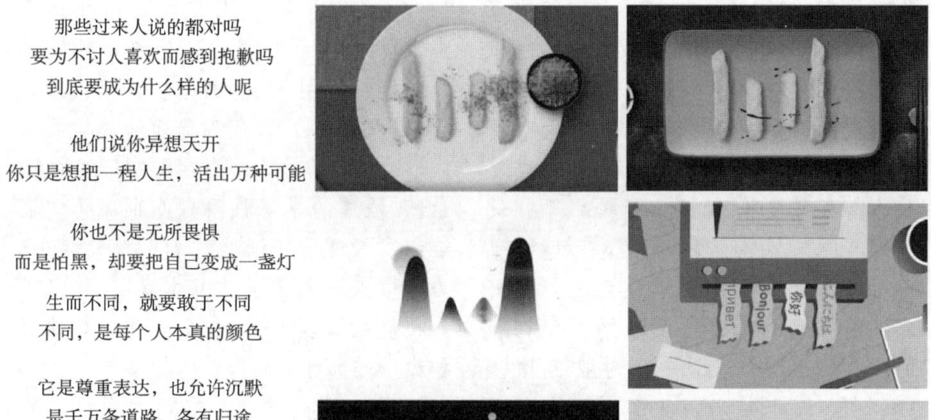

图 4－7　字节跳动 LOGO 延展创意征集

① 施密特，罗森伯格．重新定义公司：谷歌是如何运营的［M］．靳婷婷，译．北京：中信出版社，2015：170－172．

【案例链接】美团把文化融进故事里

除了上文提及的营造浸润感、激发表达欲，讲故事也是将组织文化从无形变为有形、从抽象化为具体的有效途径。在这里，故事指能够体现组织价值观、反映组织情境，经过演化和加工而流传下来的叙述性事件。故事不仅能起到追根溯源、借古喻今的作用，还可为组织当下的实践提供解释和支持。为了更好地启迪心智，组织文化在故事的情节设计上，往往会着重讲述创始人或者典型人物白手起家、打破陈规、纠正错误、不懈追寻、涅槃重生的经历。

美团就是一个很会讲故事的企业。在 2012 年的公司年会上，创始人王兴分享了关于人类首次探险南极点的故事。1911 年，有两支训练有素的队伍去南极探险，来自挪威的阿蒙森团队充分评估了环境，对困难有足够的预料，做足了准备，不管天气好坏每天坚持前进 30 公里，最后成功抵达南极并安全返程。相较之下，同行的英国斯科特队则因为对环境评估不足，而且执行计划率性而为，天好时冒进、天恶时滞留，最终长眠南极无一生还。当时正值团购业务遭遇“寒冬”，资本市场停止了对团购行业的投资，甚至质疑团购是否是一个健康的商业模式。王兴觉得美团的处境就很像南极探险团队所遭遇的恶劣天气。而走出困境的方法，就如同阿蒙森团队坚持每天前进 30 公里那样，在一个极限环境里，要做到可持续的最好。借这个故事，王兴形象地传达了美团“长期有耐心”的文化理念。

“长期有耐心”的理念也让美团在后续选择多元化业务被外界质疑什么都做，在正向反馈来得没那么快的时候能够承受误解，坚持以终为始地考虑问题。王兴曾回应：“很多人在关注边界，而不关注核心。看起来美团是什么都做，但实际上只做了一件事情，那就是服务客户，点外卖的、看电影的、旅游的、租车的，基本上是同一个群体。给客户提供他们想要的东西，这是我们的重中之重。”

在美团内部同样广为流传的“金句”还有“我不会但我可以学”。这源自王兴分享在微博上的一则员工故事：“当时大概是晚上 12 点，讨论接近尾声，需要有人整理会议记录，涉及流程图的部分用 Visio 画比较好。我问她会用 Visio 吗，她毫不犹豫地说‘我可以学’。这四个简单的字里有无穷的力量。”浓厚的学习氛围自此也成为美团组织文化的一大特征。自 2019 年起，美团重点强调“苦练基本功”，除了业务技能的提升外，公司还用视频课程和线下培训相结合的方式为员工提供包括周报月报写作、有效沟通技巧在内的课程，其所用的教学材料被外界称为“美团四大名著”，学习能力成为美团内部公认的人才选拔标准。

资料来源：丁西坡．长期有耐心：美团的成长与进化逻辑［M］．北京：中信出版社，2021：188 - 191.

（三）载体创新：依托协同高效的数字管理平台

组织中设施的陈设、员工的穿着、办公室的大小、布置的精细程度以及组织提供的福利等都是组织文化物质层面的表现。这些物质载体向员工传递了如下信息：谁是关键人物，管理者期望的平等程度，以及哪些行为类型（如冒险、创新、参与、个人主义或善于交际）在这个环境中是被崇尚的。值得关注的是，在移动互联时代，数字化协同平台作为一种新型物质元素，已逐渐成为新媒体企业整合办公需求、实现信息循环、巩固组织文化、提升管理效能的重要支撑。

字节跳动就被员工评价为一家“长”在“飞书”上的企业。作为专门服务于移动协同办公的数字化工具，飞书整合了即时通信、云文档、音视频会议、知识库、工作台等功能，其重交流、轻控制的设计原则打破了沟通层级，保障了员工跨时空和跨团队的异步沟通与协作。与之功能类似的一站式企业数字平台还有阿里巴巴的“钉钉”、腾讯的“企业微信”等，它们几乎渗透进了员工从入职到离职的工作运转的每一环节。

在此，我们以飞书为例，介绍数字化协同平台如何确保新媒体企业信息的高效、透明流转，推动“Context，not Control”分布式决策的实现。[①]首先，飞书以文档驱动为主的工作方式，以及内嵌的智能化模板降低了信息创造成本；其次，在信息共享环节，飞书默认每一位入群成员都有权限查阅工作群的所有历史消息，这为员工基于“上下文”自主决策创造了机会；再次，在信息共识环节，云文档支持表情、文字、投票、点赞等多种互动功能，有助于集体智慧的施展与碰撞，也能让创作者实时查阅文档的读取情况并获取同事反馈；最后，在信息沉淀环节，飞书平台的知识库及企业百科等功能协助组织将有用的经验沉淀，让知识资产得到长期复用。以上种种举措的目的都在于打造一个信息传递与共享的“无障碍空间”，促成“工作”向“协作”的转变，让员工从传统科层制架构中指令的“执行者”变成情景管理模式下资源的“调动者”，使得有用的信息能够快速“飞”到决策者身边。

【前沿链接】 组织文化的维系

在经典组织行为学理论中，新员工甄选、高层管理者的举措以及员工社会化是组织文化维系的关键环节。其中，员工甄选作为一种双向选择过程，可以通过避免雇主和求职者错误匹配，筛选掉那些可能对组织的核心价值观构成攻击或威胁的人从而维持组织文化；组织文化的落地也离不开管理者的意愿和表率，他们能够通过自己的言行举止建立行为规范，营造组织的典型氛围并使其渗透到组织的各个层级；社会化层面则主要是通过开展新员工培训、个性化的辅导项目及其他社交活动，帮助员工更好地适应当前的文化。

埃德加·沙因等学者所著的《组织文化与领导力》一书将以上三个环节分别融入了组织文化的主要植入机制及次要强化和稳定机制中。主要植入机制是领导者直接可控，用于训练组织成员根据自己有意识或无意识的信念来感知、思考、感受和践行组织文化的路径，包括领导者定期关注、衡量和控制哪些领域，如何应对重大事件和组织危机，怎样分配资源以及如何招聘、选拔、晋升和辞退员工等。

---

① BCG波士顿咨询．按下发展快进键：人才、信息双驱动的组织进化［EB/OL］．（2021－04－25）［2023－04－03］．https：//mp.weixin.qq.com/s/OvFXSCIU0M8334t3CKWmjw.

次要强化和稳定机制包含组织结构、建筑环境、重要事件和人物故事、仪式活动等，主要通过规则约束和环境暗示发挥效用。随着组织的成熟和稳定，次要机制也会逐渐制度化并成为组织文化的主要维护手段。它们越能使组织成功，就越能成为筛选新的管理层的过滤器或标准。总结而言，组织文化的植入及维系是通过管理者以身作则，对员工的直接激活以及间接优化制度、活动这两条路径共同实现的。

资料来源：罗宾斯，贾奇．组织行为学：第16版［M］．孙健敏，王震，李原，译．北京：中国人民大学出版社，2016：418；沙因 E H，沙因 P A．组织文化与领导力：第5版［M］．陈劲，贾筱，译．北京：中国人民大学出版社，2020：167.

第三节　新媒体组织文化的传播

良好的组织文化不仅对内能吸引、留住和激励人才，焕发组织活力，当对外面向用户、媒体、投资人及其他利益相关者时，也是影响企业认知度与美誉度的关键要素。本节将探讨新媒体组织如何立足自身特质与媒介环境，通过文化理念的传播丰富品牌内涵、优化企业形象，实现更广泛的社会认同。

一、用产品和服务说话

新媒体组织凭借其强大的外向延展性构筑了一个“线上社会”，重塑了人们日常工作、社交、娱乐的方式。在数字化生存的背景下，新媒体组织所提供的产品和服务已成为生活中时刻伴随、深度嵌入、不可或缺的一部分，它们的设计理念、功能价值本身就是组织文化最有说服力的“代言人”，用户每一次的接触、体验，都是潜移默化感知组织文化的契机。例如，微信新增“关怀模式”并上线“听文字消息”等适老化功能，便是腾讯履行“产品创想美好”组织承诺的体现；美团提供外卖及其他实惠、便捷的本地生活服务的背后，也是在传达“帮大家吃得更好，生活更好”的使命；快手致力于“持续提升每个人独特的幸福感”，则是以“流量普惠”的算法逻辑为依托，通过技术手段平等地提升每一个用户作品“被看见”的概率。

尤为值得重视的是，这些产品和服务背后折射出的价值观，是检验新媒体企业宣扬的文化理念是否与实际经营管理相匹配的“试金石”，一旦存在言行不一的漏洞，不仅前期的营销铺垫皆是徒劳之举，还易引发信任危机，令企业陷入伦理困境，这也是近年来新媒体企业屡被诟病“平台之恶”的原因之一。

以 2018 年滴滴顺风车事件为例，由于滴滴监管不严，未冻结一名人车证件不符且有性骚扰投诉记录的男性司机的接单权限，导致搭乘该司机顺风车的一名女性乘客遇害。滴滴原本想把顺风车业务打造为带有社交属性的产品，因此用标签评价代替打分制度，然而该功能的设置为男性用户对女性用户的外貌、声音、穿着打扮评头论足甚至进行性暗示提供了可乘之机，对用户的人身财产安全构成了一定威胁，背离了“安全第一、体验第二、效率第三”的企业价值观，“让出行更美好”的企业承诺也随之坍塌。此后滴滴进入“All in 安全”的漫长整改过程，在产品设计上，永久下线一切涉及用户隐私的个性化头像、性别、评价标签等界面，并迭代了一键报警、行程分享、紧急联系人、路线偏移提醒、行程录音等功能，以修复受到重创的企业信誉。

正因为新媒体组织越来越成为“基础设施”一般的存在，当它们被大众高频、深度、广泛地接触，也就意味着更低的容错率、更高的风险性。管理者在对外传播组织文化时，需首先意识到审慎设计、打磨、创新产品的行为，于组织文化传播而言是一股不言自明的力量。产品就是组织价值观的外化与沉淀，只有真正秉持“用产品说话”的理念，才不会让多数新媒体企业奉为圭臬的“用户至上”最终沦为一句空谈。

二、在参与中促进认同

参与协作、共创共享是新媒体时代一个关键的传播理念和行为特征，新媒体企业应充分发挥与生俱来的分享、互联、社交的平台基因，让关心者彼此相遇，促有心者展开行动，使用心者达成愿望。[①]组织文化的传播也应变单向展示为参与型倡导，创造机会使人们能广泛、深度地参与其中，借此使自身的价值理念被人们更加充分地感知和认同。

在2021年“7·20河南郑州特大暴雨灾害”中，腾讯文档凭借其在线协同、多端同步、安全高效的属性，将零散碎片的信息聚合，让社会资源在短时间内快速形成合力，一份名为《待救援人员信息》的在线文档在短短一天内更新了270多个版本，从起初只涵盖求救与救援人员信息的需求表格，迭代为志愿者和爱心组织自发参与的多用途民间抗洪资源对接平台，创下250多万访问量的纪录。每一个参与过“救命文档”传播的人，都能从中感受到腾讯“科技向善”的企业使命。

类似的案例还有Airbnb（爱彼迎）的“Open Homes”公益行动。2012年，飓风“桑迪”袭击了纽约市，布鲁克林的Airbnb房东Shell联系了爱彼迎，询问她是否可以将她的房源免费提供给不得不撤离家园的人们。Airbnb洞察到这个需求后，快速开展了为疏散人员提供住宿的工作，很快就有超过1 000位房东向有需要的人敞开了家门。

这位房东的一念善举启发Airbnb开展了一场持续至今的慈善运动。自2013年始，Airbnb即推出灾难响应工具，鼓励世界各地的房东在灾难期间向身处险境的人伸出援手。此后，在尼泊尔地震、澳大利亚丛林火灾、对新冠感染疫情的防控响应中，都有Airbnb爱心房东们“Open Homes”，为救助工作贡献力量的身影。2020年Airbnb创立了独立的非营利组织Airbnb. org，以表彰房东和合作伙伴通过“Open Homes”所做的贡献，并专注于帮助人们在危难时刻彼此分享住房和资源。自2022年2月俄乌冲突爆发后，超过600万人逃离乌克兰，Airbnb. org联手40多个非营利机构为10万名难民提供了临时住所。

与他人共享自己的家，让社区成为旅行的一部分，是与Airbnb相伴而生的

---

① 黄河，等．未来的品牌：“双碳”战略下的品牌建设之道［M］．北京：人民出版社，2023：314.

理念。通过“Open Homes”的善举，Airbnb证明了建立人际关系和接待陌生人的强大力量，“共享”一词有了更温暖的含义，也让那句“与广大用户团结一心，构建一个家在四方的世界”的企业使命显得格外掷地有声。

三、借开放对话增实效

如今，在多个社交媒体平台开设账号，打造图文、音视频多维一体的传播矩阵，已成为各大企业开展组织文化传播的标配动作，但不少企业的内容还停留在自说自话的宣介模式，经常面临“信息飞沫化”和“解读负面化”的困境，文化传播的吸引力、感染力无从说起。对此，基于平等、尊重的理念，观照社会热点和利益相关者的期待，通过多种途径让利益相关者更充分地了解自己，借助多元对话传播、优化乃至革新企业文化，成为企业文化传播的必然选择。

在这方面，字节跳动的企业文化公众号“字节范儿”有良好的实践。围绕企业核心价值观，公众号的推送内容大致可分为员工展示、理念解读、内外活动、热点策划、用户风采、学习分享、公益行动、产品植入等类型，并采用了创意图文、条漫、视频、播客等媒介形态。作为“OKR”理念的践行者和推广者，字节跳动曾在七夕结合“程序员难以脱单”的热点，推出“如何用OKR找对象”这一话题，通过形象化的类比介绍了互联网企业OKR的工作文化（见图4-8）。当字节跳动的员工走到哪里都会“不经意晒工牌”的行为成为网络热梗被调侃时，“字节范儿”趁此热度借机科普工牌背后的企业文化，如工牌的随机数字是为了避免通过工号判断对方资历，以实现平等交流；不拘一格的工牌照印证了其“多元兼容”价值观；挂绳可以充当充电数据线的设计是字节跳动凡事追求极致精神的体现。网友原本将不分场合“晒工牌”视为一种秀优越感的傲慢招摇，字节跳动通过推送的及时澄清将之解读为员工有归属感的体现，并重申了始终创业、敏锐谦逊的组织价值观。

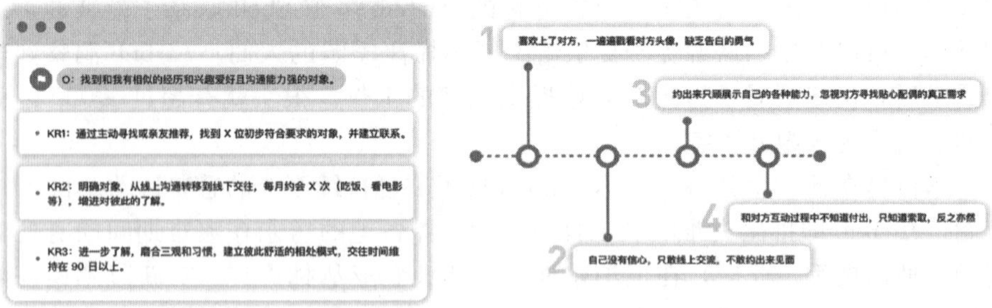

图4-8 “字节范儿”推送话题“如何用OKR找对象”

为了进一步增进利益相关者对企业业务及文化的了解，不少新媒体企业还设置了开放日、主题论坛等对话交流平台。以滴滴发起的“公众评议会”为例，针对网约车平台面临的难题和挑战，如“醉酒乘客独自乘车司机能否拒载”“网约车内是公共空间还是私人空间”等没有既定的法律制度予以规制，平台也难以进行公平有效判责的争议话题，滴滴邀请社会各界人士开展讨论和投票，提供可能的解决方案。此举不仅有利于提升平台规则的透明度、公平性、有效性和接受度，也有助于形成“问题产生—公众参与—规制形成—公众反馈—规则完善”的良性平台治理机制①，滴滴合作共赢、多元、成长的价值观也得以充分呈现。

四、由社会履责扩影响

新媒体企业“公共性”越发凸显的特质要求企业肩负更多社会责任、创造更多商业之上的普惠价值。只有将企业发展嵌入社会发展的重大问题，用企业文化引领社会文化和社会变革，企业受人尊敬的形象才能够真正立得住、传得开。

综合来看，新媒体企业普遍将自己定位于“社会善治的数智化助手”这一角色，运用自身的声誉、技术、业务、产品或关系网络方面的优势，主动参与可持续发展、文化传承、性别平等、乡村振兴、促进就业、青少年保护、无障碍和适老化等社会议题中。如快手发起“幸福乡村带头人计划”与“乡村振兴官”项目，帮助基层一线政务工作者将“短视频＋直播”作为实现乡村振兴的“新农具”和基层治理的“新工具”；阿里巴巴通过建立覆盖淘宝、饿了么、闲鱼、高德、菜鸟等多个使用场景的个人碳账户体系，引导用户主动参与减碳行为，践行绿色生活方式。

为了让企业的文化理念及履责行为更加可感可知，新媒体企业还可进一步变数据为故事、变概念为体验、变展示为互动，通过可大可小、可丰可简、可静可动的传播形态，不断创新责任及文化表达界面。

快手为了讲好“拥抱每一种生活、提升每个人独特的幸福感”的责任故事，让农民、建筑工人、外卖骑手、家庭主妇、留守老人等普罗大众成为故事主角。快手曾联合非虚构内容机构、特稿记者出版了被誉为“视频时代民族志”的《快手人类学》、国人影像日记《浮生一日》，还有快手用户在短视频平台创作的诗集《一个人也要活成一个春天》（见图 4－9），以致敬每一个普通人生生不息的创造力，这种叙事姿态本身就是“公平普惠”价值理念的体现。

图 4－9　快手用户诗集《一个人也要活成一个春天》

① 滴滴发展研究院．“公众评议会”，公众参与下的网约车平台治理［EB/OL］．（2018－11－29）［2023－04－05］．https：//mp. weixin. qq. com/s/O _ wQ-zGy02RmQBIr7mTwyw.

为使企业履责轨迹通俗易懂，腾讯将《2021年环境、社会及管治报告》94页的内容拆解为8个轻阅读、易传播的小故事："如何把一颗'星球'塞进深圳地铁""如何用'乐高'拼成超大型数据中心""给敦煌壁画'看病'用什么工具""她怎样能分辨两只鸟的叫声"……用生动活泼的语言、别出心裁的视角、颇具创意的视觉元素生动描绘了企业如何运用科技的力量推动社会进步。

2016年8月，蚂蚁集团旗下的一站式数字生活平台支付宝推出蚂蚁森林公益项目，用户通过在线的绿色行为，譬如缴纳水电燃气费用、网络购票、绿色出行、减纸减塑等节省的碳排放量，将被计算为虚拟的"能量"，用于浇灌手机里的虚拟树。每一棵虚拟树长成后，支付宝平台和公益合作伙伴就会在地球上种下一棵真树，以激励用户的绿色行为。据生态环境部2021年公布的数据，蚂蚁森林从2016年上线5年来，已累计带动超过6.13亿人参与低碳生活，产生"绿色能量"2 000多万吨，累计种下3.26亿棵树，守护野生动植物1 500多种，创造了种植、养护、巡护等238万人次的绿色就业机会。蚂蚁森林首创的手机种树模式通过科技把人与环境相连，让每个个体都能参与到保护地球行动中的做法赢得了广泛认可，获得了2019年"地球卫士奖"、应对气候变化"灯塔奖"等殊荣。

【问题讨论】

1. 你认为什么是组织文化？文化对于新媒体企业的发展有何意义？
2. 组织文化具体可以分为哪些层次？各层次之间的关联是什么？
3. 面向"知识型员工"和"Z世代"的新媒体企业文化有何特征？
4. 请调查一家新媒体企业，总结其组织文化的特点和内外部传播策略。

第五章　新媒体运营管理

组织在新媒体空间中自我价值的创造与提升、影响力的打造与强化，除了需有顶层战略与商业模式的指引，也离不开其对新媒体用户交互界面的建设和维护，这就涉及新媒体运营的管理。当然，用户交互界面可以是一个新媒体平台，也可以是平台上的一个账号，其运营不仅需要关注内容生产，还应综合考量基础功能与组织架构、体制机制等保障条件的合理设计及持续革新。本章立足政府、媒体、新媒体企业三类主体与互联网用户交互的界面，即政务新媒体、新型主流媒体平台与新媒体产品，在分别梳理其基本概念与内涵的基础上，着重分析不同主体开展新媒体运营的关键环节与路径策略。

第一节　政务新媒体运营

政务新媒体的健康有序发展对走深走实网上群众路线、推动政府职能转型、巩固拓展主流舆论阵地和强化数字政府建设具有重要意义。自“政府上网”以来，政务新媒体在传播平台、表达方式、呈现形态上持续创新，但一些问题如低度关注、浅层参与、窄距效果等也长期存在。本节将从理念、定位、制度和策略四个维度出发系统阐述政务新媒体的运营思路，并进一步通过对前沿研究议题的梳理，为认知、理解、分析政务新媒体提供新视角与新思路。

一、政务新媒体概念界定、开办动因与承载功能

（一）政务新媒体的概念

政务新媒体是指各级行政机关、承担行政职能的事业单位及其内设机构在微博、微信等第三方平台上开设的政务账号或应用，以及自行开发建设的移动客户端等。[①] 自2013年国务院办公厅发布的《关于进一步加强政府信息公开回应社会关切提升政府公信力的意见》将微博、微信等新媒体正式确立为与新闻发言人制度、政府网站并列的第三大官方权威信息发布平台以来，政务新媒体经历了从无到有、从边缘到主流、从各自为战到协同并进的发展历程，逐步趋于规模化、矩阵化、精细化。

（二）政务新媒体的开办动因

政务新媒体的蓬勃发展，既来源于党和国家坚持群众路线、推动政府职能转型的内生驱力，也有各级机关单位为顺应外部传播环境持续变动、科技革命加速演进而进行主动变革的现实考虑，其开办动因主要有：

① 国务院办公厅关于推进政务新媒体健康有序发展的意见［EB/OL］.（2018-12-27）［2022-12-03］. http：//www. gov. cn/zhengce/content/2018-12/27/content_5352666. htm.

第一，中国共产党以群众路线为根本工作路线，面对将网络作为生产生活新空间的新时代群众，运用政务新媒体开展组织、宣传、服务等工作是走深走实网上群众路线的必经之路。

第二，改革开放以来我国政府职能深刻转变、持续优化，整体呈现出由政府本位的管制型政府向公众本位的服务型政府转变的趋势，充分发挥新媒体平台在资源整合优化、数据互联共享方面的优势，以提供更便捷、精确、及时的公共服务，是建设“人民满意的服务型政府”的重要手段。

第三，移动互联网的发展重塑了公共传播格局，也由此带来了一些新挑战，例如话语权再分配导致网络空间去中心化、信息混乱庞杂推动意见领袖地位上升、公民意识觉醒引发危机常态化等，建设并提升政务新媒体的传播力、引导力、影响力和公信力，巩固拓展主流舆论阵地，是主动顺应公共传播新趋势、积极应对新挑战从而实现有效引导网络舆论、构建清朗网络空间的重要方式。

第四，伴随着新一轮科技革命和产业变革逐步成为重塑全球竞争格局的主要力量，以及我国全面建设社会主义现代化国家新征程的开启，“构建数字化、智能化的政府运行新形态”[①] 迫在眉睫，新媒体平台作为数字技术的重要载体和主流应用场景，势必成为数字政府建设的重要组成部分。

（三）政务新媒体的功能

在内外因素的共同推动下，政务新媒体自诞生以来就在不断探索和调适自身的定位和功能，并通过顶层设计的完善逐步体系化和立体化。综合近年来的政策文件和运营实践，我们可从信息、互动和服务三个维度对政务新媒体承载的功能加以透视：(1) 在信息维度通过有序的信息公开和有效的解读释惑参与意见竞争、快速止谣辟谣、强化舆论引导；(2) 在互动维度经由网络问政的优化和交流沟通的深化推进形象塑造、拉近政民距离；(3) 在服务维度强调办事服务功能，以民生事项为重点，整合优化办事入口、简化操作环节、明晰办事指引、创新服务模式，将自身功能真正渗入公众的生活路线图。

【背景链接】 政务新媒体运营的“老问题”

与通信技术和媒介技术的快速变革相适应，政务新媒体也在持续推陈出新。除了传统的“两微一端”和图文模态之外，各政府机关单位还打造了短视频政务号、政务小程序、政务电台等更为多元的入口，探索了直播、VR、AR等更加新颖的表达方式。但这些聚焦传播平台与内容形式的创新并未在实质层面上突破政务新媒体一直以来的发展困境，受众低度关注或浅层参与、言行传播范围有限但往往遭遇深度监督的现象持续存在，无法与之庞大规模、权威形象和关键地位相匹配。

实际上，传播动力长期不足反映的是政务新媒体运营的局限，即在形式上致力于打造新平台、挖掘新技术、拓展新形态，在认知上却受限于旧观念、旧思路、旧模式、旧方法，政务新媒体体量在不断拓展，老问题也在反复出现：

① 国务院关于加强数字政府建设的指导意见［EB/OL］.（2022－06－23）［2022－12－03］. http：//www.gov.cn/zhengce/zhengceku/2022－06/23/content_5697299.htm.

第一，重业务轻宣传。政府机关单位的官员将工作重心聚焦于具体的业务领域，没有认识到倾听民意、主动发声、答疑解惑、回应关切、引导舆论、提供便捷服务的重要性和紧迫性，也就难以对政务新媒体在走深走实网上群众路线、推动政府职能转型、巩固拓展主流舆论阵地和强化数字政府建设方面的重要意义有清晰的把握。由此带来的直接结果是，政务新媒体只开通不运营，或是生硬粗糙地复制粘贴政策法规、成就动态与他源内容，或是直接不发布、不更新、不维护，成为无人知晓、无人关注、无人参与的“应付账号”和“僵尸账号”。

第二，只宣传不对话。受到传统理念和工作惯性的影响，政务新媒体的运维多沿袭“以我为主”的思路，在发布内容上采用自上而下、单向灌输、宏大叙事的模式，在政民互动中则采取敷衍式回应、选择性回应的策略，鲜有观照公众作为独立个体的差异化需求，更忽略了倾听和对话在促进理解、达成共识方面的重要性。面对由被动信息接收者向更加主动的问题提出者、言行质疑者、行动组织者、决策参与者等角色转变的新媒体公众，“只宣传不对话”不仅难以达到宣传的效果，还可能会被解读为故要官威、回避民意、逃避责任，影响到政府形象的构建。

第三，讲形式少实质。随着政务新媒体建设的推进和优化，更多的管理者意识到了“以受众为中心”的重要性，却常常将其简单理解为表达策略的优化而非运营理念的变革。这突出地表现在“公”“私”话语的失衡上，即为了契合公众的语态和需求，过分强调语态拟人化、议题娱乐化、内容“鸡汤”化，不但难觅与之“政务”属性相匹配的政策解读、数据共享、服务指南等实用信息，更少有彰显公共利益与公共价值、引发自我省思与辩证思考、激发情绪共鸣与思想共振的深度内容。若长此以往，不仅政务新媒体信息的价值密度会被不断稀释，其权威性、公共性和可信度也会受到威胁。

第四，有亮点难持续。政务新媒体蓬勃发展十余年来，有些组织的新媒体运营能够经久不衰，而更多组织的运营则只是经历了“昙花一现”，虽不乏成功的经验，却难有持续的动能。二者的区别就在于能否持续探索信息生态中的新变化、新规律、新特征并以之为自身创新发展的驱动力。一成不变的实践难以适应快速变革的新媒体环境，因地制宜、因时而动、主动革新才是政府机构打造契合时代要求与社会需求的政务新媒体的根本保障。

资料来源：黄河．移动互联时代的政府形象传播［M］．北京：中国人民大学出版社，2018：257－258；黄河，邵逸涵．政务新媒体的定位、专业塑造与效能提升［J］．青年记者，2022（14）：18－20.

二、政务新媒体的运营思路

政务新媒体的运营除了要顺应技术变革趋势，对传播平台、形式和内容加以创新之外，更为重要的是立足政府职能、融合新媒体逻辑对运营实践进行系统性改造，通过价值理念的转变、角色定位的明确、制度体系的完善和媒介策略的优化，形成涵盖顶层设计、规范保障和推进路径在内的政务新媒体运营体系。

（一）优化理念

运营理念是指关于政务新媒体与利益相关者之间互动关系的判断、观点或思想，其作为价值范式会对政务新媒体的角色定位、组织架构乃至运营实践起到形塑、规范和指导的作用。由于政务新媒体是政府主体与移动互联网技术相互嵌入创造的新场景，其运维不仅需要沿袭政府职能转型的发展趋势，也需要契合新媒体开放、分享、平等的“基因”。综合二者的共通之处，政务新媒体的运营理念应重点突出以下三个特征：

1. 以人为本

无论是政府行政理念由“管制”向“服务”转变过程中对“公众本位”的强调，抑或是移动互联技术发展背景下“草根话语”的崛起，对“人”的观照是二者共同的内在逻辑与发展趋势。接合“政府”与“新媒体”的政务新媒体运营，也需秉持着“以人为本”的理念，以“为人民服务”为宗旨、以“让人民满意”为标准，在充分了解人民群众需求、关切、期待的基础上，发布准确的信息、开展恰当的互动、提供妥帖的服务。

【背景链接】 2016年4月19日习近平在网信工作座谈会上的讲话（片段）

古人说：“知屋漏者在宇下，知政失者在草野。”很多网民称自己为“草根”，那网络就是现在的一个“草野”。网民来自老百姓，老百姓上了网，民意也就上了网。群众在哪儿，我们的领导干部就要到哪儿去，不然怎么联系群众呢？各级党政机关和领导干部要学会通过网络走群众路线，经常上网看看，潜潜水、聊聊天、发发声，了解群众所思所愿，收集好想法好建议，积极回应网民关切、解疑释惑。善于运用网络了解民意、开展工作，是新形势下领导干部做好工作的基本功。各级干部特别是领导干部一定要不断提高这项本领。

网民大多数是普通群众，来自四面八方，各自经历不同，观点和想法肯定是五花八门的，不能要求他们对所有问题都看得那么准、说得那么对。要多一些包容和耐心，对建设性意见要及时吸纳，对困难要及时帮助，对不了解情况的要及时宣介，对模糊认识要及时廓清，对怨气怨言要及时化解，对错误看法要及时引导和纠正，让互联网成为我们同群众交流沟通的新平台，成为了解群众、贴近群众、为群众排忧解难的新途径，成为发扬人民民主、接受人民监督的新渠道。

资料来源：新华网．习近平在网信工作座谈会上的讲话全文发表［EB/OL］．(2016-04-25)［2022-12-09］．http://www.xinhuanet.com/politics/2016-04/25/c_1118731175.htm.

2. 开放互联

打造“法无授权不可为”的有限政府与“法定责任必须为”的有为政府是实现政府职能转型的重要路径之一，其对全知全能的“集权中心”的弱化趋势恰恰与新媒体平台对普通公众的开放赋权特征相一致。与此相适应，政务新媒体的运作也需打破“以我为主”的封闭理念，创造可实现开放包容、相互连通、彼此协作的场景与机制——在传播层面体现为传播网络的搭建与激活，借助节点的力量完成内容的生产、传播与再生产；在治理层面则聚焦多元社会主体的动员和参与，形成多元协同治理的格局。

3. 平等对话

基于前述对受众角色与作用的辨明，政务新媒体可进一步明确与之交往的理念与原则——平等对话。这意味着政务新媒体的运营思维需从俯视型、一元化、科层制的单向灌输转变为平视型、多元化、扁平化的双向交流，承认个体需求和话语的正当性，予以真实、真诚、合理、可理解的回应。经由你来我往、相互协商的过程，最终实现关心彼此的福祉、开放看待异见、可协商成就共识的对话目标。

（二）明确定位

定位是政务新媒体对自身角色与功能的基本判断，需明确“我是谁”和“我要做什么”两个关键问题。将政务新媒体秉持的三大运营理念与承载的三个功能相融合，可明确其定位：

1. 及时的发布者和权威的解读者

信息公开是各级政府施政的基本制度，也是政务新媒体所承担的基本职能。在实践中，信息公开并不等同于简单地将信息公之于众，其还关涉到及时性和有效性两项原则：一是时间上的“不拖延”，及时捕捉公众的需求与关切，迅速予以准确回应；二是内容上的“可理解”，借助多元主体的视角、关联民生的议题、创新鲜活的话语等方式对信息进行有效解读，让公众不仅听得懂、听得进，而且愿意听、乐于听。

2. 民意的倾听者和诉求的回应者

政民互动是优化政民关系、实现社会动员、创新社会治理的关键路径，其既需要公众的理性表达和有序参与，也需要政府的包容承认和回应反馈，而后者往往是互动能否顺畅进行的主要驱力和根本保障。政务新媒体搭建了政民互动的便利场景，也由此承担了为其注入动力与活力的重要使命——在传播层面充分激活移动互联网广泛连接、实时互动的潜力，切实地问政、问需、问计于民，通过倾听承认公众表达意见、提出问题、参与监督的正当性；在施政层面则落实为对公众诉求的回应，采纳合理意见、廓清模糊认知、切实核查问题、改进自身工作，做到事事有着落，件件有回音。

3. 资源的整合者和生活的保障者

除了是信息平台和互动平台，政务新媒体还是服务平台，肩负着为公众提供多样性、多渠道、便利化服务的功能。为此，政务新媒体需对内整合资源，通过对跨领域、跨部门、跨地区资源的统合汇总与有序利用提高服务的广度与效率；对外规范流程，在打造一目了然、清晰易用的服务界面的基础上，进一步简化办事流程、提供办事指南、设计互动引导，最终实现公共服务数据同源、服务同根、一次认证、全网通办，成为公众生活的坚实保障者。

（三）完善制度

运营制度是关于如何将顶层设计中的价值理念、角色定位贯彻到实践中的一整套规定，用以指导日常运营与重要决策。根据政务新媒体运营中可能面对的各类情境，可将其运营制度细化为常规管理、危机管理和多元协调管理三个维度。

1. 常规管理制度

常规管理用以明确常规状态下政务新媒体运营的内容规范、流程机制、责任主体，主要包括信息发布制度、评论互动制度、内容保密制度、运营值班制度、考核激励制度、信息流转制度、限时办结制度等。其中，信息流转与限时办结是最为关键也最容易被忽略的制度，前者用以规定涵盖初步分类、对口转交、答复反馈在内的处理公众诉求的流程，后者则是在时间维度上对流程的效率做出规范要求。

2. 危机管理制度

危机管理用于对政府主体形象与信誉造成威胁的危机情境，其既包括风险监测管理、危机预警管理、等级研判标准、响应流程管理、形象修复管理等针对危机演变关键环节的管理，也涵盖管理主体、处置原则、考核激励等推动系列举措有序、有效实行的保障。一套设计完备的危机管理制度必定是全程覆盖、权责明晰、原则明确的，如此不仅能够帮助政务新媒体运营人员在平时保持危机意识、规范自身行为，还能够在危机来临时及时厘清沟通关系与权责关系，迅速有效地弱化和消除危机事件带来的负面影响，转危为安甚至化危为机。

3. 多元协调管理制度

与常规管理和危机管理关注政务新媒体的内部实践规范不同，多元协调管理关涉政务新媒体与外部主体的互动与协作。其中，其他政务新媒体账号与具有较强影响力的新媒体账号是两大重要主体。前者需侧重不同政务新媒体之间信息与资源的整合协调，尤其是如何发挥各自的优势、立足差异化的定位联动发声，化各自为战为众声成歌；后者则需明确合作的界限与流程，包括账号的背景审查与识别确定、合作方式与合作频率等。

（四）优化策略

由于注意力资源的稀缺，政务新媒体唯有先具备广泛、持续吸引目标受众的能力，方能进一步发挥其在信息公开、政民互动和公共服务方面的价值。这也就意味着政务新媒体的运营除了需要通过理念、定位和制度保证内部实践的一贯性、完备性和规范性，还需重视作为基础性前提的传播力的打造与提升。借鉴詹姆斯·凯瑞（James Carey）理解传播的两种视角——传播既是信息在空间中的发布和扩散行为，也是以团体的身份将人们吸引到一起的仪式①，我们可提炼出打造政务新媒体的两条路径：

1. 提升信息传播的独特功能价值

作为官方信源，政务新媒体在公共信息的定义、解释、发布方面具有无可比拟的权威性，对此进行深入挖掘与充分利用并使之服务于人们的认知需求，是政务新媒体信息的独特功能价值所在。结合专业媒体运作的核心环节，这一

① 凯瑞．作为文化的传播："媒介与社会"论文集［M］．修订版．丁未，译．北京：中国人民大学出版社，2019：7.

维度下提升传播力的策略包括四个要点：（1）以规范为立身的基础，既将媒体机构对新闻产品的要求作为自身信息生产的标准，又将政务机构的定位与调性作为规范言行的边界；（2）以专业为竞争的优势，突出对本领域发展状况、存在问题、最新资讯、未来趋势的深度掌握和精准预判；（3）以精细为运营的思路，基于公众的差异化特征，或探索与之匹配的话题、语态和视觉呈现，或自行设计传播导线，引导形成新的信息获取和使用习惯；（4）以协作为时效的支撑，经由同部门内的不同主体甚至是跨部门的协调合作，及时、有效、有序地完成政民沟通与网上履职。

2. 促进仪式传播的情感精神价值

不同于前一条路径对信息传递功能的关注，仪式传播侧重意义的分享与关系的维护，其核心过程是通过价值、情感、文化的共享形塑、维持组织与公众的共同体身份。这需要政务新媒体做到：（1）规划系统性的自我展演，将严肃冰冷的机构形象转化为有故事、有个性、有思想的“人”，破除其与目标受众之间的距离感；（2）打造优质的关系性内容，经由“共在”语境的创造和“共情”体验的提供，引发情感共鸣、激发思想共振，在打造社会共识的同时亦可进一步沉淀为组织与公众的关系纽带；（3）拓展新颖的媒介化内容，将内容转变为连接不同个体、聚合目标受众的节点或场景，为公众提供发表观点、提出疑问、分享经历的中介与机制，打造更有秩序的参与、吸引更大规模的参与、鼓励更深层次的参与。

【案例链接】 成都市场监督管理局政务抖音号的“你点我查”短视频节目

要拓展政务新媒体的媒介化内容，核心是解决两个层面的问题，即公众如何参与，以及如何呈现这种参与。第一个问题关涉到内容运营的规划，即最大程度简化流程、丰富渠道、优化体验以调动公众参与的意愿；第二个问题指向内容形式的设计，不仅要反映参与的过程，还需呈现参与的结果，不仅表达公众意见，还应公开政府反馈，通过创建连接二者的场景，展现政府的透明开放态度、实现更充分的双向互动。

成都市场监督管理局政务抖音号的“你点我查”短视频节目，就通过网友点名餐饮店、执法人员开展检查、短视频记录过程的形式连接了政府与公众，调动了后者参与食品安全监督的热情。而这一节目的成功，一是便捷参与的吸引效果，公众在留言区评论或点赞即可进行“点名”；二是有效回应的激励效果，对于呼声最高的餐饮店“提名”，不仅会在评论区收到例如“get”“收”的肯定回复，还会切实出现在随后的抽检中，兑现节目运营者的承诺；三是公开透明，打造信任纽带，执法人员的所见所闻所感都被一一记录，既科普了食品安全监督执法的工作，也让公众“见证”自己的意见被重视、处理及问题解决的过程，极大地提高了其参与感、获得感和对组织的信任感。

三、政务新媒体研究的前沿议题

学界关于政务新媒体的研究已持续多年，在政务新媒体的基本定义、承担的角色功能及其内在的价值意义等方面达成了基本的共识。不过，随着政府职能转型的深化推进，以及媒介技术的智能化演进加速，政务新媒体的运营规律与发展潜力，尤其是其与政府、公众乃至更广泛的社会深度互动后产生的系列变革等方面仍存在一定的研究空间。近些年来的研究多围绕政治沟通和政府治理两个视角对上述问题展开讨论。

(一) 政治沟通视域下的政务新媒体研究

在政治沟通视域下，政务新媒体是政府主体为适应移动互联技术的快速发展而打造的新型信息传播工具。基于这样的认识，既有研究形成了两类主要议题：作为新事物的调适过程以及作为政治沟通工具的效能。

1. 作为新事物的调适过程

这类议题主要聚焦政务新媒体生产实践中“政务”科层制思维与“新媒体”扁平化思维的互动、冲突与融合，这一过程既体现为政府组织整体工作节奏、时间规划、工作流程乃至制度规范在新媒体时代的重新配置①，也可经由组织内部行政领导与运营人员基于不同场域逻辑的博弈显现②。

2. 作为政治沟通工具的效能

此类议题可进一步细分为两个主题：其一为政务新媒体的技术优势，基于政治沟通系统的新旧对比探讨其在解决结构性问题、提高沟通效率、创新沟通模式等方面的潜力，其中最受关注的莫过于新媒体平台为“政民对话”“实时互动”提供的可能性③；其二为以提高效能为目标的现状研判与优化路径规划，或从文本角度探讨语言结构与篇章要素④、议题选取与叙事方式⑤等对政务新媒体效能的影响，或从传播效果的角度分析其在谣言澄清⑥、政策倡导⑦等具体领域的应用成效与改进空间。

无论延循哪类议题，政治沟通视域下的研究皆将政务新媒体视为公共传播生态中的重要组成部分之一，其信息的生产与传播需观照各行动主体的惯习与特征，反过来也对各行动主体的认知、态度与行为产生着举足轻重的影响。

(二) 政府治理视域下的政务新媒体研究

政府治理在狭义上是指各级政府行政机构展开的公共治理活动，若从广义

---

① 张涛甫，徐亦舒．政治沟通的制度调适：基于“澎湃新闻”“上海发布”“上海网信办”的考量［J］．中国地质大学学报（社会科学版），2018，18（2）：139－146．

② 尹连根．博弈性融合：政务微信传播实践的场域视角［J］．国际新闻界，2020，42（2）：100－120．

③ 宫贺，孙赫宁，顾纯璟．中国社交媒介情境下“官民对话”的理论建构与初步检视［J］．中国行政管理，2021（7）：78－84．

④ 王倩．论政务新媒体发话者的语言服务与管理［J］．社会科学战线，2022，322（4）：259－264．

⑤ 顾洁，闵素芹，詹骞．社交媒体时代的公民政治参与：以新闻价值与政务微博受众参与互动关系为例［J］．国际新闻界，2018，40（4）：50－75．

⑥ 强月新，孙志鹏．政治沟通视野下政务微博辟谣效果研究［J］．新闻大学，2020（10）：1－15，118．

⑦ 季诚浩，戴佳，曾繁旭．环境倡导的差异：垃圾分类政策的政务微信传播策略分化研究［J］．新闻大学，2020（11）：97－110，128．

上来看，则其治理主体既包括行政权力体系意义上的政府，也包括作为权利主体有序参与治理过程的公民和社会组织，最终目标是维护社会秩序和安全、供给多种制度规则和基本公共服务，实现和发展公共利益。① 这一视域下的政务新媒体被视为一种可用以改进政府治理的技术进步，因而研究也多聚焦于其对政府治理理念、手段、模式等带来的影响，形成了基于历史回顾的演进分析和面向未来的图景设计两条研究路径。

1. 基于历史回顾的演进分析

这方面的研究多以互联网技术的阶段性发展为线索，通过分析政府治理特征的历时性演变判断由政务新媒体带来的新趋势与新突破。由于政府治理内容涵盖范围广，既有研究多聚焦于某一特定治理手段或领域，例如通过对中国网络问政发展历程的考察，总结出如今基于政务新媒体矩阵的问政实践在问政理念、回应模式与沟通方式上的显著转变②；又如经由政务服务实现方式的历时性梳理可归纳出供给式范式、合作型范式和社会化范式三个演变阶段，其中，社会化范式是大数据时代基于新媒体平台发展出来的独特范式，可吸引社会力量广泛接入并共同协作③。

2. 面向未来的图景设计分析

此类研究立足当前政府治理存在的难题，以媒介技术的内在逻辑与发展趋势为指引，探讨如何借助以政务新媒体为代表的数字化智能化平台完成政府治理手段、观念和效能的革新，例如微观层面上可将社交媒体嵌入具体情境的管理与动员之中，实现更及时的管理与更深入的互动④；中观层面上可推进以平台为中介的数字化协同治理，弥补传统治理制度的不足；宏观层面上则可以政务新媒体为抓手促进智能媒介技术与社会治理的耦合，实现国家治理体系和治理能力的现代化⑤。

第二节　新型主流媒体建设

建设新型主流媒体、推动传统媒体现代化是我国媒体融合战略的重要抓手和应有成果，其在巩固壮大主流思想舆论、推进国家治理体系与治理能力现代化、提升我国国际传播能力等方面发挥着关键的作用。本节将首先阐释建设新型主流媒体的基本内涵与时代使命，继而梳理目前建设新型主流媒体的两条主要路径，随后以央视频为例，介绍新型主流媒体打造自主可控平台的策略与

---

① 王浦劬．国家治理、政府治理和社会治理的含义及其相互关系［J］．国家行政学院学报，2014（3）：11－17.

② 陈刚，王卿．话语结构、思维演进与智能化转向：作为政治新图景的中国网络问政［J］．新闻与传播评论，2020，73（6）：17－28.

③ 邓喆．政府官员直播“带货”：政务直播＋助农的创新发展、风险挑战与长效机制［J］．中国行政管理，2020（10）：80－85.

④ 周利敏，钟娇文．应急管理中社交媒体的嵌入：理论构建与实践创新［J］．中国行政管理，2022（1）：121－127.

⑤ 曾润喜，张昊越．智能传播时代政务新媒体的发展维度［J/OL］．（2022－03－29）［2022－12－03］．http：//kns. cnki. net/kcms/detail/61. 1329. c. 20220329. 0943. 002. html.

经验。

一、建设新型主流媒体的基本内涵与时代使命

（一）建设新型主流媒体的基本内涵

新型主流媒体的建设是传统主流媒体再主流化的过程①，即以包括全程媒体、全息媒体、全员媒体和全效媒体在内的“全媒体”为战略指向，以舆论引导、思想引领、文化传承、服务人民为实践目标，以传统媒体与新兴媒体一体化发展为手段，通过流程优化、平台再造，有效整合各种媒介资源与生产要素，推动信息内容、技术应用、平台终端、管理手段共融互通②，最终激活主流媒体的强大传播力、引导力、影响力和公信力。

（二）建设新型主流媒体的时代使命

自 2014 年中央全面深化改革领导小组第四次会议首次提出“着力打造一批形态多样、手段先进、具有竞争力的新型主流媒体”，到 2020 年中共中央办公厅、国务院办公厅印发的《关于加快推进媒体深度融合发展的意见》中要求“尽快建成一批具有强大影响力和竞争力的新型主流媒体”，及至 2021 年“推进媒体深度融合，做强新型主流媒体”写入《中华人民共和国国民经济和社会发展第十四个五年规划和 2035 年远景目标纲要》，建设新型主流媒体的顶层设计与政策布局逐步完善，其承担的时代使命也渐次明晰。③

1. 巩固壮大主流思想，扩大主流价值影响力版图

新闻舆论工作是“治国理政、定国安邦的大事”④。作为党的新闻舆论工作的关键主体，新型主流媒体既是弘扬主流意识形态的“主阵地”，亦是挺进互联网“主战场”的“主力军”⑤，不仅应坚守导向要求，始终坚持正确政治方向、舆论导向与价值取向，也需推进创新求变，遵循互联网传播规律、优化主流话语体系、建立全媒体传播体系，掌握舆论场的主动权和主导权，在巩固全党全国人民团结奋斗的共同思想基础的同时，为实现“两个一百年”奋斗目标、实现中华民族伟大复兴的中国梦提供强大精神力量和舆论支持。⑥

---

① 张涛甫，赵静．媒体融合的政治逻辑：基于意识形态安全的视角［J］．新闻与传播研究，2021，28（11）：69－83，127－128.

② 习近平：推动媒体融合向纵深发展，巩固全党全国人民共同思想基础［EB/OL］．（2019－01－25）［2023－01－16］．http：//www.xinhuanet.com/politics/leaders/2019－01/25/c_1124044208.htm.

③ 黄河．持续建设新型主流媒体，努力做好新闻舆论工作［EB/OL］．（2021－02－19）［2023－01－16］．https：//theory.gmw.cn/2021－02/19/content_34626061.htm.

④ 习近平在党的新闻舆论工作座谈会上强调：坚持正确方向创新方法手段 提高新闻舆论传播力引导力［N］．人民日报，2016－02－20（1）.

⑤ 中共中央办公厅 国务院办公厅印发《关于加快推进媒体深度融合发展的意见》［EB/OL］．（2020－09－26）［2023－01－16］．http：//www.gov.cn/xinwen/2020－09/26/content_5547310.htm.

⑥ 习近平．加快推动媒体融合发展，构建全媒体传播格局［EB/OL］．（2019－03－15）［2023－01－16］．http：//www.qstheory.cn/dukan/qs/2019－03/15/c_1124239254.htm.

2. 参与社会治理，推进国家治理体系与治理能力现代化

新型主流媒体是国家治理体系的重要组成部分，其所具备的信息传播能力、意见整合能力和社会动员能力是社会治理得以开展的重要保障，在协调社会运转、疏导社会矛盾、引导主流舆论方面发挥着举足轻重的作用。[①] 故而新型主流媒体不仅需要坚定地传播准确权威的公共信息、积极正确的言论观点，还应充分发挥自身的公共性特征与优势资源为多元主体开展社会讨论、表达意见诉求、参与社会治理搭建平台，并进一步为推进理性辩谈与多元协商制定规则与机制[②]，助益民主协商、社会协同、公众参与的社会治理体系的完善与人人有责、人人尽责、人人享有的社会治理共同体的构建。

3. 对外讲好中国故事，形成同我国综合国力和国际地位相匹配的国际话语权

除了对内传播，面对百年变局下日趋复杂的国际形势，新型主流媒体还肩负着对外讲好中国故事、提升中国在国际治理中的舆论话语权乃至推动建立世界信息新秩序等诸多重要职责。这就要求新型主流媒体长期履行好“澄清谬误、明辨是非，联接中外、沟通世界”的职责，把握住真实性与独特性两个关键方向，进一步提升国际化报道水平，更积极地参与国际议题报道，在国际治理中发出中国声音，在维护国家正当权益的基础上促进相互尊重、公平正义、合作共赢的新型国际关系建设，推动人类命运共同体的构建。

二、建设新型主流媒体的主要路径

推动传统媒体与新兴媒体的深度融合是打造适应现代传播体系的新型主流媒体的核心手段，这也就意味着新型主流媒体的建设方向、阶段、成效皆与我国媒体融合的推进息息相关。以国内媒体融合发展历程为线索，新型主流媒体的建设经历了以产品为导向的1.0阶段和以平台建设为目标的2.0阶段[③]，其融合重点也从对媒体自身资源的重新配置逐步转向了开发和整合外部资源[④]，由此探索出了两条主要路径。

（一）打造中央厨房，再造采编发流程

媒体融合语境中的“中央厨房”是媒体机构基于信息数据共享的理念对新闻生产流程的改造，即以“中央厨房”式的多媒体报道平台为核心，将以往各自为政的报纸、网站等内容呈现终端联合起来，新旧媒体从业人员一道组成工

---

① 黄楚新，刘美忆．我国新型主流媒体与国家治理体系和治理能力现代化［J］．中国出版，2020（15）：10-15．

② 刘琳琳，黄河，程覞．国家传播能力现代化视角下新型主流媒体的建设路径［J］．出版广角，2020（19）：13-16．

③ 胡正荣．全媒体传播体系赋能国家治理体系和治理能力现代化［EB/OL］．（2022-12-02）［2023-01-18］．http：//www.cssn.cn/xwcbx/xwcbx_lbxw/202211/t20221108_5562064.shtml．

④ 蔡雯．媒体融合进程中的“连接”与“开放”：兼论新型主流媒体建设的难点突破［J］．国际新闻界，2020，42（10）：6-17．

作团队，统一对进入平台的信息进行分类、加工与分发。[①]“中央厨房”运作的基本模式为“一次采集，多种生成，多元传播”，由适应新媒体传播的“全能型记者”采集海量素材并统一输入数据库，平台内的各类传播主体根据发布终端的需要对素材进行二次加工并发布传播。

人民日报社于2015年“两会”期间首次试行的“中央厨房”为主流媒体融合实践中的典型代表，其基本架构由总编调度中心、采编联动平台和总编室组成。其中，总编调度中心是指挥中枢，负责宣传任务统筹、重大选题策划与采访力量指挥；采编联动平台是常设运行机构，包括采访中心、全媒体编辑中心与技术中心三个模块，主要工作是进行全媒体新闻素材采集与生产加工，完成后的产品直接进入后台新闻稿库；总编室又分为报社总编室、人民网总编室与新媒体中心总编室，三大总编室根据自己发布渠道的需要从稿库中取用稿件，或作为成品直接发布，或作为素材经过二次加工之后再推广。与此相适应，人民日报社还为“中央厨房”创新了一整套运行机制，其中较为关键的环节为开展于每周初的聚焦当周任务、重大选题的总编协调会制度，以及每日召开的关涉选题策划汇报、新闻线索通报、当日舆情研究、重点稿件确定等的采前会制度。通过组织架构与运行流程的再造，人民日报社突破了简单的“采编发”一体化稿库的限制，实现了“中央厨房”媒体融合体系的全流程打通。[②]

对于主流媒体而言，“中央厨房”模式在一定程度上提高了新闻素材的利用效率，节约了人力成本，也增强了新闻产品的时效程度与丰富程度，能够在较短时间内经由多模态的内容呈现形成舆论合力。[③] 不过，若以媒体融合的目标检视其成效，就会发现这一模式仍面临两大挑战：其一，硬件投入成本高昂，对于省、市、地县级媒体而言将是一个沉重负担，推广难度较大；其二，用户观照不足，“中央厨房”式的改造从根本上来说助益的是新闻生产环节而非传播环节，生产效率的提升并不意味着传播效能的提升，如何将传者本位转换为受众本位并进一步激活用户能量，是“中央厨房”模式仍需着重考虑的方向。

（二）贯彻“移动优先”，建设移动平台

“移动优先”是基于移动媒体加速发展、移动互联网成为人们生产生活新空间这一新趋势、新现象而提出的新型主流媒体建设策略，其基本内涵为媒介移动化、主体社交化、内容定制化与渠道矩阵化。[④] 在具体实践中，主流媒体实行“移动优先”策略的方式又包括两种：搭载互联网商业平台和打造自主可控的新型传播平台。[⑤]

1. 搭载互联网商业平台

搭载互联网商业平台指的是主流媒体将第三方移动平台作为信息分发渠道，

---

① 谢新洲，黄杨．当理想照进现实：媒介融合的问题、原因及路径研究［J］．出版发行研究，2018（4）：12-16.

② 叶蓁蓁．人民日报“中央厨房”有什么不一样［J］．新闻战线，2017（3）：14-16.

③ 陈国权．中国媒体“中央厨房”发展报告［J］．新闻记者，2018（1）：50-62.

④ 胡正荣．如何做到移动优先丨胡正荣专栏［EB/OL］．（2019-09-11）［2022-01-18］．https：//www.shangyexinzhi.com/article/221884.html.

⑤ 宋建武，黄淼，陈璐颖．中国媒体融合转型［M］．北京：中国人民大学出版社，2022：75.

通过在平台上建设账号、发布内容、传播观点，实现高效触达移动端用户的目标。人民网研究院发布的《2020 年媒体融合传播指数报告》显示，2020 年主流媒体的第三方传播矩阵持续扩展，报纸、电视台在微博、微信、聚合新闻客户端的入驻率皆高于 97%，开通的聚合视频客户端账号数量增幅也超过了 30%①，将优质内容搭载第三方商业平台进行传播越发成为主流媒体贯彻“移动优先”战略的重要举措。需要注意的是，这一方式固然能够从第三方平台上的海量用户与社交网络中获得传播效能的增益，却不得不面临自主权让渡的问题——一方面，用户数据资源由平台所拥有，主流媒体难以对此进行实时、深度挖掘，以动态调整内容策略；另一方面，平台生态中的内容形态、生产方式乃至左右内容传播的算法规则也由平台方控制，对主流媒体的内容选题、制作与加工存在着一定的限制，即使可以根据内容特征选择差异化的平台进行传播，但如何通过不同载体形成传播合力、打造统一的品牌形象仍是一大考验。

2. 打造自主可控的新型传播平台

相较而言，经由自主可控的新型传播平台与移动端用户建立直接联系能够为新型主流媒体建设提供更广阔的空间。这一路径打破了第三方商业平台的限制，使主流媒体不仅掌握了内容生产、审核、筛选和传播的主导权，加速互联网优质内容生态的构建，还能够经由对用户数据的进一步挖掘创新工作流程、履行自身职责、提升竞争力与影响力。这具体表现在：在新闻工作方面，平台内的信息流和数据流能够让媒体准确解析用户行为、实时监控舆情进展、全面掌握舆论格局，从而为开展精细化、个性化、主流化的舆论引导工作提供参考；在社会治理方面，当自主可控的新媒体平台通过个体、需求、内容与场景的精准匹配融入人们的生活路线图时，其在事实上也将成为与社会关系网络同构、互为表里的数字基础设施，能够依托自身掌握的信息资源与政府形成社会治理的合力。② 不过，由于商业平台在技术与资本的推动下已经积累了较为可观的用户体量，且建设自主可控的新媒体平台所需成本较高，如何充分发挥自身的独特优势以持续扩大自有平台的影响力与竞争力，仍是主流媒体面临的重要挑战。在这一方面，下文介绍的中央广播电视总台的“央视频”移动客户端的建设具有较强的引领价值与参考意义。

三、央视频通过系列创新打造自主可控的新型传播平台③

央视频是中央广播电视总台（以下简称“总台”）基于“5G＋4K/8K＋AI”等新技术打造的综合性视听新媒体旗舰，于 2019 年 11 月 20 日上线。对于总台而言，这一新型传播平台的建成既是对习近平总书记“守正创新，建设好运用

---

① 《2020 年媒体融合传播指数报告》发布：中央级媒体融合传播力继续领跑［EB/OL］.(2021-04-27)［2023-01-18］. http://ent.people.com.cn/n1/2021/0427/c1012-32089968.html.

② 蔡雯，汪惠怡．主流媒体平台建设的优势与短板：从三大央媒的平台实践看深化媒体融合［J］. 编辑之友，2021 (5)：26-31.

③ 以下内容资料来源于内部访谈及文章：董文芳．央视频：为大象注入跳街舞的基因［J］. 视听界，2021 (4)：17-19，22.

好新媒体新平台”指示精神的贯彻与落实，亦来源于解决内部新媒体数量繁多但资源分散、效益薄弱等“小散乱”难题的变革动力。截至2022年年中，央视频客户端累计下载量超4.3亿次，激活用户数1.5亿人，用户规模和活跃用户量均位居央媒新媒体平台首位。

从打造新型主流媒体的视角出发考察央视频的建设运营实践，可从中归纳出其在重构内容生产模式、打造差异化优势、保障系统高效运行三个维度的系列创新举措。

（一）以互联网逻辑重构内容生产模式

内容生产是主流媒体运行与发展的核心环节。有别于传统的封闭式、集中化的生产模式，新媒体平台上的信息生产呈现出更显著的主体多元化、内容碎片化、过程进行时的特征。[①] 为打造出更契合移动互联时代公共传播规律的自有新型传播平台，央视频在开发伊始就注重将共享、开放等逻辑理念融入基础设施建设与组织模式设计中，通过二者的互联网化转型进一步推动内容生产方式与生产流程的革新及重构。

在基础设施方面，央视频以“云＋端”为平台架构，采用“大中台＋小前台”设计，通过互联网技术体系的搭建为其生产流程的改造提供了物质保障。其中，“大中台”即5G新媒体平台，致力于解决过去新媒体发展的资源分散问题，通过将各频道自制节目及拥有新媒体版权外购节目的视频清流信号上传到中台内容共享库，实现全台内容数据、用户数据的共享与联通；“小前台”指央视频平台，可在中台支持下开展灵活的运营实践，包括运营支撑系统、智能推荐算法、内容信息安全系统、用户系统等。

在内容组织模式方面，央视频以“账号森林”体系为基本架构连接了总台内部积累沉淀的优质资源和各类社会头部创作力量：对内，总台的各节目中心不仅可在平台上开设独立的央视频号，还能成为对应垂类TAB页的运营主体，拥有独立自主的新媒体运营空间，在实现自身向新媒体转型的同时也为平台生态注入活力；对外，央视频建立了一套严格的社会账号审查准入、分级、巡检机制与账号奖励扶持机制，既能有效引入外部优质创作者，激励其生产更多定制化内容，亦能及时清理不合格的账号，逐步建立起以总台为核心的、开放共享、多元协作的优质互联网内容生态体系。

（二）借助独特资源打造差异化优势

遵循互联网逻辑只是建设自有平台的第一步，若要使其在众多商业平台中脱颖而出，就势必需要锚定并最大化自身的独特性，由此打造差异化的竞争优势。具体而言，央视频所拥有的独特资源包括：

第一，优质版权内容的首播独播优势。争取电视剧、纪录片、原创IP节目[②]、热门赛事等优质版权内容的首播独播是新媒体平台吸引新用户、留存老用户的关键力量。对2021年6月的欧洲杯赛事的转播采用的即是央视频独播策

① 彭兰．数字时代新闻生态的“破壁”与重构［J］．现代出版，2021（3）：17－25.

② IP指intellectual property，意为“知识产权”。

略，传播效果显著——仅开赛几日，央视频日活跃用户数就实现数倍涨幅，连续排在苹果 App Store 第一名，新媒体广告也实现大幅增长。

第二，总台的品牌效应与社会动员力。无论是触角广泛的海内外记者站，还是与社会各界产生深厚联系的各类节目栏目，抑或是社会认知度高、影响广泛的主持人、记者，都是总台强大品牌效应与动员力的来源，亦为央视频的内容创作与活动开展提供了广泛的素材与资源。例如深入挖掘主持人优势推出的“央 young”系列 IP，打造了包括《央 young 之夏》《冬日暖央 young》《开工喜央 young》等在内的多档备受好评的综艺节目；又如借助广泛连接的社会资源与教育部、人社部、国资委、共青团中央合作开展的“春暖花开 国聘行动”，开创了“云招聘”新样态，为求职者提供职位超 160 万个，相关招聘信息阅读量累计 2 亿余次①，取得了良好的社会效益与传播效能。

第三，忠实的大屏用户。不同于其他互联网企业先有小屏后有大屏的发展路径，大屏于央视频而言是待充分开掘的巨型流量池。央视频上线以来，总台不断用大屏资源、主持人口播等为央视频导流，将已积累了几十年的忠实观众转变为自有平台用户，为央视频低成本快速冷启动奠定了基础；同时，央视频也可为大屏的互动提供平台支撑，增加大屏的社交属性、游戏属性，用慢直播等新媒体形态拓展大屏的时间与空间。

（三）推动组织转型保障系统高效运行

对于传统广电媒体来说，“采、编、播、传、送”是核心的业务链条，线性、顺序、有容量上限、确定性强是其业务运行的基本特点。而互联网平台的运行则复杂得多，呈现出非线性、多线程、多节点、体量大、变化快等特征，相较于内容生产模式的重构与优势资源的挖掘，推动组织转型以为自有新媒体平台的运行提供支撑所面临的考验更为艰巨。为此，央视频从体制机制、组织模式与流程规范三个层面实现了突破。

其一，建立“一体两翼”运行模式，创新体制机制。为助力央视频的建设与运营，总台同步成立了一个一级台属公司（央视频融媒体发展有限公司）和一个新的局级内设机构（视听新媒体中心）。其中，视听新媒体中心负责内容建设与平台运营，央视频融媒体发展有限公司聚焦市场推广、商务经营、技术运维等；对于平台运行的重大战略、需双方合作完成的重大事项则通过联席会议机制共同研究决定，明确目标和责任分工。“一体两翼”的模式不仅能够帮助央视频迅速构建运行基础，也为其高效调动事企资源、开拓更广阔的发展空间提供了体制条件。

其二，建立平台运行架构，创新组织模式。央视频将组织架构与平台运行机制进行一体设计：处于核心位置的是客户端运营部，负责客户端界面的运行；之上是以产品线（如 TAB 页、社群运营，原创内容，等等）为逻辑组建的部门，具体负责几大产品线的全链路运营；其外是各类支撑性部门，包括产品、技术、版权、商务、宣推以及行政职能部门等，为平台运行提供资源支持和管

① 《春暖花开 央视频“国聘行动”来啦！》参评推荐表［EB/OL］.（2021-05-07）［2023-02-16］. https：//news. cctv. com/2021/05/07/ARTIsf013qqhRzWFxquRuMlH210507. shtml.

理运营服务；同时还应平台运行需要建立了供应商外包服务体系，为平台提供可随时响应、随时拓展的服务能力。

其三，建立完善互联网运行模块，创新流程规范。为支撑复杂的平台运行，确保日常安全高效运转，央视频逐步建立完善互联网运行模块，制定了系列运营标准与规范，包括账号入驻、账号分级、发稿流程，安全审核、应急处理，社群运营、版权引进，等等。作为新型主流媒体自有平台的代表，央视频的运行规范较互联网的通行标准更为严格，如在安全审核方面建立了“AI机审＋人工审核”的“人机耦合”体系，开创建立了行业最严“金标准”；又如在算法方面加入价值因子，在不断实现精准触达、千人千面的同时彰显主流价值观。

其四，建立多元支撑体系，创新政策保障。央视频的建设与运营获得了总台系列配套政策的支持，涵盖了考核激励、版权购买、广告经费、媒资使用等多个领域，账号激励政策为其中的典型代表。该政策以各内容中心在央视频上的发稿量和发稿质量为考核指标，考核结果与其经费、奖金相关联；与之相适应的还有年度央视频优秀账号、优秀稿件评选，对央视频台内优质账号、作品及主创人员进行表彰和奖励，实现对台内创作力量主动性、积极性的激活与延续。

【前沿链接】县级融媒体中心

2020年9月中共中央办公厅、国务院办公厅印发的《关于加快推进媒体融合深度发展的意见》提出，建立全媒体传播体系应“按照资源集约、结构合理、差异发展、协同高效的原则，完善中央媒体、省级媒体、市级媒体和县级融媒体中心四级融合发展布局”。作为媒体深度融合发展的“最后一公里”，县级融媒体中心在广泛连接群众、提供公共服务、参与基层社会治理方面发挥着重要的作用。

1. 县级融媒体中心的基本概念与运作模式

县级融媒体中心是整合县级广播电视、报刊、新媒体等资源，开展媒体服务、党建服务、政务服务、公共服务、增值服务等业务的融合媒体平台，承担着主流舆论阵地、综合服务平台与社区信息枢纽等多重功能。打造县级融媒体中心是“加强和改进基层宣传思想工作、推动县级媒体转型升级的战略工程”，其在顶层设计上始终聚焦“引导群众、服务群众”的宗旨与提高县级媒体传播力、引导力、影响力的目标，在具体实践中则因地制宜探索差异化的融合模式，并由此形成了多元的发展路径。

以资源整合方式为划分依据，目前的县级融媒体中心建设大致可划分为“云端互联”与“单兵作战”两种路径。其中，“云端互联”指将区县媒体资源接入中央或省市级媒体的技术平台，借助其规模效应与公有资源，低成本、高效率地完成自身融媒体中心的建设，即“高层媒体建云，基层媒体加入”，典型案例如江西省分宜县与“赣鄱云”省级平台的合作。“单兵作战”则是对县域内的公共媒体和宣传资源进行“自我整合”，诸多样本经验例如长兴模式、玉门经验、项城模式等，皆属于这一路径。不过，由于不同区县之间的地理位置、经济状况、社会资源等存在差异，其自我资源整合实践也不尽相同，带有鲜明的地方烙印——例如作为全国百强县的浙江省长兴县，其融媒体中心采用的是组建县域传媒集团并借助市场力量进行产业化运作的模式；又如县域电视台实力较强、基础坚实的江苏省玉门市

（县），则以玉门市广播电视台为主体搭建融媒体中心，整合区域内媒体资源，形成覆盖多元信息载体与内容渠道的传播矩阵。

2. 县级融媒体中心建设的主要困境与破局之道

自2018年习近平总书记在全国宣传思想工作会议上强调“要扎实抓好县级融媒体中心建设，更好引导群众、服务群众”，从战略层面为县级融媒体中心的发展指明方向以来，县级融媒体中心建设工作迎来了发展关键期和重要机遇期，建成速度与覆盖范围持续扩大，已经从最初的机构重组、平台搭建、模式探索的1.0阶段逐步迈向质效合一、平台融通的2.0阶段。不过，县级融媒体中心在取得显著成果的同时，其所面临的困境与挑战也逐渐凸显：

（1）建设规划缺位。基层人员对建设县级融媒体中心的重要使命、路径策略等关键问题认识不清，缺乏对县级融媒体中心的长期规划，这显著地体现在三个方面：第一，在顶层设计中仅关注县级融媒体中心的媒体功能，强调单向宣传而忽略了其在提供公共服务和参与社会治理层面发挥的作用；第二，在路径选择方面生搬硬套先行者的“样板”“经验”“模式”，缺乏对自身实际情况的考量；第三，在渠道建设中盲目拓展新媒体平台而疏于管理，出现多而不精、内容同质、运行乏力的问题。

（2）体制壁垒仍存。多数县级融媒体中心整合了县域内的政府网站、广播电视台、报刊等媒体资源，不同媒体的组织人事制度、运营管理模式、生产运营思路等皆存在着明显的差异，如何打破体制壁垒，谋求彼此之间的最大公约数，使不同利益相关者能够相互配合、彼此协同、融合发展，是县级融媒体中心在深化改革时遭遇的重大难题。

（3）资源支撑不足。人才资源的匮乏是制约县级融媒体中心发展的重要瓶颈。由于基层单位能够为人才提供的薪资待遇、发展机遇等较为有限，其人才引进制度、管理用人制度、考核激励机制、内部培训体系等又不够完善，导致既有工作人员技能难以匹配融媒体平台的管理运营需求，而新型专业人才却又引不进、留不住、用不好，内生动力远远不足。

为破解这些难题，业界和学界开展了丰富的前沿研究并提出系列对策建议，这又可进一步细分为内部建设和外部助力两个视角。前者关注县级融媒体中心强化自身能力的策略，多围绕某一具体功能、环节或其支撑保障展开。例如内容生产环节如何与网络媒介生态、地方文化与社会治理进行勾连以实现“深融合”；又如如何破除“技术至上”的色彩，对有关县级融媒体中心运行过程追踪、效果检验的评估体系进行科学改造与系统优化等。后者主要聚焦上级决策层助力县级融媒体中心的路径，包括通过自上而下的机构规划与编制部署为融媒体中心的发展提供制度保障，在指导工作时秉持既有标准可循又能彰显个性的双重思路，在为县级融媒体中心建设明确框架与方向的基础上，为其预留结合本土化经验进行改写与创新的空间等。

拓展阅读

[1] 黄楚新，李一凡，陈伊高.2021年县级融媒体中心建设发展报告［J］. 出版发行研究，2022（5）：26-32.

[2] 蒋锐，俞虹．作为公共服务平台的县级融媒体中心：一种基层治理的视角［J］. 现代传播（中国传媒大学学报），2021，43（2）：13-16.

[3] 金燕博，丁柏铨．落点・触点・支点：县级融媒体中心建设中的"深融合"[J]．传媒观察，2022，466（10）：68－74．

[4] 谢新洲，朱垚颖，宋琢谢．县级媒体融合的现状、路径与问题研究：基于全国问卷调查和四县融媒体中心实地调研 [J]．新闻记者，2019（3）：56－71．

[5] 谢新洲，等．见微知著：地县媒体融合创新实践 [M]．北京：人民出版社，2020．

[6] 曾培伦，朱春阳．可供性框架下县级融媒体中心建设效果评估体系创新 [J]．新闻与写作，2022（9）：100－110．

[7] 朱春阳，曾培伦．"单兵扩散"与"云端共联"：县级融媒体中心建设的基本路径比较分析 [J]．新闻与写作，2018（12）：25－31．

第三节　新媒体产品开发与迭代

对新产品的开发设计与迭代优化是新媒体企业在面对持续变动的内外环境所带来的新挑战与新要求时提高盈利能力、保持竞争优势、增益品牌资产的核心举措。本节将围绕"如何更好地做出产品开发决策"以及"如何更高效地推进产品迭代"两个核心问题，一方面介绍能够洞察具体行业潜力、明确目标用户特征、管理产品生命周期的三类决策分析工具，另一方面则从需求收集、需求筛选、需求评审与落地等单个迭代周期内的基本环节入手梳理新媒体产品优化的方法、标准、流程等要点。

一、新媒体产品的概念与类型

"产品"通常被理解为企业提供给市场以满足消费者需要和欲望的任何东西。以消费者获取的价值为依据，可将产品分成五个层次：（1）核心利益（core benefit），消费者真正购买的服务或利益；（2）基础产品（basic product），产品的基本形式；（3）期望产品（expected product），消费者购买产品时通常希望和默认的一组属性和条件；（4）附加产品（augmented product），产品或服务中超出消费者预期的部分；（5）潜在产品（potential product），产品或服务在未来可能会发生的延伸或转换。[①]

本节涉及的新媒体产品是指新媒体企业为满足市场需求设计、生产、加工而成的无形产品及服务，根据独立程度的不同可细分为平台产品、入驻产品和独立产品三个类别。[②] 其中，平台产品是能够支持不同参与者进行交互的基础设施产品，包括市场平台（例如淘宝、App Store）、社交与合作平台（例如微信、腾讯会议）、共享平台（例如爱彼迎）、物联网平台（例如海尔智能 App）、开发者平台（例如 windows 操作系统）等[③]；入驻产品指的是那些进驻平台，既依托平台的优势资源也为平台生态提供支撑的产品，例如满足人们信息需求的内容产品，又如呈现在 App Store 上的各类移动 App 软件；独立产品是指本

① KOTLER P，KELLER K L. Marketing management [M]. 15th ed. New Jersey：Pearson，2015：390.

② 龙思思．新媒体产品设计与项目管理 [M]．北京：中国人民大学出版社，2022：49－51．

③ 谢弗尔，索维．产品再造：数字时代的制造业转型与价值创造 [M]．彭颖婕，李睿，译．上海：上海交通大学出版社，2019：83－84．

身具备某个功能且能单独发挥作用的产品，例如高德地图、有道词典。

除了独立程度，新媒体产品还有许多其他的分类维度，例如以终端形态为依据可包括移动端产品、Web端产品、PC端产品，根据功能的差异可分为内容产品、关系产品、服务产品等。[①] 需要明确的是，不同产品之间并非泾渭分明，许多独立产品正在整合资源、拓展功能并逐步往平台产品转型，内容产品也可与关系产品和服务产品相互融通、彼此支持。换言之，对新媒体产品进行分类并非以穷举为目标，而是为把握新媒体产业基本格局、定位具体产品的差异化优势提供思考框架，从而更好地服务于新产品的设计规划与迭代更新。

【前沿链接】 新媒体产品经理

“产品经理”概念发源于宝洁公司，聚焦的是传统行业中对产品生命周期进行规划的职能，包括制定和执行上市策略、定价策略、营销策略等。由于新媒体行业与传统行业在行业形态、产品形态、成本结构、生命周期、盈利模式等方面的不同，新媒体产品经理承担的职能和所需的技能也较以往有着较大的区别——就工作内容而言，新媒体产品经理的工作重心在于产品本身“从无到有”“从有到优”的过程而非传统的基于既有产品的管理、推广和营销；就能力要求而言，新媒体产品经理不仅要具备关涉产品研发的核心技能，如需求分析、数据分析、用户研究等，还应有较高的情商与素养，例如：

(1) 关系管理能力。与企业的内外部利益相关者建立和保持良好的关系，以实现协调内部矛盾、获取外部支持、提高沟通效率、激发团队活力的目标。

(2) 情绪管理能力。在面对多线程工作、有限资源、利益冲突、矛盾激化等压力情况时保持冷静思考，并积极推动问题解决。

(3) 洞察分析能力。包括从碎片化、表象化信息中洞察目标受众的真实需求、期待、喜好，以及从日常工作中掌握销售团队、技术团队等其他合作团队的运作目标、优势能力、顾虑担忧等。

资料来源：龙思思．新媒体产品设计与项目管理[M]．北京：中国人民大学出版社，2022：68－88；苏杰．人人都是产品经理：入行版[M]．北京：电子工业出版社，2021：17－25；AUSTIN J. What it takes to become a great product manager and how to pick between jobs [EB/OL]．(2023－01－03) [2017－12－13]．https://hbr.org/2017/12/what-it-takes-to-become-a-great-product-manager.

二、新媒体产品开发的决策工具

产品开发（product development）是指将市场机会转化为可供销售的产品的过程，是企业系列决策的结果。[②] 开发出一个优秀的新产品不仅能够帮助企业开拓市场、获取利润，还能够进一步打造、巩固、提升其在行业中的核心竞争力与无形品牌资产。本部分将针对新媒体企业在开发新产品时需做出的三个关键决策——是否开发新产品、如何开发新产品、新产品开发后如何加

① 彭兰．“内容”转型为“产品”的三条线索[J]．编辑之友，2015(4)：5－10.

② KRISHNAN V, ULRICH K T. Product development decisions: a review of the literature [J]. Management science, 2001, 47(1): 1－21.

以管理，分别介绍三种提高决策前瞻性、针对性与精细化的分析工具，帮助新媒体企业更好地洞察具体行业的潜力、明确目标用户的特征、管理产品的生命周期。

（一）洞察行业潜力，识别产品机会

企业是否开发一种新产品很大程度上取决于其在该新产品所属行业中的潜力大小，新行业内可预见的有形收益空间与无形价值空间越广阔，企业越有可能做出开发新产品的决策。美国战略管理学者迈克尔·尤金·波特（Michael Eugene Porter）于20世纪70年代提出的“波特五力模型”（Porter's five forces model），就是用以分析行业环境、判断竞争强度、预测发展潜力的主流工具。该模型认为，一个行业的竞争格局由包括新进入者的威胁程度、供应商的议价能力、购买者的议价能力、替代品的威胁程度和既有竞争者之间的竞争程度在内的五种力量构成，不同力量的强弱对比形塑了行业的价值分配规律①，也决定了一个新进入者可能遭遇的壁垒威胁与可获取的发展空间。波特五力模型的分析维度及具体阐释如表5-1所示。

表5-1　波特五力模型的分析维度及具体阐释②

竞争力量	定义	判断标准
新进入者的威胁程度	新进入者的能力与野心对行业平均利润、产品价格、企业竞争造成的压力，当行业中的企业认为新进入者的威胁很大时，就容易压低价格或增加投资以阻止新企业的加入，从而限制整个行业的利润潜力	新进入者的威胁程度与行业壁垒息息相关，生产规模越庞大、网络效应越明显、消费者转换成本越高昂、企业所需资本投入越多、既有产品的差异化优势越突出、销售渠道越有限的行业，新进入者面临的壁垒就越高，企业遭遇的新进入者的威胁程度就越低
供应商的议价能力	供应商通过提高投入要素价格或降低单位价值含量，影响行业中现有企业盈利空间与产品竞争力的能力	在以下情境中，供应商的议价能力会被加强：（1）供应商所处行业比企业所处行业的集中程度更高；（2）供应商所处行业的收入对企业所处行业的依赖程度较低；（3）企业在更改供应商时面临高昂的转换成本；（4）供应产品的异质化程度较高；（5）供应产品具有不可替代性；（6）供应商容易实行前向一体化战略

① PORTER M E. The five competitive forces that shape strategy [J]. Harvard business review, 2008, 86 (1): 25-40.

② 同①；陈劲，焦豪．战略管理：打造组织动态能力［M］．北京：北京大学出版社，2021：26-28.

续表

竞争力量	定义	判断标准
购买者的议价能力	购买者通过要求更低的价格、更高质量或数量的产品/服务来影响行业中现有企业盈利空间的能力	在以下情境中，购买者的议价能力会被加强：（1）购买者很少或者单个购买者的购买规模很大；（2）购买者的转换成本较低；（3）产品的异质化程度较低；（4）产品费用占购买者预算的很大比例；（5）购买者的收入低或面临资金压力；（6）购买者对行业信息掌握充分
替代品的威胁程度	生产相同或相似功能产品企业之间的竞争为行业盈利能力带来的负面影响，其作用途径之一是设置价格上限	在以下情境中，替代品的威胁程度会被加强：（1）替代品的性价比较行业产品而言更高；（2）购买者转向替代品的成本较低；（3）替代品在质量、性能及其他一些重要属性方面的消费者满意度较高
既有竞争者之间的竞争程度	既有企业间为使自身获取更高的利润及更明显的优势而产生的竞争，其激烈程度与竞争属性将会对行业盈利空间产生影响	当竞争对手数量众多（或在规模和实力上大致相当）、行业增长速度缓慢、企业退出壁垒很高时，行业内的竞争程度较为激烈，但其对利润的影响需视情境而定： （1）若企业竞争采取的是价格战方式，则程度越激烈，对行业盈利能力的破坏越大，但若关注的是价格以外的维度，例如产品特性，则对行业盈利能力的影响较小 （2）若企业间是基于同一维度进行竞争，那么最终结果就是零和博弈，企业盈利能力将下降；若采取的是不同维度的竞争，则可能推动行业盈利能力的提升

借助波特五力模型，新媒体企业既可以对某一行业现阶段的竞争格局、未来一段时间内的结构性变化及其对盈利空间的影响进行系统分析与精准预测，亦能够对企业于行业中的地位，即相较于其他竞争者而言的优劣程度加以全面评估，形成对是否开发新产品以进入该行业的判断。行业的竞争程度越浅、进入壁垒越低、盈利能力越强、发展潜力越大、企业较其他竞争者的优势地位更突出，则新产品的利润空间与发展空间越广阔。

此外，SWOT 矩阵、SPACE 矩阵、波士顿矩阵等战略决策工具也可用以帮助企业在全面剖析自身所处内外部环境特征的基础上，进一步判断其进入某一行业所面临的机遇挑战及发展空间，从而为是否开发相应新产品的决策提供参考。具体分析维度与步骤见第二章。

（二）明确用户特征，完善产品设计

新媒体产品的核心价值来源于用户资源的获取、留存与扩展，其不仅要求

新媒体产品在核心功能的设计上与用户需求和期待有着较高的匹配度，还应为产品的使用创造更多支撑环境与便利条件，带来良好的使用体验。这些目标的实现都离不开对用户的深入洞察与全面了解，用户画像法和用户接受模型能够为此提供思考框架与方法指导。

1. 描摹目标用户画像：十步人物角色法

描摹目标用户画像是深入了解目标用户价值观念、社会属性、生活方式、消费习惯等特征的过程，也是开展新产品设计前必不可少的环节。用户画像并不特指某个真实存在的人，而是基于系列相似但独立个体的调研数据形成的虚拟角色，能够呈现这类群体典型且显著的特征。精细的用户画像能够帮助企业深入了解用户的使用体验、行为和目标，从中挖掘亟待解决的痛点、创造尚未满足的需求，并进一步将其转化为产品的差异化竞争优势，为新产品的开发设计明确方向与路径。

根据林恩·尼尔森（Lene Nielsen）的“十步人物角色法”，描摹一个产品的目标用户画像的过程需经过关涉数据收集与分析、特征描述与阐释、情景设定与预测、团队沟通与协作等环节的十个步骤①（见表 5－2）②。

表 5－2　十步人物角色法

步骤	核心问题
1. 定位目标用户	目标用户是谁？ 目标用户数量是多少？ 他们需要用产品做什么？
2. 建立假设	目标用户与非目标用户存在什么差异？ 目标用户内部有什么区别？
3. 开展调研	行为调研：与竞品相关的使用行为及目标、交往行为、购物行为等 心理调研：内在需求、价值观、生活方式等 场景调研：生活路线图、需求或问题的产生及渴望获取的支持
4. 进一步明确	是否锚定了关键的目标用户群体？ 是否存在更多的目标用户群体？ 各群体的重要程度是否相等？如何排序？
5. 构造虚拟角色	身份：姓名、年龄、肖像 性格：外向或内向等 背景：职业、收入、信仰、志向 对竞品的评价和态度 对本企业的评价和态度 让该角色感到愉悦和美好的因素

① NIELSEN L. Personas［EB/OL］// Interaction Design Foundation. The encyclopedia of human-computer interaction［2023－01－05］. https：//www.interaction-design.org/literature/book/the-encyclopedia-of-human-computer-interaction-2nd-ed/personas.

② 黄河，等．新媒体广告［M］．2 版．北京：中国人民大学出版社，2022：99－100.

续表

步骤	核心问题
6. 定义情景	创造的虚拟角色有什么需求？ 这种需求会在什么情景下产生？
7. 复核与补充	你在现实生活中是否接触过类似的人物角色？
8. 传递角色知识	我们如何在内部建立起对虚拟角色的共同认知？
9. 创建剧情	在特定的情景和既定的目标下，当人物角色使用产品时会发生什么？
10. 持续更新	是否出现了影响此前角色与场景的新变化？如何影响？

2. 识别产品采纳因素：整合型技术接受和使用理论

除了产品功能与自身需求的匹配度，用户是否采纳新产品还受到诸多作用于个体感知与态度的内外因素的影响。围绕着对这些影响因素与作用机制的识别，学界目前已经形成了系列较为成熟的理论模型，例如任务技术适配模型（task-technology fit）、技术接受模型（technology acceptance model）、理性行为理论（theory of reasoned action）、计划行为理论（theory of planned behavior）、创新扩散理论（innovation diffusion theory）等。维斯瓦纳特·文卡特什（Viswanath Venkatesh）等研究者在2003年对较为经典的用户接受模型进行整合之后，提出了目前应用较为广泛、解释力较强的整合型技术接受和使用理论（unified theory of acceptance and use of technology，UTAUT）。①

根据UTAUT的观点，对用户采纳新产品行为起到驱动作用的因素主要有四个：（1）表现预期（performance expectancy），用户相信使用产品后自身需求能够满足的程度，这是对产品核心功能的感知与评价；（2）努力预期（effort expectancy），用户使用产品所需付出的努力程度或所需克服的障碍大小；（3）社会影响（social influence），个人感受到的周围群体或周边环境的影响，例如“重要他者”的命令、引导或示范；（4）便利条件（facilitating conditions），个体相信既有的资源、知识、基础设施等的存在对该产品使用的支持程度，包括对学习或使用该产品的机会与能力的感知、对系统（例如手机操作系统）是否支持该新产品使用的判断等。

以此为思考框架，新媒体产品的开发设计应在致力于提高产品功能与用户需求的匹配程度的基础上，以降低产品使用的门槛、提高产品对所有群体的普适程度、增强产品在所有环境中的适应程度为目标加以完善，通过降低努力期望、调动社会影响与创造便利条件，帮助用户建立使用信心、强化使用意愿、优化产品体验，为新产品打开市场、深入人心奠定基础。

（三）管理生命周期，精细产品运营

一种新鲜事物被人们广泛接受并内化为共同惯习的过程并非一蹴而就，而

① VENKATESH V，MORRIS M G，DAVIS G B，et al. User acceptance of information technology：toward a unified view [J]. MIS quarterly，2003，27 (3)：425－478.

是随着时间的推移在社会系统中逐步渗透累积而成的。① 这也就意味着，当一个新产品投入市场时，身处其中的消费者并非以相同的速度接收到与之相关的信息并做出是否使用的决策，不同个体做出决策的先后时序就构成了新产品推广的全部生命周期。根据采用新产品的速度快慢，美国学者埃弗雷特·罗杰斯（Everett Rogers）将用户划分为五种类型——创新者、早期采用者、早期采用人群、后期采用人群、滞后者，以此对应新产品获取用户的五个阶段。把握不同阶段中各类用户的共性特征，有助于企业基于新产品所处的不同生命周期设计差异化、精细化的推广策略，坚定用户采纳新产品的信心并助力产品在市场中的渗透。

这五种用户的特征如下所示。②

（1）创新者：技术爱好者。创新者是最快采用新产品的前 2.5%的用户，他们的作用是将产品引入新市场并启动产品的推广扩散过程。除了对新事物的痴迷之外，这一群体还有其他显著的共同特征，例如收入较为可观，能够从容应对尝新失败带来的损失；又如理解能力强和知识储备丰富，能够迅速掌握新产品的用法；再如社交网络较广，不局限于某一年龄段或某一地区，从而提高接触新信息的可能性。

（2）早期采用者：意见领袖。早期采用者在新产品的推广过程中会通过自己的使用形成对产品的评价，并将评价传递给关系网络中的其他人，为其降低使用新产品的不确定性，通常是继创新者之后占比 13.5%的使用者。相较创新者而言，早期采用者的社交网络更为集中，其引导舆论的能力也更为突出，这主要体现为其行为的榜样示范作用和意见的引领规范作用，人们在做出创新采纳决策之前往往倾向于向这一群体寻求建议。当然，早期采用者在社交网络中核心地位的维持有赖于其此前做出的成功且明智的采纳决策。

（3）早期采用人群：深思熟虑的实用主义者。这一类人群接受创新的速度略快于整个市场用户的平均速度，其突出特征是与自己圈层乃至其他圈层中的节点互动非常频繁，从而为新产品信息的广泛传播提供了基础。当他们发现新产品被大量使用且事实证明这一举动会带来特定利益时，就会做出采纳决策。换言之，这一群体会在深思熟虑之后追随新产品，但却不会主动引导他者的意见，是整个市场中较为主流的群体，包括早期采用者之后 34%的用户。

（4）后期采用人群：持怀疑论的保守派。后期采用人群对一切新鲜事物持怀疑和谨慎的态度，是继早期采用人群之后占比 34%的用户。促使这一群体接受新产品，往往需要多种条件的叠加，包括新产品的效用和收益被广泛证实、产品使用的不确定性被完全消除，以及身边大多数人皆使用所带来的社会规范压力。

（5）滞后者：受传统束缚、拒绝创新的人。滞后者是较为因循守旧的群体，他们害怕风险和不确定性，往往以过去经验作为依据进行决策，且在社交网络中也较为孤僻。

此外，这五类人群在社会经济状况、性格人格及交往行为三个维度上也存

① ROGERS E M. Diffusion of innovations [M]. 3rd ed. New York: Free Press, 1983: 5.

② 本部分内容还同时参考了：科特勒，凯勒，切尔内夫．营销管理：第 16 版［M］．陆雄文，蒋青云，赵伟韬，等译．北京：中信出版社，2022：538－539.

在着较大的差异，表 5－3 列举了各维度中较为典型的指标。① 某一人群采纳新产品的速度越快，则在下述各指标中表现得越积极。

表 5－3　新产品推广各阶段用户特征变量

社会经济状况	性格人格	交往行为
教育水平 读写能力 社会地位 向社会上层流动的程度 所处圈层/群体的规模	同理心 抽象能力 理性程度 聪明程度 对变化的接受水平 应对不确定性和风险的能力	社会参与度 与其他圈层/群体的连通程度 更宽广的眼界 更密集的信息接触渠道 搜索创新相关信息的积极性 引领意见/舆论的能力

从生命周期视角解析新产品运营的模型还有很多，目前在新媒体企业中较为常见的还有 AARRR 模型。这一模型关注的是用户从接触新产品、使用新产品到最终自愿分享的行为周期过程，新媒体企业可以以每一个环节的目标为导向对产品功能和运营策略加以优化设计。按照时间顺序，这些环节的目标包括：第一，获取用户（acquisition），让市场中的消费者从接触产品信息到成为产品用户；第二，激发活跃（activation），驱动用户积极使用产品；第三，提高留存（retention），增强用户黏性，防止用户流失；第四，增加收入（revenue），实现产品变现；第五，自传播（referral），将用户从使用者拓展为推广者。②

需要说明的是，由于这些理论模型经过了高度抽象与简化，加之互联网技术与新媒体商业模式正在迅速迭代更新，模型结论与具体实践之间必然存在着一定的差距，但其至少能给新媒体企业的产品开发带来以下两点启示：其一，新产品的开发不能仅止步于产品的设计，在产品上市后及时根据内外环境的变化调整功能设计与运营策略，使之能够更好地契合市场机会及用户需求，也是新产品保持、提升自身价值的重要驱力；其二，即使已经关注到了产品迭代更新的重要性，企业也需注意这是一个持续、动态、精细的过程，不同受众在不同环节、不同时间节点的需求、期待、特征皆可能差异明显，相应的资源配置、功能设计、推广策略也应有所调整。

三、新媒体产品迭代的流程及要点

网络效应是新媒体产品的显著特征，产品本身的价值会随着积累用户数量的增加而扩大。这一特殊性要求新媒体企业除了要关注新产品的开发以扩展市场，还应致力于产品的迭代优化，使其不断适应既有用户的需求、吸引新用户的注意力，实现价值的递增。

假如说新产品从无到有的开发是一个具有先后时序的线性过程，那么从有

---

① ROGERS E M. Diffusion of innovations [M]. 3rd ed. New York: Free Press, 1983: 251-262.

② WINSON L. 不是从 0 到 1，从 1 到 100 该如何优化产品？[EB/OL]. (2017-12-01) [2022-01-08]. https://www.woshipm.com/pd/863510.html.

到优的产品迭代就是一个循环往复的周期性过程。① 每一个周期皆以一定时间长度为界限、以特定产品需求为驱力，在研判某一段时间内产品亟待解决问题的基础上，进一步通过产品设计的优化加以完善并面向市场推广，随即进入下一个周期，以敏捷、持续、高效的产品迭代优化模式应对处于动态演进阶段、不断生成的新要求与新挑战。本部分以产品迭代一个周期内所需经历的基本环节为线索，介绍产品迭代的流程和关键要点。

（一）需求收集：用户反馈与用户调研

与经济学对需求的定义不同，针对新媒体产品的需求是为解决特定情境中的问题而产生的对产品功能的期待，指向的是产品迭代优化的原因、路径与目标。对需求的广泛收集也是对新媒体产品在特定时间内可改进空间的描摹，这是开启产品迭代周期的首要步骤。在新媒体企业的具体实践中，一个周期内的需求主要来源于三处：一是领导基于企业战略考虑提出的具体目标；二是作为产品管理者、运营者和使用者的工作团队在日常实践中发现的问题；三是用户提出的意见、建议、期待和需要。前两者与企业特征、产品特性息息相关，且多依赖于个人经验，难以系统全面地进行抽象归纳，这里主要介绍了最后一个来源。根据获取途径与分析过程的不同，又可进一步将其划分为用户反馈与用户调研两种类型。

1. 用户反馈

用户反馈是指用户根据自己的使用体验主动提供的关涉产品优化的意见与建议。得益于新媒体产品即时互动与广泛连接的特征，产品中嵌入的评论区、后台留言区乃至功能评价区等都成了收集用户反馈最直接有效的渠道，且其相较于以往的电子邮件、短信、企业门户网站等反馈途径，还具有两大优势：其一，内嵌于用户产品使用的全过程，方便其随时、随地、完整地记录和提出自己的体验，极大地提升了反馈数量。其二，具有较强的互动性，在所有用户皆可见的评论区进行的使用反馈往往能引发其他具有相似或相异体验的用户加入讨论，从而辅助判断反馈的普遍程度与分析问题的本质；而即使是未对所有人公开的后台留言区，也往往配备有相应问题的自动回复、智能机器人客服及人工客服，为用户更为明确、高效地表达自己的体验与反馈提供指引，在一定程度上提升了反馈的精准程度与有序程度。

2. 用户调研

用户调研是以产品目标用户为调研对象，聚焦特定情境下用户的既有产品使用行为与未来功能期待的需求获取方法。较为常见的用户调研类型为用户访谈和问卷调查。前者通过与用户的直接交流获取其有关产品的观点与想法，一般需要有一位明确访谈目标的主持人对流程加以引导，包括一对一的深度访谈和多人共同参与的焦点小组访谈；后者则是以系列结构化问题为基础，向目标用户分发并要求其据此做出回答的数据收集方法，相较于用户访谈，这一方法的优势在于

① 根据 App Store 显示的各类 App 的版本历史记录，较为常见的迭代周期一般为 1 周至 1 个月不等，例如抖音发布新版本的频率几乎为 1 周 1 次，爱奇艺为 2 周 1 次，腾讯会议则为 1 个月 1 次。

可面向的用户范围更广，结构化的数据呈现也更为直观，但由于问题是调查者预设的，因此可能存在缺漏特定需求或挖掘深度不够的问题。

(二) 需求筛选：用户满意度与企业收益度

企业在每个迭代周期内投入的时间、人力等资源都是有限的，其往往无法对收集到的所有需求都加以满足，需求筛选环节由此产生。通过对一个迭代周期内的所有需求进行优先级别的排序，企业可筛选出与资源规模相匹配的、最具发展价值的一个或几个需求进入本周期后续开发环节，从而最大限度降低产品迭代的无序性与盲目性，提高企业资源的使用效率。在所有标准中，最为关键的两个维度为用户满意度与企业收益度。

1. 用户满意度

根据日本学者狩野纪昭（Noriaki Kano）等人提出的Kano模型，产品功能或要素的提供与用户满意度之间存在非线性关系。换言之，并非每一种需求的满足都能够相应提高用户对产品的整体满意度。根据二者之间的关系，Kano模型将需求划分为五种类型（见图5-1）：(1) 魅力需求，用户没有考虑到的需求，如果产品并未满足，用户满意度不会降低，如果产品能够满足，那么对用户而言是意外之喜，满意度会大幅提升；(2) 期望需求，用户希望得到满足的需求的满足程度越高则满意度越高；(3) 基本需求，用户认为产品必须满足的需求得到满足时，不会明显提升满意度，但一旦没有满足，满意度会大幅下降；(4) 无差异需求，需求是否满足对满意度不构成影响；(5) 反向需求，需求的满足与满意度的提升成反比[①]，即产品某一新功能或要素的提供会使用户感到反感，满意度降低。其中，魅力需求、期望需求和基本需求是企业在迭代升级过程中需优先考虑的需求。

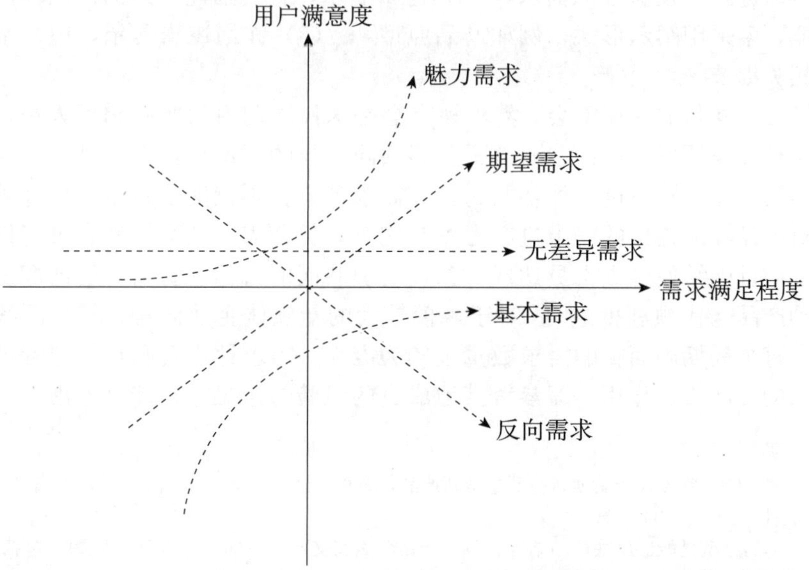

图5-1 Kano模型对需求的分类

① YANG C C. The refined Kano's model and its application [J]. Total quality management & business excellence, 2005, 16 (10): 1127-1137.

2. 企业收益度

这一标准以企业能在此次产品迭代中获益的程度为依据进行需求的排序与筛选，其又可进一步分为性价比、战略契合度和实施难易度。[①] 其中，性价比为直观的投入与产出比例，投入包括人力、财力、时间等资源，产出则可具象化为新增用户数、用户满意度等。战略契合度指的是迭代完成的产品与企业未来发展方向的匹配程度。实施难易度即企业为满足新产品的优化与运营所需改变的程度以及对这些改变的控制程度，例如产品营销模式的变革、产品运行机制的更新等，改变程度越大、控制程度越低，则实施难度越大。

除了以前述两种标准评估既有需求的优先等级之外，企业在实际操作中往往还会参考其他指标，例如个人经验。不过，无论采取何种标准，其最终目标都是经由这一过程筛选出对企业和用户而言皆最有价值的需求，明确产品迭代升级的方向。

（三）需求评审与落地

在新媒体企业的实践中，需求的收集与初步筛选职责往往归属于特定的团队或个人，即我们常见的互联网产品经理。在生成了产品迭代更新的初步规划后，产品经理需尽快与其他团队成员——尤其是研发人员、设计人员和测试人员——进行沟通协调，精确完整地传达需求，在对产品迭代目标达成共识的基础上使各个团队明确自己在这一周期内的工作内容，例如修复某一具体漏洞（bug），优化某一界面设计，等等。这就需要产品经理做到以下几点。

第一，制作沟通工具。常见的沟通工具为产品需求文档，这是用来描述产品性能和功能的“说明书”，能够辅助其他团队成员更好地理解此次产品优化的目标。迭代周期内的产品文档一般包括三个核心内容：（1）新版本需求清单，简述希望进入开发流程的需求；（2）逻辑展示，直观描述产品的使用新流程或新功能，多采用图示形式，例如产品原型[②]；（3）详细逻辑展示，用文字详细描述相关细节[③]。

第二，参与需求评审会。需求评审会是迭代周期内的所有相关人员，包括产品经理以及研发、设计、测试团队等共同参与的讨论会，主要目标为对产品经理提出的需求清单进行评估与讨论。需求评审会不仅能从技术、设计等多个视角对产品经理提出的需求进行考察与完善，保证需求的合理性、可行性与完整性，而且能够使多方人员达成一致，明确共同的目标、明晰自己的职责，从而推动产品迭代顺利推进。[④] 对于规模较大的新媒体企业而言，其产品线较为多元，每个周期内面临的需求数量也较为庞大，需求评审会则在一定程度上发挥需求的二次筛选作用，即参考其他成员的经验与意见，在综合考虑迭代实施

---

① 罗伯特．颠覆式产品创新：创造全新产品，获得话语权［M］．池静影，等译．北京：电子工业出版社，2019：103－110.

② 产品原型是能够反映产品结构、包含产品功能和交互示意的产品设计方案图，包括界面布局、文案设计、简单交互以及相关说明等，是后续产品开发与优化的蓝本。

③ 龙思思．新媒体产品设计与项目管理［M］．北京：中国人民大学出版社，2022：313.

④ Worktile. 需求评审的目的和意义是什么［EB/OL］．（2022－11－16）［2022－01－10］．https：//www.woshipm.com/pmd/4125366.html.

难易程度、所需时间跨度、潜在利润空间等的基础上，筛选出该企业在此周期内能够承担和完成的、具有最高价值的部分需求，进入开发排期。

第三，追踪开发结果。如果提出的产品需求通过了评审会并顺利进入此次排期，产品经理除了需与开发、设计等相关实操人员保持较高频率的沟通，保证产品需求得以精准实现之外，还需在产品更新上线后密切追踪迭代结果，通过运营数据、用户反馈等材料分析产品此次迭代是否达到了理想效果，为下一个周期的开启——需求收集——积累基础材料。

【案例链接】 一名产品经理的一天

小A是某大型互联网企业的一名产品经理，负责的是C端产品（提供给普通个体用户使用的产品）的功能设计、改进与迭代，日常工作由追踪已上线的需求、跟进正在开发的需求和收集筛选新需求交织而成。以下是他经历过的一天：

早上8点，发现新版本产品出现漏洞。运营人员发来消息提醒，产品新版本里小A负责的评论新功能突然无法正常使用。他用自己的手机打开产品界面进行查看，该显示评论区的位置一片空白。确认漏洞确实存在后，小A将其反映给研发人员，请其帮忙定位和解决这一问题。

10点，和设计团队开会。上一次评审会通过了小A提出的新功能需求，目前设计团队已经生产出了新功能的雏形，会议主要是对这一雏形进行评估与讨论。小A就自己此前的设想与设计团队进行了更深入的交流，二者就雏形的改进空间达成了共识，交付给设计团队进一步完善。

12点，产品漏洞解决。研发人员发来消息，说已经定位到评论功能无法显示的原因，是受到了另一个迭代的新功能的影响，目前正在抢修中。收到消息后，小A立刻将其反馈给运营团队，让他们稍作等待。

14点，参与组内的需求评审会。向组内负责人汇报自己在这个迭代周期内要提出的需求清单，经过负责人评估后，汇总修改意见。

15点半，和运营团队开会。为了把握元旦这一重要的时间节点，运营团队希望上线一个新营销活动，相应地也需要在产品的功能与页面设计上加以修改。在明确运营团队的目标并结合自己的经验对需求加以具化和细化后，小A将其记录进自己的工作笔记中，列入下一个迭代周期的需求清单内。

17点，准备企业的需求评审会。此前已经收到通知称这一迭代周期的企业需求评审会定于明天召开，小A需根据今天组内评审会的结果对自己准备提出的需求进行重新梳理与排序，明确几个关键问题，包括哪些需求将在明天的评审会上阐述？哪些可以留到下一个周期？针对这些希望进入排期的需求，如何阐述才能更高效？

20点，翻阅用户反馈和数据报告。在基本结束了一天的工作之后，可以略微轻松地翻看一下相关的用户反馈情况或者最新的行业报告、用户调研数据、竞品分析报告等，为下个迭代周期内新需求的收集提供参考。

22点，结束一天的工作并准备休息。

资料来源：内部访谈。

【问题讨论】

1. 选择你感兴趣的一个县，调研当地县级融媒体中心的最新运作情况，并回答以下问题：

(1) 该县级融媒体中心的组织架构、人员配置、运行流程等运作模式是怎么样的?

(2) 该县级融媒体中心的运行成效如何? 有什么可借鉴的经验?

(3) 通过调研，你认为目前阻碍该融媒体中心发展的核心问题是什么? 如何加以解决?

2. 选择你最熟悉的一个移动 App，分析该 App 可进一步优化的空间，设计具体的优化方案并撰写产品需求文档。

第六章 新媒体内容管理

内容是新媒体的核心资源。无论新的媒介形式如何层出不穷，缺少优质的内容皆难以取得长足发展。在多年的发展过程中，各类新媒体组织都有意识地提升内容管理的战略地位，不断对其内容的生产、存储、加工、分发等环节进行创新，以更好地配置内容资源、提高经济效益、培育竞争优势。

第一节 产业化潮流中的内容管理

数字技术的快速进步，使传媒市场出现了大量愿意为内容付费的“用户”；媒介终端的“无所不能”和网络的“无处不在”为内容的规模化销售[①]提供了平台。为了满足用户需求和通过规模化销售获取更多利润，包括媒体组织在内的各类内容提供者需要以用户需求为导向进行生产和营销；而利益驱动下越来越多的媒体组织、相关服务和技术的提供商乃至个人参与进来，便催生了一个规模化生产、规模化销售数字内容产品的产业——数字内容产业（digital content industry）。尝试从产业的视角去看内容，有利于我们更加清晰地认识到数字内容及管理的重要性。

一、内容产业化潮流

数字内容产业这一概念脱胎于信息社会，指运用信息技术来制作数字产品或服务的产业，强调数字技术在传统内容产业的应用及其带来的新特性，其核心是基于数字内容的产品和服务。该产业集内容服务、数字技术、网络技术于一体，交叉于文化产业、信息产业与现代服务业之中，对国民经济和社会发展具有重要的牵引作用。

（一）数字内容产业的内涵

1998 年，经济合作与发展组织（OECD）在专题报告《内容作为一个新兴产业》中明确提及“数字内容产业”，认为基于网络服务的内容市场是信息、娱乐和计算机领域的融合，包括出版、音乐、电影、广播和影视传播等领域。[②]为了促进数字内容产业的发展，不同国家、地区和组织都从各自的角度对其内涵进行了阐释，并出台了相适配的数字内容产业框架。

例如，美国以信息业涵盖数字内容产业。1997 年颁布的北美行业分类系统提出，信息业是将信息转变为商品和服务的行业，它包括生产和分发信息及文

① 这里提到的“规模”并不单单指内容产品数量之多、形式之丰，还包括内容产品被大范围、多频次消费所形成的“使用规模”。

② OECD. Content as a new growth industry [EB/OL]. (1998 - 05 - 22) [2023 - 05 - 19]. https://doi.org/10.1787/236675130467.

化产品的行业、提供传递或分发这些产品以及数据或通信方法的行业、处理数据的行业三大类型。具体有软件、数据库、卫星通信、寻呼、移动电话和其他无线通信、在线信息及其他信息服务，以及传统的报纸、书刊出版、电影、音像出版甚至图书馆等行业。①

韩国文化体育观光部于 2001 年发布了“Contents Korea Vision 21”计划，将数字内容定位为国家重点发展的战略性产业，目标是成为全球主要数字内容生产国。韩国的数字内容产业包括数字游戏、数字动漫、数字学习、数字内容软件、数字影音、移动增值服务和网络服务、数字出版等。②日本政府 2003 年推出《E-JapanⅡ战略》及《行政信息电子化指导方针》，把数字内容产业列为优先发展领域之一。③日本将“内容”定义为“可以给人的精神带来享受的‘信息’，是可以进行经济经营的‘财产’”。日本经济产业部相关部门的统计报告把数字内容产业分为出版报刊、游戏、音乐、影像四大类。④

我国数字内容产业的发展稍晚于欧美、日韩等国家和地区。国内首次提及数字内容产业的是 2003 年的《上海市政府工作报告》，报告指出，数字内容产业是依托先进的信息基础设施与各类信息产品行销渠道，向用户提供数字化的图像、字符、影像、语音等信息产品与服务的新兴产业类型，包括软件、信息化教育、动画、媒体出版、数字音像、数字电视、电子游戏等产品与服务，是智力密集型、高附加值的新兴产业。⑤

2006 年，“数字内容产业”一词首次在国家级文件——国务院发布的《中华人民共和国国民经济和社会发展第十一个五年规划纲要》《国家“十一五”时期文化发展规划纲要》——中正式出现。此后，与“数字内容产业”相近的概念，如“数字文化产业”“数字化信息服务”“数字创意产业”频繁出现在以《文化产业振兴规划》《关于推动数字文化产业高质量发展的意见》《关于推进实施国家文化数字化战略的意见》《数字中国建设整体布局规划》等为代表的政策文件中。这些概念虽然在名词表达上不尽相同，但都认为“数字内容产业”是文化创意与信息技术结合的本质，意味着数字内容产业进入国家产业调整与振兴的序列，成为发展数字经济、建设文化强国、布局数字中国的重要组成部分。

经过近 20 年的转型发展，我国在信息内容产品与服务的生产、存储、加工、分发、传输等环节已基本实现全流程的数字化，各新媒体平台生产、管理与传播的内容亦无一不是数字内容。鉴于这一现状及趋势，本书不再使用“数字内容产业”概念，使之与包含印刷内容、模拟内容等的传统内容产业相区别，而将当前运用信息技术制作内容产品或服务的产业统一称为“内容产业”。

---

① 宋玉华，等. 美国新经济研究：经济范式转型与制度演化［M］. 北京：人民出版社，2002：71.

② 新经济导刊：韩国政府力推三大新兴产业［EB/OL］.（2006－12－30）［2023－05－19］. http：//www. techweb. com. cn/it/2006－12－30/136619. shtm.

③ 姜锡山. 发展我国数字内容产业的国际借鉴［J］. 上海信息化，2005（6）：27－29.

④ 李海春. 日本内容产业现状及发展要因［J］. 现代传播（中国传媒大学学报），2007（1）：112－117.

⑤ 上海市 2003 年政府工作报告［EB/OL］.（2012－03－27）［2023－05－19］. http：//district. ce. cn/newarea/roll/201203/27/t20120327 _ 23191939. shtml.

【前沿链接】数字内容产业及其相关概念辨析

国内外已有不少官方机构、产业机构、研究者对“数字内容产业”及其相关概念进行了界定和研究。在此，我们结合相关研究将数字内容产业与相似产业的关系大致总结为三类：无明显差别、存在交叉、从属关系。其中，无明显差别是指两个概念本质上基本一致；存在交叉即数字内容产业与该产业边界交叉，部分融合；从属关系是指可将数字内容产业看作该产业的一部分（见表6-1）。

总体而言，我们可将数字内容产业的特点总结梳理如下：(1) 数字内容产业以信息通信和数字技术的应用为基础；(2) 数字内容产业是由内容与技术融合而成的新经济领域；(3) 数字内容产业涉及多个细分领域并与多个产业存在交叉或从属关系；(4) 产业链形成了新的分工和组合；(5) 具备多重产业属性并对相关产业有带动效应。

表6-1　数字内容产业与相似产业的关系

概念名称	概念说明	与数字内容产业的关系
内容产业	新媒体内容产业均是数字化产物，关注的对象都集中于信息领域或基于网络服务的内容市场	无明显差别
信息内容产业	该词是此前较为流行的提法，是融合了信息技术升级后的内容产业	无明显差别
通信产业	包括数字电视、数字广播、移动通信网络，通信产业为数字内容产业提供技术支持，在数字内容产业价值链中扮演通路与客户服务的角色	存在交叉
信息产业	指提供了数字内容产业所需要的硬件设备、软件工具和网络技术，数字内容衍生于信息产业，将会是信息产业下一阶段的主体产业	存在交叉
大众传媒产业	媒介是其核心部分，产业依据媒介形态分类，而数字内容产业强调“内容”，内容分布在不同媒介之中	存在交叉
知识服务产业	强调知识要素在产业中的主导地位，数字内容的许多细分领域从属于广义上的知识服务产业	存在交叉
文化产业	面向社会公众提供以文化产品和创造性内容为核心的活动，数字内容产业强调运用高新技术、互联网络与数字化技术对文化创意进行开发	从属关系

续表

概念名称	概念说明	与数字内容产业的关系
创意产业	强调人的创造性、智慧性活动，将创意以数字化方式表达，数字内容产业是创意产业的重要组成部分	从属关系
版权产业	强调版权在产业活动中的基础作用，数字内容产业可归入版权产业的范畴	从属关系
信息服务业	包括电子信息传输服务、计算机服务、其他信息相关服务等，数字内容产业是其具有发展潜力的组成部分，侧重强调互联网时代的“新内容”	从属关系

资料来源：张立，吴素平，周丹．国内外数字内容产业概念追踪与辨析［J］．出版发行研究，2021（4）：43－47；张立，吴素平．中国数字内容产业：市场格局与投资观察：2021—2022［M］．北京：社会科学文献出版社，2022：2－3.

（二）内容产业细分领域及其特征

依据内容形式，内容产业可以划分为数字影视、数字游戏、数字阅读、数字音乐、数字动漫等五大行业。《中国数字内容产业发展指数及评估报告（2021）》显示2018—2020年我国数字内容产业年复合增长率为9.33%，高于同期我国国内生产总值。经由产业规模、社会贡献、价值创造、发展环境和产业竞争力等五个方面的评估，数字影视是当前中国规模最大、发展最快的行业。①

倘若依据内容属性划分，以娱乐和知识属性为两级，内容产业又可分为泛娱乐（网络游戏、动漫、在线音乐、网络视频、短视频、直播等）、泛阅读（数字阅读、新闻资讯App等）、泛教育（在线教育、知识付费等）三类。2020年，我国泛阅读与泛教育类内容的市场规模合计为3 316.6亿元，而泛娱乐类内容的市场规模则达10 688.57亿元，也就是说，娱乐类内容是目前我国内容产业的核心构成。②

相比于其他产业，内容产业除了经济价值，还拥有精神文明引导和休闲娱乐等多重效应，因而我国相关部门出台了大量政策积极鼓励加大优质内容供给和创新技术应用，同时不断加强对内容产业的监管，围绕数据安全、内容规范、服务规范、从业人员资质、平台责任等多方面做出明确规定。随着5G的部署和智能技术的发展，内容产业的产品及服务还会快速更新迭代。

① 童笑雨．中国数字内容产业发展指数发布，深京沪杭居第一梯队［EB/OL］．（2021－11－03）［2023－05－19］．https：//baijiahao.baidu.com/s？id＝1715420327097496068&wfr＝spider&for＝pc.

② 张立，吴素平．中国数字内容产业：市场格局与投资观察：2021—2022［M］．北京：社会科学文献出版社，2022：4.

二、内容管理概述

根据前文所述，产业视角下的内容主要是指可以提供给受众或用户的内容产品及相关服务，其通常具备以下特征：（1）对用户而言的使用价值，这是用户消费内容的出发点；（2）创造力，内容应是有一定逻辑的信息和服务的组合，在生产过程中，编辑、加工、整合等工作必不可少；（3）知识产权，内容产品是智力劳动的成果，权利人对其享有专有权利。

内容管理即是运用一定的策略和技术，对内容资源进行创建、获取、存储、加工、分发的过程。需要明确的是，本书提到的内容管理，是专指新媒体组织对内容素材与内容产品的管理，而围绕企业各类结构化和非结构化商业信息所展开的企业内部内容管理、Web内容管理、电子商务交易内容管理、企业外部网信息共享内容管理等不在本书讨论范围之内。

内容管理的作用主要体现在以下几方面：

第一，内容管理可以使内容资源的获取、调配、使用更加有计划，更能匹配媒体组织的战略目标；

第二，通过媒体资产管理系统等内容管理系统的搭建，内容管理能够将媒体组织所能控制的全部内容资源以成体系、低成本、易获取的方式加以存储，从而使内容资源更有效率地被调取和使用；

第三，内容管理利于更有效地匹配内容生产和内容消费，不仅能帮助媒体组织生产出畅销的内容产品，还可以统合新媒体平台上的“长尾”需求，使那些小众的内容产品也能取得规模化的收益；

第四，有效的内容管理会帮助媒体组织更好地实施内容产品的“窗口化策略”，使多元内容产品面向多元分发渠道的生产、定价、传输、促销有条不紊地进行；

第五，各媒体组织通过内容管理，可以在提升自身经济效益、培养自身竞争优势的同时提高市场绩效，促进整个传媒行业和内容产业的良性发展，增强中国数字内容产业的国际竞争力。

第二节　新媒体内容管理流程

新媒体内容管理一般包括内容获取、内容存储、内容检索、内容加工、内容分发等环节（见图6-1）。

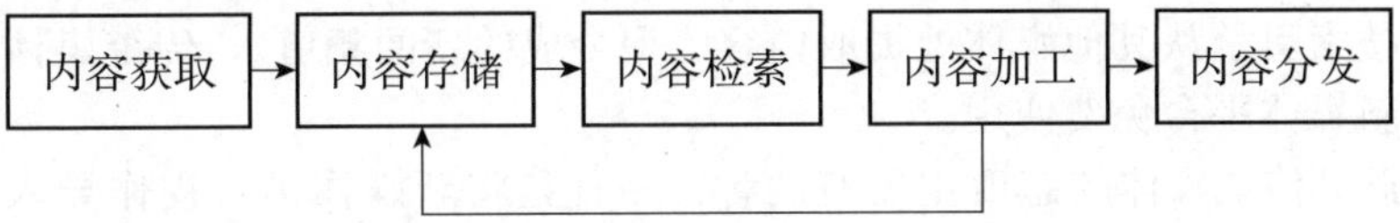

图6-1　新媒体内容管理流程

一、内容获取

新媒体内容获取的途径主要有以下四类：媒体自制内容、内容交易、用户生产内容以及人工智能生产内容。

（一）媒体自制内容

即由媒体安排专门的采编队伍，按照媒体自身的风格和需要获取信息、制作内容，一般会经历如下几个阶段：（1）策划阶段，该阶段需确定内容主题，解决要做什么的问题，媒体于此时会进行创意筛选、市场分析、用户洞察等工作；（2）准备阶段，该阶段旨在为内容采集和制作做好人力、物力、财力等方面的准备，并制订时间计划、人员计划、资金计划等各类计划；（3）制作阶段，在此阶段媒体需执行生产计划，运用各种数字技术和工具，进行内容的制作和编辑；（4）后期阶段，在制作阶段媒体完成的只是最终内容产品的一个雏形，而在本阶段媒体会通过进一步的调整和测试，将内容变成可直接发布的最终成品。

在内容同质化竞争严重、内容版权费用持续上升的背景下，自制内容在新媒体内容管理中的地位不断提升。以视频网站为例，由于近年影视剧版权费居高不下，许多视频网站改变了之前砸重金购买影视剧版权的做法，转而将独家播出、流量产出大的原创自制内容作为差异化的竞争点和盈利点，推动各类题材的网络自制节目实现快速增长。爱奇艺自 2014 年起探索原创自制节目，至 2022 年原创剧集已占平台总体内容的 50%以上，年投入约达 200 亿。2022 年，爱奇艺站内五部热度破万的剧集中，四部是平台原创自制内容；内容品质提升后，爱奇艺平台当年的会员数量连续两个季度增长，首次实现全年运营盈利。①

（二）内容交易

对于许多新媒体组织而言，一方面，并非所有的内容都可自制（如《互联网新闻信息服务管理规定》要求，针对时政类信息，包括有关政治、经济、军事、外交等社会公共事务的报道、评论，以及有关社会突发事件的报道、评论，我国商业网站不具备新闻信息采编权，不得登载自行采编的新闻信息，应当转载、发送中央新闻单位或省、自治区、直辖市直属新闻单位发布的新闻信息）；另一方面，即使在可自行进行采编制作的领域，出于专业性、投入产出、自身条件等方面的考虑，新媒体组织也多会从传统媒体、通讯社以及其他内容提供商处以采购、合作等方式，通过内容交易获得优质内容。

1. 直接从内容提供商处购买内容

这一方式的典型如新浪、网易、腾讯等门户网站，从报纸、杂志、电视等传统媒体和通讯社等内容提供商处采集新闻，并以广告（通常是刊登内容页的广告收入）分成、订阅费分成或是一次性协议支付等形式支付费用。

然而，由于缺乏有效的版权保护措施，加之在计算机爬虫程序等搜索引擎技术的推动下新媒体平台可以自动从其他媒体页面抓取并整理信息（如谷歌、百度等搜索引擎从其他媒体处提取内容、聚合成的新闻频道），传统媒体的内容往往被新媒体平台免费使用。

对此，传统媒体的态度主要有两种：一种是将新媒体平台视作导入用户流量、提升自身影响力的拓展性传播渠道，默认后者的此种行为；另一种则认为新

---

① 爱奇艺 2022Q4 及全年财报：首次实现全年运营盈利，会员数涨至 1.2 亿 [EB/OL].(2023-02-23) [2023-05-20]. https://baijiahao.baidu.com/s?id=175859139428 1604820&wfr=spider&for=pc.

媒体平台侵犯了自身合法权益，其向用户提供的免费阅读对传统媒体的订阅、广告等商业运营带来了负面影响，从而对新媒体平台采取相应的维权手段。如2005年10月底的中国都市报研究会总编辑年会上，20多位报业负责人发布《南京宣言》号召“全国报界应当联合起来，积极运用法律武器，加强知识产权保护，维护自身合法权益，改变新闻产品被商业网站无偿或廉价使用的现状”。2006年1月，解放日报报业集团向全国39家党报集团发出“组建全国报业内容联盟，提高网络转载的门槛，捍卫自己的知识产权”的倡议。[①] 2011年年底，财新传媒向多家门户网站发出通告，禁止其转载自己的文章。2014年，《新京报》《广州日报》《长沙晚报》等媒体针对今日头条未经版权方许可，以技术手段批量抓取新闻、改头换面后发布在自家平台上这种游走在灰色地带的行为先后发起诉讼，要求今日头条停止侵权、赔偿损失。这场争端最终以双方和解、媒体相继入驻今日头条告终。相对应，今日头条也对媒体认证账号发布的内容给予优先推荐和流量倾斜。

2. 从内容集成商处购买内容

随着内容生产门槛的降低以及内容供应商数量迅速增长，更多的情况下，新媒体不会费力、低效地逐一与每个内容供应商签订协议、购买内容，而是会选择一个中介去大规模购买内容，这个中介即内容集成商（或内容交易平台）。内容集成商一方面负责把离散的各类内容通过版权合作、购买等方式汇集到一起，进行数字化转换、编目、存储、加工等一系列内容管理操作，并以有效的计费系统与各新媒体平台达成合作；另一方面也会将内容分发的结果、用户的需求反馈至内容提供商处，为其后续的内容生产提供参考（见图6-2）。例如，通过整合全球优质版权内容资源，提供图片、视频及音乐素材版权交易服务的互联网平台视觉中国为提升用户体验，以大数据为依托，设置“商机日历”“创意洞察”等板块，供用户浏览与查询近期营销热点、搜索大数据等。视觉中国作为内容集成商，一方面能够提升内容使用者的购买决策效率，另一方面也为内容供应方提供了营销洞察与创意启发。

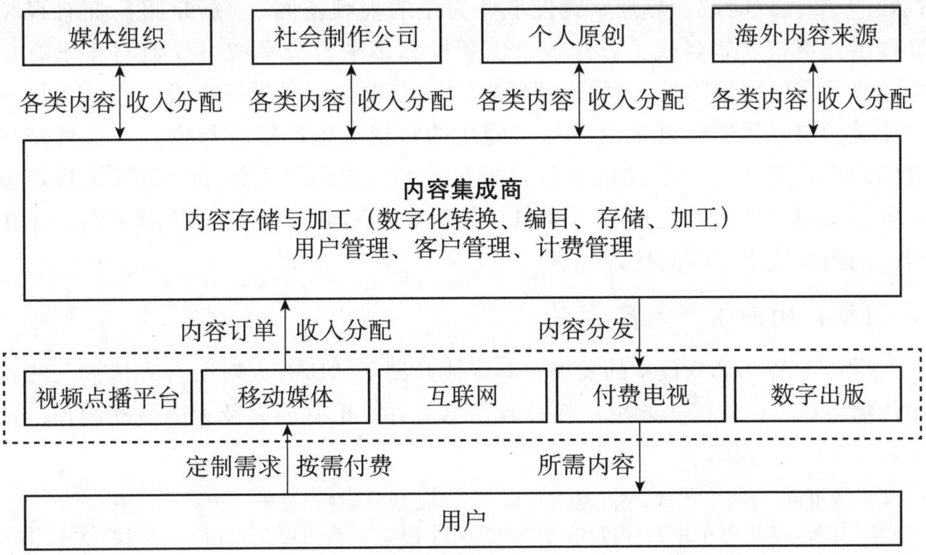

图6-2 内容集成商的功能

① 刘建辉．愤怒的纸媒［J］．经济，2006（5）：66-70.

针对现今内容集成商不够成熟，其内容存储、评估、定价、支取等缺乏统一的交易标准的情况，有研究者提出了“内容银行”的设想。所谓内容银行，指的是基于海量内容所建立起来的开放式的内容交易和管理的系统平台，通过建立统一的交易标准，搭建内容存储、支取、增值的机制与平台，加强内容交易、流通、自主增值，实现内容安全与高效管理，推动内容产业升级。①

具体而言，“内容银行”借鉴了银行对储户的管理模式：第一，内容银行面向所有内容生产者，包括专业内容生产机构、小型内容工作室，甚至是个人。对于不同类型的内容生产者，内容银行采用不同方式引入内容，如针对电视台等专业结构，采用双方合作共同开发新节目等深层次的方式；针对个人，则为其提供内容展示平台，甚至将其推荐给制片方和企业等。第二，内容银行具有统一的、被认可的交易标准。这可以根据热度、题材、时长、导演、演员等多项指标综合确定，同时根据交易中的市场反馈及时调整。第三，内容银行具有全新的管理体系，如设立中央机构制定价格政策、交易标准，配有内容监管委员会对内容银行的运营、政策等进行监督。②

3. 与内容提供商合作成立子公司

这是一种优势统合、资源共享、合作共赢的方式。如腾讯新闻为应对商业网站不具备采编资质的内容生产局限，与《新京报》探索出了一条跨组织新闻协作的新模式。于《新京报》而言，其虽有新闻采编资质，彼时却尚无大量生产短视频新闻的能力，而后者恰巧是腾讯新闻的长处。出于优势互补的目的，腾讯新闻和《新京报》达成合作意向，于 2016 年 10 月由新京报传媒有限责任公司作为最大股东，与北京风乎舞雩科技中心（《新京报》全资公司）、林芝腾讯科技有限公司共同组建北京风起云扬传媒科技有限公司运作“我们视频”，专注以时政、热点、突发事件为主的视频新闻。《新京报》拥有视频新闻的终审权、署名权、著作权、出版权和多平台分发权（少数与腾讯有直接竞争关系的渠道除外）。腾讯新闻对“我们视频”提供资金投入、技术培训与流量倾斜，帮助新京报建立互联网化的短视频生产思维与模式。这种跨平台的协作式新闻生产不仅帮助新京报在转型路上向“无纸境”目标迈进，也让腾讯新闻实现了稳定的、有质量保证的、相对独家的视频新闻采购，并在短时间内打造出了新的传媒品牌。③

（三）用户生产内容

得益于 Web 2.0 技术的发展，新媒体开创了“所有人对所有人传播”的新型传播格局，这使得普通用户在接收信息之外，也有能力及意愿主动制作、发

① 黄升民，周艳，王薇．内容银行［M］．北京：清华大学出版社，2013：45－46.

② 王薇．走近内容银行：内容银行概念及规划［J］．广告大观（媒介版），2012（10）：30－33.

③ 庄永志．平台与媒体的“协作式新闻生产”：以新京报“我们视频”为例［J］．新闻记者，2023（4）：36－43.

布和分享体验、感想、观点、知识、创意、作品等各方面的内容。于是，用户生产内容成为新媒体内容的另一重要来源，其主要特征为由非专业人员或非权威人士创作，互联网的公开、可用内容均可成为其创作素材。①

简单来说，用户以两种方式生产内容：第一，对已有内容以评论、转发等方式补充信息或线索，如用户在新闻专题或页面下添加的评论，可为媒体的后续新闻报道提供观点；第二，自行创建内容并主动传播，如用户在新浪微博、抖音、小红书等平台参与热门话题的讨论、发布社交动态、上传视频等。随着用户的主动性增强，用户生产内容日渐增多，其在新媒体内容中的占比和重要性也不断提升。以 2013 年成立的生活方式在线分享社区小红书为例，发展至 2021 年时小红书月活跃用户已达到 2 亿，UGC 内容曝光量占比约为 97%，粉丝在 1 万以下的关键意见消费者（key opinion consumer，KOC）、素人博主是平台内容的主要贡献者。②

UGC 虽弥补了过去以媒体制作内容为代表的专业生产内容（professional generated content，PGC）模式在内容覆盖品类、更新频率等方面的短板，但也存在着品质良莠不齐、叙事深度不够、同质化显著等弊病。为突破内容生产瓶颈，专业用户生产内容（professional user generated content，PUGC，又称“专家生产内容”）应运而生。PUGC 融合了 UGC 与 PGC 的双重优势，不仅具备 PGC 的内容质量与专业深度，也具备 UGC 的贴近性与个性化。如 B 站聚集了“罗翔说刑法”“老师好我叫何同学”“绵羊料理”等粉丝量超千万的知名视频 UP 主，他们分别作为 B 站学习区、科技区、美食区的 PUGC 代表，持续产出法律知识科普、数码产品发明及测评、创意料理等专业与趣味兼具的内容。截至 2023 年一季度末，B 站的 PUGC 中长视频约占整体播放量的 70%，同比增速持续保持在 26%以上。③

UGC+PUGC 的活跃催生了多频道网络（multi-channel network，MCN）行业的兴起。作为内容生产方、平台方与广告方之间的中介组织，MCN 凭借其对碎片化内容的聚合力、分发力和商业变现力而成为用户生产内容这一产业链中至关重要的角色。截至 2022 年，我国 MCN 机构已达到 2.4 万余家④，不仅能够为内容生产者提供创作、运营、营销等一整套专业化服务，于平台而言也保证了优质、多样化内容的持续输出，有助于打造多方共赢、良性互动的生态。

---

① VICKERY G，WUNSCH-VINCENT S. Participative web and user-created content：Web 2.0，wikis and social networking [M]. Paris：Organization for Economic Cooperation and Development (OECD)，2007：69-71.

② 头豹研究院 . 2021 年小红书品牌调研报告 [R/OL]. (2021-07-20) [2023-05-20]. https://www.163.com/dy/article/GFCMDN39051998SC.html.

③ B站举办 14 周年庆，CEO 陈睿：将以视频播放分钟数代替播放次数 [EB/OL]. (2023-06-27) [2023-06-28]. https://baijiahao.baidu.com/s?id=1769822393027185185&wfr=spider&for=pc.

④ TopKlout. 2023 克劳锐中国内容机构（MCN）行业发展研究白皮书 [R/OL]. (2023-04-21) [2023-05-20]. https://mp.weixin.qq.com/s/cFSxxyv6Nn7I092WkQTEOg.

（四）人工智能生成内容

2022 年，以 ChatGPT 为代表的接近人类水平的对话机器人的横空出世，引发了人们对人工智能生成内容（artificial intelligence generated content，AIGC）的关注与热议。ChatGPT 能够通过学习和理解人类的语言，根据上下文语境在用户指令下完成语言翻译、邮件撰写、文案策划、创建和修改代码等任务，过去只是辅助内容创作工具的 AI 逐渐演变为内容创作的主体，实现了从感知、理解世界到生成、创造世界的跃迁。凭借内容自动化编纂、智能化润色加工、多模态转换和创造性生成等功能，AIGC 由此成为继 PGC、UGC、PUGC 之后的内容生产新范式。

AIGC 可以被理解为通过人工智能算法对数据或媒体进行生产、操控和修改的统称。它既是从内容生产者视角进行分类的一类内容，又是一种内容生成模式，还是用于内容自动化生成的一类技术集合。①一般来说，AIGC 的正常运转离不开数据收集、数据预处理、模型训练、内容生成以及评估和细化等步骤。由此可看出，AIGC 首要的、决定性的起点是数据，背后逻辑是机器可以从数据和模型中不断学习②，从而在人工智能算法的帮助下，以低边际成本、少人力限制等高效率的方式生成大量满足人们差异化需求的内容。

当前，AIGC 的应用模态主要可分为文本生成、图像生成、音频生成、视频生成、游戏生成（见表 6-2），已率先在传媒、影视、娱乐、电商等数字化程度高、内容需求丰富的行业得到规模化应用。如在传媒行业，写稿机器人、采访助手、视频字幕生成、语音播报、人工智能合成主播等相关应用不断涌现，并渗透到采集、编辑、传播等各个环节。新华社、中央广播电视总台、人民日报社等国家级媒体及湖南卫视等省市媒体都开始积极布局应用 AI 合成主播，先后推出“新小微”和“小 C”等虚拟新闻主持人，并推动将其应用于从新闻播报到晚会主持、重大活动直播报道等更广泛的场景。

总体而言，AIGC 的 AI 独特技术支撑使其具备生产力跃升、生产过程的个性化以及生产结果的优质可体验等独特优势③，越发显露出成为未来内容生产主力的潜质。其对普通用户的价值还体现在为平民化的艺术创作打开了大门，毫无绘画基础的用户也有可能通过 AI 作画生产高质量的作品。正如互联网为普通人在公共空间的自我表达提供了通道、智能手机的普及使图像与视频生产进入了平民领域，艺术创作如今也渗透到日常生活中，让普通人有了“艺术化生存”的可能。④

---

① 中国信息通信研究院，京东探索研究院．人工智能生成内容（AIGC）白皮书［R/OL］．(2022-09-13)［2023-05-20］．http：//www.caict.ac.cn/kxyj/qwfb/bps/202209/P020220902534520798735.pdf.

② 陈昌凤，张梦．由数据决定?：AIGC 的价值观和伦理问题［J］．新闻与写作，2023（4）：15-23.

③ 郭全中，袁柏林．AIGC 与 WEB3.0 有机融合：元宇宙内容生产的新范式［J］．南方传媒研究，2023（1）：36-47.

④ 彭兰．AIGC 与智能时代的新生存特征［J］．南京社会科学，2023（5）：104-111.

表 6-2　当前 AIGC 应用模态与功能

应用模态	具体功能	代表产品
文本生成	应用型文本，如新闻、文案、代码 创作型文本，如诗歌、剧情 交互型文本，如智能客服 文本辅助生成，如素材预处理	ChatGPT、New Bing、 Jasper、文心一言
图像生成	图像编辑，如 AI 智能修图 端到端生成，如由草图生成完整图像 跨模态生成，如依据关键词自主生成	Midjourney、NovelAI、 Stable Diffusion、6pen
音频生成	语音合成，如将文本转为语音 音乐创作，如 AI 智能生成词曲 语音克隆，如生成自定义音色	Amper Music、 DeepMusic、WaveNet
视频生成	视频剪辑，如智能检测及合成片段 属性编辑，如特效渲染、人脸合成 主题生成，如由自定义描述生成场景	VidPress、Runway、 Firefly、Pencil、Sora
游戏生成	策略生成，如对局陪伴、匹配优化 元素生成，如原画设计、剧情设计 资产生成，如游戏地图、3D 建模	Scenario、Magic3D、 Quantum Engine、 DreamFusion

资料来源：量子位．中国 AIGC 产业全景报告［R/OL］.（2023-03-29）［2023-05-21］. https：//mp. weixin. qq. com/s/NtLxV313sK6QX1ayD0aT _ w；华金证券．AIGC 最新应用与场景研究［R/OL］.（2023-05-27）［2023-05-29］. https：//mp. weixin. qq. com/s/7KEwH1z5lu _ dH-Wwmnu1H8A.

虽然 AIGC 的普及意味着内容的生产与创作不再受限于人们既有的创造力和知识储备，但 AIGC 以算法与数据为核心的运转逻辑也为其发展带来了系列治理挑战，如版权侵权、虚假内容、算法偏见、技术伦理失范等乱象。此外，AI 领导者对 AIGC 行业的主导，一定程度上也会造成技术应用权利的不平等。社会各界还需进一步协同参与、共同应对，通过法律、伦理、技术等方面的多元措施支持构建科技向善、安全可信的 AI 生态。

二、内容存储

获取到内容之后，新媒体需要将之存入数据库系统中，以方便检索和提取。这主要包括如下步骤。

（一）内容的数字化

内容在存储系统中以数据的形式存储，因而要先将非数字化的内容进行数字转化。随着数字化内容生产设备的普及，现今媒体获取的内容绝大多数都为数字内容。

（二）元数据的创建

元数据（metadata）是关于数据的组织、数据域及其相关的信息。简言之，元数据就是“关于数据的数据”，为各种形态的数字化信息单元和资源集合提供规范、一般性的描述。[1]我们可以将元数据理解成为内容设定的“标签”，这亦是内容检索所提取的关键词，影响着内容管理整体业务的运转效率。

虽然近年来AI分担了部分添加元数据工作的人力成本，但由于机器与人对文字、图片、音频、视频等内容有着不同的理解，其所添加的标签及说明可能与实际情况有所出入，从而又需要专门的人员进行复查和管理，这使得元数据的创建成为一项费时耗力的大工程。随着媒体内容的不断增多，许多新媒体对元数据的重视相应提升，在获取内容时便有意识地为之添加元数据。如以用户原创为核心内容的小红书，即要求用户在上传内容时，填写标题、正文、标签（指内容的题材特征或话题分类）、互动组件等信息。

需要强调的是，元数据的设计和创作也要遵循行业公认的标准，以保证媒体内容能在不同的系统间顺利实现交换和共享。以音视频行业为例，国际上通用的标准包括英国广播公司（BBC）媒体数据组开发的媒体交换框架（Standard Media Exchange Framework，SMEF）、电影与电视工程师学会开发的SMPTE（Society of Motion Picture and Television Engineers）元数据字典、由多个组织共同制定的都柏林核心元数据（Dublin Core Metadata Initiative，DCMI）、国际标准化组织ISO/IEC下的MPEG委员会提出的MPEG－7标准等；而我国通常采用国家广播电视总局发布的《广播电视和网络视听节目内容标识标签规范》。[2]

根据《广播电视和网络视听节目内容标识标签规范》，视听节目内容标签结构由属性类标签、内容类标签、补充类标签构成。一般一个视听节目具有多个内容标签，每个标签描述了视听节目内容的某一特征，并以文本形式展示（见表6－3）[3]。

表6－3　电影《长津湖》内容标识标签示例

种类	元数据项	元数据标签描述
属性类标签	主标题、副标题、内容格式、集数、来源、类型、形态、内容制作者类型、时长、片源特征、出品时间、制片国家/地区、语言、出品方、关联人员与关系、获奖情况/荣誉	长津湖/ The Battle at Lake Changjin/视频/外购/电影/正片/企业机构/10560.000/4K/2021－09－30/中国大陆/普通话/北京博纳影业集团有限公司，中国人民解放军八一电影制片厂/吴京（演员），易烊千玺（演员）/第35届中国电影金鸡奖最佳故事片提名影片
内容类标签	内容特征、价值导向、情感氛围、内容年代、内容历史时期、内容地区、素材来源、广告内容描述	军事/战争/历史事件/爱国/热血/50年代/抗美援朝/中国/朝鲜

① 李治江，等．数字内容管理［M］．武汉：武汉大学出版社，2021：32.

② 莫桦．系列科技政策和标准勾勒广电视听的“未来感”［EB/OL］．（2023－04－30）［2023－05－22］．https：//mp.weixin.qq.com/s/7NfXMrp2OT7MbMOHnS2Mmw.

③ 薛静宜，常江，等．促进视听平台内容规范化管理，《广播电视和网络视听节目内容标识标签规范》标准解读［EB/OL］．（2023－05－17）［2023－05－22］．https：//mp.weixin.qq.com/s/su0MKJn oygCT5AGSlqStVg.

续表

种类	元数据项	元数据标签描述
补充类标签	标记者可基于需求对视听节目内容自行标记偏好，或对视听节目内容添加语义明确的辅助性描述	志愿军/献礼建党百年

其中，属性类标签指描述视听节目内容的形态、制作和播出情况的标签，包括视听节目内容的主标题、副标题、内容格式、集数、来源、类型、形态、内容制作者类型、时长、片源特征、出品时间、制片国家/地区、语言、出品方、关联人员与关系、获奖情况/荣誉共16个子类别。

内容类标签指从内容角度对视听节目内容进行实例化、关键词级别、数据化描述的标签。包括视听节目内容的内容特征、价值导向、情感氛围、内容年代、内容历史时期、内容地区、素材来源、广告内容描述共8个子类别。内容标签中体量最大的分类是“内容特征”标签，主要为视听内容的精细化解读，包括军事、情感、题材、亲子、教育、文化、体育、游戏、娱乐、时尚、艺术、生活、社会民生、旅游、历史、科技、纪实、二次元、健康、自然、三农、美食共22个类别474个标签。

补充类标签是基于需求对视听节目内容的标记偏好及对视听节目内容的辅助性描述的标签。一方面，设立补充标签有利于各大网络视听平台根据自身运营需求定义视听内容，实现信息的精准推送。另一方面，由于网络视听新品类、新形式不断涌现，用于描述视听节目内容的词汇也一直处在不断更新的状态。作为对“属性”和“内容”标签的灵活补充，补充类标签能够增强标签的时效性和准确度。

（三）附件数据的创建

如果说元数据是一篇文章的关键词，那么附件数据则类似于内容摘要，是在元数据的基础上，对内容的关键信息进行进一步说明与标注，以减轻内容检索时内容管理系统的负担，提高内容检索的效率和精准度。附件数据形式多样，如对于一个视频内容，可以是关键帧、重要镜头、代表性片段，也可以是字幕信息，或者其他任何与视频内容相关的信息。

（四）内容的归类

若要实现对内容高效、精确的检索，除了创建元数据和附件数据之外，还应对内容进行归类，即有序的整理和存储。一般来说数字内容的整理依据可以是内容的生产者或生产单位、生产日期、形式、被使用的频率等。

三、内容检索

检索是指从内容存储系统中提取所需要内容的操作。检索的主体可以是内容产品生产者，也可以是用户。内容检索包括三个关键环节的设计：

（一）检索方法

检索方法大致可分为文本检索、图像检索、音频检索和视频检索[1]，表6-4列出了这几种检索方式的技术原理及应用场景。伴随着近年互联网内容的爆发式增长，基于上述四类基本检索技术展开的跨模态检索（cross-modal retrieval，CMR）成为内容检索未来发展的技术突破方向。跨模态检索指可以为任何模态的指定查询搜索不同模态的语义相关结果（如通过音频检索视频），即实现以一种模态数据检索另外一种模态数据的效果，从而使用户能够获得有关事件/主题的更多信息。[2]

表6-4　内容检索的类型及应用

检索类型	检索依据	应用举例
文本检索	文本信息，如标题、作者、关键词、摘要	查阅文献 词义检索
	语义信息，如意义描述、情绪偏好	
图像检索	基于文本检索，如名称、尺寸、类型、作者	以图搜图 人脸识别
	基于内容检索，如颜色、形状、纹理与空间几何特征	
	基于语义检索，如场景、行为和情感	
音频检索	语音检索，运用语音识别技术将语音信号转化为文本	听歌识曲 录音转写
	音频检索，以波形声音为对象，通过声学特征进行检索	
	音乐检索，通过音符和旋律等音乐特征进行检索	
视频检索	基于视频关键帧的颜色、形状及场景、行为等	视频内容定位 视频版权检测
	基于光学字符识别与自动语音识别等	
	基于视频运动特征，包括运镜手法、物体运动轨迹等	

（二）检索结果的显示

内容检索的结果有时是很庞杂的，若能将之以有序、合理的方式展示在用户面前，则会大大提升内容检索的效率，令检索者快速找到符合其需求的内容。一般而言，检索排序的标准通常由内容的相关性、时效性、新颖性等指标构成。

（三）检索信息的记录

该环节有利于推测用户对内容的偏好，从而建立完善的用户信息数据库，更好地为用户提供服务。

四、内容加工

内容加工是指新媒体平台通过对各类内容资源进行重新加工，使之进一步满足用户需求、提升传播效果、实现价值最大化的一种方式。它包含了两方面

---

① 李治江，等．数字内容管理［M］．武汉：武汉大学出版社，2021：82-107．

② 侯腾达，金冉，王晏祎，等．跨模态检索研究综述［J］．计算机工程与应用，2022，58（24）：61-72．

操作：其一是内容编辑，这与传统媒体内容编辑一致，如对文字内容的增删，对图片、音频、视频的剪辑等；其二是内容整合，如围绕一个中心或主题对多种表现形式、多个来源渠道的内容资源进行深度整合，选取最合适的媒介手段，融合使用多种形态对内容进行展现。

新媒体平台的内容加工通常会通过如下三种途径实现。

（一）人工聚合

这是一个由媒体内部的工作人员根据运作流程和编辑方针，对数据库中的海量内容进行筛选和提取，采用一定的策划和编排手段（如制作专题等），并借助一定的技术手段以多媒体的形式对内容加以整合，最终呈献给用户的过程。这是新媒体内容加工的主要方式。

以门户网站的新闻加工、聚合实践为例。依托于网络可融合文字、图片、音视频等多种形式信息于一体的传播优势以及超链接的数字技术，相较于传统媒体通常进行的单一形式的新闻报道，门户网站编辑会有意识地对其新闻内容进行层次化的加工、专题化的组织、多媒体的整合以及动态化的报道，从而生成集合多种信息形态且与网络互动性相配合、更能满足用户信息需求的多媒体新闻。通常，门户网站对新闻按如下两种方式加以聚合：（1）编辑层面的多媒体新闻，即编辑根据现有的素材，将各种有关联的多媒体稿件结合在一起，力求让报道更加丰满与立体，这是门户网站最常使用的聚合方式。（2）报道全过程中的多媒体新闻，这包括多个环节的统筹与配合，如在报道策划阶段，采编人员就充分考虑到如何围绕新闻主题来组织不同的报道手段；在采访阶段，记者运用多种媒体手段、依据整体构思来采集素材；在编辑阶段，编辑根据每一种媒体手段的特点将各种素材有机地结合，最终用高度集成的界面将其呈现出来。

（二）数据库构建内容

这是指新媒体平台通过构建数据库，梳理出各数据指标之间和不同数据库结构之间的关联，从而将原本零散而没有关联的内容信息加以整合的模式。相较于人工聚合模式，数据库构建内容因数据挖掘可展示更多、更全面的信息，往往能生产出更符合用户需求的内容。

数据库构建内容以数据新闻（data journalism）或数据驱动新闻（data-driven journalism）为代表。其包括四个运作步骤：第一，基于大样本量，通过反复抓取、筛选和重组来深度挖掘数据；第二，采用科学的分析方法，从破碎的信息中发现规律和趋势，并聚焦专门信息以过滤数据；第三，以丰富、具有互动性的可视化方式呈现数据；第四，将数据转化、整合成新闻故事。①

这里我们为读者介绍英国《卫报》数据博客于2011年对英国伦敦暴乱事件的报道。该报道包括如下部分：第一，报道团队使用简单的地图，将贫困人口数据与发生暴乱的地点结合在一起，驳斥了当时英国政界“暴乱与贫困没有关系”的判断（见图6-3）。第二，在解读暴乱时，他们制作了两个可视化作品。

① 方洁，颜冬．全球视野下的“数据新闻”：理念与实践［J］．国际新闻界，2013，35（6）：73-83.

其一，将暴乱发生地和参与者的家庭住址相结合，根据数据分析出暴乱的“通勤路线”，并建模模拟出暴乱参与者前往不同地点实施趁火打劫时最有可能经过的路线；其二涉及谣言在推特上的传播路径，报道团队通过与曼彻斯特大学的学术小组开展合作，提取推特上涉及暴乱的260万条信息，将之以重复谣言者（发表声明）、抗拒者（提出针锋相对的言论）、质疑者（提出疑问）、评论者（只点评）四个维度进行编码，并将分析结果可视化，据此揭示了谣言的生命周期随时间变化的方式。①

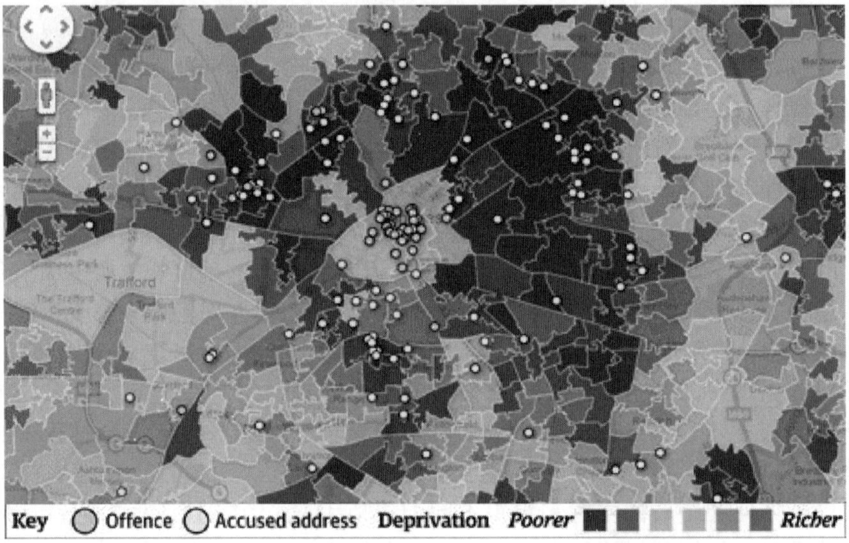

图6－3　将贫困人口数据与暴乱发生地结合起来的地图

国内这方面的实践以2014年春运期间百度推出的“百度地图春节人口迁徙大数据”（简称“百度迁徙”）为代表。该应用利用大数据技术，以区域和时间两个维度对其拥有的用户位置信息进行计算和分析，并用可视化方式加以呈现。同时，百度迁徙直观展现了全国迁徙的区域带和热门线路等春运最新动态，也为用户提供了迁入迁出和热省分析、选定城市分析、时间维度分析等个性化服务。②

（三）用户协同创作

随着用户生产内容的主动性不断增强，许多新媒体因势利导，创造了与用户协同创作内容的运作模式。相较于前两种模式，用户协同创作模式动员了广大用户的力量，弥补媒体自身在内容采集、筛选、编排创意等方面存在的“人力短板”，也有助于生产出更多创新的、满足用户需求的内容。

如英国众筹新闻网站“新闻记者”（The Correspondent）积极挖掘会员的专业知识和信息资源，提出会员是为新闻报道提供不同领域专业知识的“输入者”，而不只是新闻接受者和消费者的运作理念。该网站会查验会员拥有的专业证书，然后将其分入人类学、建筑学、医学、自然科学、心理学等不同专家组。

① 案例参考：“The Data Journalism Handbook” http：//datajournalismhandbook.org/1.0/en/.

② “百度迁徙”技术揭秘：利用LBS大数据定位功能［EB/OL］.（2014－01－26）［2023－06－15］. https：//www.open-open.com/news/view/1b3ecfd.

在报道实践过程中，网站记者会在报道开展之初，与关注他们的会员分享自己的问题、假设、数据、来源、灵感、疑问，甚至自身的立场和成见；平台还专门设置“对话编辑”一职，推动多元化、跨国界的深入对话与讨论，探索记者与会员共同撰写新闻的运营方式。①

五、内容分发

内容分发即通过一定的方式将加工好的内容提供给用户的过程，在该环节，新媒体平台需进行渠道选择、分发逻辑制定、内容定价、版权管理等方面的工作。

（一）渠道选择

对内容分发渠道的选择通常会考量如下因素：

第一，内容的时效性，针对时效性很强的新闻类信息，一般选择在互联网发布之外借助移动客户端、微信、手机短信等渠道推送，以便用户第一时间获悉。

第二，用户的媒介使用习惯，即根据新媒体目标用户对信息终端的接触特征以及在不同终端上的内容接收行为等选择更易被用户获取的渠道进行分发，增加内容的有效曝光。

第三，渠道的盈利水平，即在何种渠道上发布内容会给新媒体组织带来更理想的收益。

（二）分发逻辑制定

分发逻辑决定了用户会在各分发渠道上优先看到何种内容。按照平台内容传播模式的不同，新媒体内容的分发逻辑可总结为编辑流、社交流与算法流。②

编辑流的内容分发逻辑是职业经验，指专业新闻编辑及记者对内容的时效性、重要性以及所属领域的判断。如在财新、澎湃等专业媒体的新闻界面，往往由编辑决定什么样的新闻能够出现在头条位置。一个通行的原则是，刚刚发生的排在前面，影响更多人的排在前面，时政新闻排在娱乐新闻前面。在编辑流里，用户看的是专业人士的水准和价值观。往往新闻越重大，编辑流的优势越明显。

社交流的排序逻辑是用户的关注行为。如在微博、微信这类社交平台，用户关注了谁，谁的语言、动态、思想就会出现在用户的信息流里。与编辑流的专业与强价值导向不同，社交流以网络社交关系为基础，连接的是人与人。对任何一个社交平台而言，最终的目标都是把关系网编织得更大，并让任意两个节点之间的关系更加牢固。

算法流的排序逻辑是用户的行为与爱好，用户的自然属性（如性别、年龄、籍贯及学历）与浏览行为（如点击、评论、转发、收藏、搜索、订阅及停留时

---

① 杨博．众筹新闻网站：让读者成为作者［J］．青年记者，2020（31）：81－82.

② 吴晨光．源流说：内容生产与分发的44条法则［M］．北京：中国人民大学出版社，2020：104－133.

间等）会被算法捕捉，据此描摹用户画像，再结合平台自身的内容生态及算法模型，最终实现“千人千面”的实时推送。由于算法流推荐内容于用户而言是一种“精准投喂”，近年来为了规避算法模型过于追求效率而导致的主流价值观缺失、内容低俗、视野窄化等信息乱象，一方面国家出台《互联网信息服务算法推荐管理规定》加大对于算法推荐服务的治理力度，另一方面各平台也在优化算法模型，保障社会信息的充分流动。

为平衡内容生态，诸多新媒体在分发逻辑的制定上往往选择“编辑流＋社交流＋算法流”三流合一的“混排”模式，即通过编辑流确保“应知”内容的推送并对平台内容的真实性加以核实，运用社交流和算法流保证用户对“欲知和未知”的好奇心与探索欲。以一点资讯为例，尽管算法占据着该平台的信息流排序主导权，但编辑也通过人工推荐的方式遴选出优质文章参与到信息流的排序中，再结合用户的自主订阅行为，逐渐形成了“算法＋编辑、智能＋人工、效率＋公平”的人机协同、价值阅读的内容分发逻辑。

（三）内容定价

长期以来媒体多采用“二次售卖”的盈利模式——通过提供免费或低价的内容和信息服务来集聚用户规模和流量，再将用户的注意力资源出售给广告客户以换取广告收入。在这种模式中，定价的标准是用户点击、用户流量、用户行为等。而如果希望将内容直接售卖给用户，定价策略则完全不同。

1. 多重定价[①]

这是指生产商对同一产品通过不同角度进行分割或组合，赋予其不同的价格，从而实现市场细分。新媒体平台也会根据不同用户群对内容的需求和使用方式，制定差异化的价格体系，以促使各类用户尽可能多地购买内容产品，从而达到增加利润的目的。

如表 6－5 所示，多重定价可分为个人化定价、版本定价和群体定价三个类型。

表 6－5　多重定价的类型

类型	分类依据	收费方式
个人化定价	用户个体对数字内容需求的不同	根据用户的不同特征（如兴趣、价值取向、购买行为）及其对内容的价值认同来制定不同的价格
版本定价	数字内容的质量差异	基于功能：通过减少内容产品的某些功能实现产品在质量方面的差别化，如软件的试用版与正式版； 基于性能：内容产品的所有功能都得以保留，但不同版本的性能将受到不同程度的限制，如将在线视频分为标清、高清和超清； 基于时间：主要针对生命周期较长、时间敏感性较弱的产品，如视频网站为热映中的电影设置付费观看，在其下线一段时间后，则提供免费观看
群体定价	用户群的消费习惯和能力不同	在不同地区制定不同的价格，如对经济不发达地区实行价格优惠

① 宋培义．数字媒体资产管理理论与应用［M］．北京：中国广播电视出版社，2013：198－199．

2. 捆绑定价

是指将不同的内容产品捆绑在一起以低于单价总和的价格进行销售，该定价方式的优势在于不仅照顾到了有些用户希望统一支付的意愿，还降低了新媒体平台记录用户消费行为和用户资料的成本。

捆绑定价可从产品、时间、用户三个层面进行。其中，产品层面定价应用最广，即新媒体平台允许用户在内容产品库中自由选择捆绑组合并进行一次性支付；时间层面定价则以“订阅”为代表，如用户成为视频网站的会员，按月缴纳一定费用，则在该段时间内可免费、不限次数地观看付费内容；用户层面定价相当于在新媒体平台和用户之间再增加一个中介，由用户所属组织购买新媒体产品的使用许可，得到授权的用户可以使用产品，该类定价方式常被学术期刊网、论文库或数字图书馆采纳。①

3. 混合定价

在实践中，以视频网站、在线阅读网站、新闻网站等为代表的许多新媒体平台也会采用混合定价的方式，即在同一时间既对同一内容产品（如一集影视剧、一部小说、某篇新闻报道）进行拆分和多重定价，同时也提供捆绑定价的方式，允许用户以成为“会员”的形式在特定时间内多次查看付费内容。

（四）版权管理

网络技术和电子商务的发展使得新媒体内容的电子发行更加便捷且成本低廉，但若缺乏对版权（权利人对其创作的文学、科学和艺术作品所享有的独占权）的行之有效的保护，内容生产者和所有者在内容交易市场的安全性和相关利益将得不到保障，这无疑会损害内容生产者的积极性，进而影响新媒体的内容获取及竞争优势的形成。因而，版权管理及保护也是新媒体平台内容管理的一个重要环节。

版权管理主要包括如下内容：

1. 数字版权管理

数字版权管理（digital rights management，DRM）就是以一定的计算方法、技术和工具防止数字内容被非法复制，用户必须得到授权后才能使用数字内容，从而实现对数字内容的保护。

数字版权管理涉及的主要技术包括：（1）数据加密，采用数学模型对原始信息进行再加工，将敏感的明文数据变成难以识别的密文数据，使用者必须获得密码或使用权限才能得到正确的原始信息；（2）数字水印，在基本不损害原作品质量的前提下，把作者、发行商的信息和使用条款嵌入数据中，以此给数字内容产品打上使用者独有的印记，从而既可防止使用者非法传播和复制内容，也可用于发现盗版行为之后的取证或追踪；（3）节点锁定，将数字作品可以合法使用的条款和场所进行编码，嵌入文件中，只有条件满足时，作品才被允许使用。

2. 著作权集体管理

随着内容产业的发展，各类内容提供商的数量大幅增加，著作权授权越加

---

① 周荣庭．运营数字媒体［M］．北京：科学出版社，2012：107.

分散，为新媒体的版权管理带来挑战；另外，数字版权保护技术的成本较高，将版权作品交由一个中介机构进行集体管理对于媒体和内容提供者而言均是一个更为经济的选择。这均推动了著作权集体管理的发展。

根据世界知识产权组织的界定，著作权集体管理是在集体管理的框架下，权利人授权集体管理组织管理其权利，即监督相关作品的使用、与潜在的使用者谈判、在合适的情况下发放许可，收取合适的许可费，并向权利人分配许可费。[①] 具体而言，其包括四个基本环节：接收权利人授权（内容所有者在进行授权的同时，将通过电子认证的办法，使作品获得一个与之对应的著作权登记证书，以此来明确数字作品的权利归属问题）、管理版权作品、发放使用许可、分配许可费。

3. 知识共享

与前两种版权管理方式不同，知识共享以构建一个合理、灵活的著作权体系为特征，通过设计一系列许可协议，在作者保留某些权利的情况下，允许他人在特定条件下对作品进行自由复制或修改，从而达到增加网络领域的创造性公共资源、便利作品传播和促进著作权保护等目的。

以 2002 年 12 月知识共享组织发布的著作权许可协议为例，根据该协议，授权内容包括四个要素：署名、非商业性使用、相同方式共享、不得演绎创作。在使用协议时，内容所有者需在作品旁边加上想申明保留权利程度的图标，并把图标链接到知识共享组织的页面，这样就表明其作品使用了该许可合同以及对使用者的授权内容。在中国，保留知识权利程度一共有四个选项，可组合成六套核心知识共享许可协议。[②]

第三节　新媒体内容管理实践

本节聚焦内容来源较为多元、管理流程较为系统、运作模式相对成熟的数字影视，以网络视频平台[③]为例，进一步阐述新媒体内容管理的体系和方法。目前，国内有代表性的网络视频平台的内容管理实践主要聚焦自制优质内容、优化版权合作、激励用户生产、完善内容分发四个方面。

一、平台自制优质内容

新媒体内容的持续膨胀，使其与稀缺的用户注意力之间的矛盾变得越来越尖锐。由此产生的显著趋势是，在新媒体传播的渠道格局基本成型之后，内容重新回归至各类媒体机构与新媒体平台间竞争的中心。自 2014 年始，自制影视剧、综艺、网络电影等具备竞争力的优质内容，使网络视频平台能够吸引与留存日益“挑剔”的用户，成为其重要目标与行动指针，这突出地体现在制作理念革新、内容差异布局、AI 驱动生产、重视人才建设等方面。

---

① WIPO. Collective administration of copyright and neighboring rights: study on, and advice for, the establishment and operation organizations [M]. WIPO Publication, 1990: 688 (E).

② 参考：知识共享中国大陆项目官方网站 http://creativecommons.net.cn/.

③ 为保证案例的丰富性，本节把长视频平台与短视频平台一并纳入讨论。

（一）提质减量的制作理念

网络视频平台的内容生产经历了持续多年的“版权大战”和盲目追求“IP+流量至上”这一爆款公式的“跑马圈地”的烧钱阶段后，受政策引导、用户审美变化等驱动因素影响，自2021年起相继回归理性，步入提质减量的理性发展阶段，从争夺市场份额转向自制内容的精细化投入与产出，以应对降本增效的行业趋势。

2023年腾讯视频明确提出“五要五不要”的内容制作取向，即要高品质带来价值流量的、持续形成长期品牌IP的、尊重戏剧规律和制作诚意的、品类题材有创新的、有价值表达的作品；坚决不要复制雷同的、低俗的、没有创新的、没有当下价值且低效的、高投入低产出的降级作品。这与爱奇艺近年所倡导的“增加头部内容、减少扑街内容、腰部内容不刻意去做”有异曲同工之处。2023年爱奇艺正式推出“凝计划”，即用3～5年时间集中、专注、凝结出品高质量内容，题材涵盖革命、历史、现实、科幻等多领域，力求通过视听、表达等方面的革新为用户提供人文价值、启蒙价值与娱乐价值。

（二）差异化竞争的内容布局

随着网络视频的竞争日益激烈，各平台纷纷开启差异化竞争的内容布局策略，通过深耕垂类领域在内容类型上凸显各自的品牌特色与内容独占性。如爱奇艺推出的“迷雾剧场”主要围绕悬疑元素在强冲突、强矛盾下展现人性和命运，已出品《隐秘的角落》《狂飙》《沉默的真相》等优质原创剧集，吸引该垂类方向的用户。在综艺方面，爱奇艺从2017年开始深耕说唱音乐综艺节目，不仅培养了用户“看说唱节目就去爱奇艺”的认知，也逐渐形成了爱奇艺自制节目极具辨识度的潮流感内容调性。

相较而言，腾讯视频近年的自制综艺以“解压”这一用户情绪的最大公约数为支点，《五十公里桃花坞》《心动的信号》《令人心动的offer》分别切中社交、婚恋、职场话题，为年轻人解答困惑、缓解焦虑，致力于实现与用户情感共振的治愈与陪伴。[①]在剧集方面，科幻与动漫正在成为腾讯视频新的优势内容类型。从剧版《三体》的精良制作、电影《流浪地球2》在平台的首发网播，再到《三体Ⅱ：黑暗森林》《群星》等多部正在筹备的科幻剧作，平台已打上了深深的科幻烙印；在动漫领域，腾讯施行“白马”（IP改编）与“黑马”（原创国漫）并行策略，不但内容储备丰富，还推出“国漫BANG计划”打造“腾讯视频国漫英雄宇宙”，使得动漫有望成为平台继电视剧以外的第二驱动力。[②]

典型的差异化竞争策略还有芒果TV打造的“迷综宇宙”（推理解谜类综艺）。制作团队深刻洞察“Z世代”偏向“智力及魅力”的审美喜好，自2016年推出首季《明星大侦探》后，凭借“30%的跌宕剧情＋40%的娱乐搞笑＋30%的推理能量”的“烧脑”内容，不仅从一众“合家欢”轻综艺中脱颖而出，

---

① 2023腾讯在线视频内容版图亮相，内容全域升维助生意长效增长［EB/OL］.（2022-11-03）［2023-06-15］. https://mp.weixin.qq.com/s/BZrLdnk-1bR6G631e53vtg.

② 白桦．降本增效大背景下，“好内容”依然是铁律［EB/OL］.（2023-01-04）［2023-06-15］. https://mp.weixin.qq.com/s/35ruaQ6XP-zn7U_gG31Xbw.

也引燃了年轻群体体验高沉浸推理的热情，剧本杀成为众多年轻人的社交娱乐首选。节目通过各类案件直击社会话题，并与最高人民法院联合推出《大侦探合议庭》，深入推动全民普法教育，用不断进阶的青年文化影响力勾连屏幕内外，从现实观照里收获了大批年轻观众的价值认同。①

（三）AI 智能驱动生产

在内容与科技共生共荣的趋势下，AI 智能驱动成为网络视频行业提升内容品质的新动力，目前已实现覆盖上游制作端推进影视工业化进程、下游播放端优化用户视觉体验的整体技术革新。

如爱奇艺研发了自制内容管理系统和影视制片管理系统，前者用数据辅助决策者在各个维度上做判断，如现有的 AI 技术可一分钟拆解 35 万字剧本，快速分离出角色、场景等信息，并基于用户数据、广告收入等指标对影视剧本做出评分；后者则将所有项目从筹备孵化到提案立项、开始拍摄、后期制作，直到项目上线排播全生命周期纳入智能化管理。②

另一方面，AI 也延展了内容创作的想象空间。在腾讯视频科幻题材剧《三体》的创作中，全剧共有 267 分钟的特效镜头，123 分钟的动画片镜头，采用了虚实结合、动态捕捉、虚拟引擎拍摄等前沿技术，最终使得大量科幻相关的画面呈现更加精致、流畅。③虚拟拍摄技术（如 LED 屏代替抠像绿幕）等先进制作技术的应用不受地域、天气等影响，不仅为演员提供了更真实的表演氛围，实现所拍即所得的艺术表达形式，亦有助于将后期制作的工作前置，缩短制作和上线周期。虚拟资产未来还可复用到其他业务，创造更多增收方式，比如数字资产运营、IP 增值服务、元宇宙等。

（四）重视人才建设

无论是内容制作还是技术革新，核心仍在于人。创作者对内容的理解、行业风向的把握、用户喜好的洞察是网络视频行业内容竞争力的来源。为持续、稳定、高质地保证内容供给，设置科学高效的组织架构和系统多元的人才培养机制是其中不可或缺的一环。

在团队架构设置方面，较有代表性的是爱奇艺自 2014 年起推出的涵盖制作剧集、综艺、动漫、电影的工作室制度。各工作室由头部专业人才领衔，深耕各自赛道，实现对特定题材的高度专注和全权负责，成为专注内容制作、快速开发创新的内容生产“小前台”。背后则有商务营销、宣传运营、后期制作、制片管理、线下活动、艺人经纪等中台部门给予支撑。各工作室在多赛道同时运行、竞争合作，不仅为创作者提供了良好的成长环境与机会，也有利于提升平

---

① 芒果青春营销研究院．芒果 TV 迷综“小宇宙”构建之路［EB/OL］．（2022－05－10）［2023－06－15］．https：//mp. weixin. qq. com/s/BriVkjCd5nhP_-QvJ-o2Fw.

② 赵东山．结束 11 年亏损，打造《狂飙》等爆款，爱奇艺做了这 3 件事［EB/OL］．（2022－05－24）［2023－06－15］．https：//mp. weixin. qq. com/s/qIOJk2qz9s-pwOfU8CCeig.

③ 网娱观察．腾讯孙忠怀：长期布局、重点投入实现优质剧集的可持续高质量发展［EB/OL］．（2023－06－07）［2023－06－15］．https：//mp. weixin. qq. com/s/R1G1qcvWgRl9nQVQMLjEDg.

台的生产效能与内容多样性。①

为进一步提升内容创新力，网络视频平台还会通过系统化的人才培养和激励机制不断发掘新人创作者及技术团队。如爱奇艺推出的“桃厂艺术家”“爱桃综综艺创作人”计划，面向市场释放项目资源并提供资金支持与制作指导，通过长线培养推动人才年轻化。腾讯视频与正午阳光联合发起“光合”影视人才扶持计划，开启了头部视频平台与制作公司合作的新模式。为吸引复合型人才，芒果 TV 通过举办“马栏山杯”国际音视频算法大赛，招募来自麻省理工学院、清北复交等海内外知名高校和互联网企业的科技人才，组建成熟的技术队伍，为全媒体转型补齐技术短板。②

【前沿链接】 新媒体时代优质内容的新内涵

传统媒体时代，衡量优质内容的标准大体可以总结为强调内容的专业性与原创性、内容的思想性与引导力以及内容的传播力和影响力。伴随媒介技术的发展与迭代，新媒体内容的制作标准也在发生变化。面对当前社交、移动与智能传播的时代要求，优质内容在满足以上三个标准的基础上还需实现如下目标：

其一是内容主题需反映真需求、呈现真问题、呼应真情感。优质内容必然是与用户需求高度匹配的内容。尽管在新媒体环境下用户的内容需求正在变得越来越碎片化、个性化、情境化，精准洞察用户需求越发困难，但履行社会守望功能，呈现社会变动、揭示社会问题、反映社会生态仍然是内容最为重要的社会责任，也是用户内容需求的最大公约数。从这一角度来说，不论是新闻资讯领域、文化艺术领域还是娱乐领域，优质内容仍需真正而深刻地反映社会公众关心、关注、关切的社会现象与社会问题，回应社会公众的真实情感与情绪，引领时代与社会发展进步的潮流。

其二是内容组织应注重多重价值的聚合与价值密度的提升。媒介技术的发展和媒介格局的改变使内容的内涵和外延发生拓展，内容不再仅是满足用户认知需求的资讯内容，还延伸出了用于社会沟通与共识建构的关系内容以及作为连接中介、聚合人群与场景的媒介化内容。这意味着，优质内容不应只具有其作为资讯内容在专业性与思想性上的深度价值，还需融合其作为关系与情感表达的宽度价值和吸引趣缘用户、构建特色场景的连接价值。后者也是大量缺乏系统性、逻辑性、知识性的信息内容同样被用户认可与喜爱的重要原因。而除了要将这些多重价值聚合到内容产品之中，内容生产者还应不断提高这些优质信息在内容产品中的比重，以适应快节奏的移动传播需要、优化移动用户的内容消费体验。

其三是内容形式应更多地与技术融合以实现互动性与潮流感的升级。技术是新媒体环境下内容生产创新的另一维度。尽管并非所有的内容都需要技术的加持来提升自身品质与质量，但能够充分运用技术的能力赋予内容更充分的信息、更新颖的形式及更丰富的互动消费体验，也必然是新媒体时代优质内容发展的主流方向。目前，基于大数据挖掘与可视化技术的数据内容，以大数据、物联网、人工智能为基础的智能化内容，依托 5G、全景视频、虚

---

① 祖杨．内容、人才、商业化，三大维度再看“综艺”价值［EB/OL］．（2022-06-15）［2023-06-20］．https：//mp.weixin.qq.com/s/sgxFGoOYe6S7AYbKqjqMyQ.

② 成娟．湖南广电融媒体人才培养秘籍［J］．传媒，2021（13）：41-43.

拟现实等技术的沉浸式内容等新兴媒介技术支持下的全新内容形态正在涌现与崛起之中，网络内容体系或将形成新的结构与格局。在此背景下，探索与技术融合的可能性，不仅是未来优质内容的应有之义，也是媒介内容生产能力的重要体现。

资料来源：刘琳琳，黄河．优质内容的新内涵及平台扶持策略比较［J］. 青年记者，2021（20）：9－12.

二、优化版权合作模式

随着网络视频行业加大对自制内容的投入，各视频平台在版权合作中已经实现从采购方到版权方加采购方的角色转变，成为制播一体化的综合平台。除了建立规范的版权交易架构，于交易前对内容的主创阵容、成片质量进行全面评估等常规动作外，在版权估价、版权保护及盈利表现仍不明朗的当下，网络视频平台为控制内容成本、实现破圈传播，在版权合作中呈现出如下新趋势。

（一）提升版权交易流动性以降低投资风险

为规避版权采购高投入、低转化的风险，近年来各网络视频平台纷纷削减头部版权剧独播的比例，平台间趋向“竞合”① 新常态，逐渐兴起以版权分摊、版权置换、版权分销、版权分账为代表的高性价比交易模式。②

版权分摊指多平台联合采购版权，以较为平均的出资数额共同拥有作品的网络信息传播权。在同样的目的下，版权置换也是常见的解决办法，即平台方拿出各自头部剧集资源，在经过对剧集的质量、体量、用户喜好，以及排播档期等多重因素的综合评估后，达成合作意向进行置换。版权分销则是指平台作为参投的出品方，在掌握着作品版权的情况下对外分销版权份额，由平台独播转为拼播。

版权分账则是由制片方相对独立地完成投资、拍摄等制作环节，以视频平台为播出渠道，视频平台再根据视频的播出表现（通常包含付费用户数、点击量、有效观看时长等数据），依据规则框架在一定周期内从会员费中按比例分账给制片方。简言之，分账是平台基于付费用户的观看行为在播出后与内容提供方结算收益的交易模式。它与传统版权采购的本质区别在于，在过去的版权采购模式中，视频平台对版权价值的判断只能是依据以往的数据和经验进行的预测，采购成本发生在播出之前；而在分账模式里，版权收益的多少与用户反馈直接挂钩，版权价值产生在播出之后。③

（二）长短视频协同实现破圈传播

自短视频兴起后，网络视频行业长短视频的版权之争也随之展开。短视频因其快节奏、碎片化的内容特质，不仅蚕食着长视频的用户使用时长，还以剪

① 竞合指实现双赢的非零和博弈。

② 田会芝．腾讯视频：长线思维布局版权交易市场：专访企鹅影视副总裁方芳［J］. 国际品牌观察，2020（36）：28－33.

③ 王薇．内容银行 3.0：版权交易升级再造［J］. 国际品牌观察，2020（36）：20－23.

切搬运、二次创作、片段解说等手段成为“软盗版”① 的主要载体。与此同时，抖音等短视频平台出于版权保护要求，常对来自腾讯、爱奇艺等平台的长视频内容采取限流、下架等措施，视频创作者与平台双方皆深受困扰。

虽然长短视频平台在影视内容二创的版权问题上长期对立，但在短视频兴起大局已定且其日益成为长视频重要的内容宣发和导流阵地的背景下，爱奇艺、腾讯视频自2022年后相继选择与抖音和解，向抖音授权其内容资产中拥有信息网络传播权及转授权的长视频内容。这一合作后被列为中国版权协会发布的《2022年中国版权十件大事》之一，长短视频在创作、营销等层面的资源共享、协同发展成为大势所趋。

以爱奇艺与抖音的版权合作为例，版权合作达成后，抖音发布二创激励计划，鼓励用户围绕爱奇艺片单创作解说、混剪等原创度高的内容，并提供流量激励和现金激励。在爱奇艺剧集《唐朝诡事录》上线当天，抖音话题＃唐朝诡事录为什么受欢迎＃同时登上热榜第一。爱奇艺及抖音就《狂飙》的二创合作也助力了这部现象级热剧的破圈，抖音话题＃狂飙＃收获超640亿播放，催化了卖鱼、读《孙子兵法》、“大嫂”仿妆等网络热点的传播。

除了围绕二次创作及剧宣推广展开合作，爱奇艺于2023年推出的纪实互动真人秀《种地吧》又进一步探索了长短视频协同播出的新模式。节目选拔10位年轻人组成“种地小队”，记录他们在140余亩土地上、近200天的时间里播种、灌溉、施肥、收获，以及运营农场、直播带货、创立集市、举办音乐会等的全过程。区别于以往长视频综艺单一的季播模式，《种地吧》采用“长视频（正片）＋短视频（成员日更种地Vlog）＋直播”的组合方式，在爱奇艺与抖音等平台形成长短协同、内容各有侧重的无间断记录与矩阵式宣发模式②（见图6－4）。一方面通过长视频丰富节目内涵，创造高质量的内容消费体验，另一方面以短视频作为移动场景中的流量抓手，增强节目的趣味性与热度承接，让这些碎片化的衍生内容经由算法推送至感兴趣的观众，再将其导流至爱奇艺正片入口。与此同时，短视频与直播的特质也让观众得以通过更具亲切感的成员视角观察节目走向，与长视频形成有机整体，为观众带去能够深度共情与沉浸体验的成长故事。③

三、激励用户生产内容

用户生产内容是短视频平台维持用户活跃度及黏性进而拓宽商业化路径的根基。早期此类平台往往以打造自身在内容规模及类型多样性上的优势作为优先目标，这使其对内容生产的扶持更多侧重于吸引各类内容生产者的入驻、参与。但伴随优质内容越发稀缺，内容同质化、低俗化势头渐长，以抖音、快手、B站为代表的短视频平台对用户生产内容的扶持正由量转质，一方面将激励资

---

① 通常指未经授权的二次创作。

② 闫伟，李齐乐．京产网络纪实节目《种地吧》主创专家研讨摘编［EB/OL］．（2023－06－15）［2023－06－20］．https：//mp. weixin. qq. com/s/5xK4y5XMHK1xTUDJh _ zW1Q.

③ 五月．在爱奇艺《种地吧》，看到综艺内容可能性的新边界［EB/OL］．（2023－02－18）［2023－06－20］．https：//mp. weixin. qq. com/s/vcQi0CDKIAdiy30scAtdGw.

源向优质内容创作者倾斜（见表 6－6），另一方面加大平台对于虚假、侵权、价值偏离内容的审核力度，维系平台良好的内容创作生态。

图 6－4 《种地吧》长短视频协同播出新模式

表 6－6 网络视频平台用户生产内容扶持计划

平台	扶持计划	内容领域	激励对象	激励方式
抖音	繁星计划 萌知计划 doutech 计划 剧有引力计划	短视频 综合视频 短剧	短视频创作者 MCN 机构	流量扶持 商单扶持 运营支持
快手	光合计划 村播计划 星海计划 剧星计划	短视频 综合视频 短剧	短视频创作者 MCN 机构	流量扶持 商单扶持 运营支持
B 站	知识分享官 Vlog 星计划 星计划 千杯计划	原创音视频内容 泛知识类内容 泛生活类内容 视频博客	UP 主 MCN 机构	流量扶持 现金补贴 运营支持

（一）以流量助推、经济奖励及平台资源倾斜为主要手段

依托网络视频平台在渠道、资金和技术上的优势资源，其对优质内容的扶持拥有丰富的手段与工具，主要包括：①

第一，流量助推，即对优质创作者予以流量倾斜，提高优质内容的曝光率。如快手的“光合计划”就向 10 万个优质创作者提供了价值 100 亿元的流量扶持。第二，经济奖励，通过现金、广告等方式提高优质创作者的经济收益，以激励其提高内容质量。B 站自 2018 年上线创作激励计划至今，一共发放 22.43

① 刘琳琳，黄河．优质内容的新内涵及平台扶持策略比较［J］．青年记者，2021（20）：9－12.

亿元激励金，累计覆盖110万名UP主，并针对不同类型UP主提供直播、花火平台、哔哩哔哩工房、充电计划升级版等多元化商业收入渠道。第三，技术支持，提供内容生产技术与工具为内容创作提供便利。如抖音旗下的音视频剪辑工具剪映，不仅推出了移动端、Pad版、专业版，实现多端互通，还上线了剪同款、智能字幕、风格模板、创作学院等功能，成为覆盖个体创作者、专业剪辑师、企业、媒体机构等用户群体的综合型视频生态工具。第四，运营支持，通过向内容创作者提供诸如资深编辑对接、原创认证、多平台一键分发、内容维权等方面的服务，提升其创作积极性。第五，技能培训，如抖音的巨量星图平台以训练营、在线课堂等形式，向内容创作者提供内容制作、账号运营、粉丝维护、商业变现等辅助其进一步成长的晋级培训支持等。

（二）以“AI＋人工”的双重审核制度净化内容生态

为降低风险内容的出现、满足基数庞杂的内容审核需求，网络视频平台的内容审核大多施行24小时不间断“AI算法机器人＋人工审核”的双向把关制度。如抖音平台采用视频消重机制、特征标签识别机制及流量推荐复审机制等方法进行日常平台传播内容的审核。AI算法机器人通过深度学习、大数据分析、音视频识别等技术直接筛选出明显违规的信息，如抄袭、涉黄等视频，进行屏蔽以及限流，再将审核出的疑似违规内容打包分发，下放至人工内容审核部门进行鉴定，最后复审环节对人工审核内容和所给出的指导意见加以研判。①

四、完善内容分发工作

在内容分发方面，网络视频平台除进一步拓展分发渠道外，也越来越注重通过优化算法推荐、提升用户付费价值以及探索多元变现方式等实现内容价值的最大化。

（一）优化算法推荐模式

不同的推荐模式及算法指标会导向不同的内容生态与社区氛围，后者又会直接影响平台用户的使用、生产、付费及留存意愿。因此，网络视频平台都极为注重对算法推荐模式的优化，不断提高内容推荐的个性化与精准度，优化平台使用体验。

以算法模式中关键的、影响平台是否会对内容进行叠加推荐的用户反馈指标为例，不同平台会根据自身内容生态做出差异化设置。如抖音倾向于扶持头部内容，因而其用户反馈指标更看重视频的完播率（通常又分为五秒内完播率、整体完播率）与点赞率；快手则强调“社交关系”，因此用户反馈指标中的评论率及转发率的权重高于点赞率；而B站“一键三连（点赞、投币、收藏）”的用户反馈指标设置则更为强调“内容质量”，原因在于投币和收藏对于用户而言具有较高成本，因而更能映射出视频内容是否优质。

为了规避算法带来的信息茧房、内容低俗等问题，各网络视频平台在追求

---

① 黄楚新，贺文文．破局立新：短视频平台内容审核机制创新探析［J］．中国传媒科技，2022（8）：7－10.

用户沉浸和分发效率之余，也在不断优化计算模型以满足用户的多元需求，这主要体现在：

其一，赋予用户更多主动权。如 B 站在算法推荐中保留了用户主动搜索（通常占比 30%）这一指标作为分发参考①，给予用户主动选择文化消费领域的权力，将不同兴趣特征的用户引流至相应的内容分区中；抖音也于 2022 年上线自由更改内容推荐功能，用户可以拉动进度条选择平台根据用户画像默认的内容分发标签的推荐强度，或是根据自身需求增减相应的标签内容（见图 6－5）。

图 6－5　抖音算法推荐内容设置

其二，完善算法分发指标。由于在现有推荐模式下，往往点击率、完播率越高，内容被推荐的概率就越大，无形中给了那些以偏激、夸大、擦边或虚假内容吸睛骗取流量从而得以大肆传播的内容可乘之机。为消弭通过夸张标题、欺诈封面等骗取点击的低质视频带来的数据水分，已有网络视频平台意识到需提高算法推荐设计中的把关意识。如快手在平台分发机制中引入基尼系数进行宏观调控，将头部内容流量限制在 30%左右，70%分配给中长尾内容，通过去中心化的分发策略使更多的创作者能在平台中被用户看见。② B 站为适配平台长短视频多元兼容的内容生态，在 2023 年宣布将用播放分钟数替代播放次数，以能够反映用户真实消费状况的数据作为优质内容推荐的评估指标。③

（二）提升用户付费价值

随着各大平台加大对自制内容的投入力度，用户付费意愿逐渐提升，会员订阅成为除了在线广告之外网络视频平台的主要营收。尤其对于在国内开启内

---

① 陈大志．新设知识区，B 站破圈的平衡术？［EB/OL］．（2020－06－08）［2023－06－28］. https：//mp. weixin. qq. com/s/ueVpJ47W _ 6uiGBrMqXZNdA.

② 东方证券．短视频与算法：抖音、快手的生态成因［R/OL］．（2020－10－30）［2023－06－28］. https：//mp. weixin. qq. com/s/s9zbd90SacICVQEJgQkwLA.

③ 胡毓靖．B 站陈睿：将用播放时长替代播放量［EB/OL］．（2023－06－27）［2023－06－28］. https：//mp. weixin. qq. com/s/ZPQ3y7oCamRc7AFm9AKv8g.

容付费先河的爱奇艺而言，其会员收入自2018年始已超过广告收入，成为公司的第一大收入来源。持续驱动会员用户增长、提升会员留存率，形成健康成熟的商业模式，以此提效增收，反哺生产更多优质内容，已是网络视频行业走向正向循环的必经之路。

实现会员收入有效增长的关键在于提升平台优质内容的确定性与用户长期获得感，这也意味着平台需要满足那些愿意为优质内容付费的会员的更多的需求。目前网络视频平台实现会员增收的策略主要集中在以下两个方面：

一是提供更多仅针对会员可见的优质内容。如今观众已不再满足于单一的剧集内容，对幕后花絮、衍生互动等也兴趣浓厚。如《流浪地球2》电影上线腾讯视频后，平台就邀请导演、幕后视效总监、演员以及科幻KOL一同参与，为会员独家策划了首映礼和直播陪看等活动；在前述提及的爱奇艺《种地吧》综艺中，也只有会员才能解锁正片之外的加更内容（指在原定的更新计划之外额外增加的新内容）。

二是细化会员权益体系。在推送优质内容之余，平台为提升用户黏性还需持续提供高质量的增值服务，如爱奇艺的会员权益中就包括内容特权（如会员独享）、观影特权（如跳过广告）、身份特权（如明星见面）和生活特权（如联名特惠）四类。用户需求的不断细分也对平台的会员体系设置提出了更为精细化的要求，爱奇艺为此建立了会员分层运营体系，将会员划分为权益覆盖不同终端的黄金、白金、星钻三个等级，让用户根据自己的消费习惯按需订阅，以实现内容价值和商业价值的最大化。

虽然网络视频平台的会员体系已迈入深耕细作的阶段，但也面对着节节攀升的会员价格是否与会员权益对等的质疑。此外，多数用户的付费习惯依旧属于“跟着内容走”，如何提升会员的留存率，最终实现用户为平台付费而非仅仅是为单项内容买单的可持续盈利模式，是网络视频平台未来需要破解的难题。

（三）探索多元IP变现

IP（Intellectual Property）指具有知识产权的创意产品，是自带流量、有着高辨识度、强变现能力、长变现周期[①]且具有跨媒介开发潜力的文化符号，因具有整合多种外延形态的集群效应而成为数字文化产业的讨论重心。[②]

早期网络视频平台主要将粉丝注意力作为IP转化投资的基本保障，“重流量、轻内容”现象迭出，导致IP作品口碑下滑。在降本增效、提质减量理念的倡导下，网络视频平台的IP开发策略从注重短期变现转向秉持长期主义的精细运营，即重申IP的价值在于串联多种内容形态，以交叉赋能的方式放大内容影响力，而非简单的IP认知带来的关注增长或黏性增强的线性导流逻辑。[③]总体来看，网络视频行业目前处于传媒IP产业链的中游，扮演着IP影响力放大器的

① 中国文化产业发展集团.2018中国文化IP产业发展报告［R/OL］.（2018-09-29）［2023-06-28］. http：//m. people. cn/n4/2018/0929/c646-11682902. html.

② 陈昌凤，仇筠茜.技术可供性视角下优质IP的媒介逻辑分析［J］.清华大学学报（哲学社会科学版），2018，33（4）：163-168，197.

③ 中金公司研究部.内容之脉：生生不息的IP生态［R/OL］.（2021-10-22）［2023-06-28］. https：//mp. weixin. qq. com/s/jhSQSIr-vW6ctVyXOlwWFA.

角色，并逐步形成以文学（网文）IP 为源头、以融入生活场景实现多元变现为目标的成熟发展脉络。

以爱奇艺为例，基于“文学-影视产业链”的培育，平台联合《十月》、百花文艺出版社、长江新世纪、中信出版集团等 20 多家文学期刊和出版单位，通过“造浪计划”“云腾计划”等为文学作品提供影视化通道，并为入选作者及作品提供包括文学奖项申报、图书出版运营、多版权开发、作家品牌打造等全方位扶持。[①]此外，爱奇艺亦积极探索“文学-影视双线开发”路径。如围绕热门剧集《狂飙》进行从影视到文学再到多版权的 IP 转化：《狂飙》剧改小说上线后，实体书一周内在京东、当当热卖榜单蝉联第一，《狂飙》有声剧同期也在喜马拉雅平台悬疑和影视书榜单位列第一。[②]

在产出有价值的内容之外，通过实景娱乐、衍生品等形式融入线下生活场景也是网络视频平台拓展业务链、打造长生命周期 IP 运营的有效路径。如前文所述，芒果 TV 凭借在迷综赛道的多年深耕，在推理型剧本创作能力和 IP 储备上积累了明显优势。自 2022 年始，芒果 TV 布局线下沉浸式娱乐产业，综艺《明星大侦探》同款线下剧本杀门店 M-City 相继在多个城市开业，由此构筑了一个集网络剧、互动游戏、衍生综艺、视频电商、线上演唱会和线下主题店为一体的“迷综”IP 产业链，通过商业版图的不断扩张实现 IP 价值的多元变现。

【问题讨论】

1. 伴随数字内容的产业化发展，内容管理对新媒体组织而言有何重要意义?
2. 新媒体时代优质内容的评判标准发生了哪些变化?
3. 简要评析 AIGC 为新媒体内容生产带来的变革。
4. 如何看待算法对内容分发的影响?
5. 结合实例阐述网络视频平台提升用户付费意愿及会员留存率的具体策略。

---

① 肖扬 .2023 中国电视剧编剧行业峰会：与艺术家相互成就，以影视语言讲好文学故事［EB/OL］.（2023-06-08）［2023-06-28］. https://baijiahao.baidu.com/s?id=1768105018402244533&wfr=spider&for=pc.

② 爱奇艺世界大会文学分论坛在京举行：发布“造浪计划”为下一个爆款播下“种子”［EB/OL］.（2023-05-10）［2023-06-28］. https://finance.ifeng.com/c/8PgHGuH2kFx.

第七章　新媒体营销管理

对于大量的新媒体组织，为客户提供营销服务以获取广告费、公关费、服务费等收入，是重要的盈利途径。那么，这些新媒体组织是如何通过组织架构的设置、各项资源的调配、营销产品的设计等方式优化自己的营销服务的呢？同时，基于新媒体时代的营销环境和营销趋势变化，各类企业又是如何认识新媒体带来的变革并借助新媒体平台展开营销策划和执行的呢？在本章，我们首先总结新媒体时代营销的新变化，继而重点探讨“面向营销的管理”和“基于管理的营销”，对上述问题做出回应。

第一节　新媒体新营销

随着数字技术的飞速发展，层出不穷的新兴智能媒体和遍布各处的高速网络深刻地改变着人们的生活和工作方式、企业的运营理念和模式、市场和产业的环境及格局……正是因为这些营销主体、客体、渠道、环境等方面的诸多变化，新媒体时代的营销又有了新的理念与思路。

一、营销：创造、传递及传播价值

营销（marketing）是一项有组织的活动，它包括创造、传播和传递顾客价值和管理顾客关系的一系列过程，从而使利益相关者和企业都从中受益[1]，简言之，营销就是在满足顾客需要的同时获得利润。在运作上，营销活动旨在“为消费者设计合适的产品”，营销者在选择目标市场、把握顾客价值的基础上，通过创造、传递和传播较高的顾客价值，获得、保持和增加顾客[2]。其中，目标市场是企业根据消费者在人文、心理以及行为上的差异进行市场细分后选定的某部分或几部分的消费者，是企业市场策略所追求的销售目标；顾客价值则可以理解为产品对营销对象而言所具有的功能利益和情感利益。

由于营销行为涉及企业、顾客、社会三者的利益关系，这就需要企业在效率、效果和社会责任方面，以某种思想为指导进行营销活动。随着时代的发展，企业面临的宏观环境、具体的行业竞争环境都在不断地发生变化，营销活动的指导思想从起初的生产观念、产品观念、推销观念逐步转化为营销观念（见表7-1）。

---

① 参考美国市场营销协会（AMA）对营销的定义：https：//www.ama.org/AboutAMA/Pages/Definition-of-Marketing.aspx.

② 科特勒，凯勒，洪瑞云，等. 营销管理：亚洲版：第5版［M］. 北京：中国人民大学出版社，2011：5.

表 7-1 几种引导营销活动的观念

观念类型	对消费者的认知	核心特征
生产观念	偏好“可以买到”且“价格低廉”的产品	注重提高生产效率，扩大分销覆盖面
产品观念	偏好制作精良、高质量、多功能和具有某些创新特色的产品	注重产品的精细度和独特性
推销观念	商品同质程度较高，消费者的购买选择余地较大	积极推销和大力促销，将产品卖给更多消费者，从而赢得更多利润
营销观念	消费者不关注不符合需求的产品	识别目标市场的需求和欲望，并且比竞争对手更有效、更有利地传送目标市场所期望的东西，为消费者设计合适的产品

在上述的转变过程中，企业营销的目标已从自身盈利为主转变为企业、消费者与社会利益的有机结合，因此，企业通过媒体向消费者传播价值、与之沟通就成为营销的关键环节。

二、从 4P 到 4C 再到 4R

价值能否被有效地创造、传播和传递，有赖于一些重要的因素，比如经典的 4P 理论所阐释的四方面内容。围绕这些因素设计组合策略，是各企业展开营销活动和达成营销目标的保障。随着市场环境的变化及营销理论的不断丰富和完善，在 4P 的基础上又延展出 4C 和 4R 等理论。

（一）从销售者出发的营销 4P

美国营销学学者杰罗姆·麦卡锡（Jerome Mccarthy）在 1960 年出版的《基础营销》中提出了营销的四大要素：产品（product）、价格（price）、渠道（place）和促销（promotion），这一体系也被称为 4P。营销 4P 是一种从销售者出发的观点，即卖方用于影响买方的营销体系（或组合）。

其中，“产品”代表企业提供给目标市场的产品和服务的组合，包括产品质量、性能、设计等；“价格”代表顾客购买商品时的价格，包括价目表所列的价格、折扣、支付方式和期限等；“渠道”代表企业为将其产品送达目标市场（或目标顾客）所进行的各种活动，包括中间商的选择、仓储、运输及物流等；“促销”代表企业为宣传介绍其产品的优点和说服目标消费者购买其产品所进行的种种活动，包括销售促进（如优惠券、现金返还、赠品）、公共关系、广告等（见表 7-2）。

表 7-2 营销 4P

营销要素	包含内容
产品（product）	产品种类、质量、设计、性能、品牌包装、包装、规格、服务、保证、退货

续表

营销要素	包含内容
价格（price）	目录价格，折扣，折让，付款期限，信贷条件
渠道（place）	覆盖区域，商品分类，位置，存货，运输
促销（promotion）	销售促进，公共关系，广告，直接营销，人员推销

（二）以消费者为核心的营销 4C

20 世纪 90 年代，美国营销专家罗伯特·劳特朋（Robert Lauterborn）提出用新的 4C 体系取代 4P 体系，这 4C 指的是顾客（customer）、成本（cost）、便利（convenience）和沟通（communication）。4C 体系伴随着营销理念的变化而产生，站在消费者的立场重新反思营销活动的诸方面，是对传统 4P 理论的发展和深化。

该理论的主要观点是：

首先，顾客是企业一切经营活动的核心，企业对顾客需求的重视是第一位的。

其次，成本包含生产经营全过程的成本，包括企业生产成本、消费者购买成本（如购物时间的耗费、体力和精力的耗费、存在的风险以及机会成本）等。4C 体系中的成本是 4P 体系中价格的延伸，4C 理论还认为产品的定价不应仅从生产者角度进行，也要将消费者的“接受”价格列入决定性因素。

再次，便利就是方便顾客，维护顾客利益，为顾客提供全方位的服务。4C 理论强调企业提供给消费者的便利比渠道更重要。这一理论认为便利原则应贯穿于销售的全过程：在产品销售前，企业应及时向消费者提供有关产品性能、质量、使用方法的信息；顾客购买商品时应给予其最大的购物方便，如免费送货、免费停车等，新媒体时代有的企业还直接开发用于手机等移动媒体的销售客户端以方便消费者随时、随地购买；在产品销售后，企业还要及时处理顾客反馈，保障维修或履行退换承诺等。

最后，沟通强调企业应重视与顾客的双向沟通，以积极的方式适应顾客的情感，建立基于共同利益的企业顾客关系。双向沟通有利于协调矛盾、融合感情以培养忠诚的顾客。忠诚的顾客既是企业稳固的消费者，也是企业最理想的推销者。

（三）注重关系构建的营销 4R

2001 年，美国营销学学者唐·舒尔茨（Don Schultz）又在营销 4C 理论的基础上进一步提出了关注关系、竞争和品牌的 4R 营销组合体系。

关联（relevancy），即企业需要通过某些有效的方式在业务、需求等方面与顾客建立关联，形成一种互助、互求、互需的关系，把顾客与企业联系在一起，形成在信息、利益及价值等方面的“共同体”。

反应（reaction），在相互影响的市场上，营销者面临的核心问题不在于如何控制、制定、实施营销计划，而在于如何站在顾客的角度及时倾听其希望和需求，并对之快速做出反应、给出答复，以满足其需求。

关系（relation），在消费者地位提升、消费主动性和与企业互动均增强的时代，企业抢占市场的关键在于与顾客建立长期而稳固的关系；相应的，企业应在理念上实现转换：从一次交易转变为建立友好合作关系，长期拥有顾客；从着眼于短期利益转向重视长期利益；从顾客被动适应企业单一销售转向顾客主动参与到生产过程中来；从相互的利益冲突转变为共同的和谐发展；从管理营销组合变成管理企业与顾客的互动关系。沟通是建立这种良性关系的重要手段。

回报（reward），企业应追求一定的、合理的市场回报以维持市场关系并为企业的营销注入动力。回报可来自两个方面：一是对成本的控制；二是对顾客需求的创造和满足，企业通过为顾客提供价值来获得顾客给予的金钱、信任、支持、赞誉、忠诚、合作等物质和精神回报，从而与顾客实现双赢。

三、新媒体时代营销的新变化

数字技术的发展使得“传播”活动与“营销”活动呈现出一体化趋势，二者间界限日益模糊，正如唐·舒尔茨所言，“营销即传播，传播即营销”①。新媒体时代的营销正是以新媒体平台为传播和购买渠道，把相关产品的功能、价值等信息传送至目标消费者，并在其脑海中形成记忆和好感，从而实现品牌宣传、产品销售目的。

本部分将从传播的视角，围绕媒体、消费者和企业这三类营销活动的重要参与者及营销活动本身，对新媒体时代营销的一些新变化做出总结。

（一）媒体变化对于营销的意义

媒体是企业向目标消费者传播价值的主要工具，但媒体对于企业营销的意义不仅仅体现在对消费者进行产品及服务相关信息的告知、劝服、提醒等传播沟通层面，还更为深入地体现在媒体变革所引发的消费变革、营销变革乃至社会文化的变革等方面，例如社交媒体对人们交流方式、关系构建、共同体形成等方面的作用。

新媒体时代，媒体领域呈现出层出不穷、交错融合和联动发展三个特点。

层出不穷是指媒体的新技术层出不穷（如VR、AR、竖屏视频等）、新形式层出不穷（如短视频应用、直播平台等）、新应用层出不穷（如移动媒体的各类应用程序）。

交错融合指的是无论新兴媒体还是传统媒体，在数字技术的影响下都渐渐向着“无所不能”的融合方向发展，接入网络的任意终端都能满足用户在信息资讯、休闲娱乐、互动社交、生活消费等方面的需要。

联动发展则是指各类媒体从各自为战转向打破界限、互相联合，充分发挥各自的优势为共同的营销目标服务，如统合手机屏、电视屏和电脑屏的“三屏合一”传播模式。

媒体环境的这些特点对营销的意义体现在：

其一，为消费者构建了从室内到户外、从静态到移动、从完整到碎片的

---

① 邵华东，陈怡．广告主数字新媒体营销传播理论与实务［M］．北京：中国传媒大学出版社，2016：10.

“无缝连接”的立体式媒体接触空间，利于企业更有效地捕捉、对接目标消费者。

其二，利于满足消费者多元且不断变动的媒介使用需求，从而维持并增强其对各类媒体的关注及使用黏性，这意味着企业向消费者传播信息的时间得到拓展、程度得到加深。

其三，消费者的媒介选择大大增加，他们由以往被动接收信息的受众角色向主动搜索、选择、分享的用户角色转变，如何以尊重、平等的姿态吸引消费者主动探求信息变得重要。

其四，基于新媒体用户媒介使用行为及消费行为的大数据让企业能更精准地将信息传播给目标消费者；借助微博、微信、短视频平台、网络社区等新平台，企业得以直接面对消费者，二者的持续互动所打造的关系网络和共同体成为企业未来营销竞争的重要基础。

其五，依靠兴趣、品味、审美、情感、志向等元素，企业能够以较低的成本把世界范围内的“碎片化”消费者在各类新媒体平台上规模化地聚合起来。

其六，媒体之间的互补、联动多于竞争和替代，打破媒体界限的跨媒体营销成为可能，企业可结合目标人群的生活路线图设计沟通导线和传播场景，与消费者沟通并持续对话。

（二）将“消费者”还原为“生活者”

消费者是企业服务的对象，营销的成败需要由消费者的认知度、美誉度、忠诚度以及一系列行动来评判。因此，对于企业而言，其营销战略的设计与战术的开展必须根据消费者的新变化、新特征、新需求做出适时的调整和优化。

随着物质产品的丰富、生活水平的提高，消费者拥有多种形态、多种层次的消费选择，他们的自我意识、个性化需求逐步凸显，越来越关注自身的物质与精神生活。同时，消费者的媒介选择大大增加，新媒体使其获取信息和表达自我的渠道更加多元，他们在享受个性化服务的同时，更强调个人被尊重、信任与关爱①，希望得到确实的幸福与美好。基于这样的变化，更多的企业越发认同这样一句话——“世间本无消费者，有的只是用心生活的人！”

如果把人看作消费者，企业面对的就是按社会人口统计指标、消费行为、消费心理等加以细分的一群人，他们和企业难以产生除交易之外的更多关联；若是将人看成生活者，那么企业面对的则是渴望关怀、期待支持、希望交流的情感丰富的朋友、伙伴或邻居，除了交易，二者还会产生情感、结下友谊、彼此关注、相互支持。

如果将上述的观点细化，则可表现为：

在内涵上，生活者的视角关注“充满情感的人生体验”，消费者的视角关注“购买”“使用”“持有”和“处理”；

在传播方式上，生活者的视角重点在尊重和平等基础上的倾听、沟通和支持，而消费者视角则侧重单向的告知、提示与说服；

在品牌活动执行中，生活者视角以价值的创造和情感的交流为重心，而消

---

① 丁俊杰，陈刚．广告的超越：中国 4A 十年蓝皮书［M］．北京：中信出版社，2016：153.

费者视角则以产品或服务的推广与售卖为重心；

在品牌活动目的上，生活者视角希望营销者和生活者彼此成为生活中可信赖的伙伴，而消费者视角则期待产品或服务更多地被购买和使用。

综上所述，生活者视角的营销活动是要企业以尊重的态度，通过对话和关系构建来促进人们对企业的认知、认同和认可。认知——生活者视角的营销活动能帮助企业在人们心中形成积极的品牌联想；认同——生活者视角的营销活动能通过信息传播彰显企业的价值观、时代精神和人文关怀，从而引发人们的共鸣；认可——生活者视角的营销活动能有效捆绑政府、媒体、投资者及公众对企业的信任，只要信任关系建立，企业会获得来自方方面面的支持，即使遭遇危机，亦可能因这份信任获得谅解甚至发展的机遇。

观念一旦转化，企业需要做的就是持续、细致地洞察生活者的心灵，了解并管理新媒体时代生活者的信息接触点，然后结合新的传播格局、新的传播语境、新的传播语法，与生活者分享和共创品牌价值。

（三）企业拥有新的营销观

在新媒体时代，20 世纪八九十年代所流行的“一则广告就能救活一个企业”“广告投得越多企业销售越旺”“大媒体大营销才能出效果”等营销观念，早已被更为多元而成熟的营销观所取代。

各类企业开始调整内部组织结构，以努力适应新媒体时代的环境变化，更加看重投入产出，关注短期营销战术与长期营销战略的匹配，愿意选择更符合自己行业和产品特点且更易与目标消费者沟通的媒体，更为在意用整合营销的思路调整和分配营销预算，同时在新的营销产品的尝试方面也表现得更主动——据秒针系统对 160 个品牌主的调研数据，2022 年有 77%的品牌主表示要持续增加移动营销投入，同时相较于电商、资讯、搜索等传统应用，社交、短视频、直播三类新兴营销资源更加受到品牌主的青睐。①

总体而言，新媒体时代企业营销的关键词可以用价值共创、对话与关系、讲故事进行概括。

近年来，很多成熟企业的品牌运作已从最初的提供出处保障、展示商品价值，过渡到塑造形象价值、挖掘体验价值，并进一步跨越到共创价值的阶段。换句话说，之前的品牌运作是“形容词式”的，企业希望消费者更多地听到、理解和记住自己的品牌信息；而品牌价值共创是“动词式”的，其重点在于企业吸引消费者参与，并对消费者的行为进行鼓励和支援，由消费者亲自表达对企业品牌的感悟。

对话与关系是相对于先前企业营销传播单向灌输、“狂轰滥炸”的思路而提出的。在 Web 3.0 时代，企业能够实现与消费者“零距离”的沟通，消费者不仅需要获得对其消费决策有用的信息，也希望在社交媒体造就的公共空间里面寻求与企业人格化的相遇——企业不是一个冷冰冰的产品制造和销售的机构，

---

① 李晓丹．2023 年中国数字营销趋势报告：77%广告主将增加移动互联网营销投入 社交、短视频、直播是重点［EB/OL］．（2022-12-23）［2023-05-01］．https：//baijiahao.baidu.com/s?id=1752994855822750502&wfr=spider&for=pc.

而应是有情感、有温度、有理想、懂关怀的人。只有企业“人格化”，才容易与消费者（生活者）互相倾听、深度交流，并随之构建良性的信任关系，而这种关系对企业品牌资产的塑造非常重要。目前，许多企业或与公关公司合作或通过自建的方式开设官方微博、微信公众号，在社交媒体平台上频频发声、展示个性、保持互动、借势造势，取得了不错的效果。

讲故事是企业为了让自己的品牌感性起来且能够引起消费者更广泛的共鸣而采取的营销策略。纽约广告研究机构与美国广告协会经过三年的调研发现，相比普通的产品定位广告，消费者更喜欢那些讲述品牌故事的广告。[①] 内容营销专家乔·普利兹（Joe Pulizzi）认为，“优秀的营销内容是有生命的。它是品牌讲述的故事，是意志和情感的延伸”[②]。目前较为流行的讲故事方式是制作微电影等网络视频广告，如凯迪拉克推出的《66 号公路》、尊尼获加的《语路》系列微电影、网易云音乐的《音乐的力量》等。这类视频具备易于激起消费者共鸣与互动的特征，更适合给当下有“碎片化阅读”习惯的消费者讲故事[③]，“润物细无声”地将品牌个性、企业理念等抽象概念渗透进消费者的心智中。不过值得注意的是，企业故事的急剧增多也会造成消费者在信息获取方面的不堪重负，对此，企业应更多地尝试充当营销传播平台的搭建者与引导者，鼓励消费者对营销内容进行挖掘、深化、重塑与再创造，进而自主传播，以增强他们对相关信息的参与感和卷入度，强化并巩固营销效果。

（四）营销活动的“品效合一”导向及智能化变革

新媒体不仅改变了营销活动的参与者，也改变了营销活动的底层逻辑。虽然我们总是希望将营销的各种要素有机地组合，然而事实却是传统的营销活动往往以传播产品和品牌信息为核心，与聚焦商业信息变现及产品触达的销售活动不仅难以顺畅联动，反而常被割裂为企业与消费者接触的两个不同渠道：前者旨在改变消费者的认知、情感和态度，后者则致力于促成消费者的购买行为。不过，随着以电子商务为代表的商业模式兴起，信息展示渠道与产品购买渠道被打通，实现“品效合一”成为可能——营销活动不仅可以提升品牌的知名度、认知度和美誉度，也能够推动效果的可见转化，例如点击量、购买量、销售额的提升。新媒体时代的营销活动不仅要保持长期、稳定、一致的信息输出，以形塑和维持企业的品牌形象，还应综合考量投入和产出，根据效果进行动态调整。[④]

实现营销活动的效果导向，离不开以物联网、大数据、VR 等为代表的智能化技术对营销活动流程的重塑。营销活动的智能化变革突出地表现在受众调查、内容创作、广告分发和效果监测四个环节，如今的营销活动呈现出立体化、

---

① GRANAT P. Earned media's day has come and PR must take advantage [J]. PR week, 2011, 14 (4): 28-30.

② ROSE R, PULIZZI J. Managing content marketing: the real-world guide for creating passionate subscribers to your brand [M]. Cleveland: Content Marketing Institute, 2011: 56.

③ 何梦祎. 视觉文化语境下微电影广告的品牌形象传播：以陌陌品牌重塑广告为例 [J]. 广告大观（理论版），2015 (5): 53-59.

④ 丁俊杰. “品效合一”是非辨 [J]. 中国广告，2019 (9): 101-102.

规模化、精准化和实时化的特征。

其一，受众调查立体化。对目标受众需求、偏好、期待等特征的全面把握是开展营销活动的基础，智能化技术在这一环节的引入不仅提高了受众数据的覆盖广度，也延伸了数据分析的时间纵深度。一方面，智能营销活动的数据收集克服了传统问卷调查样本量小、主观性强、数据结构僵化等弊端，在各网络终端设备的赋能下，所有消费者的性格偏好、行为轨迹、生活方式等特征被分别记录、全面整合并实时更新；另一方面，聚合而成的数据也不只用于描述目标受众的现有行为，而是借助机器算法、深度学习等智能技术的处理对目标受众的未来行为轨迹和消费趋势做出预测，成为后续环节决策和调整的重要依据。

其二，内容创作规模化。围绕着核心创意进行内容生产是传统营销活动的核心步骤，其在很大程度上决定着该次活动的效果。有别于以往以专业广告人为主、以经验为依据的创意生产，智能时代的内容创作是人类智慧与机器学习相结合的成果。基于既有营销创意素材库和消费者数据库，机器可通过深度学习在掌握文案、图片、视频等多媒体设计和组合规则的基础上，输出匹配不同消费者的创意内容，化传统的小规模单一内容制作为大规模个性化内容生产，创作周期得以大幅缩短，“千人千面”得以实现。

其三，广告投放精准化。创意内容生成后，企业需为其选择与消费者接触的渠道，程序化广告投放是实现这一过程的重要工具。凭借丰富的媒介资源、多样的用户标签、及时的数据反馈，程序化广告初步实现了个人定制型的广告投放。更进一步，当智能化技术与广告投放深度融合，创意内容与目标受众对接的精准程度将再次提升——基于对消费者的立体化洞察和对媒介环境的智能化识别，广告投放系统能够自动生成契合受众偏好的广告创意素材，并综合考量广告预算与广告效果分配媒介资源。① 经由此种投放，企业的营销活动不仅可以精准锁定目标受众，而且能够根据不同受众的画像匹配乃至为其定制差异化的创意内容。

其四，效果监测实时化。受到媒介技术和媒体特征的影响，传统营销活动的运作流程呈现出明显的线性特征，作为最终阶段的效果评估因而显得有些滞后。这一时间差随着智能化技术的应用被逐渐消弭，目标受众在接收广告后的所有行为——包括无意识的浏览和有意识的互动反馈——都会被各网络终端设备实时记录，整合分析后呈现出广告投放的实际效果。同时，这些行为数据也会反馈至受众调查、内容创作和广告投放环节，用以实时更新消费者画像、完善广告创意和调整投放策略，推动智能营销活动全链路的同步优化与动态循环。

---

① 姜智彬．媒介技术演化下广告运作流程的变迁研究［J］．湖北大学学报（哲学社会科学版），2021，48（1）：154－162，173.

【前沿链接】优化与驱动：数据赋能营销决策的核心方式

在数字时代，数据对企业营销决策的重要意义已无须赘言。依托媒体数据、社交数据、网络数据、交易数据、物联网数据等不同来源的数据，企业不仅可以对市场需求进行更为准确的评估，还可以据此定制产品和服务，营造个性化的消费者体验，从而更好地创造、传播、交付与提高价值。

进一步看，数据对企业营销活动的作用具体体现在优化与驱动两个层面。其中，数据优化是企业营销活动中数据的基础应用场景，主要工作是收集当前及历史的数据，对其加以分析、获取洞察，然后做出对营销决策的改进。即数据优化侧重对过去营销活动效果的评估，并在评估的同时更加动态地调整、提升营销策略与执行方式。

与数据优化相比较，数据驱动则是近年随技术水平提高而开始逐渐普及的新数据应用领域，指在数字化营销与运营的过程中，直接用数据对广告投放及与消费者的沟通进行干预。即在营销与运营发生前，就依靠数据技术解决诸如选择哪些消费者作为投放或沟通对象，以及用何种内容与方式进行投放和沟通等问题，并将之动态应用到最微小的市场单位——个体消费者身上，做到每一个细微的营销决策都有充分的数据作为支持。

数据优化和数据驱动常常交织于企业数字化营销的全过程中，缺少二者中的任何一个，数字化营销都无法真正达成。一方面，数据驱动型营销要通过持续的数据优化过程实现更为长久、可靠的策略提升。另一方面，面对企业对营销活动效果转化和效率优化日益迫切的需求，实现数据驱动型营销是更为有效的解决方案。而从长远看，在当下的数字化营销变革中，传统的营销管理方式正在被基于数据的新管理方式和技术取代，企业对人工智能、物联网、VR/AR等新技术的应用及其驱动外部的能力与资源，都越来越需要依靠高质量的数据以及更好的数据管理能力和数据应用技术。换言之，在未来的营销竞争中，获得更大的数据优势将是所有企业都不得不正视的重要问题，乃至首要问题。

资料来源：科特勒，陈就学，塞蒂亚万．营销革命5.0：以人为本的技术［M］．曹虎，等译．北京：机械工业出版社，2022：4-13；宋星．数据赋能：数字化营销与运营新实战［M］．北京：电子工业出版社，2021：1-14.

第二节　面向营销的管理

为了更好地服务于企业的营销活动，以及更好地应对来自同类媒体和其他类型媒体的竞争，新媒体组织不断优化自身的营销管理理念，并在这些理念的指引下调整组织结构、合理配置人员、创新营销产品和经营模式、再造业务流程。本节即从这些角度，基于我国代表性新媒体组织的营销管理实践，具体描述新媒体组织是如何对自己的营销业务进行管理的。

一、新媒体组织的营销理念

经过多年的实践和学习，新媒体组织在借鉴和摸索中创新出了许多新的营销产品和营销手段，更有一些行业的领先者已经形成了自己独特的营销理念和营销体系，影响与引领整个新媒体行业的市场营销趋势。例如，新浪微博根据对社交传播趋势与社交价值的判断提出的“全链路营销”理念，腾讯广告从自身“企业全域经营伙伴”平台定位出发提出的“‘1234’全域经营方法论”，字节跳动聚焦“全能力”与“可度量”提出的“全量增长”理念，以及百度以AI驱动为核心提出“场景无限·内容无限·经营无限”整合营销理念等（见表7-3）。

表7-3　几家新媒体企业的营销理念

名称	营销理念	解释
新浪微博	全链路营销	以帮助品牌提升流行度、归属感和信任度为目标，从洞察市场、观察消费者、沟通消费者、管理销售、积累品牌复利五个维度出发构建营销方案，综合声量资产、用户资产、内容资产三个维度评估品牌社交资产的积累情况
腾讯	“1234”全域经营方法论	将“企业全域经营伙伴”作为平台定位，始终以用户为“1个中心”；做到线上线下、公域私域“2个整合”；开展基于全域场景的产品形态创新与链路优化以提升触达、沟通、经营“3大能力”；夯实腾讯广告系统、营销科学产品RACE、营销云、服务商市场“4大支撑”，协助多种生意模式获取增长
字节跳动	全量增长	围绕“全能力”“可度量”两个关键点，促进品牌规模、质量和效率的全面提升，为增长提供长期、可持续的动力，更长远地沉淀品牌资产。其中，“全能力”即在巨大的用户规模下，将内容、链路、场景、数据能力全面打通，把品牌建设、心智种草、销售转化融为一体，促进营销和经营一体化；“可度量”指的是平台结合对内容和人群的数据度量，以O-5A① 品牌人群资产为核心，从规模、质量、效率三方面入手，解决投放不精准，投放效果难追踪等营销难题，帮助企业高效完成交易，助力企业实现长期价值
哔哩哔哩	4i兴趣营销模型	通过高质量内容凝聚长期用户关系，以对社区的洞察（insight）为起点，通过营销资源（immerse）的配置，利用圈层营销、节点营销、事件营销、种草营销四种整合传播路径（impress），最终围绕内容表现出三个层面的复利（icon）——时间复利、社区复利、IP复利

① O即opportunity，指代“机会人群”；5A代表经营链路从前到后的五个关键节点：了解人群（aware）、吸引人群（appeal）、种草人群（ask）、购买人群（act）、复购人群（advocate）。

续表

名称	营销理念	解释
百度	“场景无限·内容无限·经营无限”整合营销理念	依托百度大脑的底层数据算力与算法模型，以百度移动生态为主要载体，由AI驱动完成多维用户场景触点的打造、多元交互内容的生成、长效经营生态的构建，实现百度营销在场景“宽度”、内容“深度”、经营“长度”三个层面的拓展，助力品牌突破传统模式、高效触达并影响消费者
阿里妈妈	DEEPLINK	以构建品牌营销新链路、制定高效营销活动为目标，将消费者旅程划分为发现、种草、互动、行动、首购、复购、至爱七个阶段，从基础维度、运营维度、心智维度三个层次对消费者在每个阶段中的行为表现进行全方位解析，以此制定营销策略，升级品牌与消费者的互动模式，实现品牌精细化营销和长期的消费者资产增长
京东	ACME iStar+MAP	基于用户心智（approval）、用户黏性（cohesive）、品牌共鸣（moving）、营销效率（efficiency）四个能力要素评估品牌综合能力，细化营销目标；结合营销洞察（insight）、营销战略（strategy）、营销策略（tactics）、营销执行（action）与复盘优化（result）五个关键环节，通过成长定位（match）、能力评估（access）与策略匹配（practice）三个步骤制定品牌长期价值提升的具体实践路径

营销理念为新媒体组织提供了一种管理营销战略和战术的整合方法。不过，亦如前文所说，企业的营销理念并非一成不变。根据企业面临的宏观环境、具体的行业竞争环境、不断演进的技术环境，其营销理念也要不断进行调整更新，以适应新的市场需求。对于新媒体组织来说，当前我国互联网行业已经进入新的发展阶段，新媒体组织规模及业务的多元性早已今非昔比，品牌主与消费者的需求和偏好也发生了巨大变化，这使得新媒体组织的营销理念与行业发展初期相比产生了显著改变。综观当下不同新媒体组织的营销理念，可以发现以下几点共性特征，我们可由此观察到当前新媒体组织营销管理的主流趋势。

(一)“以用户为中心”观念更为深入

作为营销观念的核心，“以用户为中心”强调通过识别目标用户的需求和欲望，向其准确提供能够满足他们期望的产品与服务。凭借常以亿计的用户群体、巨量的用户数据与先进的数字技术，新媒体组织在联通用户期望与营销业务目标、打造卓越品牌体验方面一直具有显著优势。“以用户为中心”的营销观念不仅得到新媒体组织的广泛实践，也在此过程中不断深化。特别是近年，面对持续加剧的行业竞争和更加“挑剔”的网络用户，新媒体组织也在进一步强化对用户需求的全方位洞察，力求把用户体验和营销转化做到极致，竞相创新营销模式，提出了很多较新的营销理念，诸如“客户旅程”“千人千面”“增长黑客”

“营销自动化”等，推动营销工作的用户中心化思维不断健全与成熟。

（二）营销管理模式更加趋向精细化

伴随着互联网的深度普及，用户数量增长放缓、网络使用时长触顶等宏观环境变化使新媒体行业进入流量的存量竞争时代，精细化运营、以服务提高价值成为当前新媒体组织的普遍共识与选择。其营销理念也广泛表现出了通过精益化营销管理提高营销效率的特点，例如强调对用户进行更细颗粒度的运营，针对用户群体、营销渠道、使用场景、转化流程、用户行为数据等展开更有针对性的运营分析，精耕、深耕存量用户需求，基于更优的投入产出比实现平台的营销效果。

（三）全域与全链营销方法成为新浪潮

顺应营销观念与管理模式的发展趋势，新媒体组织在营销方法论层面也在不断创新。近年，越来越多的新媒体组织开始采用全域营销或全链营销的方法，在满足用户多维度、多方位消费需求的同时，助力品牌更高效地在平台生态内实现闭环增长。其中，全域营销强调整合线下和线上的消费者、商品与服务及交易履约信息，贯通公域和私域的客户流、信息流与服务流，形成线上线下全渠道、一体化、智能化的营销服务体系，实现全方位的营销曝光①，比较具有代表性的就是腾讯广告的“1234”全域经营方法论。全链营销则关注品牌与消费者接触的每一个节点，纵向深入消费者第一次与品牌接触、产生认知、激发兴趣、形成欲望，到最终完成行动转化的全过程中，通过各类营销手段引导、激励消费者进入下一阶段，以达成最终的营销目标，这一方法比较典型的例子包括阿里妈妈的DEEPLINK深链人群经营方法论、巨量引擎的O－5A人群资产模型等。

二、新媒体组织的营销产品

新媒体组织的营销产品依托于其平台业务及其相应的媒体资源，比如门户网站的营销产品往往以网页的品牌展示类广告为主，搜索引擎的主要收入来源是经营搜索引擎广告，电子商务网站所运营的广告形式则以搜索类广告、展示类广告、广告联盟等为主要类型，等等。当前，随着新媒体行业的持续发展，一些大型新媒体组织在打造核心平台和业务的基础上，不断通过投资、收购等方式扩大自身的新媒体版图，产品的媒体形态、业务领域、目标用户都更趋多元化，营销资源与营销产品也随之不断拓展与丰富。

（一）全场景发展的广告产品

随着组织业务版图的扩张，越来越多的新媒体企业可向品牌主提供多平台、多领域、多样式的广告产品，满足其在不同流量场景下的营销诉求和营销目标。以腾讯为例，作为我国最大的互联网企业之一，其广告资源已发展为两大板块：一是腾讯域内的社交、娱乐与资讯内容平台；二是腾讯域外优质媒体资源汇集而成的腾讯优量汇资源。在域内广告资源方面，腾讯社交广告资源依托腾讯微

---

① 极客公园．全域经营新蓝图：腾讯广告的“1234”方法论［EB/OL］．（2022－09－29）［2023－06－01］．https：//baijiahao.baidu.com/s?id＝1745300518998957034&wfr＝spider&for＝pc.

信、QQ两大平台，分别向品牌主提供朋友圈广告、公众号广告、小程序广告、视频广告以及手机QQ广告、QQ空间广告等；娱乐广告资源主要涵盖腾讯音乐、视频、微视、游戏四大平台，提供开屏广告、插屏广告、信息流广告等多种广告形式；资讯内容广告则主要分布于腾讯新闻客户端、腾讯看点等资讯平台，通过开屏广告、信息流广告等的精准定向投放实现有效曝光。在域外广告资源方面，腾讯集合了视频、阅读、生活、教育、健康、游戏、娱乐、汽车等领域超10万家媒体资源，在汇聚更多网络流量的同时进一步扩大营销辐射范围，从而为品牌主提供更为多样的营销选择。

（二）连接用户与商业的营销工具

在提供广告产品外，新媒体组织还会为品牌主提供多种营销工具和方法，辅助品牌主在众多广告产品中进行合理选择，使其更加有效地开展营销活动、管理营销数据、分析营销效果并最终提高营销效率。随着新媒体广告产品的日益多元化以及品牌主对精细化营销的追求，营销工具在新媒体营销活动中的地位与作用变得越来越重要。

总体来看，新媒体的营销工具可大致分为三类：（1）广告投放类工具，一般包括广告创意制作、购买模式选择、目标人群定向、广告投放与管理平台等，主要协助品牌主执行广告投放活动；（2）平台辅助类工具，以相关数据产品为主，诸如行业洞察、消费者洞察、品牌资产评估、数据资产管理等，为品牌主制定营销决策提供支撑；（3）效果优化类工具，主要功能包括营销活动复盘、广告效果测量、诊断与策略优化，目标在于满足品牌主对营销科学提效的需求。也有新媒体组织根据不同的营销业务目标向品牌主提供相应的营销工具，例如腾讯广告就按照用户理解、用户触达与影响、用户转化与运营三个业务场景提供营销工具及相应的解决方案，品牌主可根据业务需要与营销痛点加以选择（见表7-4）。

表7-4　腾讯广告提供的广告技术产品

营销目标	营销业务	主要工具
用户理解	数据策略与洞察	依托DMP数据管理平台，帮助品牌主进行数据资产管理，提供全链路数据服务，促进数据资产价值最大化
用户触达与影响	购买模式	为品牌主提供直投、程序化投放（ADX）、RTA（Real-time API）等多种广告投放模式支持
	定向	基于品牌主的历史数据、商品信息、转化行为等为其自动智能寻找目标人群
	创意	向品牌主提供集创意定制、案例课堂、智能工具、预审分发与高效投放于一体的一站式服务平台“创意中心”
	投放管理	提供腾讯广告全流量、全场景、全模式的一站式投放平台“腾讯广告投放管理平台”以及为品牌主提供全面技术与数据支持、实现自动化营销管理的Marketing API服务
	服务管理	满足品牌主统一管理账号、数据、用户、多类型资产等需求的腾讯广告账号管理系统

续表

营销目标	营销业务	主要工具
用户转化与运营	多链路转化	包括整合与处理广告投放产生的线索数据的线索管理平台，为品牌主提供曝光多样化落地内容的落地页服务以及关联多转化链路、智能分配更多流量以提升转化效果的多链路推荐服务

资料来源：腾讯广告·广告技术［EB/OL］.［2023-06-01］. https：//e. qq. com/technology/.

面对品牌主对营销工具的差异化需求，新媒体组织提供的营销产品除自有产品外，也有第三方服务商的产品。以字节跳动旗下数字化营销服务平台巨量引擎为例，其自有营销工具已包括了以巨量广告、巨量创意、巨量星图、飞鱼CRM等为代表的广告投放类工具，巨量云图、巨量算数等营销数据产品，数字营销综合教育平台巨量学，以及投后结案、品牌增效度量BLS（brand lift study）、转化增效度量CLS（conversion lift study）等多种效果优化类工具；然而，在自身营销工具已经比较完备的基础上，巨量引擎还于2021年推出“群峰伙伴平台”，吸引第三方服务商加入平台营销服务生态，通过精准匹配品牌主需求与服务商能力，帮助品牌主找到适合自身个性化需求的营销服务提供商，极大丰富了平台的营销工具选择。截至2022年，群峰伙伴平台已有超5 000家营销服务商入驻①，可提供包含内容制作、直播运营、账号运营、流量增长、培训指导、线索转化、全案营销、投放优化等在内的全链路营销解决方案，不仅有效助力品牌主提高营销能力，也提升了整个平台的营销服务体验，促进巨量引擎营销生态加速发展。

（三）新媒体组织的营销管理

本部分以巨量引擎为例，呈现新媒体组织在营销运营管理方面的策略与方法。

巨量引擎是字节跳动公司于2019年1月发布的商业化营销服务品牌。其全面整合了字节跳动旗下今日头条、抖音短视频、火山小视频、西瓜视频、懂车帝、激萌Faceu、轻颜相机等产品的营销能力，同时联合其他流量、数据和内容方面的合作机构，面向全球广告主提供综合的数字营销服务。巨量引擎以致力于让不分体量、地域的企业及个体，都能通过数字化技术激发创造、驱动生意，进而实现商业的可持续增长为宗旨，凭借自身在产品创新、创意助攻、效果转化、数据度量与流量整合等方面的突出优势，目前已发展成为国内最大的数字营销平台之一。2020年，字节跳动的广告收入达到1 830亿元，占字节跳动总收入的77.3%②，体现出巨量引擎强劲的营收能力。

具体而言，巨量引擎在营销运营管理方面采取了如下方法和策略：

① 群峰伙伴发布营销服务标准，让营销提效［EB/OL］.（2023-02-23）［2023-06-01］. https：//finance. ifeng. com/c/8OOM1RJoDqo.

② 孔瑞琪，刘珊. 字节跳动：算法赋能的引领者［EB/OL］.（2021-08-25）［2023-06-20］. http：//www. c-gbi. com/v6/9731. html.

1. 部门设置

巨量引擎的销售架构分为三个部分：(1) 大客户（key account，KA），主要针对全球500强企业和知名广告代理公司开展业务；(2) 地方大客户（local account，LA），负责区域大客户和行业客户的开拓与维护工作；(3) 中小企业客户（small and midsize business，SMB），负责本地中小企业客户的开发与维护。各部门设置相应的营销运营业务板块，以员工人数最多的SMB部门为例，其营销业务部门包括三类业务岗位：(1) 电销，通过电话推介方式直接对接本地中小企业推广巨量引擎的广告产品与营销服务，寻找意向客户；(2) 面销，根据电销提供的意向客户线索展开上门约访，向其售卖巨量引擎相关广告产品与营销服务，签订投放合同；(3) 增值运营，负责和客户商定广告投放范围与计划、广告落地页的素材设计，搭建与运营客户的信息流广告账户，并通过调节、控制广告的各项影响因素，帮助客户优化广告投放与转化效果。

2. 业务流程

在面对一个新客户时，巨量引擎的营销团队会采取如下的流程进行运作：

首先，判断客户的区域归属和行业归属。判断结果形成之后，会由相应区域服务该行业的营销团队跟进客户。

其次，确定营销目标。营销团队在同客户接洽时，会进一步根据客户目前的发展情况、广告投放需求与营销预算确定营销目标。当客户已经实现持续盈利、想要继续扩大营收时，营销团队会侧重为其寻找新的流量渠道，进一步提高流量获取与客户关系的稳定性；而当客户尚未实现盈利，营销团队则会把验证营销策略、帮助客户实现盈利作为核心目标，将确定营销内容方向、找到流量获取渠道、验证营销转化率与获取种子用户等作为服务重点。

再次，广告投放与渠道效果优化。明确营销目标后，营销团队会与客户共同确定广告投放计划，包括投放的广告类型、创意内容、平台流量选择、人群定向、投放时间和地域、出价方式与日预算等。投放过程中，营销团队会依据目标消费者属性、商品销售范围、媒体用户画像与用户量级、客户考核指标等因素协助客户进行投放策略与渠道效果优化，促进广告持续引流、获得点击与提高转化，保持乃至提升广告投放的投资回报率。

最后，数据监测和效果评估。在广告投放后，巨量引擎会根据自身的数据监测体系对客户广告数据进行监测与分析，并向客户提供结案报告。内容包括广告的访问量、点击率、转化率、成交金额、投资回报率以及带来的用户注册数、日/月活跃用户、使用时长、使用频次、用户生命周期与用户生命周期价值等，帮助客户做出投放瓶颈诊断与未来投放规划。

3. 竞争策略

在面临其他新媒体平台的竞争时，巨量引擎主要从以下几个方面构建自身竞争优势：

第一，整合多元流量，实现全场景覆盖。依托字节跳动旗下多个现象级产品及其聚拢的规模化的高黏性、高活跃度用户，巨量引擎通过对全平台流量的整合，实现了涵盖图文、短视频、中长视频、直播等全内容形态与资讯、娱乐、知识、垂直信息等全内容类别的覆盖，同时完成了全用户圈层的全时长触达，由此不仅能为品牌主的商业信息提供更加多元、适配的内容载体，也可为其供给更庞大、优质的注意力资源池。

第二，开发科学工具帮助品牌主开展营销决策与促进营销决策落地，实现营销活动科学提效。巨量引擎在内部组建了一支专业的营销科学团队进行科学度量模型的构建与营销工具的开发，帮助品牌主以更科学的方法进行营销运营的诊断、分析、决策与效果度量。比如针对品牌价值评估，巨量引擎推出 SCI 品牌力模型，基于品牌在巨量引擎域内积累的营销数据资产持续评估和追踪品牌健康状况，为品牌选择营销策略提供科学依据。又如，针对中短期营销活动，巨量引擎也为品牌主提供了覆盖投前规划、策略前测、投中优化、投后复盘、投后验证等营销全过程的科学化工具，帮助品牌实现预定目标下的营销效果最大化。

第三，打造精细化营销服务，为品牌主提供多场景营销解决方案。如巨量引擎将品牌主的核心诉求分为展示、内容、电商三个场景，针对处于认知、兴趣、种草、转化、复购等不同生命旅程人群的不同特征及诉求，为品牌主提供不同的广告产品体系。又如，针对有一定基础的成长中品牌和成熟品牌、重内容种草的快消和耐消品牌以及重爆款拉新复购的电商行业品牌，巨量引擎分别提出了品牌力提升方法论、新品营销方法论与大促营销方法论，通过匹配具体的营销策略与提供支撑工具，为品牌主提供具有针对性的营销方法和实施路径。

第四，构建一站式营销服务，推进平台营销产品向“高度整合”“简单清晰”演进。由于巨量引擎产品体系多元丰富，过去品牌主需要分别登录不同平台使用不同产品，操作分散繁复。2023 年 3 月，巨量引擎将原营销协作平台巨量纵横全面升级为营销与经营一站式门户“巨量引擎工作台”。巨量引擎工作台不仅聚合了巨量引擎在流量、内容、阵地经营、电商、达人营销等多个领域的所有营销产品，还实现了各营销产品投放数据的打通和整合。品牌主不仅可以通过一个账号访问各个产品，实现跨平台、跨账户统一管理，还可以在工作台上比较和查看不同产品的功能及投放数据，然后根据自身需求在多种营销方式、多类产品和功能间快速便捷切换。巨量引擎也由此帮助品牌主更好地解决了进行多渠道布局、打破生态间壁垒与整合营销产品等营销难点，提升了整个平台的营销服务体验。

第三节　基于管理的营销

对营销者而言，新媒体时代的营销环境复杂而多变，其营销活动的开展必须经过细致的调研分析，确立可行的、可衡量的营销目标，进行缜密的营销策划，对营销方案的实施加以有效的组织、指挥、协调和控制，并对营销效果做出评估以适时调整和优化营销方案——这便是基于管理的营销，也是许多教科书中对“营销管理”的定义。本节将简要描述企业营销管理的内容，继而为读者介绍新媒体时代企业营销管理的几类代表性实践。

一、营销管理的内容

营销管理具体包括图 7－1 中所示的七项内容。

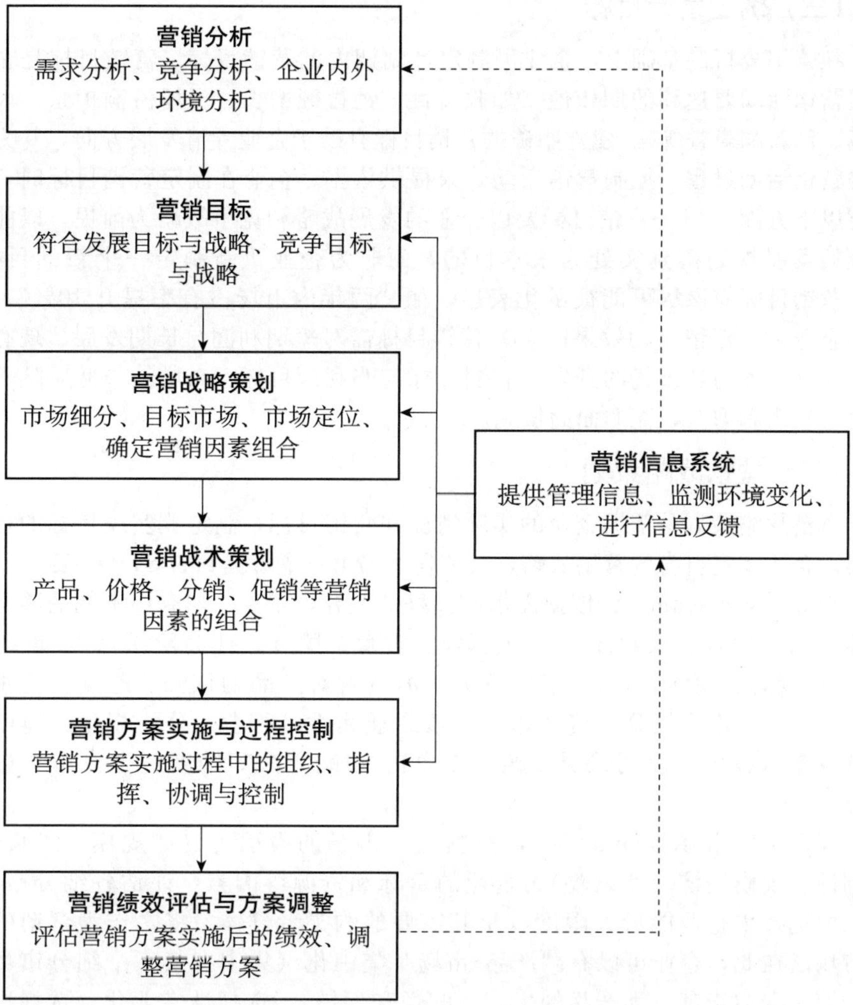

图 7-1 营销管理的内容

该图部分参考：庄贵军．营销管理：营销机会的识别、界定与利用［M］．北京：中国人民大学出版社，2011：43.

（一）建立营销信息系统

营销信息系统是企业在营销管理过程中，系统、持续地收集企业内外部信息、数据和资料，分析和监测外部环境变化，并定期向决策者进行汇报的一套信息提供程序。该系统旨在分析市场上的消费需求的变动，洞察其主要的变动趋势，从而为管理者的营销和管理提供信息支撑，供其及时调整其营销方案、做出正确的决策。

（二）做出营销分析

营销分析是通过对企业的内外部环境进行分析，洞察企业内部的优势和劣势，以及外部存在的机会和威胁，从而确立企业的使命、文化以及企业各战略业务的长期发展目标与行动计划，为企业制定营销战略提供依据。这与战略管理的战略分析相类似，本章不做赘述。

(三) 确定营销目标

在营销分析的基础上，企业可制定计划期内的营销目标。营销目标是企业开展营销活动要达到的期望值（如收益性、销售额增长、市场份额扩张、风险防范、创新和声誉等）。建立明确的营销目标有助于企业弄清发展方向，并为其监督营销活动过程、控制营销活动效果提供依据。企业在制定营销目标时，需注意以下方面：（1）营销目标要以企业的发展战略和竞争战略为前提，以能将企业的发展规划落到实处为根本目的，而非为企业重新制定一个新的目标；（2）营销目标应该尽可能被量化表述，如“两年内市场占有率提升 10%”，以便于企业评估营销活动效果；（3）营销目标需对短期利润与长期发展、现有市场的深度渗透与新市场的开发、利润目标与非利润目标、高增长与低风险等因素进行权衡和取舍，而非面面俱到。

(四) 营销战略策划

营销战略策划是依据企业的实际情况和营销目标，制定能实现目标的行动方案。企业制定自身的营销战略，可依据本书第三章曾提到的 STP 框架：

细分（segmenting），依据需求和偏好的差异，辨别、勾勒出不同的购买者群体，如以地理、人口统计（如职业、教育、民族、社会阶层）、心理统计（如价值观念、生活方式）、消费行为（消费者对产品的认知、态度、使用状况、反应）等维度划分消费者市场，按企业属性（行业、公司规模、地区）、经营变量（技术、使用状况、顾客能力）、采购方法等维度对企业市场进行细分。

确定目标市场（targeting），根据细分市场的吸引力（如规模、成长性、获利性、规模经济、低风险）、企业的目标和资源等因素，评估各细分市场，并从中选择出企业能最大限度满足其需要的购买者群体，将之作为营销的目标市场。在此，企业可以有“产品-市场”集中化（集中在某一个细分市场开展营销，专注于某一类产品的生产、配送和促销）、选择性专业化（选择进入若干具有吸引力且符合企业条件的细分市场，每个市场预期均能盈利，但各细分市场之间很少或者没有协同关系）、产品专业化（生产同一种产品销往不同细分市场）、市场专业化（专注于满足某一特定顾客群体的多方需求）、完全市场覆盖（为所有顾客提供其所需的全部产品）五种目标市场选择模式（见图 7-2）。

定位（positioning），针对目标市场的需求，确定企业或产品的市场定位，建立和传播产品的独特利益、价值主张。这往往需要企业在如下三种价值中进行组合并处理好它们之间的平衡关系：（1）顾客价值，指公司向购买者群体提供的产品的价值及其满足购买者需要的程度，后者不仅包含对物质利益的满足，也包含对心理利益的满足；（2）合作者价值，即产品为企业的合作者（包括供应商、分销商等）创造的所有收益和成本，反映了产品对合作者的吸引力；（3）公司价值，主要是指与产品有关的所有收益和成本以及它与企业目标的密切关系。

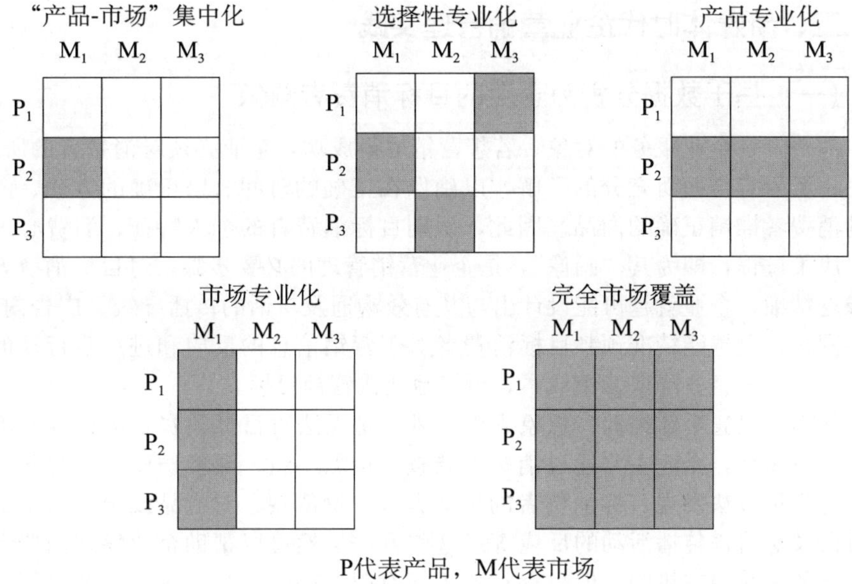

图 7-2 目标市场选择的五种模式

(五) 营销战术策划

相较于营销战略，营销战术更侧重可操作性。营销战术策划是企业为实现营销战略而在计谋、措施、项目、程序等方面进行的策划，体现为各类营销手段、要素的组合，如在本章第一节中我们提到的 4P、4C、4R 等营销要素的组合。

(六) 营销方案实施与过程控制

这是指企业在实施营销战略与战术方案过程中的组织、指挥、协调与控制活动，是把策划方案具体化的过程。在这一阶段，企业需进行以下工作：(1) 营销组织设计，即在企业组织架构体系中规定营销部门的职责、层级隶属关系等，并给其配备一定的岗位和人员；(2) 营销方案实施，根据策划方案的要求，配置企业的人力、财力、物力等各种资源，处理好企业与各类利益相关者（消费者、股东、员工、供应商、分销商）的关系，并加强内部的领导与激励工作，提高员工的执行力；(3) 营销活动监控，指营销管理者跟踪营销活动过程的每一环节，当环境发生变化时，及时对营销活动进行调整，以确保营销活动按照企业预期目标实施，如当突然出现负面网络舆情时，企业需加强营销传播环节中公共关系的相关工作。

(七) 营销绩效评估与方案调整

营销绩效是指营销方案实施后的效果（营销目标的实现程度）和效率（营销活动的投入产出比）两个方面，营销绩效评估亦是针对上述两个方面开展的。结合绩效评估结果，企业可对其营销目标、战略、战术等方面做出适当调整，从而达到增强对营销活动的控制程度、提升营销活动的灵敏性、优化营销资源的配置等目的。

二、新媒体时代企业营销管理实践

(一) 基于数据分析为企业的目标消费者画像

消费者是企业服务的对象。若想营销取得成功，企业必须对消费者的所思、所想、所为有全面而充分的了解，以确保在正确的时间、以正确的方式、向正确的消费者推销正确的商品。因此，识别目标消费者的个人特征、消费心理与购买决策过程，即为其“画像”，是企业营销管理的必要步骤。对目标消费者的画像越精细，企业就越可能设计出与其有效沟通及对话的传播导线、广告内容、关系网络，也越能精准预判目标消费者对于营销信息的反应和进一步行动的方向，由此帮助企业降低营销成本，更好地达成营销目标。

然而，仅凭个体经验、想象或头脑风暴是无法对目标消费者进行精准画像的。一直以来，企业主要通过消费者调查、焦点小组、深度访谈、实验研究等定性与定量方法发现目标消费者的生活方式、价值观、对产品或服务的了解和评价以及对营销传播活动的反应等。这些方法虽然可以帮助企业发现消费者购买决策的一些内在机制，但也存在着规模有限、耗时较长、成本较高以及灵活性不足等问题。对此，随着网络技术特别是大数据技术、人工智能技术的发展，通过网络数据分析更加全面、快速、明晰地刻画目标消费者的媒体使用行为、生活路线图、购买及使用行为成为当前企业营销管理中为消费者画像的新方法。

1. 描述消费者特征的数据类型

企业可从自身经营活动与自有媒介平台、合作媒体与互联网服务提供商、广告与营销服务商以及数据交易平台等不同渠道获取用于为目标消费者画像的数据。在数据类型方面，除了比较常见的人口统计特征、心理统计特征、行为方式等维度的数据外，新媒体时代，企业还可以获得以下几类新型数据，以进一步提升目标消费者画像的准确性与全面性。

(1) 识别用户唯一性的数据，主要包括用户个人信息、与网络设备绑定的ID、网络 Cookie 以及与媒体平台或小程序绑定的 ID 等。对此类数据进行 ID 映射可实现属于同一个体的相关数据的打通，甚至能够对同一个体维持长时间的数据收集。由此，企业可以把用户画像详细到个体级别，实现规模化的一对一营销。不过需要注意的是，这类数据多与个人隐私相关，收集过程必须遵守国家相关法律法规的要求。

(2) 各消费者数字触点上的数据，即企业可以获得与消费者在数字世界各类媒介平台上接触、沟通、互动与交易时产生的数据，如广告展示和点击数据，网站、App、小程序上的用户数据，微博、公众号上与用户相关的数据等。此类数据可以直接反映目标消费者接触企业或使用产品时的体验，也能够直观观察其对营销活动的反馈。企业可通过这些数据高效识别那些被企业营销推广触达的人群、在企业的各消费者触点上进行交互的人群、表现出转化意向的人群以及发生转化的实际消费者。

(3) 消费者所处的环境属性数据，如消费者在某个时刻所在的位置、周边的环境、行动的路线以及在行动中使用的网络终端的信息、浏览的网页或使用的 App 信息、相关的场景信息（如驾驶中）等。这类数据描述了与消费者紧密关联的自然、地理和虚拟世界三类环境，与人口统计特征、心理统计特征、行为方式等数据结合，可进一步丰富对目标消费者的理解，企业亦可据此向消费者提供情景化程度更高的消费体验。

2. 运用数据分析工具为目标消费者画像

基于上述数据，企业可以选择不同的数据分析工具或系统为目标消费者画像。本部分以数据管理平台（data management platform，DMP）为例，介绍借助数据分析工具进行消费者画像的流程与方法。

DMP 是一类数据管理与应用系统，其核心功能是记录每个消费者在各个消费者触点上的交互行为痕迹，基于这些痕迹区分不同消费者的特征，为不同特征的消费者提供针对性的广告投放。其操作过程可总结为①：

首先，DMP 可以收集和记录来自企业自有或第三方机构的不同消费接触点上的数据，包括用户 ID、姓名、性别、购买行为、购买渠道、购买时间等各类消费者数据；其次，DMP 会通过算法系统对这些数据进行运算，建立不同的消费者的特征、形成消费者属性标签，然后依据目标消费者标签及触点数据寻找与其相类似的人群，完成人群放大（look-alike）；再次，DMP 会将具有同样特征或数据的消费者筛选出来，生成特定细分人群输出给企业，实现相关人群精准触达。在此基础上，DMP 还可以在广告投放后对目标消费者的数据展开实时分析，判断已经执行的营销决策是否取得预期效果，从而为后续的营销方案提供决策支持。

目标消费者画像是一个持续、动态的过程。从林恩·尼尔森（Lene Nielsen）提出的目标消费者画像的“十步人物角色法”（详见本书第五章）可以发现，数据分析能够在定位消费者、发现消费者特征、识别消费者差异、洞察消费情景与营销反馈等多个环节中进一步帮助企业优化对目标消费者的认知，这对企业向每一位顾客提供个性化和情景化的营销至关重要。这种实践也从侧面反映出新媒体时代企业营销管理思路与方法的迭代。

（二）视频化时代企业的“短视频/直播+电商”营销

随着 5G、AI 等技术的进一步发展，视频化内容，特别是短视频，正在成为新媒体时代的主流传播方式之一。根据 CNNIC 第 52 次《中国互联网络发展状况统计报告》数据显示，截至 2023 年 6 月，我国网络视频用户规模达到 10.44 亿，其中短视频用户规模 10.26 亿，占网民整体的 95.2%②，成为仅次于即时通信的第二大网络应用。可观的用户规模赋予短视频越来越高的营销价值。各类短视频平台随之开发出诸多新兴的广告形式，如竖屏广告、直播电商等，为企业创造更多链接用户与商业变现的可能。《2022 中国互联网广告数据报告》显示，短视频广告已占整体广告收入市场份额的 16.87%，超过社交、搜索与资讯平台广告，成为仅次于电商类平台广告（占比 38.12%）的第二大互联网

---

① 宋星．数据赋能：数字化营销与运营新实战［M］．北京：电子工业出版社，2021：114-115.

② 中国互联网络信息中心．第 52 次中国互联网络发展状况统计报告［R/OL］．(2023-08-28)［2024-03-13］．https://www.cnnic.net.cn/NMediaFile/2023/0908/MAIN1694151810549M3LV0UWOAV.pdf.

广告类型。① 在巨量算数对127个品牌主的广告预算调研中，超过80%的品牌主计划2023年继续提升短视频及直播营销预算；90%的代理/市场研究机构高层管理者表示观察到他们所服务的客户将提升短视频营销预算，77%将提升直播营销预算。②

1. 短视频/直播+电商模式的营销价值

短视频/直播+电商是以短视频平台为主体，在为用户提供短视频内容服务或直播内容服务的同时提供商品售卖渠道的新型营销方式。其独特的营销价值主要体现在：

其一，在平台环境方面，短视频平台打造了一个令用户身心沉浸度更高的内容消费空间。短视频常在媒体报道中被形容为"时间黑洞"，意指用户在观看短视频时，处于一种欲罢不能的体验状态，以至于忽略了时间的流逝。如此之高的沉浸感，主要来源于短视频平台提供的竖屏体验以及兴趣导向的平台分发逻辑两项特质。前者可以带来更强烈的视觉冲击和场景沉浸感，根据Snapchat的调查，全屏竖屏广告的完播率比横屏高9倍，视觉注意力高2倍，竖屏广告点击率比横屏高1.44倍，互动效果提升41%。③ 后者基于弱关系的兴趣推荐机制不仅能激发用户的好奇心，还降低了用户对营销内容的戒备心理。用户会因为好奇与期待，被信息流不断刷新、内容彼此独立的短视频持续吸引，处于被逗乐、被触动，或是被震惊的情绪唤醒状态。

其二，在营销链路方面，缩短转化路径，导向即看即买。短视频与直播广告页面的多元互动组件为用户提供了一键跳转至品牌主页或是电商页面的接口，用户可在短视频App内完成消费行为，实现即看即买。一键跳转有助于通过减少用户的消费决策环节而降低用户购买转化过程中的流失率，也同时实现了将平台内用户的内容消费和社交互动带来的流量变现。也正是由于这些优势，"短视频+电商"及"直播+电商"成为当前短视频平台商业模式创新与企业营销模式发展的重要演进趋势。

其三，品牌或商品在短视频平台的创意化、场景化、娱乐化呈现，能够优化用户的购物体验。以直播+电商为例，主播是这类广告中链接品牌与用户的关键节点，其往往会通过信息密集、情感强烈、形式丰富的情感互动提升销售额度，将用户的注意力转化为购买力。④ 平台的算法推荐机制还会将趣缘群体聚拢至直播间，使原本私人化的购买行为呈现出社群化的"团购"或"集体逛街"倾向，并通过弹幕建构出一幅虚拟的、面对面的交流情境。⑤ 这既有助于

① 中关村互动营销实验室.2022中国互联网广告数据报告［R/OL］.（2023-01-12）［2023-06-12］.https://mp.weixin.qq.com/s/pEMbicEIaKUqrOhWGD_vLA.

② Key To The Future开启未来：2023巨量引擎CMO调研报告［R/OL］.（2023-05-10）［2023-06-05］.https://trendinsight.oceanengine.com/arithmetic-report/detail/934?source=bgyq421.

③ 抖音，知萌.抖音竖屏广告创意指导手册［R/OL］.（2018-09-05）［2023-06-12］.https://www.useit.com.cn/thread-20257-1-1.html.

④ 肖珺，郭苏南.算法情感：直播带货中的情绪传播［J］.新闻与写作，2020（9）：5-12.

⑤ 燕道成，李菲.场景·符号·权力：电商直播的视觉景观与价值反思［J］.现代传播（中国传媒大学学报），2020，42（6）：124-129.

主播通过聊天、分享私人故事等给用户带来朋友般的陪伴感；也可以通过抽奖、倒计时秒杀等集体活动对用户进行情绪唤醒，营造紧张的时空氛围感，带动商品抢购。

2. 佰草集的直播+电商营销①

直播已经成为当下的营销常态，不过在短视频平台，若没有头部主播和明星引流，想要获得用户的注意力也并非易事。对此，护肤品牌佰草集的策略是打造差异化直播场景。借助宫廷剧《延禧攻略》，把直播间装饰成古风味十足的“延禧宫”，主播盘起发髻、穿上古装化身“娘娘”自称“本宫”，助理则化身“嬷嬷”和“丫鬟”，把直播带货演绎成一出看点十足的“宫斗剧”（见图 7-3）。

图 7-3 “佰草集延禧宫正传”直播广告场景

佰草集是上海家化集团旗下主打中草药护肤理念的国货品牌，品牌的目标用户是 18～35 岁、生活在一至二线城市的知性女性，入驻抖音是为了提升品牌在年轻消费群体中的能见度与好评度。策划团队抓住了年轻女性爱追剧的兴趣偏好，并选择宫廷剧《延禧攻略》这一与国货有着较高关联度的影视 IP，将产品植入其中。古装+国货+宫廷剧的元素，也赋予了产品一层“宫廷御用”的神秘色彩，勾起了用户的好奇心。

与传统的叫卖式直播广告不同，佰草集的宫廷直播淡化主播身份，每位主播都是沉浸在剧中的演员，从前方主播到后方场控，一言一行都需代入到宫斗剧中。每当用户进入直播间，就能看到实时更新的“一出好戏”。例如遭遇网络卡顿，主播就会怀疑“是不是隔壁皇后娘娘又在偷偷剪我们网线了”。若评论区有用户提问，主播也会根据用户的昵称，用王爷、格格、娘娘之类的称呼与之互动。若当日直播间完成销售额度，主播就会收到晋升官阶的“圣旨”，反之则会降级。当观众达到一定人数，品牌方会在后续直播中安排新角色登场，由此激发用户的持续观看欲望及抢购热情。

“佰草集延禧宫正传”作为一个全新的抖音账号，开播一周就冲进了抖音直

① 每日经济新闻 . 佰草集现象级直播间，是如何诞生的［EB/OL］.（2021-12-18）［2023-06-05］. https://baijiahao.baidu.com/s? id=1719458694264079362&wfr=spider&for=pc.

播带货销售额实时榜单TOP50，在2021年“双十一”期间成功吸粉23万，从一众仍在比拼高性价比的同质化广告中脱颖而出。佰草集宫廷版直播将内容与商业结合，适当穿插剧情，用户不易产生审美疲劳，为品牌常态化直播的场景设置提供了一个可参考范本。

（三）社会化媒体平台上的企业内容营销

内容营销（content marketing）是指企业在聆听消费者需求的基础上，通过制作和发布多种形式的，对消费者有价值、有针对性、能使其产生共鸣的品牌化内容，如微博、公众号文章、短视频等，将内容的访问者和浏览者转变成营销的参与者、购买者①，并在互动过程中建立和完善品牌的一种营销战略。内容营销的理念早已有之。上百年前，很多品牌就通过有价值的内容来吸引消费者和维护顾客关系，如1900年，米其林公司将地图、加油站、旅馆、汽车维修厂等关于汽车旅行的信息结集起来，出版随身手册《米其林指南》，并免费提供给消费者。

在社会化媒体时代，依靠内容获得目标受众的认同、与粉丝及其他支持者形成长期互惠的社群、建设极富人格魅力的品牌，已经成为许多企业的重要营销策略甚至是首选营销策略。

1. 野兽派花店在微博上的“内容营销”

与传统的品牌广告投放不同，内容营销在完善品牌化内容信息的基础上，更注重与消费者的互动以及邀请消费者参与到营销活动中来，并在这一过程中提升品牌形象而非仅仅是产品销量。在此方面，野兽派花店的运作可资借鉴。

野兽派花店创立于2011年年底，最初仅仅是一个在微博上卖花的账号，没有实体店也没有淘宝店，凭着微博上发布的花卉礼盒的图片和简短的文字，便逐步为众多人所知晓，之后不仅开了实体店，更将业务拓展至香氛蜡烛、配饰等领域。而它的成功要义，就是依靠“内容”——野兽派自创立起便不提供产品目录，消费者只需在微博私信中将自己的情感故事告诉店员，就会有设计师根据故事搭配鲜花，做成独一无二的花束；随后，其官方微博还会以匿名的方式将这些情感故事发布出来，并配上相应花束的照片，每束花也因被赋予了丰满的故事而耐人寻味。

凭借这样的营销方式，在不到一年的时间内，野兽派花店的微博就已经拥有了超过18万的粉丝。很多粉丝都把野兽派花店的微博当作情感微小说来阅读，在他们看来，这一个个故事就是一段段荡气回肠的感情。于是有不少人（特别是文艺青年）被其吸引，不仅成为故事的倾听者、共鸣者，还成为故事的男女主角，逐步发展成为其忠实的顾客。

总结来看，野兽派花店在微博的内容营销之所以取得成功，主要得益于如下三方面的特征：

（1）会讲故事。野兽派售出的每一束鲜花背后都有一个生动有趣的故事，比如“感恩在最好的年华曾遇见你”“谢谢曾经的灿烂，我们都已不在原地”

---

① 汉德利，查普曼．内容营销：网络营销的杀手级武器［M］．王正林，等译．北京：电子工业出版社，2011：5-6.

等。它们或是来源于定制花束的顾客，或是由工作人员根据顾客要求，从当季的花卉、节日等中寻找灵感制作而成。这些故事使得“野兽派”这个品牌富有人情味，而简洁的微博内容也符合当下互联网用户碎片化阅读的习惯，这既利于吸引粉丝的关注，还有助于进一步与粉丝建立亲密的关系。

(2) 定位独特。野兽派主张“赋予一花一物自由自尊的灵魂”。围绕这样的品牌主张，野兽派精心选择优质的进口花卉，针对不同的人群、送花与收花人的心境，为花束取一些文艺范儿的名字，如“仲夏夜之梦”“写给父亲的信”“莫奈花园”，加上产品背后的故事，在消费者心中留下有情调、高品质、很文艺的独特品牌印象，并成为他们可以倾诉感情、获得回应的对象和朋友。

(3) 激励分享。一方面，野兽派对顾客的倾听及对顾客情感的关注会带给顾客良好的体验，因此在订购花束之后，顾客常会在微博上分享他们与野兽派的互动故事；另一方面，野兽派花店的内容营销主要通过微博展开，其用户群体是热爱新鲜事物、热衷分享的年轻人，一旦有订花故事进入用户视线且能引发他们情感上的共鸣，这些用户的分享势能就会被迅速引爆。

2. 内容营销的操作思路

对于如何才能引爆内容营销，美国营销实战家马克·舍费尔（Mark Schaefer）列出了以下六个“密码”。①

(1) 品牌建设。

企业首先需要把自己人格化，没有人愿意与冷冰冰的机构交流，他们想要交流的对象是一个活生生的人。企业要有完整、真实的人格，与他人积极联系、给予回应、帮助别人、为之服务，告诉人们自己与他们相似，并且简化信息——即更加开放和真诚。

(2) 开发粉丝和影响意见领袖。

内容营销的核心并不是内容的创作、发布、覆盖，而是发展壮大企业的粉丝群体。内容另一端的人不只是你的用户或目标受众，他们是一群活生生的人，他们可能正在经历痛苦、喜悦，也可能只是在照看了一天的小孩之后感到疲惫。也许就在建立联系的那一刻，他们刚好在某个方面需要你。企业应该将重心放在培养真正忠实的粉丝上，向粉丝表明自己的尊重、感激和长期的信任，甚至可以说，爱。另外，联络意见领袖也是必需的，这能帮助企业获得可靠的支持、快速的驱动、社会认同、知名度、接触新渠道的机会、新兴市场的曝光度。

(3) 为内容嵌入分享基因。

《纽约时报》支持的一项研究发现，人们克服冷漠、愿意分享他人内容主要出于五个原因：

第一，实用性。人们分享内容最主要的原因是将有价值、有意思的内容带给他人。超过90%的参与者称，他们会仔细考虑分享的内容对接收者有哪些用处。

第二，告诉他人自己是个怎样的人。近70%的参与者称，他们分享内容是为了让别人更好地了解自己，了解自己所关心的事物。其中一名参与者回复道：

① 舍费尔．热点引爆内容营销的6个密码［M］．曲秋晨，译．北京：中国人民大学出版社，2017：34.

“我尽量分享一些能够强化我个人形象的内容——体贴、理性、和善、投入、热爱某些事物——呈现出我所希望的样子。”

第三，强化和培养关系。约80%的参与者在网上分享内容是为了与一些人保持联系，这是他们间唯一的纽带。超过70%的人是为了能与有共同兴趣的人建立关系圈。

第四，自我成就感。70%的参与者愿意分享内容是为了增加他们的参与感。分享并获得积极的回应，让他们觉得自己很受重视。

第五，讨论理想或是品牌。超过80%的参与者称分享内容是为了和他人一起讨论他们所认同的某一理想、某个公司或某个观点。

（4）分发、广告、推广和搜索优化。

企业自说自话很容易被怀疑，得到强大的第三方网站的认可是推广内容、吸引新粉丝、打造可信度最重要、最有效的手段。而通过付费广告来增加曝光度，能显著提升每条内容的影响力和接触面。此外，营销者应在社交媒体与自己的同行、同事以及最坚定的支持者联系，尽可能让他们来讲述你的故事。最后，进行搜索优化，让人们找到你和你的内容。

（5）权威性。

要增强自有平台（或领域）的权威性。最重要的内容不会排在搜索的首位，最重要的网站才会。提升内容质量、建设外部链接、保持稳定性等是增强自有平台权威性的重要方法。

（6）社会认同和社会标记。

在人们想做深思熟虑的决定，却又缺乏所需的事实依据时，社会认同的力量就显得尤其强大。在这种情况下，转发、评论、点赞、阅读数等社交标记可能比依靠真正的知识和经验打造出来的真实权威更加重要。为了打造社会认同、提升内容的信誉度，营销者可以运用请求客户推荐、请朋友和家人帮忙宣传及评论、发动员工、收集别人称赞你的推文等策略。

（四）用新技术设计新玩法，打造全新营销体验

近些年，MarTech一词成为营销领域的流行概念。MarTech是marketing和technology融合在一起得到的新词汇，作为“营销技术”（marketing technology）的缩写形式，最早由美国营销专家斯科特·布林克尔（Scott Brinker）提出，后特指利用技术手段实现营销目标的所有举措和工具，是一系列服务于数字化营销、营销运营与得到优化的技术解决方案的总称。随着数字营销的蓬勃发展，MarTech涵盖的营销技术越来越广泛，不仅包括大数据技术、人工智能、VR/AR等底层技术应用，还有诸如营销自动化（MA）、营销云（MC）、程序化广告投放、数据管理平台（DMP）、客户数据平台（CDP）、客户体验管理（CEM）等垂直领域的营销技术，可实现对媒介触达、落地转化、内容培育、数据管理、客户管理、营销体验及口碑管理等企业各营销子场景的技术赋能，帮助企业的营销管理工作提高效率、增加精准度。

由于前文从不同角度涉及过营销技术在广告投放、数据管理、客户运营等方面的应用，故本部分主要聚焦营销技术对企业营销传播体验的优化，结合典型案例，通过地理位置营销、VR/AR营销、虚拟人物营销三个方面呈现企业营

销传播方式的创新。

1. 全食与 Thinknear 合作的基于地理位置的移动广告投放

地理位置营销（location based marketing）是一种个性化移动营销形式，主要通过使用动态数据，根据消费者的实时位置了解消费者的场景化行为与需求，从而向其精准推荐个性化的产品和服务，以此增强消费者体验。

根据采用位置数据的不同，地理位置营销可分为：(1) IP 地址营销，企业根据 IP 地址锁定单个家庭或社区，甚至关联到个人，为其提供个性化广告信息；(2) GPS 营销，利用移动设备上的 GPS 功能帮助营销者根据消费者的实时位置发起定向促销活动；(3) Beacon 营销，基于 Beacon 这种小型无线设备，通过蓝牙技术向周围的设备发送广告或促销信息，如向任何走过商店并拥有其应用程序的顾客提供商店的折扣提醒，或在商店向顾客发送与其位于同一区域的产品或品牌信息，是邻近营销（proximity marketing）的一种主要形式；(4) 地理围栏营销（geo-fencing），即在特定地理位置周围创建虚拟“围栏”，当移动设备进入或离开这个地理区域或在该区域内活动时会触发广告软件响应，自动向移动设备推送通知信息或定向广告，基于这一技术，企业还可以向进入竞争对手商店附近指定区域的消费者发送自己的折扣优惠或广告，将顾客从竞争对手那里吸引过来，这种营销方法有时也被称为地理征服（geo-conquesting）。

2015 年，美国全食超市公司（Whole Foods Market，以下简称全食超市）与基于地理位置的移动营销公司 Thinknear 合作，将地理围栏和地理征服策略结合起来开展了一次成功的地理位置营销活动。

全食超市创立于 1978 年，是美国目前最大的天然食品和有机食品零售商。作为一家定位高端的精品超市，全食超市虽然能够为顾客提供高品质的健康有机食品，但其比较高昂的价格还是常常令人望而却步。根据 Thinknear 对全食超市顾客来源的调查，其门店平均需要 3.3 英里的半径才能获得 70%的访客，而其区域竞争对手 Star Market 则可以在 2.3 英里的半径内捕获到 70%的顾客。① 换言之，全食超市没有能够在经营中吸引到更多居住在附近的顾客。

针对这一问题，全食超市和 Thinknear 将此次营销活动的目标设定为提高全食超市移动广告的点击转化率，同时吸引潜在顾客远离竞争对手。在营销策略上，一方面，全食超市在旗下多个门店周围设置地理围栏，向路过门店附近的顾客的移动终端发送有针对性的广告和特别优惠，提示他们去超市选购；与此同时使用地理征服工具，在竞争对手的商店附近也放置地理围栏，向竞争对手附近的顾客发送全食超市的广告与折扣信息，激励他们多走几步路，到全食超市找到更好的商品。此次营销活动取得了巨大的成功，全食超市移动广告的点击转化率达到了 4.69%，远超 1.43%的全国平均水平。②

2. 运用 VR/AR 等新技术，增强用户沉浸式消费体验

随着用户网络内容消费的不断深入，他们对消费场景和消费体验的关注度

---

① Location score index: the mobile advertising guide to location accuracy [R/OL]. [2023-06-12]. http://info.thinknear.com/rs/835-JWB-681/images/Thinknear_Location_Score_Index_Q4_2017.pdf.

② WebEngage. A guide to hyper-personalize your marketing with geofencing! [EB/OL]. (2019-10-04) [2023-06-12]. https://webengage.com/blog/what-is-geofencing/.

日渐提升。这一趋势推动着新媒体营销迈入通过 VR/AR 等新技术向消费者搭建消费场景、提升其消费体验的"场景化"时代。相较于传统营销方式，VR/AR 技术的应用可以基于对虚拟性场景或现实增强场景的构建，开发出更为新奇、有趣与更具视觉效果的营销内容，同时为消费者提供身临其境、高度沉浸的交互式产品体验，提升用户对营销活动的兴趣、参与乃至分享。鉴于这些优势，诸多企业已经开始有意识地在此方面做出尝试。

例如海尔在 2017 年 4 月与天猫共同打造了"海尔天猫超级品牌日"。该活动以"智慧生活"为主题，不仅推出了能用智能手机操控的系列智能家电，还运用 VR 和 AR 相结合的技术，让用户得以进入虚拟的智慧家庭场景——天猫海尔官方旗舰店 5 000 多平方米的虚拟家电卖场（见图 7-4）。用户只需移动手机或者滑动屏幕，不但可以身临其境感受家居场景中智慧家电的外观、构造和功能，还能通过手机为虚拟家电预选安装位置，提前了解该家电与家装风格的搭配效果。活动在推出当天就吸引了 60 万用户前来体验，并为海尔带来了过亿的销售额，刷新了天猫超级品牌日大家电类目的销售纪录。①

图 7-4 海尔在天猫上打造的智慧家庭场景

2016 年 3 月，佳得乐（Gatorade）在社交平台 Snapchat 上推出一款基于 AR 技术的滤镜。当消费者选中这款 AR 滤镜时，屏幕就会自动将场景转换为球赛现场，同时会有一大桶佳得乐饮料从屏幕上方倾泻而下，让消费者感受在赢球时刻被佳得乐饮料迎头浇灌的兴奋感（见图 7-5）。该营销创意来源于美国许多重要体育赛事胜利后的传统庆祝方式——用冰镇饮料浇淋主教练。而用 AR 技术进行呈现不仅以新潮的方式宣传了这一传统，让人们在刺激与畅爽中体验运动的快乐；也借此与参与此次营销活动的用户进行了亲密互动，激励他们在自己获得乐趣的同时通过平台将乐趣分享给更多人。滤镜推出后，美国网球明星小威廉姆斯率先分享了她浸泡在佳得乐饮料中的滤镜照片，随后迅速吸引大量粉丝参与。整个活动期间，Snapchat 用户共拍摄了 1.65 亿张"洗浴"滤镜照，

① 海尔天猫超级品牌日推出"未来商店"[EB/OL].（2017-04-13）[2018-03-31]. http://news.imobile.com.cn/articles/2017/0413/177585.shtml.

分享互动超 1 500 万人次，品牌推广大获成功。①

图 7 - 5 佳得乐推出的 Snapchat AR 滤镜

3. 打破次元壁垒，探索虚拟数字人营销

虚拟数字人是以数字形式存在的，具有人类的外观、行为甚至思想特征的虚拟形象。近年伴随元宇宙概念的流行，各大网络平台与商业制作公司陆续推出各类虚拟数字人产品，后者不仅频频成为网络热门话题，一些数字人还获得了大量粉丝的喜爱和追捧，成为虚拟网红或虚拟偶像。如抖音虚拟主播柳夜熙发布第一条视频后就获得近 300 万粉丝关注②；活跃于小红书平台的虚拟时尚博主 AYAYI 的第一篇笔记便收获近 300 万阅读和 10 万点赞③，其发布的第一张照片被称为“最美证件照”，刷屏网络。

除了拥有大量粉丝，虚拟数字人的营销价值还体现在：（1）虚拟数字人身上极强的科技感以及百变的形象、独特的个性、不老的容颜与无限的创意可能性，对年轻群体及二次元、国风等兴趣圈层的用户具有极强的吸引力，与其进行品牌合作有助于突破圈层壁垒，帮助企业实现跨圈层传播；（2）虚拟数字人的交互性日渐增强，在动态扫描、语音自动识别、动作捕捉采集、人工智能等技术的支持下，多数虚拟数字人都可在与用户的交流中做到快速、准确、人性化或个性化的回应，不仅可增强用户的新鲜感和体验感，持续与规律的内容产出与互动还可为用户提供爱与陪伴，促进彼此间情感连接的形成；（3）相较于真人偶像，由技术制作而成的虚拟数字人不论是人物的形象、性格设定，还是与品牌合作中的出场时间、临场反应等都具有更强的稳定性与可控性，发生“意外”或“塌房”的可能性极低，品牌主可由此避免在合作过程中发生负面事

① Mona-Li. 佳得乐在 Snapchat 上推出了这样的 AR 滤镜，你会喜欢吗？[EB/OL].（2016 - 03 - 07）[2023 - 06 - 12]. https：//pangjing. cn/gatorade-snapchat-ar-filter-interaction-2016/.

② 一夜涨粉百万，元宇宙博主柳夜熙为何爆火？[EB/OL].（2021 - 11 - 06）[2023 - 06 - 15]. https：//t. cj. sina. com. cn/articles/view/5292883723/13b7aff0b00100xhoc？autocallup=no&isfromsina=no.

③ “超写实数字人”火了 虚拟偶像也有明星“待遇”[EB/OL].（2021 - 07 - 21）[2023 - 06 - 15]. https：//baijiahao. baidu. com/s？id=1705859980078962865&wfr=spider&for=pc.

件的风险。

企业借力虚拟数字人营销目前有两种实践路径。一是与已具备大量粉丝基础的虚拟数字人合作，助力品牌进行破圈传播。比如前文提及的抖音虚拟主播柳夜熙，截至2022年11月，其抖音粉丝已超800万，可观的自有流量吸引了包括天梭、娇韵诗、SK-Ⅱ、花西子、雀巢咖啡、vivo、小鹏汽车、字节游戏等超200个品牌与之进行营销合作。[①] 二是通过打造专属的虚拟数字形象积累品牌自有流量，促进品牌IP孵化。诸如百事、花西子、欧莱雅、屈臣氏等品牌，在与虚拟数字人合作之外，也陆续推出了自有的虚拟品牌代言人：百事以自身产品为原型，打造虚拟偶像团体“TEAM PEPSI”；花西子推出品牌虚拟形象“花西子”（见图7-6）引领国货新风尚；欧莱雅推出虚拟品牌代言人“M姐”“欧爷”；屈臣氏推出虚拟品牌代言人“屈晨曦”；等等。这些虚拟品牌代言人得到了不少年轻消费者的喜爱。

图7-6 花西子品牌虚拟形象“花西子”

值得关注的是，虚拟数字人与虚拟场景的结合也在进一步改变传统的品牌营销模式。在技术的支撑下，通过创意设计、视觉呈现、情感激发、体验优化等手段，打通元宇宙人、货、场连接的虚拟营销正在成为新趋势。2022年10月，安踏以“重新想象运动”为主题，联手百度虚拟偶像希加加与Style3D虚拟模特队伍，在SS23中国国际时装周中开展了一场线上虚拟时装发布会——以星球运动场为场景，由虚拟模特对安踏品牌概念设计款服装进行动态演绎，展现虚拟世界的时尚之美。活动中，安踏负责针对Z世代年轻人喜欢的风格和虚拟现实感的未来运动风尚完成虚拟服装设计；百度主要提供虚拟偶像希加加及

① 周晓莉.数字人“黑洞”：花100万造人，花800万运营[EB/OL].（2022-11-14）[2023-06-15]. https://m.thepaper.cn/baijiahao_20877522.

虚拟模特的技术支持，并应用面料实时解算技术在保证面料表现力的同时完成服装动画数据的生成工作；Style3D 作为创意技术提供商，主要负责根据安踏的设计创意为虚拟偶像希加加、Style3D 虚拟模特制作虚拟服装及服装动态仿真模拟效果，并将服装搭配与场景应用进行有机结合。① 三方协力，在虚拟数字人和虚拟场景的共同作用下为消费者创造了一次全新的虚拟走秀体验（见图 7 - 7）。

图 7 - 7　安踏“重新想象运动”虚拟时装发布会

【问题讨论】

1. 新媒体的移动化、智能化、社会化发展会如何改变营销的理念与模式?
2. 请谈谈以“生活者”视角和“消费者”视角进行营销活动的区别。
3. 在全链与全域营销时代，营销如何进一步追求品效合一?
4. 根据本章第三节相关案例，简要分析新媒体时代的营销创新趋势。

---

① CFW. 安踏×百度×Style3D 共同打造虚拟时尚盛宴 [EB/OL]. (2022 - 10 - 10) [2023 - 06 - 15]. https://mp.weixin.qq.com/s?__biz=MjM5NTYxMzA3NA==&mid=2656275941&idx=4&sn=39f1031a38049fa41953d348d6c31315&chksm=bd52fd188a25740e89509 6d300d95fe4c2474da43972ecfd0208c63eab13aebcdb825c1cc30b&scene=27.

第八章　新媒体生态治理

伴随新媒体的加速变革演进，网络空间的持续发展在满足广大公众日益增长的美好生活需要的同时，也带来了层出不穷的治理难题。健全网络综合治理体系，推动形成良好网络生态随之成为社会治理的重要议题——这不仅是推动我国网信事业高质量发展的现实需要，亦是实现治理体系和治理能力现代化的重要支撑；不仅关乎意识形态安全和政治安全的维护，更关乎全党全国人民团结奋斗这一共同思想基础的巩固。

在新媒体生态治理方面，我国目前已经形成了以宪法为根本，以法律、行政法规、部门规章和地方性法规、地方政府规章为依托，以传统立法为基础，以网络内容建设与管理、网络安全和信息化等网络专门立法为主干的网络法律体系，为营造安全、公平、健康、文明、清朗的新媒体生态提供了强有力的保障。不过，除了政府主导的集网络立法、网络执法、网络司法、网络普法与法制教育为一体的法制措施外，网络平台、主流媒体、社会组织、公众等多元主体也应承担起相应的责任，通过多元主体协同合作实现治理效能的提升。

本章即聚焦目前新媒体生态中的六个典型问题——网络谣言、网络暴力、算法滥用、网络“三俗”、信息安全和版权保护，在分析其现象特征、生成机制与动力根源的基础上，考察既有治理方式及其优化空间，为加强新媒体生态治理、打造良好网络秩序提供基本线索。

第一节　网络谣言与网络暴力

网络谣言与网络暴力是互联网普及以来一直存在的“顽疾”，随着技术的持续发展，二者不仅演变出了更多元的存在形态与更隐蔽的传播方式，而且危害范围更广、扩散速度更快、影响程度更深。如何准确识别新型网络谣言与网络暴力并加以有效预防、拦截与清除，是新媒体生态治理中不可回避的重要课题。

一、网络谣言

（一）网络谣言的定义及智能化发展

参考谣言的概念，网络谣言可定义为经由互联网被广泛传播的、含有极大的不确定性的信息。[①] 与传统谣言的口口相传不同，网络谣言不仅可以跨越时

---

① 雷霞．谣言：概念演变与发展［J］．新闻与传播研究，2016，23（9）：113－118.

空的束缚，实现快速裂变传播，还能够在多元节点的传递与创造中逐渐变异，成为更符合人们经验、预期以及“合理想象”的谣言版本。目前，网络谣言的体量越发膨胀，2023 年中国互联网联合辟谣平台汇集的谣言样本及辟谣数据达到 7 640 条，关涉议题遍及公共政策、社会事件、医疗健康、经济金融、自然灾害等领域，典型谣言样本如表 8－1 所示。①

表 8－1　2023 年网络谣言主要关涉领域及典型样本

关涉领域	典型谣言
公共政策	护照号码 EL 开头为失信人员？
	2024 年职工医保缴费将不再划入个人账户？
社会事件	核污染水就是核废水？
	三星堆人与现代欧洲人基因相似？
医疗健康	狂犬病潜伏期长达十几年？
	海鲜、碘盐是甲状腺癌高发的罪魁祸首？
经济金融	“中国时间银行”上市？
	“裁员潮”来了？
自然灾害	四川广安遭遇 9.8 级大地震？
	故宫六百多年没积过水？

随着大数据、算法、机器学习等人工智能技术的深度发展，信息内容的采集、生产、加工、分发与消费模式发生了深刻变革，进一步驱动着网络谣言向智能化谣言加速演化——智能技术取代人的经验性参与成为谣言运转的底层逻辑，催生出了定制化谣言、深度伪造谣言以及“谎言喷灌”三种智能化谣言形态。

1. 定制化谣言

智能内容生产的核心优势是基于大数据分析技术的内容精准生产与基于人工智能技术的内容自动生产，两者相互叠加能够共同提升网络内容生产的精准度与效率。循此机制，网络谣言亦能借助对谣言文本及其传播效果的大数据分析获得“精确制导”的能力，通过对公众认知、情感、心理乃至偏见的把握设定自身的内容主题、叙事方式和话语框架，继而结合传播反馈不断进行修正以达到更好的传播效果。同时，算法的智能化分发还能够解决谣言与个体用户间的匹配度问题，根据身份特征、心理诉求、关切议题、阅读习惯、媒介偏好等标准寻找到易于被谣言“感染”的用户并向其精准投放，达到事半功倍的成效。针对老年人制作、传播的食品安全类谣言就是典型的定制化谣言。此类谣言多利用老年人对家人身体健康的关切之情，通过“致癌”“有毒”“身亡”等威胁

① 中国互联网联合辟谣平台 . 2024 年，不能再让这些谣言蒙蔽您的双眼！：中国互联网联合辟谣平台 2023 年度网络谣言盘点［EB/OL］．（2024－01－12）［2024－03－31］．https：//www.piyao.org.cn/20240110/8cf6bb8e59b7404ab36543186a1128ff/c.html.

性字眼诱发目标受众的恐惧心理，使其信服并强化其通过社交网络对外扩散的动机①，促成谣言的广泛传播。

2. 深度伪造谣言

深度伪造（deepfake）谣言是一种高度拟真的虚假信息，其借助人工智能和机器学习实现音频及视频的模拟、合成与伪造。典型应用实践包括图像和视频“换脸”、操纵视频人物的表情和语音、伪造不存在的场景与人物等。例如，2022 年，一份乌克兰总统泽连斯基出镜、内容为呼吁乌克兰士兵放下武器的深度伪造视频在网络上广泛传播，关于“泽连斯基宣布向俄罗斯投降”的谣言迅速引起了关注；又如，2023 年，部分网民利用智能制图技术生成了美国前任总统特朗普持枪被警察围捕、身着狱服站在围栏之内等系列照片，使得“特朗普被逮捕”相关议题的热度迅速上升。尽管目前深度伪造内容仍有着较为明显的破绽，发布者因受到法律和平台的规制而会在相关内容中留下“合成”标注；但囿于公众的信息鉴别能力参差不齐，且内容在转载过程中可能丢失原本的“合成”标注，此类虚假信息时常能够以假乱真，博得部分网民的信任。

3. 喷灌式谎言

此类谣言多将先进且隐匿的自动化程序或社交机器人技术作为“超级传播者”，通过大规模的自动点赞、转发、搜索等行为，以指数级的速度扩大相关问题的流量，用“谎言喷灌”的方式将谣言送入网民视野。其中，社交机器人指的是社交媒体上由软件操纵的账户②，其不仅能够通过算法自动发布内容，还会与其他账号互动并介入公众讨论。研究表明，2020 年年初新型冠状病毒开始在全球范围内流行时，有关“新冠病毒是中国制造的生物武器”谣言之所以会在推特上被广泛传播，离不开社交机器人的助推作用——大量社交机器人在短时间内对相关过激言论与虚假信息进行反复、持续的转发，激活了社交媒体平台的“热门趋势”算法，在使这一议题触达更广泛的群体的同时营造虚假的舆论氛围，放大谣言的“真实性”。③

（二）网络谣言产生与传播的动因

谣言产生与传播的动因一直是谣言研究的热点议题，这不仅关涉到对谣言本质特征的理解，还为谣言治理提供了基本的依循。目前得到普遍认可的动因主要有主题重要性、信息模糊性、公众批判能力、事件反常程度、谣言自我变异等。

---

① 李政葳．防不胜防！你被网络谣言忽悠过吗［N/OL］．光明日报，2009－06－13（4）．https：//epaper. gmw. cn/gmrb/html/2019－06/13/nw. D110000gmrb_20190613_3－04. htm.

② 师文，陈昌凤．分布与互动模式：社交机器人操纵 Twitter 上的中国议题研究［J］．国际新闻界，2020，42（5）：61－80.

③ TAYLOR J. Covid-19 misinformation：pro-Trump and QAnon Twitter bots found to be worst culprits［EB/OL］．（2020－05－31）［2023－05－03］．https：//www. theguardian. com/media/2020/jun/01/covid-19-misinformation-pro-trump-and-qanon-twitter-bots-found-to-be-worst-culprits.

1. 主题重要性与信息模糊性

主题重要性与信息模糊性是目前多数谣言公式中不可或缺的要素，其最早由社会心理学家戈登·W. 奥尔波特（Gorden W. Allport）和利奥·波斯特曼（Leo Postman）提出。奥尔波特等人认为，谣言的产生有两个基本条件——第一，谣言关涉事件必须对受众有着某种程度的重要意义；第二，事实必须用某种程度的模糊性掩盖起来。根据这一判断，他们提出了谣言的基本法则：$R \sim I \times A$。

其中，R 为谣言（rumor），代表的是谣言的传播广度；I 为重要性（importance），表示的是谣言主题对受众的重要程度；A 为模糊性（ambiguity），即证据的模糊程度。公式表达的意思是谣言的传播与其关涉主题的重要性和承载信息的模糊性有关，主题越重要，信息越模糊，就越能形成具有强传播力的谣言。需要注意的是，两个要素之间是“乘”而非“加”的关系，这也就意味着若任意一个要素为零（缺失），谣言就不会产生。[①]

2. 公众批判能力

1953年，A. 克罗斯（A. Chorus）在奥尔波特等人提出的谣言公式中加入了公众批判能力 C（critical ability），将该公式修改为：“$R \sim I \times A/C$”，即谣言的传播广度和公众的批判能力成反比，公众批判能力越弱，谣言传播范围就越广；若公众能拥有较强的科学素养与理性思考能力，则更容易识别谣言的假象，从而阻断谣言的扩散。[②]

3. 事件反常程度

胡钰在对流传于中国媒介环境中的谣言中心事件进行梳理后发现，除了前述三个变量之外，事件的反常程度也是谣言传播的重要因素之一。以此为基础，胡钰将谣言公式修正为 $R = a \times a' \times a''$，其中，$a$ 为关注度（attention），a' 为模糊度（ambiguity），a'' 为反常度（abnormality）。这一公式强调，预期之内的事件于目标受众而言没有传播价值；谣言之所以能够激起传播者的兴趣，在于其突出的反常性，这既可以是与个人一贯表现违背的言行，也可以是与社会发展或自然规律违背的事件，只要与传播者的既有认知不匹配，就会被迅速扩散。[③]当然，这一要素更多地作用于谣言的传播阶段而非生产阶段。

4. 谣言自我变异

与主题重要性、信息模糊性、公众批判能力及事件反常程度不同，谣言自我变异从动态发展的视角阐释了其能够被持续传播的动力源泉。研究表明，受制于人们有限的认知能力（尤其是注意和记忆能力），谣言在传播过程中会不断地发生变异，这些变异会使谣言内容的可理解性、可读性及与人们认知习惯的匹配性不断提高，从而使其具有更强的传播力和说服力。

---

① 奥尔波特，等．谣言心理学［M］．刘水平，梁元元，黄鹂，译．沈阳：辽宁教育出版社，2003：17-18.

② CHORUS A. The basic law of rumor［J］. The Journal of abnormal and social psychology，1953，48（2）：313.

③ 胡钰．大众传播效果：问题与对策［M］．北京：新华出版社，2000：128-131.

谣言的变异模式大概包括四种：(1) 磨平，即谣言在每一次连续传播中都会失去细节，缩短长度，从而变得更短小、简洁。(2) 添加，传播者根据自己的理解或出于特定目的在谣言中增加新的信息或细节，使谣言变得更加丰满。(3) 削尖，在谣言信息中强调或突出某些细节。当然，这种强调既可以是"磨平"的一种结果，即部分细节的移除自然会使得保留下来的细节被视为重点；也可能来源于对某些细节的夸大。(4) 同化，指的是通过磨平、添加、削尖塑造谣言内容，使其更好地契合人们过去的经验、语言习惯、思维的文化模式和个人的动机情感。换言之，前面三种变异模式是对谣言某些要素的改变，而同化则是谣言整体框架与人的认知的拟合，后者指导着前者的实践。

5. *其他要素*

除了前述较为常见的要素之外，研究者们根据研究背景与语境的差异也提出了其他可作用于谣言生成与传播的变量及其作用方式，例如权威公信力对谣言的阻断作用与传播技术对谣言的促进作用①，又如以关系网络为传播渠道的新媒体语境中传播者影响力的加速作用②，还有"后真相"背景下情绪和情感要素对谣言传播的启动作用③等。随着社会信息消费习惯、媒介技术环境、公众社会心理等的不断变化以及谣言研究的持续深入，谣言生成与传播的动因还将持续得到优化与补充。

(三) 网络谣言的治理

作为一种信息的畸变形态，网络谣言的泛滥不仅会对健康的社会舆论环境形成冲击，造成严重的信息污染与信息失序，还会在根本层面上消解网络社会已然摇摇欲坠的真实观念与真相机制，使公众丧失对社会信息环境的信任与信心。加强对网络谣言的治理迫在眉睫。对此，政府、互联网平台、媒体等多元主体已经展开了系列探索性实践，其着力点多集中于谣言收集与事实核查层面。

由中央网信办举报中心主办、新华网承办的中国互联网联合辟谣平台是谣言治理实践方面的典型代表。这一平台以辟谣为主要目标，通过联合多家区域性辟谣平台与媒体辟谣平台等④，广泛收集网络谣言并对谣言中的不实信息予以核查、澄清并公开发布，从而达到阻断谣言传播的效果。作为使用者的公众不仅可以借助这一平台查证自己接收到的信息是否为谣言，还可以对不确定性较强的信息加以举报，由平台借助自身的专家资源与媒体资源进行事实的核查(见图 8-1)。

---

① 魏武挥. 谣言的传播与辟谣 [J]. 新闻记者，2012 (5)：28-31.

② 王倩，于风. 奥尔波特和波斯特曼谣言传播公式的改进及其验证：基于东北虎致游客伤亡事件的新浪微博谣言分析 [J]. 国际新闻界，2017，39 (11)：47-67.

③ 李彪，喻国明. "后真相"时代网络谣言的话语空间与传播场域研究：基于微信朋友圈4160 条谣言的分析 [J]. 新闻大学，2018 (2)：103-112，121，153.

④ 通过官网查询可知，截至 2023 年 5 月，该辟谣中心共有成员单位与合作单位 35 家。详见网站：http：//www.piyao.org.cn.

图 8-1　中国互联网联合辟谣平台小程序首页（左）及举报/查证页（右）

类似的多元主体联合辟谣机制产品还有微信小程序“微信辟谣助手”、微博“媒体政务辟谣共治平台”、澎湃新闻“明查”平台等。这些产品通过尽可能多地收集谣言信息、发布事件真相，不断充实自身的“案例库”以提高反击谣言的能力。当平台中的谣言样本足够丰富、涉及领域足够广泛、更新速度足够快时，那些既有的谣言将无所遁形，新型谣言也会在众人的批判与质疑中被及时识别，失去传播能力。

然而，依靠人工对谣言进行识别、查证与处置在精准度、全面性与效率方面依然存在较大漏洞，随着网络谣言向智能化谣言加速演进，其高度拟真的形态、裂变传播的能力、无孔不入的穿透力将对此类事后治理举措带来极大挑战。对此，社会治理者有必要重新审视网络谣言的本质特征与传播机制，加快完善谣言治理的系统性建设，这至少包括以下三个层面：（1）夯实基础，加强可用以识别、拦截、更正谣言的算法技术的研发与应用，实现“以技术反制技术”的规制路径；（2）协同共治，充分调动多元主体参与事实核查的意识和能力，打造系统、规范、动态、自发反应的事实核查机制；（3）正本清源，建立传播新秩序，创造并积累社会信任资本以压缩谣言生存与发展空间。

二、网络暴力

（一）网络暴力的概念、特征及类型

网络暴力是指针对个人集中发布侮辱谩骂、造谣诽谤、侵犯隐私等违法信息及其他不友善信息，侵害他人合法权益，扰乱正常网络秩序的攻击性行为。作为暴力的形式之一，网络暴力拥有其最本质的特征，即对当事主体产生压迫力或者威胁力，但这种压迫与威胁的形成机制又与线下空间中的直接暴力存在着区别——从来源上看，网络暴力对当事主体的伤害并非缘于以武力为代表的

物理力，而是以公开流传的文字、图像、视频等为载体的群体负面评价；会对当事主体产生压迫和威胁的，也并非是对身体承受疼痛的恐惧，而是声誉被毁坏、隐私被曝光、生活秩序被扰乱等心理与精神上的压力。

施暴者发动网络暴力的手段大致有四种。

1. 道德谴责，群起攻之

这类暴力多以某个事件为导火索。在该事件中，人们以主观的伦理道德标准为依据，结合事件情境对关涉其中的人物加以评判，对“不道德”的行为进行大规模的抨击。施暴者往往自诩此种举动是对朴素正义的追求，希望通过舆论的压力迫使当事主体回归道德底线，然而这样的行为却往往会被扭曲为语言暴力。例如，2022 年 4 月，一名上海市民求助叮咚买菜的一名外卖员，希望其帮忙给常住在另一个区的听障父亲送菜。因交通管制，外卖员一路辗转，27 公里的路走了近 4 个小时才送达。为表达感谢，该市民给外卖员的支付宝、微信转账，均被拒绝，最后以给外卖员的手机号充 200 元话费表达心意。事件在微博平台被广泛传播后，相关内容的评论区中充斥着对“200 元话费太少”的责难，认为 200 元“太小家子气”“像打发乞丐”，将该市民置于道德洼地中加以谴责。一个在特殊时期守望相助的温情故事经由网络暴力演变成了针对某一个体的攻击，给该市民及外卖员皆带来了极大的心理压力。

2. 恶语相向，人身攻击

施暴者使用谩骂、诋毁、蔑视、嘲笑等侮辱性、歧视性的话语直接攻击受害者的名誉，使其精神健康和心理健康遭受损害。与道德谴责型暴力不同的是，此类暴力不一定来源于某一具体事件，只要当事者被发现有“不符合”伦理道德的举动和特征，都可能引来围观与攻击。一般而言，施暴者会从受害者的典型特征或者话语文本中提取可用于攻击的“靶子”，通过对这一“靶子”的负面解读投射受害者的声誉和人格，并进一步延伸至对与之相关的人、事、物的恶意揣测。典型案例如因染了粉色头发而遭遇“荡妇羞辱”的杭州女孩郑灵华。事件缘起于该女孩在小红书个人主页上发布的一组照片，当中记录了其带着华东师范大学研究生录取通知书看望病床上爷爷的一幕。照片发布后，女孩的粉色头发引起了网民的注意，一些人将其视为“不正经”的标志，不仅揣测女孩的身份为“陪酒女”“夜店舞女”，甚至恶意扭曲女孩与爷爷的关系，编造了“老人带病考取研究生，还娶了一个小女生”等谣言。这些侮辱性的信息通过社交媒体的评论、私信乃至盗用图片发表等途径全面侵入女孩的生活中，给女孩的身心带来了极大的伤害。

3. 人肉搜索，曝光隐私

在这类网络暴力中，施暴者通过曝光当事人姓名、通信方式、居住地址、私下往来等私密信息，一方面挖掘、拼凑并传播当事人道德污点，损害其名誉，另一方面号召更多非理性网民加入“讨伐”群体，通过多种渠道对当事人发起攻击，严重时甚至会延伸至线下空间，直接侵扰到当事人的生活与工作。例如，2018 年夏天，四川德阳一对三十几岁的夫妻在泳池中游泳时与一名初中生发生了冲突，调解未果后，该初中生的家长分别前往这对夫妻的工作单位，拍下两人的姓名、职务、免冠照片等个人信息，与冲突现场的监控视频一起，发布到网络上，引导网民对两人进行讨伐与谴责。几天后，妻子因承受不住网络暴力的压力选择自杀。此时，另一位自称知情的人士在接受媒体采访时称，涉事初中生在发生冲突时实则对该女性进行了性骚扰。舆论立时发生了反转，更多的人将人肉搜索目标转移到这名初中生身上，陆续曝光了其家庭地址、父母工作单位、联系方式等，使得攻击与辱骂从线上蔓延到线下，导致该初中生也不敢重返校园。无论是一开始对涉事夫妻个人信息的刻意传播，还是事情反转后网民针对初中生一家的人肉搜索，隐私曝光对当事者造成的伤害已经远远超出了名誉侵害的范围，随之而来的“社会性死亡”是对个人社会关系和社会交往的严重摧毁。

4. 组织预谋，扰乱秩序

此类网络暴力带有组织化特征，发起者会聚集一定规模的参与者并针对某一场景中的规则制定相应的暴力策略，以实现扰乱场景中正常秩序的目标。典型案例如“爆吧”，参与者们通过在目标贴吧中持续、大量地发布毫无实质内容的信息、辱骂信息或重复信息等，干扰该贴吧的正常生态。由于贴吧的信息呈现多以时间顺序为依据，“爆吧”行为不仅会将既有正常交流内容挤压到信息流的最后，还会迅速淹没新发布的内容，从而对贴吧的发布、浏览、交互秩序造成极大的破坏。在线上教学成为授课方式之一的当下，这一以扰乱秩序为目标的暴力行为甚至延伸到了课堂中，衍生出了“网课爆破”这种新型网络暴力——网课参与者泄露网课会议号和密码，随后捣乱者有组织地“入侵”在线课堂，通过强行霸屏、骚扰信息刷屏，乃至辱骂师生、播放不雅视频等方式，恶意扰乱教学秩序。自2022年以来，“网课爆破”现象屡见不鲜，“爆破”平台遍及各大网络会议室、在线办公平台，造成了极为负面的社会影响。

(二) 网络暴力的生成机制

网络暴力之所以能够对他人产生强制性干涉的作用，就在于其具有舆论的“集结”优势，即通过集结一批具有相同批判观点的人，对当事主体展开规模化、持续的名誉攻击。当该主体认为对自身的负面评价业已成为社会主流观点时，其心理上和精神上的压迫感也就此形成并逐渐增强。换言之，网络暴力的真正危害并非仅来自个别人言语上的暴力，而是产生、深化且延续于由这些素未谋面、相互匿名却又看似持有相同道德观点的参与者所营造的负面舆论氛围。

从理论视角来看，此种负面舆论氛围的集结、强化是网络群体相互趋同与去除异质双重路径作用下的结果。

1. 趋同：信息茧房与情绪传染

网络暴力情景中群体的聚合与极化既来源于信息茧房导致的视野窄化，也与群体心理息息相关。其中，“信息茧房”描述的是一种类似于“茧房”的信息环境，身处其中的人们只接触自己选择的和让自己感到愉悦、舒适的信息①，强调的是信息过滤的消极后果。根据信息过滤行为的主动与否，信息茧房的形

① 桑斯坦. 信息乌托邦：众人如何生产知识［M］. 毕竞悦，译. 北京：法律出版社，2008：8.

成过程又可进一步划分为个体的选择性接触与技术发展带来的过滤气泡。网络群体的趋同主要受到以下三个要素的影响：

（1）选择性接触。公众在接触大众传播信息时并非不加选择，而是倾向于接触与自身既有立场和态度一致或接近的信息，并回避对立或冲突的内容[①]，即他们能够精确地决定想看什么、不想看什么，从而为自己设置一个具有特定观点的信息世界。

（2）过滤气泡。即使公众并没有进行刻意的信息筛选，越发进步的信息推荐技术也能够精确、及时地掌握用户信息消费偏好并进一步过滤掉异质信息，在为用户打造个性化的信息世界的同时也筑起信息和观念的“隔离墙”，阻挡多元化观点的交流，令用户仿佛身处一个“网络泡泡”中。[②]

（3）情绪传染。在网络空间，情绪传播比信息传播更快速，也更易唤起人们的共鸣。分散的网民会通过情绪的感染连接成为具有相似情绪的群体。正如一些研究者提出的，在涉及诸如公众道德、官民冲突、阶层冲突的事件中，“情感”成了一种“仪式”，网民在仪式中共享相似情绪，使用相似的语言和符号，并由此建构起自我认同和社会认同，形成可以临时性进行共同行动的社群。[③]而持有相似情绪的网络群体对群体立场的保护和对不同态度的排斥，不仅赋予极端化表达以正当性，还会分散网民极端言论带来不当后果的责任。

面对争议性事件时，个体的选择性接触与过滤气泡的作用会逐渐形成具有单一观点的环境，个体在浏览互联网信息的过程中将不断加固既有立场、为自身观点补充新证据，并形成以此为基础的网络群体；同时，由道德判断引发的愤怒情绪在群体内部相互传染，甚至进一步外溢至其他个体中，使得持有相同观点、具有相似情绪的群体规模逐渐扩大膨胀、走向极端，共同发起对当事主体的谴责与攻击，成为网络暴力的发起者和实施者。

2. 去异：沉默的螺旋与孤立恐惧

如果说信息茧房与情绪传染解释了相同意见何以聚集，那么“沉默的螺旋”假说则可用以分析为何对立意见趋于沉寂。

“沉默的螺旋”是德国学者伊丽莎白·诺尔-诺伊曼（Elisabeth Noelle-Neumann）在完成系列舆论调查后提出的，包括五个假定：（1）社会使背离社会的个人产生孤立感；（2）个人经常恐惧孤立；（3）对孤立的恐惧使得个人不断地估计社会接受的观点是什么；（4）估计的结果影响了个人在公开场合的行为，特别是关于公开表达自己观点或是隐藏自己观点的判断；（5）综合起来考虑，上述四个假定形成、巩固和改变了公众观念。

由此出发可进一步归纳出关于传播与舆论形成之间关系的要点：（1）个人的意见表达是一个社会心理过程；（2）意见的表明和“沉默”的扩散是一个螺

---

① LAZARSFELD P F，BERELSON B，GAUDET H. The people's choice：how the voter makes up his mind in a presidential campaign [M]. New York：Columbia University Press，1948：82－149.

② 郭小安，甘馨月．“戳掉你的泡泡”：算法推荐时代“过滤气泡”的形成及消解 [J]. 全球传媒学刊，2018，5（2）：76－90.

③ 袁光锋．互联网空间中的“情感”与诠释社群：理解互联网中的“情感”政治 [J]. 中国网络传播研究，2014（8）：89－97.

旋式的社会传播过程，即一方“沉默”造成另一方意见的增势，使“优势”意见显得更加强大，这种强大反过来又迫使更多持不同意见的人转向“沉默”；(3) 传播可通过营造“意见气候”来影响和制约舆论，即通过影响人们感知到的“优势意见”来影响其意见的表达欲望。①

网络暴力的导火索往往具有较强争议性，且与道德判断相关联，是“沉默的螺旋”效应最常发生的情境。当人们面临需要做出主观判断的道德情境时，他们会先对周围的主流意见加以评估，若发现自己的观点与之相反，可能会招致反对、嘲笑、轻蔑等类似孤立威胁时，就会选择沉默；若其意识到自己的观点会被认可、推崇时，则更倾向于自由、频繁、无所畏惧地表达，而这种表达将进一步加剧反对者的孤立恐惧，加强他们掩盖自己观点的倾向。因此，一旦有人首先在网络上公开表达对某个人的攻击，与之持有相同观点的人会附和、补充、强调甚至夸大，讨伐的声音越发响亮，而反对者则在孤立恐惧下隐藏观点，趋于沉默，“沉默的螺旋”就此形成，网络暴力也一发不可收拾。

(三) 网络暴力的治理

与以多元主体联动为保障、以事后处置为手段的网络谣言治理不同，目前我国网络暴力治理的责任多由平台承担，且其管理链条涉及事前预防、事中监管、事后追责等各个环节。根据中央网信办 2023 年 7 月发布的《网络暴力信息治理规定（征求意见稿）》、2022 年 11 月发布的《关于切实加强网络暴力治理的通知》等相关规章制度，网络平台应从健全网络暴力信息监测预警、强化网络暴力信息处置、完善网络暴力防护功能等方面着手完善平台规则、优化平台功能，让网络暴力不仅止于微末，亦防于未然。

例如，为指导用户保护自己免受伤害、制止网络暴力，豆瓣在社区管理中心发布文章《在豆瓣，你该如何应对网暴?》，详细介绍了其为治理网络暴力推出的新功能与新机制，包括：(1) 设置一键防护功能。当用户觉得自己遭到攻击、骚扰或感到隐私被侵犯时，可以打开豆瓣的应急防护模式进行自我保护；该功能一旦被打开，用户发布的动态、日记等内容下含有不友善关键词的评论将会被隐藏，且未被用户关注的人既无法继续查看用户主页，也无法与用户进行交流（见图 8 - 2）。(2) 细化私信屏蔽范围，用户可将私信交流范围缩小至“仅我关注的人”，未被用户关注的人的私信将被屏蔽。(3) 设置快速举报通道，用户可将私信聊天中的暴力信息快速勾选并发送到豆瓣后台，提供网络暴力的证据。(4) 提供风险提示，当用户私信中出现了不友善的关键词时，界面中会出现风险提示，提醒用户采取投诉等方式维护自身权益。而当某一用户即将发布的内容中含有不友善的关键词时，平台也会进行弹窗提示并缩小其信息发布权限，引导用户文明发言。②

---

① 谢新洲．“沉默的螺旋”假说在互联网环境下的实证研究 [J]. 现代传播（北京广播学院学报），2003 (6)：17 - 22.

② 关于“网络暴力治理”的公告（2020 年 5 月 1 日）[EB/OL]. (2023 - 05 - 01) [2023 - 05 - 06]. https：//www.douban.com/note/848351734/? _i=3376955f7S3QQV.

图 8-2　豆瓣应急防护模式（左）及网络暴力投诉界面（右）

又如，针对“网课爆破”现象，作为主流网课工具的腾讯会议不仅发布了“在线课堂防‘爆破’指南”，指导教师用户通过会前权限设置、会中管理操作以及会后举报等举措，防止、阻止网课入侵；还上线了一键“暂停参会者活动”的功能——当该功能被开启后，会议将被锁定，所有参会者的屏幕共享、批注、聊天及其他协作权限将被关闭，授课教师可以迅速获得对在线课堂的控制权。①

尽管平台推出的规则与功能对于网络暴力治理能够产生立竿见影的效果，但这一问题归根结底是公众的数字素养问题。若人们不能从根本上自觉规范自身言行、合理表达诉求、理性参与讨论、尊重他人权利，那么再多的平台规制也只能是扬汤止沸。这也意味着，网络暴力治理不应仅是平台的责任，而应是全社会的共同行动；只有自由且有序的公共讨论空间得以建成，平等对话、理性协商成为共识，清朗网络空间才能实现。

第二节　算法滥用与网络“三俗”

算法滥用与网络“三俗”都是相关主体在信息活动中因对“边界”的把握不当而导致的治理难题。前者表现为运营者在将算法应用于个性推荐、内容生成、排序决策等方面时因过度追求商业利益而超越使用边界，滋生了歧视、操纵、诱导等颇具争议的问题；后者则是内容生产者因过分迎合人们庸俗、低俗、媚俗等低级趣味和病态审美而产生的网络乱象。对这二者的治理，离不开责任边界与伦理边界的廓清。

---

① 腾讯会议上线新版本，一键击退网课入侵者［EB/OL］.（2022-09-09）［2023-05-06］. https://tech.cnr.cn/techph/20220909/t20220909_526003956.shtml.

一、算法滥用

(一) 算法的定义与算法滥用的类型

算法是用计算机程序实现的、基于数据分析、面向特定目标的一套指令、方案或规则，其不仅确立了机器所试图实现的目标，同时也指出了实现目标的路径与方法。① 本节讨论的算法聚焦于对新媒体生态的形塑与维护起着举足轻重作用的算法推荐技术，主要包括五种类型：(1) 个性化推荐类，例如信息流的排序与推送算法；(2) 合成生成类，如图像、音频和视频合成算法；(3) 排序精选类，如电商平台上商品、店铺的排序算法；(4) 检索过滤类，如搜索引擎对信息的展示与过滤算法；(5) 决策调度类，如网约车平台、外卖平台的订单匹配算法等。

作为一种工具、系统、模式或环境，算法及其衍生物在影响着个体的认知与消费、机构的运营与决策乃至社会的评价与治理等的同时，亦催生了不少社会问题，给网络秩序、社会公平乃至伦理道德的维护造成了极大的威胁。算法滥用的类型包括以下几种。

1. 算法歧视

算法歧视指的是在依靠机器计算的自动决策系统对数据主体做出决策分析时，由于数据和算法本身不具有中立性或者隐含错误、易被人为操控等，数据主体被差别对待，造成歧视性后果。② 较为常见的算法歧视现象有：

(1) 大数据“杀熟”：为了获取更高的收益，部分互联网平台经营者会依据对消费者个人消费偏好和习惯数据的收集、检索、分析、挖掘，利用忠诚顾客的路径依赖和信息不对称，就同一商品或服务向其索取高于新用户的售价，且该售价差别不反映成本差别。③ 目前，这一“价格歧视”现象在打车出行、餐饮外卖、酒店预订等领域频繁出现，平台会以消费次数、所处地区、页面停留时间等为指标对顾客进行划分并制定不同的价格，通过“熟客卖高价”“千人千价”等“杀熟”手段攫取不当利润。

(2)“种族歧视”与“性别歧视”：这一现象往往发生于用以辅助决策的识别与筛选系统中。如谷歌开发的自动图像标记软件曾经将黑人照片识别并标记成“大猩猩”；亚马逊开发的简历筛选系统存在着偏好男性应聘者的趋势；美国执法部门引入的预测性警务工具在预测有关人员犯罪的可能性时表现出了对非白人的歧视等。

2. 算法操纵

算法能够利用庞大的用户数据形成信息优势，实现对个人和群体的操纵：

(1) 对个人信息获取的操纵。在大数据被广泛应用的今天，算法推荐已然成为网络内容分发的主要方式之一，其多以受众偏好为分发依据，经由大量推

---

① 彭兰．生存、认知、关系：算法将如何改变我们 [J]. 新闻界，2021 (3)：45-53.

② 刘朝．算法歧视的表现、成因与治理策略 [J]. 人民论坛，2022 (2)：64-68.

③ 邹开亮，刘佳明．大数据“杀熟”的法律规制困境与出路：仅从《消费者权益保护法》的角度考量 [J]. 价格理论与实践，2018 (8)：47-50.

送与用户兴趣、观点、立场等偏好相契合的信息取悦用户，强化用户对算法推荐的依赖。当人们越来越习惯于由算法控制的、以使自己愉悦为目标的信息环境时，诸多消极影响随之显化，例如对自己的认知框架过于自信；又如失去能够激发学习欲望的关键提示；还有压缩了自身寻找问题解决方案的空间，限制人的创新性等。①

（2）对舆论生态的操纵。算法操纵舆论生态的主要载体为大量的“网络水军”，即通过操作“水军”账号开展组织化、规模化的发布、转发、评论、点赞等信息交互行为，营造虚假的舆论氛围，达到捧人造势、恶评去势、刷量控评等目标；前述提及的“喷灌式谎言”即为“网络水军”泛滥的产物。这些有意为之的虚假舆论炮制账号不仅严重影响了个体对社会信息的顺利获取与对社会氛围的准确感知，还会进一步污染整个信息环境，扭曲正常的网络舆论生态。

（3）对受其管理的劳动者的操纵。能对劳动者实现操纵的算法多在平台的管理体系中发挥着评估、决策与监控的作用，其经由量化、追踪劳动过程与劳动成果并进一步将输出数据与绩效、奖励相关联的手段，影响甚至主导着劳动者的物质报酬，使后者不得不服从于算法设置的规则与指令。目前争议较大的是外卖平台面向骑手开发的调度决策算法。在外卖平台上，算法不仅可以根据消费者、商家与骑手之间的相对位置为订单匹配最为合适的骑手、规划最佳路线，还能够精准计算配送时间、实时监控骑手位置，敦促骑手遵守指令、按时配送。对于骑手而言，平台的算法固然是辅助提高送餐效率、缩短送餐时间的工具，但其对劳动的高度控制与精准预测、对意外情况的低包容度往往也意味着不断提高的时间压力和劳动强度；为了按时完成平台的派单，很多骑手往往会选择超速、闯红灯等危险行为，给自身和他人的安全带来极大风险。

3. 算法诱导

算法诱导指的是借助对用户个人资料、偏好习惯等信息的挖掘与分析预测其心理活动与后续行为，并进一步通过改变产品机制、推送相关信息等操作对该行为进行不良诱导，在实践中主要表现为诱导沉迷与过度消费。例如，游戏运营商为了增强用户黏性、延长其使用时间，会根据用户习惯、游戏技能水平设置差异化的关卡门槛与奖励，包括适时地降低难度、推出游戏道具等；又如，当电商平台捕捉到某一用户反复浏览某个商品时，会向该用户推送多件打折的信息，刺激其超额消费。此类现象固然是互联网平台吸引、留存用户的核心竞争力与必要手段，但如果不加规制，明确划清“吸引”与“诱导”之间的红线，将可能危及公共利益与伦理秩序。

（二）理解算法滥用的负面影响：传播技术的偏向

在聚焦研究技术、传播与文化之间相互关系的媒介环境学派看来，传播技术促成的各种心理或感觉的、社会的、经济的、政治的、文化的结果，往往和其固有的偏向有关。② 算法滥用带来的系列难题与困境也可被视为其传播偏向

① 彭兰．算法社会的“囚徒”风险［J］．全球传媒学刊，2021，8（1）：3-18.

② 林文刚．媒介环境学：思想沿革与多维视野［M］．何道宽，译．北京：北京大学出版社，2007：30-31.

的固有风险。研究者借鉴媒介环境学派中传播偏向理论的基本框架，将算法推荐技术所具有的偏向归纳为空间偏向、感官偏向、意识形态偏向等，现将主要观点分述如下。①

1. 空间偏向：强化对人的控制

媒介的时空偏向理论最早由哈罗德·伊尼斯（Harold Innis，又译“哈罗德·英尼斯”）提出，其认为任何一种媒介都会有特定时间或者空间偏向，而这种偏向会对知识的传播产生影响，并进一步作用于文明的形成与延续。② 偏向时间意味着在时间维度上得以延续，这类媒介往往与文化传承、记忆珍藏、传统保存相关，典型的例如刻着字的石头；偏向空间则意味着能够克服地域的阻碍，在空间维度上得以延展，这类媒介则多与扩张、控制、权力等相关，例如用以记录和传递信息的莎草纸。任何文明都需要寻求时间与空间的平衡，既不过分倚重时间，也不过分倚重空间。③

从表面上来看，算法貌似既能够通过互联网的广泛链接跨越空间的阻碍，也因可对信息进行快速检索和永久保存而拥有着超越时间的能力，但后者在实践中往往被其“追逐热点”与“投其所好”的运行特征所消解：一方面，算法以事件的流行度或讨论度作为推荐标准之一，其通过信息的快速更新帮助人们实现“追踪”热点的目标，但也因此导致人们很难长时间对某一个公共议题给予关注；另一方面，算法对用户偏好的迎合也使得人们减少了接触更广阔信息领域的可能性。

循此逻辑，算法实际上是一个向空间延展到极致的媒介，其以持续更新的碎片化信息与契合用户偏好的个性化推荐满足了所有人特定的信息需求，亦强化了个体对当下的关注；但是，由于算法时间偏向的消解，这种关注往往缺乏历史根基、社会连接和时间传承。由此带来的结果是，文化的延续被碎片化的即时热点取代，人对算法的依赖性正在逐步增强而自主性却在不知不觉中被削弱。

2. 感官偏向：弱化思考的能力

感官偏向源自麦克卢汉提出的“媒介是人的延伸”的论断。以此为基础，媒介具有“冷”“热”之分，“冷媒介”是指清晰度较低的媒介，其提供的信息量较为匮乏，需要人们调动各种感官加以填补和理解，故而于受众而言有着更强的参与度；而“热媒介”的清晰度较高，信息量更为丰富，人们要么无须调动更多的感官去理解和认知媒介信息，要么只需要专注其中一种感官即可，参与度较低。例如，电话为“冷媒介”，因为电话通话依赖于低清晰度、低频率的声音，并且必须通过通话双方的参与才能进行；相对而言，收音机则竭力提供完全的信号，不要求收听者补充，是一种“热媒介”。④

---

① 陈昌凤，吕婷．“去蔽”的警示：算法推荐时代的媒介偏向与信息素养［J］．中国编辑，2022（5）：35－39．

② 伊尼斯．传播的偏向［M］．何道宽，译．北京：中国人民大学出版社，2003：28．

③ 同②5．

④ 姚文苑，胡翼青．“外观”抑或“背景”：再谈麦克卢汉的“冷热媒介论”：媒介环境学经典理论重访之一［J］．新闻记者，2023（2）：71－83．

以此为分析视角可发现，算法的推荐机制在本质上强化了其作为媒介的“热”偏向。出于迎合人们喜好的目的，算法往往优先推荐那些简单明快、视听元素更为丰富的内容，而偏向抑制篇幅更长、需要用户参与思考的严肃、深度内容，由此为人们打造了一个“偏热”的媒介环境——身处其中的人们逐渐习惯了无须调动感官即可接收和理解信息的消费习惯，沉迷于浅层次、娱乐化的内容，弱化了逻辑推理、理性判断、深入思考、展开联想的能力。

3. 意识形态偏向

在媒介环境学家尼尔·波斯曼（Neil Postman）看来，“任何一种工具都嵌入了意识形态偏向，也就是它用一种方式而不是用另一种方式构建世界的倾向，或者说它给一种事物赋予更高价值的倾向”①，且这种偏向往往以隐蔽的方式作用于人们的日常生活中，使人难以察觉或认为理所当然。

在算法社会中，这种意识形态的偏向往往被其“伪中立性”特征所掩护。相较于以人的经验为标准的筛选机制，算法生成的基于严密的计算模型以及海量真实数据的分析，往往会被认为能够更为客观地反映和契合现实世界与真实趋势。然而，在具体实践中，算法并非真正地客观中立，意识形态的嵌入可有意无意地发生在其自设计至运行的各个环节，规则设计过程中开发者的思维定势、数据收集时样本的体量和代表性等都可能导致输出结果失真。②

更为严重的是，当这种隐蔽的意识形态偏向被商业资本故意利用时，算法将成为经济利益操控的一种掩饰，其将“润物细无声”地改变着人们的信息环境、思考方式与行为模式，通过让人们无法自抑地沉迷、冲动，实现攫取利润的目标。前述提及的算法操纵、算法诱导等皆是算法意识形态偏向被恶意利用的典型表现。

（三）算法治理

传播在任何一种偏向的过度延展都可能对社会稳定与文明延续带来消极影响，这也凸显了社会管理者通过行政、经济、文化等方式对此加以干预，推动媒介生态恢复平衡的必要性。针对算法滥用的治理，目前我国仍较为倚重行政监管，尤其是首部专门针对算法的法律文件《互联网信息服务算法推荐管理规定》（以下简称“《规定》”），其对算法推荐服务提供者在信息服务规范、保护用户权益等方面的规定以及对监督管理主体、管理机制（分级分类管理）、法律责任等的廓清与明确，为我国算法治理提供了基本的行动框架与指南。

以此为基础，国内互联网平台依照算法透明、尊重算法选择权等原则做出了整改与优化，较为典型的举措如下。

（1）履行信息服务算法备案职责，在互联网信息服务算法备案系统中填报服务提供者的名称、服务形式、应用领域、算法类型、算法自评估报告等信息并进行公示。算法备案制度由《规定》提出，其希望通过这一制度的执行至少实现三个目标：第一，为健全算法分级分类体系提供基础性支撑；第二，为公

① 波斯曼．技术垄断：文化向技术投降［M］．何道宽，译．北京：北京大学出版社，2007：7.

② 许向东，王怡溪．智能传播中算法偏见的成因、影响与对策［J］．国际新闻界，2020，42（10）：69－85.

众算法知情权提供制度保障；第三，倒逼算法提供者积极进行风险评估与全流程记录，关注算法合规问题。[①] 截至 2023 年 4 月，已有包括美团配送调度决策算法、快手短视频生成合成算法、百度热搜榜排序算法等在内的三百多个信息服务算法完成了备案。[②]

（2）主动公开算法规则。例如，美团通过微信公众平台发布文章《让外卖配送算法更透明，让更多声音参与改变》，详细解释了其外卖配送中“预估到达时间”的算法规则。根据美团 App 的设置，用户下单后看到的“预估到达时间”并非仅是依靠机器学习模型得出的结果，而是平台综合考虑了模型预估时间、城市特性保护时间、分段保护时间和分距离保护时间后，从中选择的最长的时间，具体机制如图 8-3 所示。为了更好地保护骑手，美团还计划通过在异常场景下为骑手提供时间补充以及将“预估到达时间”变为“预估到达时间段”两个方面的调整优化算法策略。其中，提供的时间补充是由异常场景决定的，例如配送长期出餐较慢商家的骑手将自动获得配送时间的延长等。[③]

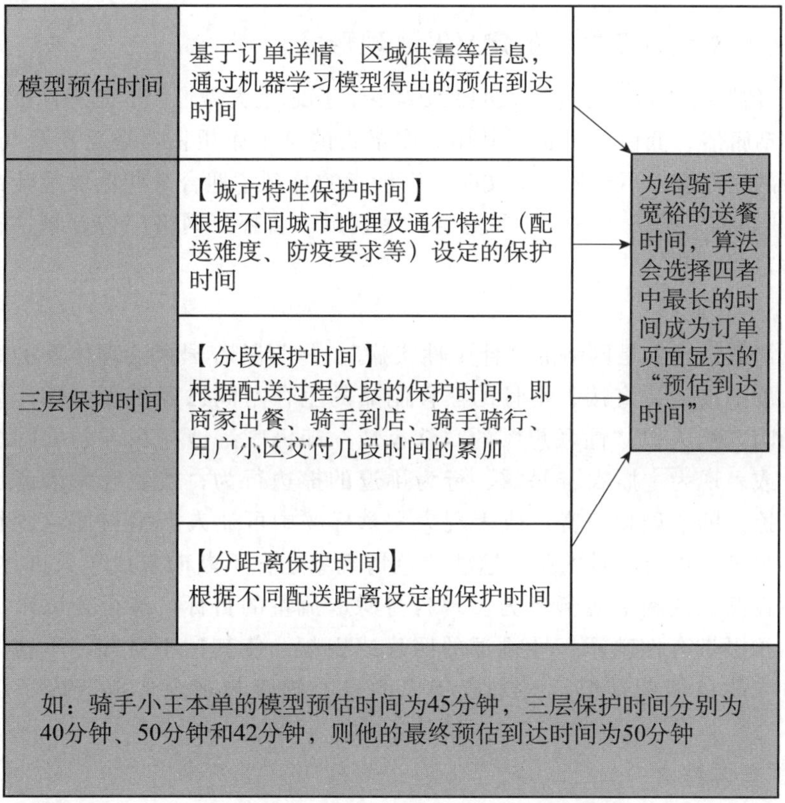

图 8-3 美团“预估送达时间”的选择逻辑

① 王毓莹，王佳民．算法备案制度初探［N/OL］．人民法院报，2022-08-25（8）．https：//www.chinacourt.org/article/detail/2022/08/id/6881267.shtml.

② 国家互联网信息办公室关于发布互联网信息服务算法备案信息的公告［EB/OL］．（2022-08-12）［2023-05-10］．http：//www.cac.gov.cn/2022-08/12/c_1661927474338504.htm.

③ 让外卖配送算法更透明，让更多声音参与改变［EB/OL］．（2021-09-10）［2023-05-10］．https：//mp.weixin.qq.com/s/LgXP2IRbyidRSSH9U7q5RQ.

(3) 允许用户关闭“个性化推荐”功能。“个性化推荐”作为大数据杀熟、信息偏食等算法滥用消极效果的主要作用机制之一，已然引起了较大的争议。为了尊重用户的算法选择权，平台上线“个性化推荐”关闭按键，让用户自行选择是否接受基于自身偏好的内容推荐服务。不过目前多数 App 控制这一功能的按键皆隐藏得较深，用户需经过较长的操作路径才能抵达，在一定程度上降低了其关闭这一功能的倾向。

作为全球范围内全面回应算法挑战的体系性尝试，我国的算法规制为世界数字制度建设提供了极佳的样板与示范，但仍存有许多问题亟待解决。例如，《规定》中算法备案制度的法律效果尚未明确，算法分级分类机制也可进一步细化；又如，算法本身作为一种高效的技术治理工具亦可应用到对自身的规范中，技术方案或可成为行政监管之外的重要辅助手段等。

二、网络“三俗”

（一）网络“三俗”的定义及表现形式

“三俗”文化指的是迎合人的低级趣味、病态审美需求、本能感性欲望的文化，包括庸俗、低俗与媚俗。其中，庸俗指的是平庸粗俗，缺乏新意与深度；低俗指的是低级、不雅观、不文明；媚俗指的是刻意迎合某些低级趣味或世俗观念。[①] 目前，网络“三俗”多发生于短视频、直播、网络广告领域，较为典型的内容有：

1. 暴露色情

色情低俗现象是网络的“伴生性疾病”。尽管随着国家治理体系的完善与治理力度的增大，直接、露骨的淫秽制品的生存空间已经被极大地压缩，但更为隐晦、给人以“性联想”的“软色情”却仍广泛地存在于各大网络平台中——或表现为主播衣着暴露、行为挑逗的擦边行为；或表现为语音连麦中发嗲、撩人的语调和声音；或表现为文章标题中可让人产生与性议题相关联想的字眼等。更为严重的是，这些软色情现象还在不断向未成年人群体渗透，一些不良商家或网络运营者为实现自身赚取流量的目标，甚至会以未成年人为主角拍摄带有性暗示、性挑逗的照片或视频，使其在不自知、不情愿的情况下进入软色情营销链，对未成年人的身心健康与观念形成造成了极大的影响。

2. 卖俗扮丑

“卖俗扮丑”的现象多发于短视频和直播领域，视频中的主人公通过表现出颠覆传统的、怪异的、不合常规的、非理性的哗众取宠行为，满足人们猎奇、窥探隐私、制造笑料寻求狂欢、从对他人的鄙夷与厌恶情绪中获得自我肯定和自我满足的心理需求。“郭老师”为这一类型的典型账号。“郭老师”最初成名

① 孙秋英，涂可国．论“三俗文化”及其社会治理［J］．山东社会科学，2020（9）：156－161．

于快手，凭借蹩脚的普通话和匪夷所思的话语，创造了独有的“郭门郭语”并借此走红，“猕 hotel”（猕猴桃）、“耶斯莫拉”（语气词）等词汇在网络上广为流传。随后，为了树立疯癫、邋遢、低俗的人设，“郭老师”开始展示奇观化的身体符号和行为，包括蓬松的黄色乱发、皱在一起的五官、时不时地高声尖叫、毫不顾忌地放屁打滚等，逐渐背离了健康审美与公序良俗，最终因越轨行为被多平台“封号”处置。[①] 长沙市黄兴路步行街也常常聚集着众多网络主播，他们多通过在地上打滚、学狗叫、光脚爬树、钻垃圾桶等卖俗扮丑行为获取粉丝的关注，这条街也因此被称为“狠活一条街”。

3. 斗狠谩骂

“斗狠谩骂”是伴随着“直播 PK”这一新型直播模式而兴起的一种低俗行为。“直播 PK”原先是一种旨在丰富内容的直播形式，即主播之间以语音和视频的形式相互连线，实现多个场景主播之间的互动对话、同屏表演。为了提升自身收益，一些主播将这种友好互动转变成逞勇斗狠、互撕攻击、谩骂吐脏，试图通过制造冲突和矛盾吸引关注。例如，一些“PK”以观众所刷礼物的总价值和直播间人气高低为输赢依据。若主播在“PK”中失败，就要接受“狠狠”的惩罚，其中不乏体罚、自残性质的措施。为了吸引粉丝注意或同情，还有主播在连线时互相攻击，对“对手”进行人格侮辱，激烈对骂直到声嘶力竭。类似直播不仅内容空洞、毫无价值，还进一步助长了网络空间的戾气，使观众陷入更深的负面情绪之中。[②]

4. 传递扭曲观念

有些网络“三俗”内容并不会像“暴露色情”“卖俗扮丑”“斗狠谩骂”一样给受众的视听带来刺激、新奇甚至是不适的感受，但在其看似无伤大雅的内容背后，却往往暗含着对例如“拜金”“拼爹”“拼颜值”等庸俗观念的倡导，与正确的社会价值观背道而驰。例如，为打造自己“白富美”“富二代”等成功人士人设，许多小红书账号持续更新自己的“精致生活”——展示豪车、豪宅、奢侈品，惊叹“上海别墅便宜到不可思议”，认为“不开保时捷不配出街”等——事无巨细地记录自己作为“有钱人”的所见所闻。这些“炫富”行为看似只是对个人生活的记录，但多与消费主义相伴相生，不仅严重影响社会风气，其所构筑的贫富差距鸿沟亦会进一步加深社会焦虑。

（二）网络内容的道德规范：信息伦理学的视角[③]

信息伦理学认为，信息技术本身是价值中性的，而人的行为具有明确的价值倾向；若能够建立起一套完整的信息伦理，即针对信息活动各环节的伦

① 胡果冻．郭老师被封：从“全民郭化”的集体审丑到审美回溯［EB/OL］.（2021－09－24）［2023－05－10］. https：//mp. weixin. qq. com/s/mCRoDxT05eowhtaFAfgMzQ.

② 王钟的．【光明网评】斗狠互撕的直播“PK”必须退场［EB/OL］.（2023－03－30）［2023－05－12］. https：//guancha. gmw. cn/2023－03/30/content _ 36465868. htm.

③ 本部分的内容主要参考：吕耀怀，等．数字化生存的道德空间：信息伦理学的理论与实践［M］. 北京：中国人民大学出版社，2018.

理要求、伦理准则、伦理规约与伦理关系，并以此指导人们使用信息技术的行为，那么价值中性的技术就可以导向善的价值的生成。换言之，要规避网络“三俗”行为的生成与弥漫，最为根本的就是明确人们在参与信息活动时的伦理原则。

在信息伦理体系中，最为基本的原则为“无害原则”，即不能制造、传播会对他人造成伤害的内容。其中，“伤害”既指受众在接收到内容后遭受的直接身心伤害，也包括其在受到内容影响后产生的言行对社会、他人带来的伤害。以此为底线，人们在信息活动的不同环节中还负有差异化的伦理道德责任，包括：

1. 信息开发与传播

信息开发是包括增加信息量、丰富信息资源或为信息活动提供新的手段、方式等在内的各种信息行为，信息传播则指被开发的信息在社会上扩散开来的过程。对信息开发与传播的规范往往存在着“度”的问题：若道德限制不足，则不良信息有泛滥的危险；倘若限制过度，又可能对信息自由形成损害。

对“度”的把握可通过确定信息开发与传播的下限来决定，这些下限又包括三个原则：（1）维护公共利益原则，即信息开发与传播应促进公共利益的发展，至少不能造成对公共利益的损害。（2）尊重个人权利原则，即信息开发与传播人员在行使自己的权利的同时，需充分尊重他人的权利，至少不侵犯他人的正当权利。（3）纯洁、健康、向上的原则，在网络中流动的信息应是纯洁、健康、向上的，是有助于道德水平提高的；而不应是用于肮脏目的、造成社会病态、促使人堕落的，不能对社会道德状况造成腐蚀和毒化。

2. 信息消费

信息消费者的消费偏好一般有两个向度：由经济理性定位的利益向度和由道德理性定位的道德向度。经济理性强调个人性和自利性，这使消费者倾向于选择使个人利益效用最大化的信息，道德理性则突出社会性和公利性，即信息消费需以人类整体利益的实现为目标和尺度。在信息伦理学看来，现实的、正确的信息消费选择应同时符合这两个标准，且道德理性需优先于经济理性。

在此基础上，消费者在进行信息消费时需至少遵守三个道德指标：（1）信息消费应有利于而不是有害于消费者自身道德品质的提升；（2）信息消费者不应利用信息来造成对国家、社会和他人的危害；（3）信息消费者不应在未授权的情况下使用信息资源和信息产品。

3. 信息管理

本节讨论的信息管理特指信息资源管理，即对包括信息、技术、资金、设备等各种要素进行更科学的规划、组织、协调和控制，以确保信息资源的充分开发和合理利用，从而有效地满足社会的信息需要，实现一定的目标。这是多数互联网平台所承担的职责。

在实践中，信息资源管理需满足三个道德尺度：（1）真实，在搜集、加工、处理、传播等过程中保证信息能够如实地反映现实，符合事物的本来面目，不弄虚作假、臆想造作。（2）健康，有益于人的身心发展和精神完善，有益于锤炼人的积极向上的精神品格。(3) 正义，信息应能够反映事物的本质及发展的历史必然性，在具体的信息资源管理过程中又可细化为三个指标——一是符合现存社会制度的主流文化、主流价值观念的要求；二是具有科学的视野，站在历史的前沿，能够预计历史的发展趋势，引导受众自觉追求真理；三是保证信息资源享用方面的公平、公正，让人人都享有平等的使用权，并能防止信息垄断和信息霸权的产生。

(三) 网络“三俗”的治理

受众的需求是网络“三俗”现象层出不穷的内在动力源泉。要根治网络“三俗”现象，归根结底就是要提升所有公众的道德素养，以体系化、立体化的道德规范帮助公众在信息活动中自觉做出正确的伦理选择。当然，若想促使公众生成内在的道德自律，前提条件是必须存在外在的他律，即在设定了契合当下主流价值观、整体社会利益以及未来发展目标的道德规范后，需经由他律的形式对公众的信息活动产生作用，使其在实践中被逐渐认知、理解，内化为公众自身的道德自律准则。

在我国的网络“三俗”治理实践中，他律的途径主要包括法律规制与平台规制两条路径。

在法治层面，除了此前相关法律与行政法规针对网络传播淫秽、色情信息的规定之外，近年来发布的例如《网络信息内容生态治理规定》《关于加强网络直播规范管理工作的指导意见》《网络主播行为规范》等部门规章进一步从网络违法信息与不良信息的界定、网络直播生态中各主体责任的明确、网络主播行为红线的划定等层面，为公众廓清了信息行为“应当”与“不应当”的边界，以此为基础的系列专项整治行动亦取得了良好的效果。与之相适应，平台也在不断探索网络“三俗”行为的鉴别标准与治理举措。小红书和抖音的实践为其中的两个典型案例。

1. 小红书：生态引导

针对平台中的大量“炫富”行为，小红书不仅持续升级算法模型，提高经由 AI 算法识别炫富内容的准确性，还通过推出《社区公约》、鼓励博主发声，实现正确价值观与良好社区生态的引导。2021 年 4 月，小红书在面向普通用户、创作者、MCN 机构进行数月的调研后推出了《社区公约》，以践行“真诚分享、友好互动”的社区价值观为目标提出了系列行为规范。其中，针对“炫富”行为，小红书要求用户“避免炫耀远超常人的消费能力”，若其分享的有关消费过程和结果的内容对于他人而言是“无用的内容”，就会被平台判定为“炫富”并进行相应处罚（见图 8-4）。此外，围绕这一公约的推出，小红书还进一步在平台上发起了“#关于炫富我想说”的话题讨论，引导较有影响力的博主和用户积极发声，重申社区价值观，引导形成良好的社区氛围。①

① 小红书公布“炫富”治理进展：半年处理 8 700 篇笔记，算法模型初步成型［EB/OL］.(2021-11-18)［2023-05-14］. https://mp.weixin.qq.com/s/vm8SPAN_ytYD1iZ6M7yBxA.

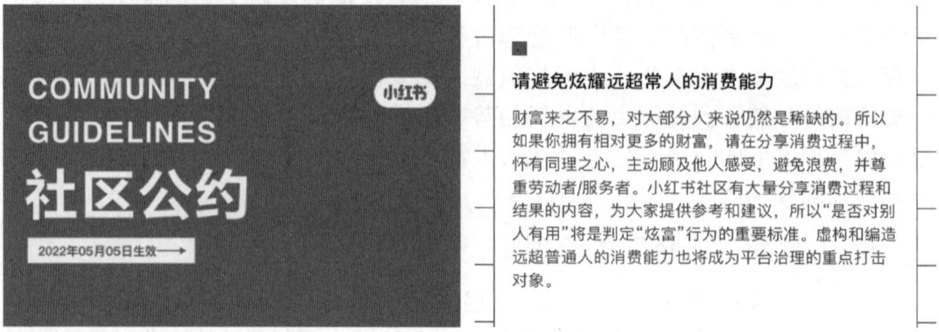

图 8 - 4　小红书《社区公约》首页（左）及有关“炫富”内容的认定（右）

2. 抖音：规则共创

平台依据自身的规则对被判定为“三俗”的内容与相关账号进行处理、处罚无可厚非，但若规则不甚完善、不够透明，则此类删帖封号行为往往会被视为信息自由的对立面，招致用户的困惑与不满。为让用户更好地了解平台规则、参与平台治理，抖音上线了“规则共创会”，在向用户普及平台规范的同时，邀请用户建言献策。“规则共创会”第一期为针对网络低俗内容治理推出的“露出正能量”主题，其中不仅鲜明地展示了平台审核的观点，即“并不是所有的裸露都是平台不允许的，关键要看场景”，并进一步通过“露出英勇”“露出健康”“露出艺术”和“露出优雅”四类符合审核标准的短视频加以阐释；还设置了可自由键入内容的留言区，收集用户关于低俗类内容审核规则的意见和建议，部分有建设性的留言将被抖音采纳用以完善审核措施。

第三节　信息安全与版权保护

信息安全与版权保护涉及在新媒体时代颇受关注的两种个人权益：隐私权与著作权。尽管在相关领域已经有了较为完备的法律体系，但层出不穷的新型侵权形式、手段、领域等仍对新媒体生态造成了极大的威胁。

一、信息安全

（一）信息安全问题的表现及影响

随着移动互联设备尤其是智能设备的发展普及，人的画像、身体、位置、行为、情绪心理、关系、评价乃至思维方式都在被全息“数据化”，这些量化“数据”在让人们获得更多自我认知、自我表达、自我记录的可能的同时，也使得其在一定程度上丧失了对自身数据的控制力，个人信息安全问题由此越发突出。①

根据 2021 年 8 月 20 日通过的《中华人民共和国个人信息保护法》，受到保护的个人信息指的是以电子或者其他方式记录的与已识别或者可识别的自然人

① 彭兰．“数据化生存”：被量化、外化的人与人生［J］．苏州大学学报（哲学社会科学版），2022，43（2）：154－163．

有关的各种信息，不包括匿名化处理后的信息。信息安全问题可发生在个人信息的收集、存储、使用、加工、传输、提供、公开、删除等各个环节，其典型表现与影响包括：

1. 违规收集使用个人信息，侵害用户权益

这类问题发生在与日常生活息息相关的移动互联网应用程序中，主要涵盖两个层面：第一，违规收集用户个人信息，例如未明确告知收集使用个人信息的目的、方式和范围并在获得用户同意前就擅自收集信息，又如在非服务所必需或无合理应用场景时，超范围、超频次收集通讯录、位置、身份证、人脸等个人信息。第二，违规使用用户个人信息，包括将用户在使用 App 过程中产生的浏览信息、搜索历史、使用习惯等信息私自共享至第三方、强制用户使用定向推送功能等①，在社交平台上搜索的商品精准出现在电商平台的信息流首页、持续弹出且无法关闭的个性化内容弹窗等，皆是此类问题的表现。

2. 过度披露个人信息，助推网络暴力

如第一节所述，收集个体的通信方式、居住地址、社会关系、交往行为等私密信息并加以拼凑、延伸、猜想和曝光是网络暴力的主要形式之一，这些被过度披露的个人信息最终不仅会成为网民对当事主体发起攻击的重要依据，还为其攻击的渠道与方式提供了线索。前述提及的德阳夫妻与初中生的泳池冲突事件给当事双方都造成了极大的身心创伤，正是因为个人信息被完全曝光，秉持着“朴素正义感”的公众可以通过线上与线下的多种渠道直接向当事者及与之有着社会联系的其他人表达自己的愤怒与谴责，最终导致其“社会性死亡”。

3. 非法获取个人信息，形成黑灰产业链

除了侵害用户信息权益、诱发网络暴力之外，信息安全问题还滋生了巨大的非法获利空间。从上游个人信息被非法获取，到中游数据在各种黑市交易平台被转手和出售，再到下游各种隐私数据被用于诈骗、勒索，个人信息泄露背后已然形成了一条完整的黑灰产业链。②

作为系列违法行为的根源，个人信息的泄露既源于普通用户信息安全意识的薄弱，亦与信息存储者的逐利本质息息相关。例如，智联招聘将求职者的简历信息作为流通货物向会员企业账户出售，使得个人信息流入非法产业链中，成为精准诈骗的目标对象。此外，随着技术的发展，部分不法分子借助远程控制软件、计算机病毒、外挂程序等手段非法窃取个人信息的现象也屡屡出现，严重威胁着个人、企业甚至国家安全。

(二) 个人信息保护新议题：被遗忘权

如今，遗忘变成例外，记忆成为常态。个人信息在网络上的可访问性、永久性和全面性使得个体在数字空间中当下和过去的数据痕迹都将永久保留、无

---

① 工业和信息化部关于开展 APP 侵害用户权益专项整治工作的通知［EB/OL］.（2019-11-07）［2023-06-11］. https://www.gov.cn/xinwen/2019-11/07/content_5449660.htm.

② 张超文，李佳鹏，孙韶华，等. 三问“信息泄露”之二：为何猖獗？｜信息泄露黑灰产业链滋生巨大非法获利空间［EB/OL］.（2021-04-20）［2023-06-11］. https://mp.weixin.qq.com/s/PBuanio8dKZQ8eHAxd8o3g.

法抹去，成为特定机构借助特定算法监视公众一举一动、一思一感的重要工具，人们在一定程度上失去了对自己隐私和个人信息的控制权。① 出于对这一问题的担忧，关于“被遗忘权”（the right to be forgotten）的讨论应运而生。

欧盟于 2012 年发布了《关于涉及个人数据处理的个人保护以及此类数据自由流动的第 2012/72、73 草案》，其将被遗忘权解释为信息主体有权要求信息控制商删除与其个人相关的数据并避免这些数据被进一步传播。② 欧盟负责基本权利和公民权利的司法专员维维亚娜·雷丁（Viviane Reding）强调，对这一权利的明确是为了帮助人们更好地应对在线隐私风险，其核心是如果人们不再希望自己的个人数据被数据控制商加工或存储，且数据控制商没有继续占有该数据的合法理由，那么此数据就应该被从系统中清除。③

尽管多数研究者承认被遗忘权有其存在的合理性和必要性，但其在实践中仍面临着诸多问题与挑战，这突出地表现为以下几点。

1. 隐私保护与言论自由

为了保护隐私而执行的被遗忘权以信息删除为基础，这一对信息流动进行的人工干预操作必然地会与言论自由形成冲突。就被遗忘权与言论自由二者的关系而言，目前的司法实践共有两种态度：第一种认为，当言论从私人领域进入公共领域，个体可以以保护隐私为名，用“被遗忘权”删除自己的言论，从而保护个体的言论自由。第二种认为，言论一旦进入公共领域，就与私人领域无关，即便个体要使用“被遗忘权”保护自己，也与隐私权毫无关系④；尤其是当可被删除的数据不仅包括自己公开的数据，还指向第三方发表的言论时，坚持“被遗忘权”就会与言论自由的理念相悖⑤。

2. 个人尊严与公众知情

被遗忘权常常会成为当事人逃避自身某段记忆（通常是丑闻）、维护自身尊严的盾牌。基于这一使用被遗忘权的动因，研究者们又引申出了两种关于被遗忘权的论据。

反对被遗忘权的研究者认为，个人因羞耻心而要求“被遗忘”的过去，可能恰好是公众知情权的组成内容；当知情权的内容能够服务于社会公共利益或者能够满足公众合法兴趣时，这是需要被满足的。遗忘行为本身是对公众知情的巨大损害，其后果是记忆在已具备成熟技术条件下的“人为”缺失，阻碍了人类历史完整的档案化记录。

---

① 吴飞，傅正科．大数据与“被遗忘权”[J]．浙江大学学报（人文社会科学版），2015，45（2）：68－78.

② European Commission. Proposal for a regulation of the European Parliament and of the Council on the protection of individuals with regard to the processing of personal data and on the free movement of such data (General Data Protection Regulation) [EB/OL]. [2023－06－12]. https://eur-lex.europa.eu/LexUriServ/LexUriServ.do?uri=COM:2012:0011:FIN:en:PDF.

③ REDING V. The EU data protection reform 2012: making europe the standard setter for modern data protection rules in the digital age [EB/OL]. (2012－01－24) [2023－06－12]. https://ec.europa.eu/commission/presscorner/detail/en/SPEECH_12_26.

④ 同①.

⑤ 郑志峰．网络社会的被遗忘权研究 [J]．法商研究，2015，32（6）：50－60.

而支持被遗忘权的另一方则认为，传统时代的生物记忆本身就存在“挂一漏万”的记忆风险，被遗忘权的出现仅仅可被视为一种在数字时代尝试对传统记忆模式的回归与还原；同时，被遗忘权的出发点在于帮助人们从不愿主动提起的过往经历中走出来，与其说是出于维护“人之所以为人”的尊严生活的目的，毋宁说是对“生活不易”这一现实产生的心理共情与体谅。[①]

此外，被遗忘权在法律执行层面也存在着诸多难题，包括内容与范围效力、权利主体范围、义务主体范围等，至今都尚未有明确共识，但其运用的核心原则却始终未曾改变——既要保护私人领域的神圣性，防止有人假公损私，但同样也必须保护公共领域的开放性，防止有人假私损公。[②]

(三) 信息安全问题的治理

与其他危及新媒体健康生态的常见问题一样，对个人信息安全问题的治理同样遵循着行政规制、平台落实的路径，具体举措包括以下几点。

1. 政府：完善顶层设计，持续净化 App 生态

政府对个人信息安全的重视与保护主要体现在立法和监管两个层面。

在立法层面，个人信息保护的相关制度在《中华人民共和国网络安全法》中就已经有了专章规定，其后的《中华人民共和国民法典》人格权编和《中华人民共和国数据安全法》也先后规定了涉及个人信息的具体保护制度；2021 年 11 月 1 日，我国第一部个人信息保护方面的专门法律《中华人民共和国个人信息保护法》正式施行，为个人信息权益保护、信息处理者的义务以及主管机关的职权范围提供了全面的、体系化的法律依据。[③]

监管层面则以两个专项治理行动为主，包括中央网信办、工业和信息化部、公安部和市场监管总局四部门联合于 2019 年开展的“App 违法违规收集使用个人信息专项治理”，以及工业和信息化部于 2020 年开展的“App 侵害用户权益专项整治”，先后制定了《App 违法违规收集使用个人信息行为认定方法》《常见类型移动互联网应用程序必要个人信息范围规定》等多项制度规范，在持续净化 App 生态的同时，亦使得个人信息保护的意识和观念逐步渗透到人们的网络生活中。

2. 平台：修改隐私政策，成立第三方监督机构

《个人信息保护法》对个人信息处理者义务的详细规定推动着各新媒体平台在个人信息保护方面做出相应的保障，较为典型的举措包括：

(1) 修改隐私政策，将敏感信息进行脱敏处理。电商平台作为人们网络消费的重要载体，掌握了人们诸多真实、敏感的身份信息、地址信息等，且在线上交易与线下配送等诸多环节皆存在着信息泄露的风险，故而这一举措多由电商平台提出。例如，2021 年 7 月，淘宝开放平台发布《依法加强消费者订单中

---

① 令倩，王晓培．尊严、言论与隐私：网络时代“被遗忘权”的多重维度 [J]. 新闻界，2019 (7)：74 - 82.

② 吴飞，傅正科．大数据与“被遗忘权”[J]. 浙江大学学报（人文社会科学版），2015，45 (2)：68 - 78.

③ 专家解读 | 《个人信息保护法》：构筑新时代个人信息权益保护的安全防护网 [EB/OL]. (2021 - 09 - 08) [2023 - 06 - 12]. http：//www.cac.gov.cn/2021 - 09/08/c _ 1632692967516943.htm.

敏感信息保护的公告》，要求入驻淘宝平台的第三方开发者和商家将订单中涉及的消费者姓名、手机号码、身份证、地址等敏感信息进行脱敏处理；同月，抖音电商运营团队宣布启动消费者隐私数据加密项目，8 月 1 日起商家将无法获得订单信息中用户的手机号、姓名、收货地址等信息。①

（2）成立第三方机构，监督隐私保护工作。为强化对隐私保护工作的监督，提升自身个人信息保护工作的机制建设与透明度水平，互联网企业腾讯宣布成立“个人信息保护外部监督委员会”（以下简称“委员会”）并向社会公开招募。作为第三方独立监督机构，委员会的工作内容包括结合相关法律法规要求独立评议腾讯公司及各产品隐私保护相关工作、提出指导和修改意见等。② 除了成立第三方机构，腾讯还升级了自身的隐私保护统一平台，不仅向用户展示其隐私保护的理念、原则、目标，还提供查询腾讯产品隐私保护指引的统一入口与多样化的隐私问题反馈渠道，在尽可能保证用户知情权的同时为其行使监督权打造顺畅的机制与渠道。

二、版权保护

（一）版权保护范围及侵权表现

版权又称著作权，指的是著作权人对其创作的文学、艺术和科学领域内具有独创性并能以一定形式表现的智力成果依法享有的专有权利，是知识产权的重要组成部分之一。受到版权保护的对象包括：（1）文字作品；（2）口述作品；（3）音乐、戏剧、曲艺、舞蹈、杂技艺术作品；（4）美术、建筑作品；（5）摄影作品；（6）视听作品；（7）工程设计图、产品设计图、地图、示意图等图形作品和模型作品；（8）计算机软件；（9）符合作品特征的其他智力成果。

为了打击网络侵权盗版行为，国家版权局、工业和信息化部、公安部、国家互联网信息办公室四部门自 2005 年起便持续联合开展名为“剑网”的专项行动，聚焦网络视频、网络音乐、网络文学、网络新闻、网络直播等领域开展版权专项治理。根据每年网络版权的新动态、新规律、新趋势，“剑网”行动皆针对性地制定当年的治理重点、总结工作成果、发布典型案例，以起到反思、巩固、示范和引导的作用。表 8－2 为近年来“剑网”专项行动的治理重点及十大案件。③

---

① 曹妍．《个人信息保护法》正式落地，互联网大厂首当其“冲”？阿里腾讯京东们已经采取行动［EB/OL］．（2021－11－01）［2023－06－12］．http：//www. eeo. com. cn/2021/1101/509630. shtml.

② 鹅厂黑板报．腾讯隐私保护监督员，等你加入！［EB/OL］（2021－10－15）［2023－06－12］．https：//mp. weixin. qq. com/s/F1A39E _ wgPbEJHDeqRDZHg.

③ 表格内容整理自国家版权局“剑网 2019 专项行动”“剑网 2020 专项行动”“剑网 2022 专项行动”专栏，网址为：https：//www. ncac. gov. cn/chinacopyright/channels/12470. shtml；https：//www. ncac. gov. cn/chinacopyright/channels/12511. shtml； https：//www. ncac. gov. cn/chinacopyright/contents/12227/357301. shtml. 此外，由于未能在网络上检索到“剑网 2021 专项行动”十大案件的相关信息，因而在此表格中并未展示。

表 8-2　近年来“剑网”专项行动的治理重点及十大案件

年份	治理重点	十大案件
剑网 2019	(1) 深化媒体融合发展版权专题保护 (2) 严格院线电影网络版权专项整治 (3) 加强流媒体软硬件版权重点监管 (4) 规范图片市场版权保护运营秩序 (5) 巩固网络重点领域版权治理成果	北京中兴华睿科技发展有限公司侵犯新闻作品著作权案
		江苏扬州马某予等涉嫌侵犯影视作品著作权案
		上海陈某等侵犯影视作品著作权案
		山西“圣城家园网”侵犯著作权案
		江苏南京“韩剧 TV”App 侵犯影视作品著作权案
		湖北浠水 91 系列网涉嫌侵犯影视作品著作权案
		柔持（北京）科技有限公司传播盗版电子出版物案
		江西吉安“5・28”侵犯影视作品著作权案
		山东淄博“6・26”涉嫌侵犯标准作品著作权案
		上海吴某锋侵犯影视作品著作权案
剑网 2020	(1) 开展视听作品版权专项整治 (2) 开展电商平台版权专项整治 (3) 开展社交平台版权专项整治 (4) 在线教育版权专项整治 (5) 巩固重点领域版权治理成果	江苏淮安“2・22”销售侵权盗版图书案
		上海“3・12”涉嫌制售侵权盗版图书案
		河南开封谭某某等涉嫌销售侵权盗版教辅案
		广东江门杨某某等侵犯影视作品著作权案
		辽宁丹东苏某等涉嫌销售侵权盗版教学课件案
		江西南昌“0791DJ 音乐网”侵犯音乐作品著作权案
		安徽滁州程某某等涉嫌侵犯软件著作权案
		湖南岳阳“3・25”侵犯网络游戏著作权案
		北京优宇通教育科技有限公司侵犯著作权案
		上海犀光网络科技有限公司侵犯摄影作品著作权案
剑网 2022	(1) 开展文献数据库、短视频和网络文学等重点领域专项整治 (2) 加强对网络平台版权监管 (3) 强化 NFT 数字藏品、“剧本杀”等网络新业态版权监管 (4) 持续加强对院线电影等领域的版权保护，巩固重点领域工作成果	天津谭某某运营盗版网络文学 App 案
		山西郝某某制售侵权盗版“剧本杀”案
		黑龙江钟某某等网络销售侵权教辅图书案
		上海、江苏联合查办车载 U 盘侵权案
		安徽邓某某网络传播院线电影案
		福建刘某某微信小程序侵权案
		浙江黄某网络传播电子书案
		河南某文化传媒公司网络传播短视频案
		重庆童某某盗录传播春节档院线电影案
		宁夏朱某某网络传播盗版案

由于篇幅限制，在此仅在每年中选取一个典型案例进行介绍：

(1) 2019 年北京中兴华睿科技发展有限公司侵犯新闻作品著作权案：这是自媒体侵权的典型案例之一，北京中兴华睿科技发展有限公司未经新华通讯社许可，将后者原创的《“一带一路”结硕果 中哈合作再向前》等新闻报道及摄影作品发布在自己运营的网站“新华丝路网”中，且未注明来源，构成了侵权行为。除了内容抄袭、擅自转载，部分自媒体还会通过“洗稿”逃避责任，即经由对他人原创内容的篡改、删减、编辑，掩盖真实来源，避免著作权侵权风险。

(2) 2020 年辽宁丹东苏某等涉嫌销售侵权盗版教学课件案：作为打破时空限制的新型教育方式，在线教育于近年来蓬勃发展，相应的侵权现象也接踵而至。本案件中，辽东丹东的苏某未经北京某教育公司授权，将其通过网络途径购买的侵权盗版教育网课视频，在自设的网络店铺中向多人销售，侵犯了该教育公司的著作权。此外，在线教育行业还存在着更多侵权形式，例如抄袭其他机构编撰的题库或者真题解析，形成本机构在线教学的教辅材料；又如在教学视频中穿插具有版权的影视及音乐作品等。①

(3) 2022 年福建刘某某微信小程序侵权案：为了更快速地获取利益，刘某某指使公司技术总监提取福州市智永信息科技有限公司（后更名为宝宝巴士股份有限公司）开发的宝宝系列小程序源代码，在添加广告后修改制作出了六款微信小程序，这些小程序被上架到微信平台公开发行。经福建中证司法鉴定中心鉴定，这六款微信小程序与权利人拥有著作权的计算机软件程序的核心文件代码构成实质性相似，刘某某的行为构成了侵犯著作权罪。尽管在计算机软件领域的版权侵权案件之前就时有发生，但将软件应用形态拓展至微信小程序的，此案是全国首例，具有较为典型的意义。

（二）版权侵权的新趋势

随着信息生产与传播技术的持续变革，版权侵权的领域、方式、环节皆较以往发生了一些新变化，这突出地表现在：

第一，侵权领域从传统的网络文学、文献资料、视听作品、游戏延伸到“剧本杀”、小程序等新兴网络业态。社会经济形态的丰富与发展催生了文化产业的创新和繁荣，其在给人们带来更为多样的娱乐生活的同时，亦为盗版侵权提供了更广阔的空间。典型的例如“剧本杀”这一依托故事脚本、具有推理性质的角色扮演游戏的兴起催生了盗版剧本的市场；又如体量小、使用便捷、开发成本低的微信小程序颇受用户喜爱，却也因此面临着源代码易被窃取、盗版小程序屡禁不止的问题。

第二，侵权手段涵盖复制抄袭、删减切条等多种方式，呈现出规模化发展趋势。以视听作品为例，此前的侵权方式多为影院盗摄、光碟翻录，成本较高，且可修改空间不大；短视频平台的发展降低了人们获取、编辑、传播、存储视听作品的门槛，也催生了更为多元的盗版手段，尤其是在“短视频碎片化追剧”

---

① 王晶玥．侵权现象时有发生，维权困难重重，在线教育需补上“版权课”[EB/OL]．(2020-12-28)[2023-06-24]．http://www.xinhuanet.com/politics/2020-12/28/c_1126914048.htm.

成为新的视听消费趋势后，部分侵权者会对原本影视作品的重要片段进行简单剪辑或者删减切条，直接“搬运”至短视频平台中，成为自身赚取平台补贴、吸引用户流量、引导商业变现的重要资源。更为严重的是，如今的盗版侵权已经逐步发展成为集网站运营设计、搜索引擎流量分发、广告联盟获取利益等为一体的规模化产业链[①]，给网络产权保护造成了极大的威胁。

第三，智能技术的发展在作品传播、存储、交易等环节为侵权行为提供了便利，这又尤以算法推荐和区块链技术为代表。前者对版权侵权的影响主要体现在两个层面：（1）在提升平台内容生产与分发效率的同时，也容易导致侵权内容的大量传播；（2）侵权内容在算法推荐下被接连推送，用户可以提前、免费、高效看完作品，加剧了这些侵权内容对原创内容的替代效应。[②] 被称为“首例算法推荐案”的爱奇艺诉字节跳动侵害信息网络传播权案件，就是因爱奇艺享有版权的影视作品《延禧攻略》被用户制作成切条短视频上传至今日头条App后得到了平台算法的推荐，获取了极高的播放量而引起的纠纷。

区块链技术对于侵权行为的影响主要表现在信息的存储和使用方面，其主要应用形态“非同质化通证”（non-fungible token，NFT）在国内又被称为“数字藏品”，能记录特定客体的初始发行者、发行时间以及未来每一次信息流转，是一种数字出版物的新形态，可实现真实可信的数字化发行、收藏、使用和流转。[③] 然而，如何有效进行数字藏品的版权确认却是不可回避的问题。侵权者未经授权将他人作品铸造成“数字藏品”并通过交易进行获利将涉及对作品的复制、出售、信息传播等行为，是对他人著作权的侵犯。[④]

（三）版权治理的新方式

经过多年探索与发展，我国逐渐形成“以政策与法律为引领、以政府治理与司法保护为保障、以社会共治为重要组成部分”的网络版权治理格局，在立法层面建立起较为完备的版权法律制度体系，在司法层面探索新类型案件的审判规则，在行政层面强化巩固“剑网”行动的成效，在社会层面则调动更多的非政府主体承担版权治理职能，形成市场机制与社群参与的多元治理模式。[⑤]

然而，随着网络技术的发展，作品的复制、传播越发便捷，侵权盗版行为呈现网络化、新型化、复杂化、高技术化等特点，版权保护工作面临着越来越大的挑战。各治理主体顺应这一新趋势，也在努力探索版权保护新途径，典型

---

① 中国版权协会：2021年网络文学盗版损失达62亿元，超八成作家受侵害［EB/OL］.（2022-05-26）［2023-06-24］. https：//news. cctv. com/2022/05/26/ARTINSLjbTU4Me7ZiNAEKb4S220526. shtml.

② 彭桂兵，丁奕雯．智能传播中短视频平台版权争议及其治理路径：兼评“首例算法推荐案”［J］. 新闻记者，2022（9）：86-96.

③ 清华大学互联网产业研究院．数字藏品的现状与未来发展的思考［EB/OL］.［2023-06-24］. http：//www. iii. tsinghua. edu. cn/info/1121/3221. htm.

④ 史竞男．“看得见，摸不着”的NFT数字藏品版权如何保护？［EB/OL］.（2022-07-08）［2023-06-24］. http：//www. news. cn/legal/2022-07/08/c_1128815693. htm.

⑤ 本部分内容主要参考：中国信息通信研究院．“十三五”中国网络版权治理白皮书［R/OL］.（2021-09）［2023-06-24］. http：//www. caict. ac. cn/kxyj/qwfb/bps/202109/P020210926498663209246. pdf.

的例如：

1. 长短视频协同合作

未经授权的二次创作短视频一直是版权纷争的“重灾区”，甚至曾经引起过影视行业协会、影视公司联合发布抵制声明。自2022年起，长短视频平台开始尝试以融合发展代替相互对抗，通过将长视频平台中的版权授权给短视频平台创作者以解决侵权盗版问题，从而实现双方的“双赢”。对短视频平台而言，长视频平台的影视作品为其提供了丰富素材；而对长视频平台，短视频二创作品会起到引流作用，用户可能被优质的二创剪辑所吸引，去观看整部剧集或电影，甚至付费或购买会员。目前，长短视频这一在版权领域的创新合作获得了业界的广泛认可，入选了中国版权协会《2022年中国版权十件大事》。①

2. 依托区块链对作品进行全流程保护

版权保护的核心问题是正确的用户拥有正确的作品，以正确方式发布，并且以合理方式呈现。一般涉及内容的权属界定、保护措施和侵权鉴定。② 相较于传统的身份认证信息、内容加密技术、水印技术等保护措施，区块链技术具有去中心化、可信任、不可篡改、公开透明等优势，能够从版权确权、版权交易和版权维护三个层面对版权进行保护。目前，国内较为成熟的用以保护版权的区块链技术主要被用于版权存证、固证、交易等场景，可实现降低权利人进行版权存证的成本和版权交易的风险、提高权利人侵权固证的效率和版权交易的安全性等目标。不过，区块链技术在助力版权产业发展的同时，仍存在着适用边界模糊等一系列问题，亟待通过立法、行政管理、司法等手段加以廓清和解决。③

3. 借助智能算法监测侵权内容

智能算法不仅能够基于用户数据精准输出版权内容，还能够为版权侵权作品的“同一性”对比提供高效准确的支撑，极大节约版权治理的人工成本。为此，拥有算力和技术优势的大型互联网平台正在逐步发展算法治理，开发出了不同程度和样态的侵权检测系统，例如字节跳动开发的“灵识”视频版权保护系统，其会为每个上传的视频生成唯一的“内容指纹”文件，并将这一“内容指纹”与上传到其他平台的视频进行对比，快速发现侵权内容；又如百度文库的“反盗版DNA系统”，利用“HASH算法甄别”等技术对正版文档进行版权保护，日均拦截甄别侵权文档达25万。

【问题讨论】

1. 本章论及的六大新媒体生态治理难题在如今是否演变出了新的表现形

---

① 赵语涵．长短视频平台“破冰”达成合作，相向而行开启新探索［EB/OL］．(2023-04-08)［2023-06-24］．https：//wenyi.gmw.cn/2023-04/08/content_36484486.htm.

② 李万祥．区块链：破解传统版权保护困境［N/OL］．经济日报．(2019-12-11)［2023-06-25］．http：//paper.ce.cn/jjrb/html/2019-12/11/content_408058.htm.

③ 国家版权局．新技术在版权领域的运用报告［EB/OL］．(2023-02-28)［2023-06-25］．https：//www.ncac.gov.cn/chinacopyright/contents/12227/357354.shtml.

式？对此，各社会治理主体有哪些新的应对举措？

2. 在媒介环境学派的研究者看来，除了时空偏向、感官偏向、意识形态偏向之外，媒介还具有思想情绪的偏向、人性化偏向、场景偏向等。请从媒介偏向理论中选择一个观点并以此为视角对“算法滥用”现象及后果展开分析。

3. 请另外选择一个新媒体生态治理难题，梳理其基本概念、表现形式与治理手段，并从新闻传播学的学术视角对这一问题加以阐释。

第九章　新媒体危机管理

新媒体时代的危机在触发频率、传播速度、影响广度、冲击强度等方面呈现出诸多新特征与新趋势，亦对组织的危机管理提出了新要求。如何顺应新的传播秩序与舆论格局，做好风险预控、危机应对、声誉修复等管理工作，是组织提高自身韧性并在不断变革的内外环境中保持健康、稳定发展的重要保障。本章将首先梳理危机管理的基本范畴及其在新媒体时代面临的新挑战，继而介绍选择危机应对策略的三个视角，随后以三个共同体为线索阐释声誉修复的路径，为新媒体组织开展危机管理提供基本框架。

第一节　新媒体时代的危机与危机管理

危机可能会破坏组织正常秩序、规范和目标，缺乏管理或管理不当会使组织遭受重大损失。移动互联技术的发展改变了信息表现形式、传播渠道和社会交往方式，给组织的危机管理带来触发常态化、传播全民化、建构符号化、评判情绪化、结构复杂化等挑战。为更好地在新媒体时代维持、提升自身的声誉与形象，组织需从意识、原则与制度三个维度切入，开展体系化的危机管理。

一、危机与危机管理

（一）危机的概念与基本特征

危机是由组织外部环境变化或内部管理不善造成的可能破坏正常秩序、规范和目标，要求其在短时间内做出决策、调动各种资源、加强沟通管理的一种威胁性情势或状态。危机具有以下五个特征。

1. 危机生成的必然性与偶然性

随着社会的发展，组织内部的构成要素、运作规律日渐复杂，其赖以生存的政策、技术、价值观念、自然条件等外部环境也在不断更迭，但组织运营管理能力和资源配置能力却永远存在着相对的局限，危机的出现便成为必然。同时，危机的爆发往往由特定的诱因引致，而诱因的出现，大部分情况下又是偶然的。

2. 危机发展的渐进性与突发性

一方面，危机从生成到消除是一个积累渐进的过程，危机的要素构成、表现形式和影响范围会随着危机发展的不同阶段不断变化。另一方面，具体的一次危机又往往是突然发生的，隐藏的危机一旦显化，便能在瞬间对组织声誉造成巨大伤害。

3. 危机影响的破坏性与建设性

危机对组织的负面影响是广泛而深刻的，其不仅会在实质层面带来财产损失、生命或健康损害、正常秩序和规范破坏等，也会损害组织美誉度、可信度、忠诚度等无形资产。不过，若是辩证地看，危机也会暴露出组织存在的问题，给组织带来一个检视自我风险应对能力、改进内部管理的机遇，亦可为组织提供一次"脱颖而出"的机会，对危机的得当应对能为组织赢得利益相关者的谅解、维护与支持，增益组织声誉。

4. *危机应对的紧迫性与公共性*

紧迫性来源于危机爆发与危机应对之间极短的时间差，组织不仅需要在人力不足、财力匮乏、信息不畅的情况下迅速有效地做出决策，还需要防范由危机导致的系列负面影响。公共性是指危机往往具有较强的关注度，极易成为社会的公共话题，再经移动互联网络的快速扩散和集聚，引发规模化及情绪化的狂欢、狂怒、围观和围猎。

5. *危机恢复的根源性与系统性*

作为"状态"存在的危机，其对组织声誉的影响不会随着舆论的淡化而消失。在事件平息后，组织仍需慎重评估自身所处的环境，明确诱发、助推甚至引爆危机的根本问题，消除"病根"。若从长远的视角看，组织需要做到的绝不仅是消除单次危机的负面影响，而是系统、全面、立体的形象恢复与声誉重建，通过打造真诚、负责、可靠的良好组织形象积累丰厚的组织声誉资产，以更好地预防和应对下一次危机。

(二) 危机管理的范畴界定

危机管理是旨在预防、降低乃至扭转危机负面影响的系列管理行为的总称，核心内容为在时间紧迫、充满不确定性的条件下，整合、配置相对匮乏的人、财、物资源，重新理顺沟通系统，采取有效的行动策略，进而改变危机情境，使之恢复常态。危机生命周期和组织发展战略是两个常见的界定危机管理范畴的视角。

1. *危机生命周期视角*

生命周期视角将危机管理视为时序上的过程管理，通过对危机阶段的划分以及每一阶段特征的识别明确管理的范畴。根据库姆斯（W. Timothy Coombs）的三阶段模型，危机管理涵盖了前危机（precrisis）、危机（crisis event）与后危机（post crisis）三个阶段需采取的行动。[①]

前危机指的是组织常态化运行的阶段，对危机的管理主要以风险规避为目标，包括危机信号检测、危机预控与危机管理准备三个要素。这一阶段要求组织对危机信号进行全面、实时、动态的检测，一旦发现潜在风险，就应迅速采取行动加以解决，阻止或控制危机的发生与扩散。当然，并非所有危机信号都能够被及时捕捉，组织在平时也需主动打造危机管理团队、增强危机应对能力并制定危机响应预案，为可能出现的危机做好准备。

危机阶段往往由一个明确的事件触发，至事件得以解决而止。处于危机之中的组织需先后完成危机识别与危机应对两个步骤的管理工作。其中，危机识

① COOMBS W T. Ongoing crisis communication：planning，managing，and responding［M］. 4th ed. California：Sage Publications，2014：26－28.

别既包括收集信息从而锚定危机根源及其传播动因，也指向组织内部危机意识与状态的同步，为高效、有序地调动人、财、物等资源做准备。危机应对指的是为控制、减弱危机的影响与多元主体在言语和行动上的沟通。相较而言，危机阶段的不确定性、冲突性和紧迫性皆更为显著，多数组织的重视程度与执行能力也更为突出。

后危机阶段的显著特征是导致危机的核心事件得以解决但由此带来的负面影响仍在持续，危机管理工作重心从事态控制与对外沟通兼顾逐渐向后者转移，即通过补偿、公关活动等与利益相关者进行持续、充分的沟通，逐渐修复被危机破坏的关系纽带，恢复组织的形象和声誉。当然，反思、评估此次危机应对中的得与失，并将经验、教训融入前两个阶段的管理中也是本阶段的工作范畴。

2. 组织发展战略视角

这一视角将危机管理嵌入组织整体发展中，以组织战略为框架对危机管理体系加以探讨，并将其划分为三个范畴：危机战略规划、危机预控、危机处理。

首要范畴为危机战略规划，即将危机管理融入组织的战略制定与日常运营中，提升危机管理在组织发展中的地位。其包括三方面内容：（1）危机发展观的明确和危机理念体系的形成；（2）日常化危机管理制度的建立、维护与修正，明确危机管理的使命、权责和流程；（3）危机管理战术体系的论证和确立，以保证危机征兆一旦显现或危机爆发，组织能够依循既定的工作原则、策略组合和资源配置模式开展工作。

危机预控和危机处理是在危机战略规划指导下的危机管理工作。前者是为了应对可能发生的危机而开展的系列准备活动，包括风险评估、危机预警和危机应对训练等，后者则是在具体危机情境中组织所需采取的系列举措，大概可分为危机决策、策略执行、恢复与评估三大内容①，其中，危机决策包括对危机根源的查找、危机类型的确认、危机影响的分析以及以此为基础的策略制定，策略执行即对上述决策的落实，而恢复与评估则是指消除危机负面影响、评估危机管理效果、恢复组织声誉。

二、新媒体时代的危机管理

移动互联技术的快速发展带来了全新的信息表现形式、信息传播渠道和社会交往方式，这在深刻影响危机舆论格局与传播规律的同时，也对组织的危机管理提出了新要求。准确地识别危机管理遭遇的新挑战，并以此为基础搭建主次分明、缓急有别、动态调适的危机管理体系，是当代新媒体组织有效规避风险、高效应对危机、妥善修复形象的根本之策。

（一）新媒体时代危机管理面临的新挑战

新媒体尤其是社交媒体的兴起极大地改变了既有的舆论格局与传播规律，使得组织危机在形成、建构与扩散过程中的传播主体构成、信息流动路径、话语表达体系、公众信息获取行为与评价标准等皆呈现出诸多新特征与新趋势，

---

① 胡百精．危机传播管理［M］．3版．北京：中国人民大学出版社，2014：15.

给危机管理工作带来了系列新挑战。

1. 危机触发常态化

新媒体时代是“所有人对所有人传播”的时代，信息资源的分配秩序从特定主体集中掌控、单向发布向用户互通共享、网状传播转变，这就使得组织不仅无法借助信息垄断为可能导致危机发生的不确定性事件遮掩或赢得处理时间，还必须时刻面临“共景监狱”[①] 中所有人的围观、凝视、评议，任何过失、错漏与谎言都可能被互联网用户捕捉并演化成针对组织的舆论风暴，危机触发逐渐成为一种常态。

2. 危机传播全民化

移动终端的普及与新媒体技术的下沉推动了公众角色的转变，普通公众也可以便捷地传递信息、交流分享、形成舆论、展开行动，由以往的“信息接收者”转变为更加主动的“问题提出者”“言行质疑者”“活动动员者”“现实发难者”[②]。他们不仅会在“共景监狱”中事无巨细地关注组织的言行，还可能随时随地发起质疑与对抗，更容易参与到狂欢狂怒的人群中，成为组织危机的围观者、引爆者与助推者，加速危机的生成、扩散与渗透。

3. 危机建构符号化

“在信息丰富的世界里，唯一稀缺的资源就是人类的注意力。”[③] 新媒体时代内容体量的迅速扩张对公众注意力造成了极大的稀释，借助简化的标签对危机进行建构、传播、认知和记忆的趋势较传统媒体时代更为显著——例如网易云音乐因评论区中充斥着大量消极言论而被称为“网抑云”，又如腾讯状告老干妈拖欠广告费却发现是他人伪造证件实行诈骗，遭网民嘲笑后被戏称为“逗鹅冤”。对于组织而言，符号化的危机建构不仅会在公共空间中形成更为深刻的负面集体记忆，阻碍组织形象的修复，还会进一步成为传播“迷因”[④]，在不同的语境中被复制、加工、重新赋予意义并扩散，使得危机的传播速度更快、覆盖范围更广、造成的声誉损害更为严重。

4. 信息评判情绪化

随着信息圈子化传播趋势的增强，“后真相”[⑤] 特征逐渐显化，为舆情危机传播铺上了一层新底色——情感、观点、立场压倒事实，成为评判危机相关主体与信息的第一标准，并进一步推动着舆论格局由围绕真相的有序竞争转变为情绪主导的无序宣泄。[⑥] 这也就意味着传统的以事实评判为核心的危机应对策略已经难以匹配如今的舆论生态，组织如何妥善应对与安抚来自公众的负面情

---

① “共景监狱”是一种对社会结构的比喻，其表达的是这样一种场景：处于最中央的个体的一言一行被四周的观众们一览无遗，他们不仅对其展开围观与凝视，还会“交头接耳”彼此沟通信息并加以评论。

② 黄河．网络舆论引导的困境与破局［J］．新闻与写作，2018（6）：24－28.

③ 凯利．必然：第2版［M］．周峰，董理，金阳，译．北京：电子工业出版社，2016：203.

④ 迷因，英文为meme，意为“模仿的东西”。它可以表现为一个视觉符号，也可以是一个动作或声音，在不同语境中能不断复制、扩散、变异。

⑤ “后真相”指的是一种舆论趋势或舆论生态，即情感对舆论的影响超过客观事实。

⑥ 李彪．后真相时代网络舆论场的话语空间与治理范式新转向［J］．新闻记者，2018（5）：28－34.

绪，如何在有限的时间内做好事实查证与情绪化解的平衡，将是其在新媒体时代应对危机时面临的极大挑战。

5. 危机结构复杂化

相较于传统的以突发事件为诱因与议题的原生型危机，新媒体时代危机管理面临着更为纷繁复杂的导火索与更为多元的关注点，由此形成的复杂议题结构极大地提高了组织对危机进行研判、分析、应对与修复的难度。当组织遭遇危机时，除了危机议题本身，其在应对过程中的言论、立场、态度，当下与过往的行为、绩效、故事、信息等，都可能被公众借助移动互联网的搜索功能与记忆功能打捞、捕获、分析、审视，并在复杂社会心理的作用下进一步成为次生舆情的导火索，与原生议题交织在一起形成错综的议题网络；即便是同一议题内部，也同时裹挟着事实与谣言、意见与情绪，准确判断危机根源、迅速识别关键议题、有效掌握舆论关切成为新媒体组织危机管理的关键点。

（二）新媒体组织开展危机管理的三个层次

为应对新媒体时代危机管理遭遇的挑战，组织需从意识、原则、制度三个层次切入开展体系化的危机管理，包括打造危机管理共同体，明确“作为与不作为”的边界，以及对危机应对实践加以规范。

1. 树立危机意识，打造危机管理共同体

危机意识是组织内部对危机的认识与判断。与时俱进、上下一致的危机意识不仅能够为组织危机管理战略的制定提供方向与动力支持，亦能推动其在组织内部的顺利落地、贯彻落实。为此，组织需做到：

（1）把握新媒体时代危机管理的新要求，明确危机意识的内涵。如前所述，移动互联技术的发展给组织的危机管理带来了诸如触发常态化、传播全民化、建构符号化、评判情绪化和结构复杂化等多重挑战，也对危机管理的范畴、导向、能力等提出了更高的要求。例如危机管理范畴需从事后补救扩展至涵盖风险预控、危机应对与形象修复全过程的管理，又如危机处置目标需从事件平息切换到组织形象的全面恢复与关系纽带的重新连接等。这些体系化、规模化、常态化的危机管理特质都需要组织摒弃盲目乐观、投机取巧、侥幸敷衍的心态，建立起居安思危、居危思危的忧患意识。

（2）推动危机意识在内部的宣贯，建立危机管理共同体。从危机管理的范畴看来，危机风险存在于组织内部的各个角落，危机爆发后的应急管理与形象修复也关涉到各部门信息的汇总聚合、资源的流转投入与人员的调度配合，这些都意味着危机管理工作并不仅仅是某一个人或者某一个部门的职责，而应是自上而下推行、全员主动参与的集体行为。危机意识作为危机管理共同体的关键纽带与指导管理工作的观念统摄，势必需要在组织内部得到全面、准确、系统的宣传与贯彻。

2. 把握应对原则，明确“作为与不作为”的边界

危机应对原则是组织危机管理体系中用以指导自身行为的准则，其划定了组织“应该做什么”和“不该做什么”的边界，是对危机意识的继承与具化，也用以统领差异化的危机应对策略。

（1）预防第一原则。防患于未然是危机管理的最高境界，组织可从风险管

控、信任构建、全面提升三个层面切入预防危机的发生：保持对组织风险的实时监测与分级研判，对可能出现的威胁进行预防性管理与沟通，避免风险演变为危机；通过优化监督流程、建立对话机制等手段与各利益相关方保持透明、开放、持续的对话，增进其对组织的了解与信任，在危机来临时留有解释、沟通和缓冲的余地；主动加强对自身理念文化、生产经营、管理体系、人员素养等方面的完善与提升，所谓“打铁还需自身硬”，如此可从根本上降低危机发生的可能性。

（2）制度保障原则。良好的制度是保证危机管理工作有效运行的基础。在正确危机观念的指导下，结合危机管理知识、经验和技能，建设一套从危机预控到危机应对再到恢复管理的危机管理制度，是组织以不变应万变的必然选择。

（3）价值优先原则。移动互联时代的危机不仅是事实与意见的传递，还裹挟着公众焦虑、烦躁、恐惧、失望等情绪，往往是事实不清、真相不明、意见未现却情绪先行。这就要求组织在危机应对时不仅要在事实层面促进真相查证和利益互惠，还应在价值层面实现信任修复和意义共享，以安抚公众情绪，重建情感认同和道德认同。① 在所有的价值要素中，公众抱持的道德层面的“善恶”应为首，组织自身的利益“得失”应为末，媒体关注的“是非”与政府、行业组织所关心的“公私”则居于“善恶”与“得失”之间。

（4）勇于担责原则。在社会系统中，每一个组织都是特定权利和义务的主体。在面临危机时，若要获得长远的发展权利，组织也必须承担起相应的责任：一是对利益相关者负责，坚持公众利益至上，基于自身的经济责任、法律责任、伦理责任和公益责任，着力维系和保证公众的合理合法权益；二是对事实负责，实事求是，避免隐瞒、欺骗；三是对善后处理负责，在危机平息后仍要继续做好对利益相关者的补偿、安抚和致歉以及对自身的总结及检讨。

（5）积极主动原则。危机降临之时，组织应积极行动起来，做好三方面的工作：直面危机，不闪躲、不逃避、冷静应对；迅速反应，及时查找根源、公布真相、制定措施，化被动为主动；调动相关人员的积极性，明确权责，统一行动。

3. 建立管理制度，规范危机应对主体与流程

如前文所述，高效的危机管理工作离不开完善的制度体系，这是组织将普适的危机意识、危机应对原则与自身特有实践相结合的产物，用以指导、规范和协调具体危机事件的应对工作，具有针对性和操作性。通常，危机管理制度应涵盖应对原则、责任主体、危机分级及应对流程四个部分。

（1）应对原则：危机管理制度的应对原则仍然以前述五大原则为基础，根据组织业务和危机实践的特性加以详细阐释或完善补充。常见的危机应对原则还包括：分级分类原则，对所有危机进行分级管理，不同级别的危机对应不同的责任主体及应对流程；口径一致原则，内外一致、上下一致、前后一致，统一发声；谨慎发布原则，对外不隐瞒、不推责，对内不缓报、不瞒报；道德至高原则，尊重社会公序良俗，以人为本，生命至上。

---

① 胡百精．危机传播管理对话范式（上）：模型建构 [J]．当代传播，2018（1）：26－31.

（2）责任主体：明确参与危机应对的核心主体及各自的职责，这在分子公司较多的大型组织中尤为重要。一般情况下，责任主体至少包括领导层、管理层和执行层三个层级。其中，领导层为最高决策机构，负责最高级别危机处置的统筹和监督工作；管理层居于领导层和执行层之间，负责较低一级危机处置的统筹和监督工作，并执行领导层的决定；执行层负责最低级别危机的处置工作，需在领导层或管理层的指导下配合或执行应对危机的各种措施。

（3）危机分级：危机分级是指根据危机的性质、领域、影响范围、演化趋势等标准对组织可能面临的危机进行级别的划分，不同的危机级别对应差异化的处置主体和应对流程。需要注意的是，危机分级的层级数量和标准需根据组织具体实践确定，但无论如何划分，其分级指标都应可测量、可操作、易识别。

（4）应对流程：危机应对流程大致可划分为危机监测、危机处置和形象修复三个部分。危机监测为日常工作，组织各级单位都应设有危机监测机制及专员，一旦发现风险隐患，需立即将有关信息报送至相关部门负责人处进行研判。在确认危机及其级别之后，相应的应对流程即被启动，由最高级别至最低级别分别由领导层、管理层和执行层统筹处置，其余相关部门需做好准备，随时提供信息和资源的支持。形象修复在危机舆情消退后进行，旨在重建组织生产秩序，修复与各利益相关方的关系。

总之，在组织实践中，一个完整的危机管理制度必定是原则明确、权责清晰、分级合理、流程顺畅的，其一方面能够帮助各级员工时刻保持危机意识，明确自身的角色和作用，熟练掌握应对策略，在危机真正来临时进行准确迅速的响应；另一方面又可以理顺不同主体的沟通关系和权责关系，提高协作效率，从而及时、有效地弱化和消除危机事件带来的负面影响，维护组织声誉。

第二节　新媒体组织的危机应对策略

关于危机管理的研究与实践至今已经持续了几十年，危机应对策略作为这一领域的核心要素也在被不断地细化、拓展、丰富。于组织而言，除了在观念和认知层面掌握这些策略的概念、彼此之间的关联及所属体系之外，更为关键的是在实践和操作层面明确策略的使用情境及要旨。本节将介绍三种应对危机的视角及策略选择方法。

一、基于危机情境的策略选择

人们对危机情境的认知往往以原因探寻和责任归属为基本逻辑，由此得出的结论不仅会影响公众对关涉组织的评价与态度，还会进一步形塑其对组织后续言行的要求与期待。此时，组织能否辨明危机归因并做出契合危机情境、顺应社会规范、满足公众关切的反应，是其能否成功消除负面影响、维持自身声誉的关键。

危机情境沟通理论（situational crisis communication theory，SCCT）为组织

如何根据危机情境——尤其是危机责任分配——选择应对策略提供了基本思路。[①] 结合新媒体时代的特征与国内实践，我们对 SCCT 加以简化和修正，以“危机事件（相关指控）是否存在（属实）”及“责任归属情况”为依据，将危机情境划分成四种基本类型：（1）错误型危机：危机事件存在或指控属实，且主要由组织有意或无意的行为导致，组织需承担主要责任；（2）意外型危机：危机事件存在或指控属实，虽是由组织无意的行为导致但存在部分不可控外部因素的影响，组织承担部分责任；（3）无辜型危机：危机事件存在或指控属实，但主要由不可控的外部因素造成，组织几乎没有责任；（4）受害型危机：危机事件不存在或指控不属实。不同类型危机的应对策略如表 9－1 所示。

表 9－1　危机情境的分类及对应策略

危机类型	情境描述		应对策略	策略阐释
	危机事件（相关指控）是否存在（属实）	责任归属		
错误型	是	由组织有意或无意的行为导致，组织承担主要责任	诚意致歉	公开承认错误，真诚予以道歉，主动承担危机责任，呼吁利益相关者的宽容和支持
			改善行动	宣布将尽最大努力弥补和消除危机带来的损害，并将采取措施预防危机再度发生
意外型	是	由组织无意的行为导致，但存在不可控外部因素的影响，组织承担部分责任	回应需求	回应利益相关者的认知、态度和行为，尽量满足他们的需求，退一步海阔天空
			行为正当化	传播真实信息，证明自身行为的正常性，摆脱恶意的破坏和纠缠；有时需要第三方权威来说明情况
无辜型	是	主要由不可控的外部因素造成，组织几乎没有责任	自我辩护	寻找合法、合理、合情的辩护理由；提供证据表明自己的清白，或应承担较小责任，或应承担责任但值得同情、可以原谅

① COOMBS W T. Ongoing crisis communication: planning, managing, and responding [M]. 4th ed. California: Sage Publications, 2014: 173－185.

续表

危机类型	情境描述		应对策略	策略阐释
	危机事件（相关指控）是否存在（属实）	责任归属		
受害型	否	—	攻击谣言	直接反驳相关质疑和指控，可提供有力证据并采取公告、辩论或法律诉讼等手段击破危机谣言；也可借助第三方权威来说明情况
			坚决否认	提供有力证据并借助各种必要沟通渠道及时告知利益相关者危机并不存在，或与己无关

组织在遭遇负面舆情时，需首先明确危机事件是否存在或指控是否属实，若确实存在或属实，则应进一步明确责任分配情况，进而形成对危机类型的判断以及危机策略的选择。在应对过程中，组织需注意两点：第一，谨慎使用“坚决否认”策略，尽管这在非组织责任的危机中能够较为有效地将组织与其声誉的威胁隔离开来，但这一策略的使用容易被视为推卸责任，有损组织形象；第二，不同策略之间可搭配使用，但对责任的认定需审慎判断并一以贯之，否则将给组织带来更严重的信任危机和声誉威胁。

【案例链接】钉钉“求饶”化解学生不满

2020 年年初，受新型冠状病毒感染疫情蔓延影响，线上教学代替线下教学成为国内各中小学的授课方式。作为全国首批通过备案的教育类移动 App，钉钉被多地教育局推荐为实施远程教学的平台，用户数量大幅上涨。然而，线上教学的开展打断了学生们本以为被延长的假期，不满情绪高涨，矛头直指为此提供了技术与平台的钉钉。为阻止线上开学、获得更长的假期或宣泄不满情绪，学生们纷纷前往应用商店，给钉钉打下“一星”差评，导致其产品评价直线下降。

尽管学生们指控的事件——钉钉帮助线上教学成为可能——是真实存在的，但这一在疫情期间帮助恢复正常教学秩序的行为于公共利益而言是不减反增，并未有负面影响，也就无须钉钉承担责任。换言之，学生们的消极情绪更多的是一种表达和宣泄，而并非真正指向钉钉的不当之处。在对事件有了基本判断之后，钉钉选择以幽默自嘲的方式化解愤怒情绪、为自己辩护：一方面，在 2 月 14 日情人节之际发布“求饶”微博，配图中除了钉钉的 LOGO 之外，还有“我知道，你们只是不爱上课，但别伤害我，拜托拜托”“我还是个 5 岁的孩子，求求手下留情”等文字，降低姿态，请求谅解；同时还联动阿里巴巴旗下的其他产品，例如支付宝、盒马等，在这条微博下面或嘲笑，或心疼，或帮忙求情，塑造了一个可怜无助、祈求放过的形象。另一方面，针对网友以应用商店中“一星”评价为素材自制的吐槽视频《你钉起来真好听》，钉钉不但加以转发，还以同样的风格制作了回应视频《钉钉本钉，在线求饶》，戏谑地讲述了自己的心路历程，包括“我也不想牵连老师和你们”“被选中我也没办法”“五星求一次付清”等，再次为自己的行为正当性辩护，请求学生们停止对自己的指责。钉钉的两次回应皆获得了大规模的转发，不仅极大地提高了知名度，也收获了诸多“五星”好评。

面对非己之过带来的负面评价，钉钉不仅能够及时判断危机情境、准确捕获负面情绪及其由来，而且能够以退为进，用朗朗上口的网络用语、自嘲自黑的表情包等目标受众更喜闻乐见的表达方式加以回应，由此塑造的卑微求饶、幽默搞笑形象让人们在忍俊不禁的同时化解了曾经的不满，对钉钉的评价也逐渐趋于正面。

资料来源：钉钉 1.5 分，公关 5.0 分[EB/OL].（2020-02-19）[2023-03-07]. https://www.digitaling.com/articles/260084.html；姚心璐．被熊孩子打一星后，钉钉“偷偷笑了”[EB/OL].（2020-02-17）[2023-03-07]. https://awtmt.com/articles/3585449.

二、基于危机发展阶段的策略选择

以网络关注度为指标对危机生命周期进行划分，可将其分为潜伏期、爆发期、持续期和终止期四个阶段。每个阶段危机的伤害程度与紧迫程度不同，应对的重点也存在着差异（见图 9-1）。关于形象重塑的路径与要点会在第三节详细阐释，本部分将重点聚焦于前三个阶段的特征及策略选择。

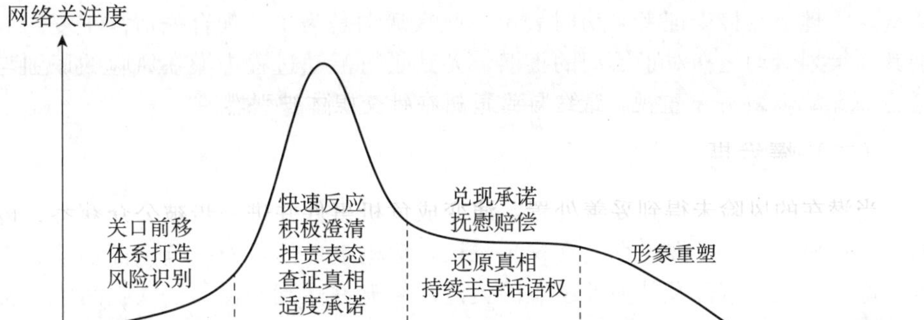

图 9-1　基于危机发展阶段的策略选择

（一）潜伏期

潜伏期可理解为组织常态化运行的阶段。由于新媒体时代危机的导火索纷繁复杂，危机的爆发也较以往更为频繁和快速，即使组织处于常态化运行中，也仍旧面临着诸多潜在风险。对可能出现的危机加以预防、识别乃至遏制，使负面舆情的防控关口从爆发期前移至潜伏期，防患于未然，是新媒体时代维持组织形象与声誉的最佳策略。在这一阶段，组织需至少做好以下两点：

1. 建立危机管理体系，提高组织韧性

组织韧性是组织有效应对不利事件冲击的能力，包括识别信号与快速反应的能力、妥善处理与有序恢复的能力、反思学习与不断进化的能力。① 组织韧性越强，其在面临危机情境时更可能防患于未然、转危为安、化危为机。危机管理体系的打造是提升组织韧性的关键手段与重要保障，这又可进一步细分为树立全员危机意识、明确危机应对原则、建立危机管理制度等由虚到实的系列举措，详见第一节。

2. 做好危机风险识别，提前布置预案

除了系统能力的提升，组织还需聚焦重点业务领域、关键时间节点、重要事项与活动等梳理并编制舆情风险清单，并有针对性地形成应对预案，提高风险防范、识别、预控的及时性、准确性与有效性。在具体实践中，许多组织往往就是因为对这一步骤的忽视而使得自己深陷舆情危机之中，典型的如滴滴造成的大拥堵事件。

2022 年 8 月中旬，移动出行平台“滴滴出行”在北京推出了“周末打车免单”活动，即 8 月 13 日（周六）出发地或目的地为西城区西单、8 月 14 日（周日）出发地或目的地为朝阳区 798 艺术区的所有滴滴用户，“打车单次车费在 100 元以内免单，每人每天免两单”。活动第一天就吸引了大规模用户参与，人们纷纷登录滴滴平台打车，在线等待人数一度高达上千人。然而，数千辆网约车涌向西单，造成了严重的交通拥堵，北京公安交通管理局官方微博“@北京交警”不得不于当日 18：45 发布路况播报，称“西单地区车流集中，周边道路行驶缓慢，建议过境车辆提前绕行”。这一活动给用户和非用户人群都造成了严重影响，由此引发了诸多负面评价。为此，滴滴在周六当晚临时宣布调整策略，取消了周六目的地为西单、周日目的地或出发地为 798 艺术区的免单活动。尽管滴滴管理层在接受记者采访时表示，此次活动是为了“配合疫情复工复产”，但其在策划活动之初对于活动的推演，尤其是对活动过程中潜在风险的识别与应急预案的规划并未重视，最终导致危机在社交媒体被引燃。②

（二）爆发期

当潜在的风险未得到妥善处置，演变成危机事件并进一步被公众获悉、传播时，危机就进入了爆发期。在这一阶段，危机事件的负面影响全面显化、迅速扩散，公众对事件及其关涉组织的关注度攀升并达到峰值。公共空间中事实碎片与意见碎片并存，猜测、质疑、批评、指责等相互交织，且体量随着事件影响范围的扩大和影响后果的增强不断扩展，持续破坏着组织形象和声誉。

上述特征皆要求组织的危机应对以快速高效为第一要义——一方面迅速启动应急处理程序，控制危机事件的发展、减弱负面影响；另一方面及时借助新闻媒体、自有媒体等渠道发布信息，在确保自己成为危机首要、可靠的信息源

---

① 单宇，许晖，周连喜，等. 数智赋能：危机情境下组织韧性如何形成?：基于林清轩转危为机的探索性案例研究 [J]. 管理世界，2021，37（3）：84-104，7.

② 覃敏. 打车免单活动造成北京商圈交通拥堵，滴滴内部坦承“策划很糟糕”［EB/OL］.（2022-08-14）［2023-03-04］. https：//www.caixin.com/2022-08-14/101926009.html.

的同时，营造于己有利的舆论空间。

当然，组织的信息发布策略需视情况而定。若与危机相关的事实，即是否存在、因何而起、如何演化、影响为何等能够迅速核实，则组织可参考表 9-1 进行策略选择，或积极澄清事实，或明确表态承担责任。不过，危机的爆发总是事发突然，出乎意料，组织很难在短时间内获得确切信息和可靠结论，这就需要组织做到：

(1) 没结论给态度。即使对于危机来源、性质、规模、影响等关键问题缺乏确切结论，组织也不能说谎和逃避，而应给出负责任的态度，表达自身查证真相、解决问题的诚意，用态度换取应对时间和利益相关者的支持。

(2) 充分告知而不是全部告知。在查清事实前，草率、过度公开可能会引发不必要的恐慌，在不悖共同体和公共精神的情况下，组织的危机信息发布可以有所选择。

(3) 做出适度承诺。危机的发生往往会给利益相关者带来外显或潜在的利益损失，对社会秩序造成一定影响，故而除了对事件信息本身的知情之外，如何控制事态发展、恢复正常秩序、防范事件的再次发生也是人们的核心关切。为此，组织需适时、恰当地对后续行动做出承诺，打消人们的顾虑并为信任和信心的重新获得奠定基础。需要注意的是，危机情境下的承诺必须是以组织能力范围为基础的适度承诺，即承诺必须是能带来真切收益的而非虚无缥缈的，是组织有把握兑现的而非“画大饼”式无力履行的。否则，宏伟的、虚假的承诺固然能够一时缓解危机形势，但及至承诺落空、幻象破灭、信任透支，组织将从此失去在公共空间对话的机会。

【案例链接】 罗永浩直播间的产品质量危机应对

2020 年 5 月 15 日，锤子科技创始人、电商主播罗永浩在名为“交个朋友”的直播间上架销售了互联网鲜花电商“花点时间”为“520”情人节准备的鲜花礼盒。但是，自 5 月 19 日起，陆续有消费者在社交平台上反映这些礼盒的鲜花存在质量问题，多数花瓣已经枯萎或腐烂；相关投诉在 5 月 20 日当天达到了巅峰，并迅速演化成针对罗永浩直播间及“花点时间”的品牌危机。面对这些指责，罗永浩迅速采取了一系列危机应对举措，主要包括：

第一，快速回应，真诚表态。在发现用户投诉产品质量的微博之后，罗永浩第一时间对此进行公开转发，表示“影响了大家节日心情，我们非常非常抱歉”，“正在严肃追究责任(事先有协议约束)，如果他们不及时给大家一个交代，我们也会给，请放心”。不仅就自己给消费者带来的糟糕体验表达了歉意，还展现了追究到底、解决问题的态度，一定程度上打消了人们的质疑与顾虑。

第二，履行承诺，补偿损失。在罗永浩发布第一条道歉信息的几个小时后，其在个人微博上发表了长文《关于‘花点时间’玫瑰质量事件的致歉和补偿措施》，在再次致歉的同时，落实了此前承诺的“交代”——一方面，经由商务和法务部门敦促“花点时间”将相关款项原数退还给消费者，推动危机事件的解决；另一方面，以直播间的名义再额外赔偿一份现金给所有下单用户，弥补由此带来的损失。

通过及时回应、公开道歉、严肃承诺并积极兑现的危机应对策略，罗永浩展现了对产品问题的重视及对消费者的真诚负责态度，成功维护了个人形象与信誉。

资料来源：连线 Insight. 罗永浩带货“花点时间”翻车，鲜花电商背后的坑有多大？[EB/OL].（2020－05－22）[2023－03－05]. https://www.tmtpost.com/4399495.html；520 又“翻车”？老罗和花点时间，是危机公关教科书的正反面 [EB/OL].（2020－05－22）[2023－03－05]. https://www.digitaling.com/articles/298017.html.

（三）持续期

危机事态的控制与影响的消除需要投入资源和时间，在此期间旧的问题可能有了更高的能见度，新的问题可能不断出现，同一问题也可能被利益相关者反复追问。此时组织不仅要就前期做出的承诺加以兑现、对造成的损失与伤害加以补偿，还需要就人们关心的问题做出动态及时的回应和解释，避免衍生危机的出现。在持续沟通的过程中，若要主导话语权，稳固作为首要信息源的地位，组织需着重注意以下五个平衡：

1. 过程信息与结果信息的平衡

组织既需要公布危机事件的影响后果、处置结果等事实结论，也务必解释如何影响、如何处置等过程步骤。这既可在真相尚未明确、影响亦未消除、处置还未完成时表达自身积极解决事件、主动承担责任的态度，也是保障公众知情权与参与权、以透明公开构建组织程序合法性的关键步骤。

2. 正面信息与负面信息的平衡

就信息论据的组织方法而言，同时提供于己有利的正面信息及于己不利的负面信息，并对负面信息中提到的问题加以真诚回应的方式，往往比仅输出正面信息更有说服力。换言之，在危机情境中，一味强调“正能量”并不能在短时间内重塑组织形象，反而会因不合时宜导致公众不愿听、不肯信、不满意。适时恰当地自揭短处，直面真问题，并在此基础上诚意致歉、承诺处置，反倒能展现组织不逃避、会担当、有诚意的特质，增强公众的信任感。

3. 事实信息与意见信息的平衡

除了提供客观描述事态、过程和结果的事实信息，组织同样需要提供反映情感、态度和立场的意见信息，前者用以“迎合舆论”，后者借以“引导舆论”。需要注意的是，意见信息的提供需有确定来源、依据，是基于客观事实的评价，而非揣测猜度。

4. 专业语言与公共语言的平衡

在常态化的信息发布中，适当加入专业词汇能够彰显组织的能力与优势，但在确定性信息匮乏、情绪代替理性主导思考的危机情境下，这些艰涩难懂的技术语言、刻板严肃的政策语言都将被视为组织沟通诚意欠缺、态度傲慢的表现，不仅不利于舆论的引导，反而可能导致公众的排斥或愤怒。当然，这并不意味着组织的危机发布中不能出现任何专业语言，而是需要用通俗易懂、简洁明了、人们喜闻乐见的公共语言加以转译，在强调专业性的同时兼顾危机信息的公共性。

5. 新媒体与旧媒体的平衡

组织应当合理分配话语资源，兼顾不同危机情境与不同利益相关者的差异化媒介使用习惯。具体而言，微博、微信、抖音等新媒体作为危机信息发布平台具有轻量、灵活、便捷、迅速等诸多长处，其提供的网络声明、移动直播等信息呈现形式也能为组织与多元利益相关者开展直接、实时沟通创造机会。但不可忽视的是，尽管新闻发布会、媒体见面会等常规危机信息发布手段的过程较为烦琐、受到时空的限制较多，但其在强调事件严肃性、增强信息说服力、展现组织重视态度、重塑公众信心等方面仍有不可取代的优势。组织需视危机性质、影响范围、危害后果及自身话语资源的掌握情况等在新媒体与“旧媒体”之间加以平衡。

三、基于事实-价值二分法的策略选择①

以事实-价值二分法为切入视角，危机被认为是事实损害与价值异化的威胁性、破坏性情境或状态，危机传播管理则被视为一个对话的过程，即多元主体基于充分对话，在事实层面还原真相、补偿利益，在价值层面修复信任和重构意义。这一涵盖了事实判断与价值判断的双重认识论框架意味着，唯利事实，无涉价值甚至损害价值的对话策略是失败的，脱离事实根基的价值协商也终不可取。

（一）基于事实-价值二分法的危机应对路径

将这一视角应用到具体实践中，可得出应用于危机管理的两条一级路径——事实路径和价值路径，在以平等对话为原则的基础上，前者用以明确危机的起因、过程和变化，缓解、遏制事态发展，后者则用以调控组织与利益相关者的价值关系，引导危机背后的价值理路。各一级路径又可生发出指导具体操作的二级和三级路径（见表 9-2）。

表 9-2　基于事实-价值二分法的危机应对路径及具体策略

一级路径	二级路径	三级路径	具体阐释
事实导向：还原真相和补偿利益	议题管理：澄清事实、解释问题，并围绕核心议题展开讨论，寻求达成共识的可能性	信息发布	主动、迅速、充分告知危机事态及其进展、趋势和影响，告知的信息将成为多元主体展开沟通、对话的基本素材
		意见竞争	主动参与意见竞争并展开对话，开放、平等、动态地讨论真相和利益问题，从而汇聚更多的智慧和力量寻找问题的解决方案

① 本部分材料参考胡百精发表于《当代传播》2018 年第 1-3 期的文章，包括《危机传播管理对话范式（上）：模型建构》《危机传播管理的对话范式（中）：事实路径》《危机传播管理对话范式（下）：价值路径》。

续表

一级路径	二级路径	三级路径	具体阐释
事实导向：还原真相和补偿利益	议题管理：澄清事实、解释问题，并围绕核心议题展开讨论，寻求达成共识的可能性	有效响应	捕捉核心议题，做出针对性响应，同时要注意规避“危机黑洞”，防止将时间、精力和资源投入到错误的人、议题和环节中去；若需做出承诺，则注意适度，切忌虚假承诺和过度承诺
	关系管理：修复组织与利益相关者因危机受损的利益关系	系统开放	秉持“系统开放”的观念，将组织和利益相关者视为一个彼此依存的系统；组织需主动开展积极、有效的互动以促进其与利益相关者的相互调整，推动各主体采取“矫正性的行动”共同应对危机冲击，修复依存关系和共生系统
		双向均衡	在“系统开放”的基础上，明确组织立场与利益相关者立场之间存在一个“双赢区”；组织可通过协商、对话的方式与各利益相关者达成合作与“双赢”，动态、均衡地实现双方利益的平等互惠
		构建协同网络	基于合理的程序和利益规则、正当的价值前提，坦诚面对彼此、构建良好关系、协同解决问题
	话语权重构：获得话语表达的可能性，进而利用这种可能性行使话语权力	前后一致	认真回溯、深刻检讨此前的主张、承诺，特别是指向“关键利害”的既往言行，并在危机中庄重持守
		话语转换	针对当下危机的复杂情境，呼应多元话语及其主张，并将之转移至有利于解决问题、摆脱危机的建设性话语上来
		修辞与认同	借由良好、有效的修辞和叙事表达主张、形成影响、达成共识；这既包括信誉、情感和逻辑三个修辞要素的支撑，也需要在策略上推动差异化观点的均衡呈现与有序对话，从而谋求彼此的认同

续表

一级路径	二级路径	三级路径	具体阐释
价值导向：修复信任和重构意义	同情合意：以同情心、同理心顺应和切入危机情境下公众的情绪状态和情感需求	承认	认同、共识固然是危机对话的最佳目标，但若达不成，也需要寻求彼此的承认——这意味着在处理多元利害和价值关系时，需承认多元主体的平等地位、给予爱和包容，并在对话中维持哪怕最低限度的团结与合作
		倾听	搁置已见，充分诉说进而寻找彼此的共同之处；在了解对方需求的基础上，共同探寻解决问题的各种可能性，重构彼此的关系
		合作	秉持平等之心、接受建设性妥协、给予弱者更多关爱，以此促进彼此的合作关系，避免、缓解对抗
	再造伦理基础：使多元主体的理性对话、有效合作成为可能	对话伦理	掌握可理解性、真实性、正当性、真诚性等与其他主体进行交往的规范，确保多元对话能够理性、有效、有序地进行，即明确“如何正确地说话”
		共同体伦理	识别于组织内部人员、外部利益相关者而言的共同伦理基础，掌握“何为正确的话”
		公共精神	将合理的私利与局部利益追求同“公共之善”统一起来，在满足自救需求和维护自身与直接利益相关者共同体价值的同时，亦应不悖、守护和增益公共精神
	革新价值体系：形象修复	价值救赎	审慎评估危机造成的利益和价值损害，并依据可因循的法律、政策和道义准则做出补偿和救赎
		价值共创	与组织内外部利益相关者对话，反思和理解组织价值观、内部文化、职业伦理等根本价值问题，实现价值共创与自身价值体系的革新
		构建集体记忆	主动介入记忆的表达和协商，与利益相关者共同确立有关危机事实真相的认知和叙事框架；进一步结晶、升华和转化危机中的价值意义，避免集体记忆片面指向困难和伤害

（二）事实-价值二分法在危机情境中的应用

本部分以腾讯在 2020 年 6 月至 7 月间遭遇的危机事件为例，进一步分析如何以事实-价值二分法指导具体的危机应对。

1. 事件概述

2020 年 6 月 29 日，一份由广东省深圳市南山区人民法院 4 月做出的民事裁定引发广泛关注，其主要内容为互联网公司腾讯因合同服务纠纷，申请查封、冻结贵阳南明老干妈风味食品有限责任公司（以下简称“老干妈”）1 624.06 万元财产。

6 月 30 日，腾讯和老干妈先后对此做出回应。腾讯先就起诉原因发表声明，称其与老干妈签署市场推广合作协议，但老干妈拒不支付拖欠的广告款，多次催办无果后不得不依法进行起诉。随后，老干妈对此进行否认，表示“我司从未与腾讯公司或授权他人与腾讯公司就‘老干妈’品牌签署《联合市场推广合作协议》，且我司从未与腾讯公司进行过任何商业合作”。

事情的来龙去脉在隔日贵阳市公安局双龙分局发布的通报中得以还原。根据警方通报，该事件是由三名嫌疑人为获取经济利益，伪造老干妈印章、冒充市场经营部经理与腾讯公司签订合作协议引起的，实为腾讯被骗，与老干妈无关。舆论开始就腾讯的广告销售问题、法务“强权”问题发起质疑——犯罪嫌疑人伪造的印章如何能够骗了腾讯长达大半年的时间？腾讯为何可以在基础事实未清的情况下成功申请到冻结老干妈财产的裁定？

对此，腾讯并未就公众讨论的议题做出正面回答，而是采用了自嘲的方式加以回应——在 B 站上发表文字动态“今天中午的辣椒酱突然不香了”；在微博上转发带有“傻白甜”文字说明的企鹅图片用以自喻，同时开展全网征集类似线索防止自己被骗的活动，奖品就是“一千瓶老干妈”；制作小视频称“我就是吃了假辣椒酱的憨憨企鹅”；食堂的公告也显示“今晚只有这个菜（辣酱拌饭），你们以后可长点心吧！”——塑造了一个“傻白甜”的“憨憨”企鹅形象，但公众的质疑并未被打消。

2. 策略应用分析

若以事实-价值二分法回顾这一事件，可发现腾讯在处理危机时并没有说明尚待解释的疑点，也未涉及由此受到牵连的老干妈的损失，没有正面回应关于司法公正问题的质疑，更缺乏对此次事件的总结反思与革新进步。“卖萌自嘲式”的回应方式固然能够在一定程度上转移人们的注意力，但无益于上述问题的解决以及形象和声誉的维护。对于这一事件，更为有效的应对应至少做到：

（1）在事实层面还原真相、诚意致歉、引领议题。在议题管理上，识别公共讨论的核心关切并加以有效回应，例如聚焦何以被欺骗这一问题披露更多细节、针对司法公正议题提供更多有力证据等，还原事件真相；在关系管理上，承认自身在此次事件中给老干妈带来的诸多负面影响，并为此向其致以诚挚歉意；在话语权重构上，承诺将重视内部管理以预防、降低由此可能给各利益相关者（例如广告主等）带来的潜在风险与损失，寻求谅解、获得认同并建立协同应对挑战的共同体。

（2）在价值层面倾听多元意见、践行公共精神、推进价值共创。一方面，认真倾听多元主体在此次事件中生发的担心与顾虑、意见与建议，主动、及时、真诚地予以回应和反馈；另一方面，秉持公共精神，坦诚公开自己的经验与教训，使之成为对其他组织的有益启示，推动行业共同进步；在此基础上，吸取前车之鉴，促进组织内部的反思与学习，并通过制度完善、机制重构等手段加以落实，重塑甚至革新自身的专业形象。

第三节　新媒体组织的声誉修复

危机事件的平息，并不等于危机管理的终结。即使事态得到控制、舆论逐渐淡化，但危机对组织形象、信用等造成的无形损害依然存在。如何将声誉的维护与修复贯穿于危机管理的始终，是组织重构正常秩序、改善生存环境、抓住变革契机进而实现自我超越不可回避的问题。对此，组织可将在危机中被破坏的信息关系、利益关系和价值关系作为线索，紧扣沟通与情绪、补偿与再造、反思与对话三组关键词，重塑信息共同体、利益共同体与价值共同体，修复、完善甚至革新组织的生态系统。[①]

一、重建信息共同体：沟通与情绪

信息共同体以沟通关系为纽带，具体表现为组织与利益相关者之间经由互动、对话实现信息的共享，促进知情与合意。危机的发生往往伴随着这一沟通纽带的断裂，即使组织抢占先机、主动发声、承诺查证，相关信息也难以被有效获取和准确解读，知情与合意无从谈起。

造成这一困境的根本原因在于组织对利益相关者情绪的忽略。研究表明，处于危机情境中的人们更倾向于由情绪主导自己的信息处理过程，即采用选择性接触、选择性理解与选择性记忆等更为主观、迅速、冲动的方式对信息加以剪裁、认知和评估。[②] 组织若想与利益相关者开展顺畅沟通，最为关键的即是破解情绪屏障，这又可进一步细化为以下三个要点：

（一）转换角色

转换角色代表着一种开放和谦卑的姿态，组织需将自己视为对话者而非信息发布者，将单向的信息流动扩展为双向的对话。在具体实践中，转换角色以开展互动对话离不开“倾听”情境的营造和“共同体身份”的打造。一方面，组织应为所有处于支持、中立甚至是反对立场的利益相关者创造表达自身情绪、疑问、期待的机会，只有倾听他们的关切，才有可能做出契合的回应与熨帖的抚慰[③]；另一方面，组织还需锚定与各利益相关者共同持有的关系纽带，例如

① 胡百精．危机传播管理［M］．3版．北京：中国人民大学出版社，2014：180-182.

② LU Y，HUANG Y H C. Getting emotional：an emotion-cognition dual-factor model of crisis communication［J］．Public relations review，2018，44（1）：98-107.

③ ULMER R R，SELLNOW T L，SEEGER M W. Effective crisis communication：moving from crisis to opportunity［M］．4th ed. California：Sage Publications，2017：71.

大局观念之于组织员工，公共精神之于媒体等，以一致的利益追求、价值观念与道德标准保障表达与回应、互动与对话的有序和有效。

（二）传递共情

传递共情展现的是平等和尊重，承认危机给公众在物质和精神上带来的伤害，将心比心地理解他们在此过程中经历的所有糟糕的情绪体验。组织的共情可以通过信息发布的语言、文字、图片等直接表达，也可借由发言人的着装手势、面部表情甚至是经济补偿、心理治疗等间接传递，其不仅能够缓解恐惧、焦虑、无助等负面情绪，帮助公众从危机遭受的伤害中恢复，也能够化解矛盾、建立信任，并进一步正向增益于组织声誉。①

（三）邀请合作

邀请合作代表着胸襟与认同，即通过邀请各利益相关者一同查明危机真相、寻找解决办法、做出行动决策等打造共度危机、共建未来的命运共同体。这既可以增强他们对于危机范围和结果的控制感，化被动承受为主动应对，化解由不确定性带来的负面情绪②，还能使其在参与的过程中体会组织为控制危机后果、弥补危机损害、预防危机再次发生做出的努力，感受组织的开放与透明、责任与担当，为后续的形象修复奠定基础。

【案例链接】 谷歌地图回应“黑客攻击”

2020年年初，艺术家西蒙·维克特（Simon Weckert）在一辆小推车中装了99部开着地图导航的手机，随后一边带着小推车在街道上行走，一边观察谷歌地图显示的街道交通实况。他发现，若小推车及手机保持移动的状态，谷歌地图就会将其所在的街道标记为橙色甚至红色，意为“拥堵”，同时也会为附近的车辆重新规划路线，以避开此“拥堵”路段。这个实验被西蒙·维克特用视频记录下来，命名为“谷歌地图黑客攻击”（Google Maps Hacks）并在社交网站上公开，引起了人们对谷歌地图识别交通路况技术的广泛质疑。谷歌的发言人在接受采访时对此事做出如下回应③：“无论是通过汽车、手推车还是骆驼，我们都很愿意看到对谷歌地图的创造性使用，因为这能够帮助我们让地图更好地为大家服务。谷歌地图中的数据之所以能够不断更新，主要得益于各种来源的信息，包括启用定位服务用户的汇总匿名数据、谷歌地图社区等。虽然我们还没有完全解决小推车移动造成虚假拥堵（指前述实验）的问题，但我们已经在印度、印度尼西亚、埃及等国家推出了区分汽车和摩托车的功能。我们非常高兴能够看到这种创造性使用谷歌地图的行为，这能够让我们的产品在之后变得更好。”

面对质疑和挑战，谷歌在回应中并没有立

① VAN DER MEER T G L A，VERHOEVEN J W M. Emotional crisis communication [J]. Public relations review，2014，40 (3)：526-536.

② Centers for Disease Control and Prevention. Introduction for Crisis + Emergency Risk Communication [EB/OL]. [2022-07-06]. https：//emergency.cdc.gov/cerc/ppt/CERC_Introduction.pdf.

③ 原文为英文，此处为翻译版本。

即为自己辩护，而是首先表达了对这一行为艺术的欣赏和感激，以“让谷歌地图变得更好”为共同标的，将质疑者和挑战者转换为推动产品改善的合作者，打造平等的对话氛围。有此做铺垫，其在随后就地图工作的原理、造成虚假拥堵的原因、自身完善产品的努力等事实信息做出的阐释，也就更容易为人们所接受和理解。此举不仅让其用户更为深入、全面地了解谷歌地图产品，化解了此实验所带来的质疑，也在一定程度上塑造了一个包容多元意见、敢于直面批评、持续学习改进的企业形象。

资料来源：SCHOON B. Google Maps ‘hack’ uses 99 smartphones to create virtual traffic jams [EB/OL]. (2020-02-04) [2022-03-07]. https://9to5google.com/2020/02/04/google-maps-hack-virtual-traffic-jam/.

二、重建利益共同体：补偿与再造

利益共同体关注的是组织与各利益相关方之间的利益实现与互惠程度，聚焦组织的产品、项目、政策、管理、服务、技术、资源和流程等基本层面，对应创造、互惠、开放三个关键要素。其中，创造指涉组织的可成长性和可持续发展，是利益生产的基本保障；互惠指组织的发展要给利益相关方和社会带来可分享的利益，既包括实存的利益，也包括主观上的获得感；开放即相互走近，协同并进，共同成长。

以上述要素为切入点，组织在危机过后改善与各利益相关方的互惠机制、调整利益关系时，需重点关注以下三个环节：

（一）机制再造

危机的发生使组织在管理、运营等层面的漏洞得以凸显。为此，及时查缺补漏固然重要，但如何于此次危机中吸取经验教训，通过决策制度、管理流程、运营体系的更新进行风险的预控，避免因同类问题再次引发危机也应成为组织关注的重点。借助机制再造，组织传递的不仅是恢复常态生产生活秩序的利好信息，还包括保证组织健康永续发展的承诺，以此恢复各利益相关方对组织的期待与信心。

（二）利益补偿

基于还原的真相和划定的责任，组织需结合法、理、情对危机事件中遭受了损失的利益相关方做出补偿。这包括三个层面①：一是在事实层面，对危机造成的生命、健康和财产损害进行物质、资金和资源方面的补偿或救助；二是在价值层面，借助心理辅导、专业咨询、探望陪伴等举措对在危机中受到精神和心理伤害的利益相关者加以抚慰，让他们重拾自尊、希望、勇气和自信；三是基于道义原则确定的补偿和救赎，这是组织承担道德责任、重返道德高地的重要举措，但也要综合考虑利益相关者的需求与组织自身的承受力。

（三）共同行动

与前述打造信息共同体的“邀请合作”不同，这一环节对利益相关者的动

① 胡百精．危机传播管理对话范式（下）：价值路径［J］．当代传播，2018（3）：23-27.

员多聚焦于行动上的监督和共创，这既能保证组织在再造机制、补偿利益等过程中的透明性与合法性，也赋予参与者以信任、尊重，增强其获得感及与组织共同成长的使命感。2020 年网易云面对“网抑云”负面标签时推出的“警员管理制”“云村治愈所”和“万人乐评团”三大举措，即上线“警员”以制止谩骂攻击的恶意行为、制造“抱抱”彩蛋以缓解用户焦虑、动员用户共同生产治愈乐评以改善社区消极氛围等，就是对这三个要素的践行。

三、重建价值共同体：反思与对话

一场危机就是一个不可多得的学习机会①，组织既可从过往危机中找到自身行为、程序乃至策略的漏洞并进行修正，还可借此重新评估既有愿景、规范和文化，实现价值体系的变革②。前者是一种应用性、策略性的浅层学习和调整，可产生即时的效果却难以抵御随后的风险，而后者则是思维性、战略性的改变，能够指导组织更长远的发展。目前，多数组织的声誉修复管理停留在表层，致力于缩小组织行为与既定规范的差距，却忽略了对更为根本的初心、梦想、使命等问题的反省与革新——而正是对这些价值观念的超越，才能成就组织的涅槃。价值体系的重构是一项系统性工程，至少包括以下三个步骤：

（一）在对话中生成

价值体系并非无中生有，也非凭空想象，而是在“对话”的过程中逐渐成形。这一方面关涉与“危机”的对话，反思危机生成、扩散和应对过程中对组织原有愿景、价值观、经营哲学、战略思想、精神文化等的挑战，从中吸取经验和教训；另一方面则指向与各利益相关者的对话，收集、识别其秉持的一贯主张和对组织的核心期待，凝练、升华其在危机中用以评价组织的道德规范与价值标准。组织需将两者结合，以对过往的超越为基础，以对各核心利益相关者的契合为导向，共同指导组织核心价值体系的革新。

（二）在日常中落实

革新后的价值体系不应是抽象的口号或流于形式的标语，而应真正成为组织日常运营和未来发展的旗帜与边界。为此，组织既需要经由系列培训、讨论、学习过程实现由上到下的宣贯，使新的愿景、使命和文化得到组织负责人、各层管理者和所有员工的认可、理解与内化；还应将新的价值体系融入体制机制、守则规范等由表及里的制度革新中，推动和保障其在组织工作中的落实与贯彻。

（三）在活动中共享

除了内部的贯彻执行，组织还应打造多元的社会责任活动和品牌活动对外展示、传递、共享新的价值体系，在向各利益相关者告知危机恢复的积极信息、

---

① PAUCHANT T C，MITROFF I I. Transforming the crisis-prone organization：preventing individual，organizational，and environmental tragedies［M］. San Francisco：Jossey-Bass，1992：158.

② 张美莲，郑薇．政府如何从危机中学习：基本模式及形成机理［J］．中国行政管理，2022（1）：128－137.

展现自身革新的坚定决心以恢复组织声誉的同时，借由这一以受众关切为导向的、面向未来的、关涉组织核心价值与文化的重建话语（discourse of renewal），促进多元主体与组织的良好关系[①]，重建价值共同体。

【案例链接】滴滴遭遇危机后的理念重塑与贯彻

2018 年，连续两起顺风车[②]安全事故的发生使滴滴遭遇了极大的信任危机，来自社会的讨伐、质疑、批评此起彼伏。为此，除协助警方还原真相、推动危机事件解决之外，滴滴也开始了系列声誉修复行动。

其一，反思企业价值观，将“安全”置于首位。第二起事故发生四天后，滴滴出行创始人兼 CEO 程维与总裁柳青发表道歉信，在对逝去的生命致以歉意的同时，也在回顾与反思企业的发展历程，表示此次事件归根结底是“好胜心盖过了初心”。随后，滴滴提出“All in 安全”的口号，摒弃无知自大的心态与激进的业务策略，将“安全”作为首要战略理念和未来发展的核心能力。

其二，革新组织架构与体制机制，将“安全”贯彻到底。围绕着“安全”理念，滴滴进行了全方位的整改，例如调整组织架构，增设首席出行安全官并组建安全工作团队；又如推出涵盖安全管理、推进合规、产品安全功能、处置流程、警企合作、安全教育等在内的几十项安全相关举措，通过制度与规范保障“安全”理念的落实。

其三，与多元主体对话，促进价值共享。面向社会公众，滴滴上线了“公众评议会”平台，旨在针对网约车面临的难题和挑战征求社会各界的意见、建议，邀请多元主体参与共建共治，推动网约车服务行业的优化与发展；面向内部员工则借助公司七周年的时机开展“内部吐槽大会”，鼓励员工打开自己，化解内部矛盾，激活公司活力；在与核心用户的交流方面，滴滴举办了吐槽大会《七嘴八舌吐滴滴》，其间既有作为乘客代表的脱口秀演员吐槽滴滴产品的体验，也有产品经理对此做出解答，还有企业高层对于“安全”的承诺。这些举措不仅能够直面问题，让用户将心中的抱怨“一吐为快”，拉近用户与企业之间的距离，还能使企业借此了解产品的不足之处，促进优化与改善。

经由系列整改举措与品牌活动，滴滴在实现自我革新的同时，也与社会公众、企业员工、核心用户三大群体完成了对话与交流。这些核心利益相关者的关切、需求、期待得到了承认与尊重，这是重构价值共同体的重要基础，也为滴滴团结员工、吸引用户、打动公众、重返价值高地提供了助益。

资料来源：李国威．跑赢危机［M］．北京：中信出版社，2021：116－117；刘洋．All in 安全 300 天后：滴滴仍处“阵痛”中 对顺风车抱有

① XU S. Discourse of renewal：developing multiple-item measurement and analyzing effects on relationships [J]. Public relations review，2018，44 (1)：108－119.

② 滴滴顺风车是滴滴出行旗下的分享互助出行平台，可通过算法的匹配让路程相似的通勤者和私家车车主拼车出行。

"执念"[EB/OL].(2019-07-03)[2023-03-07]. https://m.nbd.com.cn/articles/2019-07-03/1349900.html;向炎涛.喊出"All in安全"口号的滴滴:不关心上市 安全运营是全部工作重心[EB/OL].(2018-10-19)[2023-03-07]. http://www.ce.cn/cysc/newmain/yc/jsxw/201810/19/t20181019_3056 9220.shtml.

【问题讨论】

1. 随着新媒体技术持续向智能化演进,你认为新媒体组织的危机管理还可能面临哪些新的挑战?

2. 选择最近你感兴趣的一则新媒体组织危机事件,围绕以下问题展开讨论:

(1)梳理该组织的危机应对策略并进行简要评析。

(2)假如你是该组织危机管理的负责人,你认为此次危机事件及危机应对实践能给组织带来哪些经验或教训?随后的组织危机管理该如何调整、优化?

参考文献

［1］阿密特，佐特．商业模式创新指南：战略、设计与实践案例［M］．陈劲，杨洋，译．北京：电子工业出版社，2022．

［2］奥尔波特，等．谣言心理学［M］．刘水平，梁元元，黄鹂，译．沈阳：辽宁教育出版社，2003．

［3］奥斯特瓦德，皮尼厄．商业模式新生代［M］．王帅，毛心宇，严威，译．北京：机械工业出版社，2011．

［4］波斯曼．技术垄断：文化向技术投降［M］．何道宽，译．北京：北京大学出版社，2007．

［5］布里亚，卡尔．亚马逊逆向工作法［M］．黄邦福，译．北京：联合出版社公司，2022．

［6］陈劲，焦豪．战略管理：打造组织动态能力［M］．北京：北京大学出版社，2021．

［7］戴维 F R，戴维 F R，戴维 M E．战略管理：建立持续竞争优势：第 17 版［M］．徐飞，译．北京：中国人民大学出版社，2021．

［8］德鲁克．德鲁克管理思想精要：珍藏版［M］．李维安，王世权，刘金岩，译．北京：机械工业出版社，2009．

［9］丁俊杰，陈刚．广告的超越：中国 4A 十年蓝皮书［M］．北京：中信出版社，2016．

［10］董天策．网络新闻传播学［M］．2 版．福州：福建人民出版社，2004．

［11］郭士纳．谁说大象不能跳舞?：纪念版［M］．张秀琴，音正权，译．北京：中信出版社，2015．

［12］哈根廷斯，迈耶．不拘一格：网飞的自由与责任工作法［M］．杨占，译．北京：中信出版社，2021．

［13］哈筱盈，甘那．全球网播：新媒介商业运营模式［M］．杭敏，刘丽群，编译．北京：清华大学出版社，2009．

［14］海勒．彼得·德鲁克［M］．崔权醴，张军学，译．北京：中国社会科学出版社，2002．

［15］汉德利，查普曼．内容营销：网络营销的杀手级武器［M］．王正林，等译．北京：电子工业出版社，2011．

［16］何建湘．企业文化建设实务［M］．2 版．北京：中国人民大学出版社，2019．

［17］亨格，惠伦．战略管理精要［M］．王毅，译．北京：电子工业出版社，2004．

［18］胡百精．危机传播管理［M］．3 版．北京：中国人民大学出版社，2014．

［19］胡钰．大众传播效果：问题与对策［M］．北京：新华出版社，2000．

［20］黄河，等．未来的品牌："双碳"战略下的品牌建设之道［M］．北京：人民出版社，2023．

［21］黄河，等．新媒体广告［M］．2 版．北京：中国人民大学出版社，2022．

［22］蒋宏，徐剑．新媒体导论［M］．上海：上海交通大学出版社，2006．

［23］卡斯特．网络社会的崛起［M］．夏铸九，王志弘，等译．北京：社会科学文

献出版社，2001.

［24］凯利．必然：第 2 版［M］．周峰，董理，金阳，译．北京：电子工业出版社，2016.

［25］柯林斯，波勒斯．基业长青：企业永续经营的准则［M］．3 版．真如，译．北京：中信出版社，2009.

［26］科特勒，阿姆斯特朗．市场营销导论［M］．俞利军，译．北京：华夏出版社，2001.

［27］科特勒，凯勒，洪瑞云，等．营销管理：亚洲版：第 5 版［M］．北京：中国人民大学出版社，2011.

［28］科特勒，凯勒，切尔内夫．营销管理：第 16 版［M］．陆雄文，蒋青云，赵伟韬，等译．北京：中信出版社，2022.

［29］孔茨，韦里克．管理学精要［M］．韦福祥，等译．北京：机械工业出版社，2005.

［30］雷恩，贝德安．西方管理思想史：第 6 版［M］．孙健敏，黄小勇，李原，译．北京：中国人民大学出版社，2013.

［31］龙思思．新媒体产品设计与项目管理［M］．北京：中国人民大学出版社，2022.

［32］罗宾斯，贾奇．组织行为学：第 16 版［M］．孙健敏，王震，李原，译．北京：中国人民大学出版社，2016.

［33］罗宾斯，库尔特．管理学：第 15 版［M］．刘刚，等译．北京：中国人民大学出版社，2022.

［34］吕耀怀，等．数字化生存的道德空间：信息伦理学的理论与实践［M］．北京：中国人民大学出版社，2018.

［35］帕克，埃尔斯泰恩，邱达利．平台革命：改变世界的商业模式［M］．志鹏，译．北京：机械工业出版社，2017.

［36］彭兰．中国网络媒体的第一个十年［M］．北京：清华大学出版社，2005.

［37］桑斯坦．信息乌托邦：众人如何生产知识［M］．毕竞悦，译．北京：法律出版社，2008.

［38］沙因 E H，沙因 P A．组织文化与领导力：第 5 版［M］．陈劲，贾筱，译．北京：中国人民大学出版社，2020.

［39］邵华东，陈怡．广告主数字新媒体营销传播理论与实务［M］．北京：中国传媒大学出版社，2016.

［40］舍费尔．热点引爆内容营销的 6 个密码［M］．曲秋晨，译．北京：中国人民大学出版社，2017.

［41］圣吉．第五项修炼：学习型组织的艺术与实务［M］．郭进隆，译．上海：上海三联书店，2002.

［42］施密特，罗森伯格．重新定义公司：谷歌是如何运营的［M］．靳婷婷，译．北京：中信出版社，2015.

［43］宋建武，黄淼，陈璐颖．中国媒体融合转型［M］．北京：中国人民大学出版社，2022.

［44］宋星．数据赋能：数字化营销与运营新实战［M］．北京：电子工业出版社，2021.

［45］谭天．新媒体新论［M］．2 版．广州：暨南大学出版社，2016.

［46］吴晓波．腾讯传 1998—2016：中国互联网公司进化论［M］．杭州：浙江大学

出版社，2017.

［47］西蒙. 管理决策新科学［M］. 李柱流，汤俊澄，编译. 北京：中国社会科学出版社，1982.

［48］谢弗尔，索维. 产品再造：数字时代的制造业转型与价值创造［M］. 彭颖婕，李睿，译. 上海：上海交通大学出版社，2019.

［49］杨四伟. 企业文化与组织活力［M］. 沈阳：沈阳出版社，2022.

［50］姚前，陈永伟，等. Web3.0：下一代互联网的变革与挑战［M］. 北京：中信出版社，2022.

［51］伊尼斯. 传播的偏向［M］. 何道宽，译. 北京：中国人民大学出版社，2003.

［52］伊尼斯. 帝国与传播［M］. 何道宽，译. 北京：中国人民大学出版社，2003.

［53］周晓虹. 现代西方社会心理学流派［M］. 南京：南京大学出版社，1990.

［54］庄贵军. 营销管理：营销机会的识别、界定与利用［M］. 北京：中国人民大学出版社，2011.

［55］COOMBS W T. Ongoing crisis communication：planning，managing，and responding［M］. 4th ed. California：Sage Publications，2014.

［56］LAZARSFELD P F，BERELSON B，GAUDET H. The people's choice：how the voter makes up his mind in a presidential campaign［M］. New York：Columbia University Press，1948.

［57］PAUCHANT T C，MITROFF I I. Transforming the crisis-prone organization：preventing individual，organizational，and environmental tragedies［M］. San Francisco：Jossey-Bass，1992.

［58］KOTLER P，KELLER K L. Marketing management［M］. 15th ed. New Jersey：Pearson，2015.

［59］ROGERS E M. Diffusion of innovations［M］. 3rd ed. New York：Free Press，1983.

［60］ROSE R，PULIZZI J. Managing content marketing：the real-world guide for creating passionate subscribers to your brand［M］. Cleveland：Content Marketing Institute，2011.

［61］ULMER R R，SELLNOW T L，SEEGER M W. Effective crisis communication：moving from crisis to opportunity［M］. 4th ed. California：Sage Publications，2017.

图书在版编目（CIP）数据

新媒体管理 / 黄河，邵逸涵，程晛著 . -- 北京：中国人民大学出版社，2024.4
21 世纪新媒体专业系列教材
ISBN 978-7-300-32750-1

Ⅰ. ①新… Ⅱ. ①黄…②邵…③程… Ⅲ. ①传播媒介-管理-高等学校-教材 Ⅳ. ①G206.2

中国国家版本馆 CIP 数据核字（2024）第 082538 号

21 世纪新媒体专业系列教材
新媒体管理
黄 河 邵逸涵 程 晛 著
Xinmeiti Guanli

出版发行	中国人民大学出版社		
社　　址	北京中关村大街 31 号	**邮政编码**	100080
电　　话	010－62511242（总编室）		010－62511770（质管部）
	010－82501766（邮购部）		010－62514148（门市部）
	010－62515195（发行公司）		010－62515275（盗版举报）
网　　址	http://www.crup.com.cn		
经　　销	新华书店		
印　　刷	天津鑫丰华印务有限公司		
开　　本	787 mm×1092 mm　1/16	**版　　次**	2024 年 4 月第 1 版
印　　张	16.75 插页 1	**印　　次**	2024 年 4 月第 1 次印刷
字　　数	367 000	**定　　价**	49.80 元

关联课程教材推荐

书号	书名	作者	定价（元）	出书时间
978-7-300-31487-7	媒介经营与管理	周蔚华	69.8	2023-03
978-7-300-27847-6	传媒经济学教程（第二版）	喻国明 等	49.8	2019-12
978-7-300-25702-0	新媒体运营	刘友芝	49.8	2018-05
978-7-300-29737-8	新媒体运营实务	张浩淼 等	49.8	2021-08
978-7-300-29740-8	新媒体产品设计与项目管理	龙思思	55.0	2021-08

配套教学资源支持

尊敬的老师：

衷心感谢您选择使用人大版教材！

相关的配套教学资源，请到人大社网站（www.crup.com.cn）下载，或是随时与我们联系，我们将向您免费提供。

欢迎您随时反馈教材使用过程中的疑问、修订建议并提供您个人制作的课件。您的课件一经采用，我们将署名并付费。让我们与教材共成长！

联系人信息：

地址：北京海淀区中关村大街31号　龚洪训 收　邮编：100080

电子邮件：gonghx@crup.com.cn　电话：010－62515637　QQ：6130616

如有相关教材的选题计划，也欢迎您与我们联系，我们将竭诚为您服务！

选题联系人：翟江虹　电子邮件：zhaijh@crup.com.cn　电话：010－62515636

周　莹　zhouying@crup.com.cn　010－62511612

俯仰天地　心系人文

人大社网站　www.crup.com.cn

专业教师QQ群：

723715191（全国新闻教师群2群）

欢迎您登录人大社网站浏览，了解图书信息，共享教学资源

期待您加入专业教师QQ群，开展学术讨论，交流教学心得